FINANÇA$ para EMPREENDEDORES e EMPRESÁRIOS

CLAYTON NOGUEIRA
JOÃO PAULO EL ACKEL

FINANÇA$ para EMPREENDEDORES e EMPRESÁRIOS

COMO TER UM NEGÓCIO
SUSTENTÁVEL FINANCEIRAMENTE

Prefácio de
LUIZA HELENA TRAJANO
Presidente do Conselho de
Administração do Magazine Luiza

ALTA BOOKS
EDITORA
Rio de Janeiro, 2021

Finanças para Empreendedores e Empresários

Produção Editorial
Editora Alta Books

Diretor Editorial
Anderson Vieira

Gerência Comercial
Daniele Fonseca

Coordenação Financeira
Solange Souza

Editor de Aquisição
José Rugeri
acquisition@altabooks.com.br

Produtores Editoriais
Illysabelle Trajano
Maria de Lourdes Borges
Thales Silva
Thiê Alves

Assistente Editorial
Luana Goulart

Marketing Editorial
Livia Carvalho
Gabriela Carvalho
Thiago Brito
marketing@altabooks.com.br

Equipe Ass. Editorial
Brenda Rodrigues
Caroline David
Luana Rodrigues
Mariana Portugal
Raquel Porto

Equipe de Design
Larissa Lima
Marcelli Ferreira
Paulo Gomes

Equipe Comercial
Adriana Baricelli
Daiana Costa
Fillipe Amorim
Kaique Luiz
Victor Hugo Morais
Viviane Paiva

Atuaram na edição desta obra:

Revisão Gramatical
Ana Carolina Oliveira
Fernanda Lutfi

Capa
Rita Motta

Diagramação
Lucia Quaresma

Ouvidoria: ouvidoria@altabooks.com.br

Dados Internacionais de Catalogação na Publicação (CIP) de acordo com ISBD

N778f Nogueira, Clayton
Finanças para empreendedores e empresários: como ter um negócio sustentável financeiramente / Clayton Nogueira, João Paulo El Ackel. - Rio de Janeiro, RJ : Alta Books, 2021.
352 p. ; 17cm x 24cm.

Inclui bibliografia, índice e apêndice.
ISBN: 978-85-5081-343-1

1. Economia. 2. Finanças. 3. Negócio. 4. Empreendedores. 5. Empresários. I. Ackel, João Paulo El. II. Título.

CDD 330
CDU 33

2021-2566

Elaborado por Vagner Rodolfo da Silva - CRB-8/9410

Editora afiliada à:

Rua Viúva Cláudio, 291 — Bairro Industrial do Jacaré
CEP: 20.970-031 — Rio de Janeiro (RJ)
Tels.: (21) 3278-8069 / 3278-8419
www.altabooks.com.br — altabooks@altabooks.com.br

"Os investimentos em conhecimento geram os melhores dividendos."

— Benjamin Franklin

À Claudia, que me faz querer ser uma pessoa melhor desde o primeiro dia.

— Clayton

A Cristo Jesus que me salvou e me abençoou com os pais excepcionais Sérgio e Iara, minha esposa Maria que excede qualquer valor e meus fantásticos filhos Henrique e Sérgio. Ao Clayton por dividir seu sonho de escrever este livro comigo.

— João

SUMÁRIO

PREFÁCIO

Paixão e conhecimento.

Um empreendedor vai atrás de seus sonhos e consegue criar negócios, gerando empregos e movimentando a economia. O Brasil é um celeiro de empreendedores geralmente movidos por alguma paixão ou necessidade que os transformou em empresários.

A maioria tem uma inteligência surpreendente em seu negócio, faz seu ofício como ninguém, mas nem sempre está preparada para enfrentar alguns desafios que surgem na vida empresarial.

Para isso é preciso se preparar, buscar conhecimento e lutar para seu negócio não entrar nas estatísticas de mortalidade de empresas, o que acontece cedo demais, muitas vezes por erros administrativos ou financeiros que podem ser facilmente corrigidos.

A maior causa de mortalidade de micro e pequenas empresas é o fluxo de caixa, o que para muitos parece ser uma coisa simples, para outros é algo que nunca haviam pensado.

Sempre recomendo às pessoas que estão pensando, ou ingressaram recentemente no mundo do empreendedorismo, a realizarem cursos ou buscarem conhecimento para que sua empresa possa crescer, e o primeiro passo deve ser sempre o financeiro.

Por isso, a importância de obras como *Finanças para Empreendedores e Empresários* de Clayton Nogueira e João Paulo El Ackel, que trazem de maneira didática, recheada de exemplos práticos e muito bem elaborada, princípios financeiros extremamente importantes para a saúde e a durabilidade da empresa.

Defendo as micros e pequenas empresas como a grande solução do emprego para o Brasil, por isso o preparo financeiro é o complemento fundamental da vocação do empreendedor, e desejo a todos que tirem lições importantes dadas pelo Clayton e o João Paulo para que cresçam e prosperem nesse Brasil de oportunidades, gerando muitos empregos.

LUIZA HELENA TRAJANO

PRESIDENTE DO CONSELHO DE ADMINISTRAÇÃO DA MAGAZINE LUIZA

Parte I

INTRODUÇÃO

ESPÍRITO ANIMAL

(+)

CRENÇAS E VALORES

PERGUNTAS

- Por que precisamos dos empreendedores e empresários?
- Qual é a importância das pequenas e médias empresas para a economia?
- Quais são as maiores dificuldades das PMEs?
- Quais são os principais motivos do insucesso em uma startup/PME?
- Onde a ciência da administração pode ajudar?

CAPÍTULO 1

O PORQUÊ DO LIVRO

TRIBUTO AO EMPREENDEDOR E AO EMPRESÁRIO

"O trabalho que cria trabalho, conta em dobro."

— *Gustavo Franco*

Nós poderíamos iniciar esse tributo salientando a coragem, a dedicação e a determinação desses seres imprescindíveis para a humanidade;

Poderíamos reconhecer e retribuir com palavras de elogio e agradecimento as noites mal dormidas e as agruras no enfrentamento da opressão das burocracias, da eficiência cega do fisco, do desprezo dos bancos e das incertezas econômicas;

Poderíamos elogiar a capacidade de tomar decisões difíceis na solidão, e de se responsabilizarem por essas consequências, pagando sozinhos pelos erros; não sendo, na maioria das vezes, reconhecidos pelos acertos;

Deixamos, porém, a cargo de John Maynard Keynes — que na Teoria Geral introduz brilhantemente o conceito de "espírito animal" —, a explicação sobre o que move esses verdadeiros heróis:

"Além da instabilidade provocada pela especulação, existe uma instabilidade devido à característica da natureza humana, onde uma parte importante das nossas atividades positivas depende mais de um **otimismo espontâneo** do que de uma expectativa matemática, seja ela moral, hedonista ou econômica. Muito provavelmente, as nossas decisões de fazer algo positivo, cujas consequências completas só ocorrerão muitos dias à frente, poderão apenas ser tomadas como resultado do **espírito animal — essa inclinação espontânea para agir, e não como efeito de uma ponderação dos benefícios quantitativos multiplicados por suas probabilidades**. A atividade empresarial apenas aparenta ser impulsionada pelas afirmações de seus próprios prognósticos. Somente muito pouco de uma expedição ao Polo Sul é baseada num cálculo exato dos benefícios que podem vir. Assim, se o espírito animal diminuir e o otimismo espontâneo faltar, deixando-nos com nada mais do que a expectativa matemática, a atividade empresarial vai fracassar e morrer, já que o temor da perda prevalecerá sobre a esperança do lucro." (KEYNES, 1936, p. 161-162, grifo nosso)

Precisamos, enquanto país, contribuir com a melhoria da performance econômica de nossas Pequenas e Médias Empresas (PMEs) por meio de uma melhor formação em gestão para os empresários e empreendedores e, em nível nacional, com políticas especificas que visem corrigir os entraves burocráticos, tributários e de financiamento e logística. Nossas "jabuticabas".

Este livro pretende contribuir e inspirar esses heróis imprescindíveis: os empreendedores e empresários brasileiros que buscam potencializar seus negócios e empreendimentos.

A ADMINISTRAÇÃO OU A GESTÃO

> "Qualquer coisa, com gestão, resulta em sucesso."
>
> — *G. S. Alag*

Em maio de 1886, em Chicago, na recentemente formada Sociedade Americana de Engenheiros Mecânicos, Henry R Towne, cofundador da Yale Lock Manufacturing Company, ao proferir uma palestra intitulada "O Engenheiro como um Economista", arguiu que já havia se deparado com ótimos engenheiros e ótimos homens de negócios, mas que raramente havia encontrado as duas características na mesma pessoa. (HBR, novembro de 2018)

Nascia ali, segundo os estudiosos, o século da administração que, inicialmente, desenvolveu-se graças a notáveis engenheiros. E hoje, depois de mais de 130 anos, incorporou a ciência à arte, e colabora de forma decisiva para o progresso econômico da humanidade.

Não obstante a contribuição para a evolução da administração, Towne, se vivo fosse, teria suas palavras confirmadas nos dias atuais; e nós ousaríamos dizer que para a economia é melhor que continue assim.

Em nossa longa experiência como gestores, convivendo com empreendedores, empresários e grandes executivos, aprendemos a admirá-los, e trocaríamos 99% do pouco que sabemos sobre gestão de empresas por 1% da capacidade empreendedora e empresarial desses heróis.

Nesse sentido, este livro não trata ora de empreendedorismo, ora de gestão, mas sim de empreendedorismo com gestão.

A IMPORTÂNCIA E AS DIFICULDADES DOS EMPREENDEDORES E EMPRESÁRIOS

Um contingente cada vez maior de brasileiros deseja se tornar o próprio patrão. De acordo com a edição de 2018 da pesquisa de Empreendedorismo no Brasil, realizada pelo Global Enterpreneurship Monitor (GEM), com patrocínio do Serviço de Apoio às Pequenas Empresas (Sebrae), 38% da população adulta está envolvida em um negócio próprio ou na criação de um. Isso representa 52 milhões de pessoas e é bem maior do que a população com carteira assinada.

Segundo o Sebrae, em uma pesquisa de 2011, as pequenas e médias empresas representam 99% do total de empresas do país, 93% de todos os negócios e são responsáveis por 70% da oferta de emprego, gerando 27% do Produto Interno Bruto (PIB) brasileiro. Em outros países, como a Itália, a porcentagem do PIB das pequenas e médias empresas é relativamente mais expressivo, e o Brasil precisa trilhar esse caminho para o bem da economia e do país.

Segundo Chang, autor de *23 Coisas que Não nos Contaram sobre o Capitalismo*, a população dos países em desenvolvimento tende a ser mais empreendedora do que as dos países desenvolvidos. Isso provavelmente ocorre porque esses países não estão gerando empregos suficientes e, para muitas pessoas, abrir um negócio é a única saída para a sobrevivência. Não é o tipo de empreendedorismo mais saudável, pois muitas vezes são criados na correria, com pouco preparo e planejamento.

É o chamado empreendedorismo por necessidade, e que tem crescido no passado recente, em contraposição ao empreendedorismo por oportunidade, mais frequente nos países desenvolvidos e que contribui mais para o desenvolvimento econômico.

A boa notícia é que nos últimos anos a tendência vem se revertendo e o empreendedorismo por oportunidade vem subindo gradativamente.

No Brasil, para cada 100 empreendedores por necessidade há 132 por oportunidade. Nos Estados Unidos, a proporção é de 100 para 575.

Nos últimos anos, o empreendedorismo começou a se destacar no Brasil como impulsionador econômico e passou a receber maior atenção tanto do Estado quanto das empresas privadas.

Segundo Timmons (1994), o empreendedorismo é uma revolução que será para o século XXI mais do que foi a Revolução Industrial para o século XX.

O Ambiente Hostil e Desafiador no Brasil

"O Brasil é o paraíso dos rentistas e o inferno dos empreendedores que acreditam numa economia de mercado."

— *Paulo Guedes, OESP, p. A14 – 27/11/2016*

Estudo recente[*] mostra a crescente fragilidade do setor privado da economia brasileira. Os dados do IBGE mostram que desde 2007, exceto por 2009 em função dos efeitos de uma política fiscal anticíclica — as empresas não financeiras obtiveram déficits crescentes em suas contas, isto é, os lucros retidos foram menores que os investimentos. Nesse momento, a economia passou por um período de forte endividamento do setor privado, principalmente para as empresas e famílias. Os números são alarmantes e o endividamento, por exemplo, segundo o Banco Central, passou de 35% em dezembro de 2005 para 75% do PIB em junho de 2015. Ao assumir dívidas, espera-se que os investimentos ofereçam um retorno acima do custo de capital. A partir de 2011, observou-se uma forte queda da rentabilidade das empresas, principalmente da indústria, afetando a acumulação interna de lucros e o retorno esperado do investimento.

Esse é o resultado de um ambiente hostil e desafiador que os empresários e empreendedores brasileiros têm enfrentado nos últimos tempos.

Fazendo negócios no Brasil

O gráfico a seguir demonstra o ranking da dificuldade de se fazer negócios. São 190 países ranqueados, sendo a posição de n° 1 a de menor dificuldade e a posição de n° 190 a de maior. O gráfico corrobora as complicações de se iniciar um negócio no Brasil, pois estamos na posição de número 176 no ranking. No quesito "pagando impostos", por exemplo, estamos na posição de número 184, que leva em conta o tempo de processamento dos impostos , que por sua vez é estimado em 1.958 horas por ano.

---

[*] REZENDE, F. C. "Financial Fragility, Instability and the Brazilian Crisis: a Keynes-Minsky-Godley Approach", 2016.

GRÁFICO 1.1: Posicionamento do Brasil nos vários aspectos para se abrir uma empresa globalmente

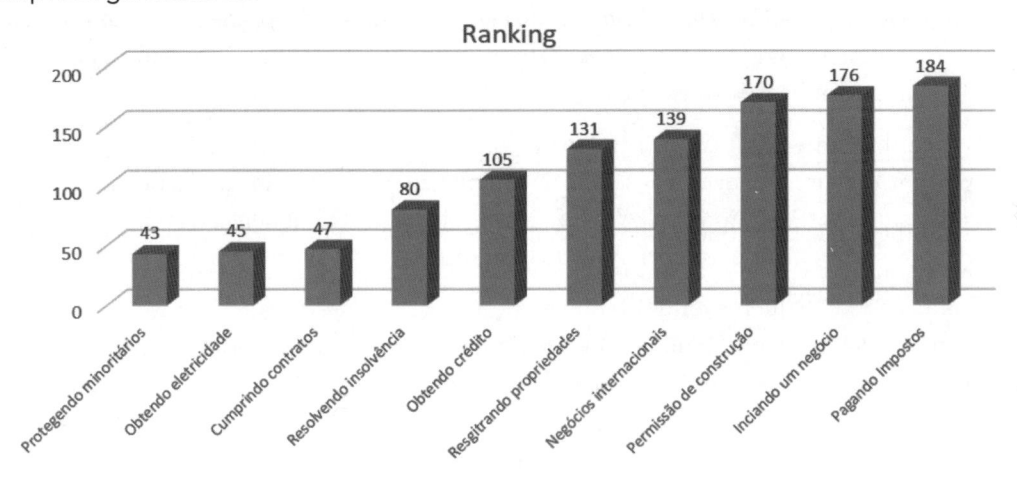

Fonte: http://www.doingbusiness.org/content/dam/doingBusiness/country/b/brazil/BRA.pdf

Essa posição é corroborada pelo Global Entrepreneurship Index, que mede a qualidade do ecossistema empreendedor em 132 países (índice 0-100), em que o Brasil aparece na posição de número 92.

GRÁFICO 1.2: Ranking Global do Ecossistema Empreendedor

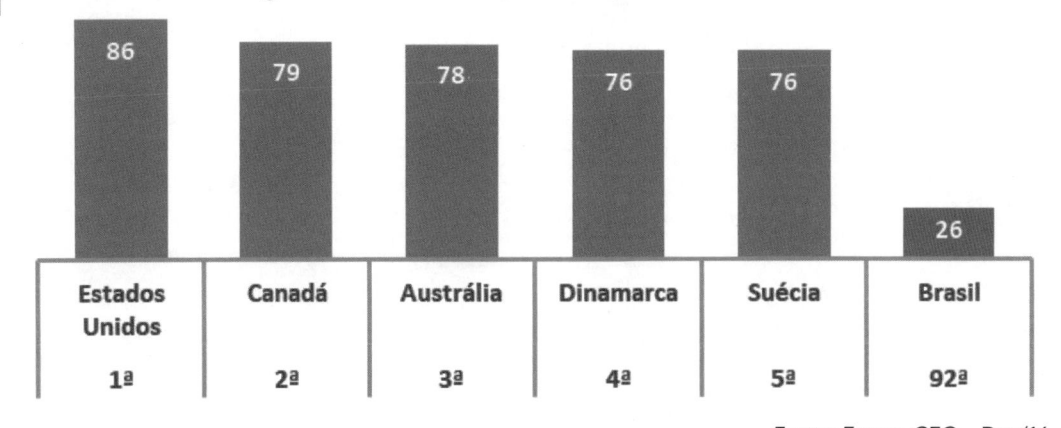

Fonte: Exame CEO – Dez/16

Somos um país de empreendedores e empresários. De um lado, precisamos de um ecossistema (políticas públicas, infraestrutura e aparato legal) que não nos atrapalhe e, de outro, melhor formação em gestão de negócios e finanças.

DIFICULDADES DOS EMPREENDEDORES E EMPRESÁRIOS

A mortalidade nas PMEs é alta e, segundo a já citada pesquisa do Sebrae sobre Empreende-dorismo no Brasil, das empresas abertas, 31% não ultrapassam o primeiro ano de atividade e 76% delas sucumbem em três anos.

De acordo com a pesquisa, as principais causas do fechamento precoce são: ausência de comportamento empreendedor, ausência de um planejamento prévio adequado, deficiências no processo de gestão empresarial, insuficiência de políticas públicas de apoio aos peque-nos negócios, dificuldades decorrentes da conjuntura econômica e impacto de problemas pessoais sobre o negócio.

Pesquisa do Instituto MahaGestão[*] feita com cinco mil negócios identificou os cinco riscos principais que podem levar o pequeno empreendimento à falência, principalmente em períodos de recessão:

- Dificuldades na gestão financeira;
- Atraso nos pagamentos;
- Contrair crédito pagando juros altos;
- Descontrole do fluxo de caixa; e
- Dificuldades para identificar desvios.

Ainda segundo o instituto, os vilões da gestão nas PMEs são:

- A precificação malfeita de produtos;
- Gestão finaceira e de estoque ineficazes;
- Falta de indicadores para auxiliar no planejamento e na tomada de decisão.

As pequenas e médias empresas não quebram por problemas relacionados à falta de conhecimento de operações financeiras complexas como a falta de *hedge* (proteção) ou por aplicação financeira arriscada em instrumentos derivativos, e sim por decisões econômi-co-financeiras básicas equivocadas no geral, e mais especificamente, pela falta de gestão correta do fluxo de caixa, mal entendimento dos custos, precificação inadequada e falta de compreensão do impacto dos impostos no negócio.

---

*   OLIVETTE, Cris. *Como falir mesmo em época de crise*. OESP, *Caderno de Oportunidades*, 09 de julho de 2018.

A CONTRIBUIÇÃO

A ideia do produto ou serviço inovador, ou aquela oportunidade que ninguém está vendo, são condições necessárias, mas não suficientes para um empreendimento de sucesso.

Uma gestão eficaz é a condição necessária para que o negócio se perpetue e tenha sucesso.

Pretendemos neste livro diminuir as deficiências no processo de gestão empresarial como um todo e em particular na gestão financeira. Assim, temos a intenção de contribuir para diminuir o índice de mortalidade das empresas e apoiar o empreendedorismo, fortalecendo a economia e gerando progresso social e econômico.

Finanças é, segundo estudos e pesquisas, a área em que os empreendedores e empresários têm menos competência técnica. Portanto, nosso propósito é fornecer subsídios teóricos e práticos para que o empresário/empreendedor coloque a gestão financeira no dia a dia dos seus negócios.

A abordagem do livro pretende ser iminentemente prática com exemplos numéricos e muito próximos das decisões diárias que os empresários se defrontam e que os empreendedores por certo se defrontarão.

Pretendemos imprimir uma linguagem simples e direta, sem ser superficial, abrangendo todos os aspectos relevantes para uma boa gestão financeira de um negócio no Brasil. Não se trata de tornar o leitor um especialista em finanças, mas sim um tomador de decisões empresariais capaz de levar em consideração o aspecto financeiro nas decisões e fazer as perguntas certas de modo a perpetuar o negócio e criar valor para o cliente, para os donos do negócio e para a economia.

A RETRIBUIÇÃO: O ICMS DO PÃOZINHO

Lá se vão mais de 30 anos desde que, como aluno ouvinte do Programa de Mestrado em Administração da FEA-USP, em São Paulo, ouvi, no início da primeira aula da disciplina de Planejamento e Controle Financeiro, a palestra de abertura do curso proferida pelo saudoso professor José Carlos Moreira, a qual tento reproduzir abaixo:

Após cumprimentar a todos, o professor Moreira se dirigia à classe com ar circunspecto e indagava se alguém sabia qual era o preço médio de um "uma média com pão com manteiga"?

Algum aluno consumidor dessa "iguaria", como dizia o professor Moreira, respondia R$10,00 (na época nossa moeda era o cruzado (CZ$), porém, para não ter que puxar pela memória e facilitar a compreensão pelo leitor, vamos adaptar o discurso para os dias de hoje).

Professor Moreira: "OK, imaginem vocês que 'um trabalhador' que precise se sustentar pela manhã, antes do trabalho pesado na fábrica ou na obra, consuma 'uma média com pão com manteiga'. Ele deve gastar por mês, incluindo o domingo, R$300,00 [R$10,00 (x) 30 dias]. Imaginem, meus alunos, que esse trabalhador, após 4/5 horas de trabalho, tenha um descanso de 30 minutos e resolva se alimentar mais uma vez, consumindo outra 'média com pão com manteiga' e que, ao final do dia, antes de ir para casa para descansar para a próxima jornada, ele cometa o pecado da gula e coma mais uma 'média com pão com manteiga'... Pois é, ao final do mês, esse trabalhador 'perdulário e guloso' gastará aproximadamente o equivalente a um salário mínimo, R$900,00 - [R$10,00 (x) 3 refeições ao dia (x) 30 dias]".

Nesse momento, o professor Moreira parava de andar pela classe e perguntava: "Quem é que paga essa escola para que vocês possam estar aqui de graça?" — E concluía ele mesmo: "O ICMS de 18% sobre tudo que é consumido nesse estado, inclusive da 'média com pão com manteiga' consumida pelo trabalhador que gasta todo o seu dinheiro com comida. Eles, os trabalhadores, contribuem mensalmente com R$162,00 (18% (x) R$900,00) para que vocês estejam aqui, desfrutando de educação de qualidade e de graça, enquanto outros sequer conseguem dinheiro pra comer."*

De forma majestosa, parecendo olhar nos olhos de todos os alunos ao mesmo tempo, decretava:

Professor Moreira: "Senhores, eu só vou admitir nesse curso gente que queira estudar, que compareça nas aulas e que respeite os professores, e principalmente os contribuintes deste estado que proporcionam tudo isso aqui graciosamente. Se qualquer um de vocês não quiser levar esse curso a sério, tenham ao menos a hombridade de admitir isso e de desistir agora para que outro possa aproveitar seu lugar e aprender e contribuir para que as empresas e a economia progridam, e que com isso possamos distribuir melhor a riqueza desse país para quem trabalha."

Fez-se um silêncio ensurdecedor na classe que parecia não terminar. Até que o professor Moreira finalmente quebrou nosso sofrimento dando boas vindas àqueles que decidiram ficar e apresentou o programa do curso.

Essa história marcou muito nossa vida acadêmica e profissional.

Tivemos o privilégio de estudar durante toda a vida em escolas, ginásios, colégios e universidades públicas mantidas pelo estado, com os impostos pagos por todos os contribuintes. Este livro pretende dar uma pequena retribuição ao estado de São Paulo e ao meu país por tudo que usufruímos dos recursos públicos. Acreditamos que ele é uma pequena retribuição, e tentamos com ele fortalecer nossas empresas e a economia como um todo.

---

* Hoje, ainda bem, o pão e outros alimentos são isentos do ICMS, mas a situação do trabalhador nas faixas de baixa renda continua difícil e vergonhosa para todos nós.

A ESTRUTURA DO LIVRO

O processo de empreender um negócio de acordo com a literatura passa pelas seguintes fases:

- Identificação da oportunidade ou procura por ela devido à necessidade de empreender;
- Avaliação da oportunidade;
- Plano de negócios;
- Determinação dos recursos necessários;
- Administração ou gerenciamento do negócio.

Neste livro, não abordaremos a fase de identificação da oportunidade, pois, como já mencionamos, essa é a parte que requer o **espírito animal** e a **criatividade** dos quais poucos foram agraciados.

Partimos da fase de avaliação da oportunidade, e evoluímos na jornada do empreendedor em todas as fases com ênfase em finanças, abordando também os aspectos estratégicos, mercadológicos, de produção e de recursos humanos, apresentando ao final um plano de negócios.

Este livro está estruturado de forma a facilitar o acesso direto pelo leitor ao tema de interesse. O **Mapa de Decisões Financeiras** disponibilizado para download no site da Editora Alta Books, inserido pouco antes do **estudo de caso**, serve como roteiro para que o leitor identifique o tema de interesse e vá direto ao ponto. O mapa também serve como um roteiro básico de finanças do empreendedor/empresário para seu negócio.

Nossa recomendação, porém, é que você leia o livro do começo ao fim, e é claro, volte aos temas de interesse sempre que necessário. A parte V pode ser utilizada como um manual, pois contém as principais decisões financeiras na empresa.

Na **Parte 1** (Introdução), homenageamos nossos heróis empreendedores e empresários, apontamos as dificuldades de se empreender num ambiente hostil e desafiador no Brasil e concluímos que a Administração/Gestão pode ajudar a fortalecer os empreendedores e as Pequenas e Médias Empresas no Brasil.

Na **Parte II** (Finanças Básicas), discorremos sobre o valor do dinheiro no tempo, a pedra angular das finanças, apresentando o conceito de investimento e seus componentes de avaliação (retorno, risco e liquidez). Listamos, classificamos e caracterizamos os investimentos disponíveis no mercado financeiro brasileiro de forma a termos uma comparação ("*benchmarking*") para estabelecer o retorno do investimento na empresa, tema do último capítulo da segunda parte, no qual discutimos o investimento na empresa e apresentamos a linguagem financeira dos negócios que nos possibilita medir o risco, o retorno e a liquidez do investimento em uma empresa/empreendimento. Esse capítulo, junto da jornada do investimento na empresa do ponto de vista financeiro, que vem na sequência, é fundamental para as decisões financeiras na busca do retorno sobre o investimento pelo empreendedor.

A **Parte III** faz uma pequena incursão no tema da gestão por meio dos processos de tomada de decisão de planejamento, execução e controle, e mostra como a gestão pode ajudar a diminuir as falhas gerenciais, tidas como as maiores causadoras do fechamento precoce das PMEs. A Parte III termina discutindo estratégia e apresentando um modelo simples de estratégia, bastante útil para as startups e as PMEs que já operam sem uma estratégia explícita e clara.

A **Parte IV** trata da gestão financeira e da criação de valor para o empreendedor/empresário. Parte do conceito de valor do dinheiro no tempo e discorre sobre os métodos de avaliação de investimento recomendando o método do Valor Presente Líquido (VPL) como o mais completo, estabelecendo-o como a **régua** na qual todas as decisões financeiras devem ser medidas/avaliadas.

Ainda na **Parte IV,** abordamos as decisões financeiras fundamentais em toda empresa (financiamento, investimento e operacionais) estabelecendo sua função, objetivo, princípios e reflexos nas demonstrações financeiras. Analisamos o Retorno sobre o Investimento (ROI) e os geradores de retorno, visando otimizar investimento, reduzir custo de capital e maximizar o lucro. Uma vez que temos a régua, estabelecemos a **regra** para a tomada de decisões financeiras na empresa, mostramos como calcular o valor da empresa para o investidor/acionista e, por fim, mostramos como analisar os relatórios financeiros usando a análise vertical e horizontal, e a centenária e sempre atual fórmula "Dupont".

Na **Parte V**, as principais decisões de cada grupo (financiamento, investimento e operacionais), com as quais o empreendedor/empresário se depara, são exploradas com modelos de decisão que têm o objetivo de maximizar o retorno sobre o investimento da empresa e do investidor.

A **Parte VI** traz um estudo de caso, no qual os conceitos e modelos discutidos na teoria são aplicados, contendo inclusive uma análise de sensibilidade, muito útil no planejamento de cenários e na percepção dos riscos do não atingimento dos resultados esperados.

Na última parte **(Parte VII),** apresentamos o apêndice com as etapas para se abrir uma empresa e o dicionário financeiro.

A **Bibliografia** consultada e recomendada completa o livro.

RESUMO DA PARTE I

- Empreendedores e empresários são heróis verdadeiros e raros;
- As startups e PMEs são fundamentais para a economia;
- Os desafios burocráticos, tributários, logísticos e de financiamento no Brasil afetam especialmente as PMEs;
- São raros os empreendedores e empresários proficientes em gestão;
- A gestão financeira é apontada como a menos conhecida pelos empreendedores/empresários;
- Empreendedorismo com Gestão/Administração se torna perene e promove o progresso econômico.

PERGUNTAS

- Qual é o conceito mais importante em finanças?
- Qual é o conceito de valor do dinheiro no tempo?
- O que significa custo de oportunidade?
- Como se avalia um investimento?
- Como funciona o mercado financeiro?
- Quais são os principais investimentos no mercado financeiro brasileiro?
- Qual é o retorno, o risco e a liquidez dos investimentos no mercado financeiro brasileiro?
- Quais são as características do investimento em uma startup/empresa privada?
- Qual deve ser o retorno do investimento em uma startup/empresa?
- Como medir o investimento, o retorno, o risco e a liquidez do investimento em uma startup/empresa privada?
- Qual é a linguagem financeira dos negócios?
- Quais são as três demonstrações financeiras básicas da linguagem dos negócios?
- O que demonstra o balanço?
- O que evidencia a demonstração de resultados?
- O que demonstra o fluxo de caixa?

Capítulo 2

VALOR DO DINHEIRO NO TEMPO

"Não sei quais são as sete maravilhas do mundo,
mas certamente conheço a oitava: os juros compostos."

— *Barão de Rothschild*

Você prefere ter um milhão de reais agora ou daqui a cinco anos? É claro que em qualquer situação a resposta é sempre "já" pois você pode gastar imediatamente ou investir no mercado financeiro ou no seu negócio.

Essa quantia investida a uma taxa "real"* de 5% ao ano fará com que você, daqui a cinco anos, tenha R$1.276.281,56† e não R$1.250.000,00 ou "só" um milhão de reais.

Um real na mão hoje vale mais que um real no futuro. O principal motivo é que você poderia ganhar juros investindo o real de hoje, e só por isso ele valeria mais do que um real no futuro. Ele será mais valioso quanto mais opções de investimentos lucrativas você tiver.

O valor do dinheiro no tempo é a pedra angular em finanças, e os métodos de avaliação de investimento (matemática financeira) dão o embasamento para a régua das decisões financeiras, o Valor Presente Líquido (VPL) e todas as decisões de negócio devem ser submetidas a essa régua de negócio.

Custo de oportunidade do investimento

É o retorno mínimo exigido de um investimento baseado no retorno proporcionado pela alternativa na qual se deixou de investir. Ao investirmos em um negócio, ação ou ativo financeiro, procuramos obter o maior retorno possível. Nessa decisão, temos que levar em consideração:

- Um retorno maior que o custo;
- O que estamos deixando de ganhar por não investir em outras alternativas de igual risco. O custo de oportunidade.

---

* Taxa real — diz respeito à taxa acima do índice de inflação.

† Como chegamos a este valor: $1.000.000 (1+0.05)^5$. Essa formula será explicada oportunamente.

CAPÍTULO 3

INVESTIMENTO, RETORNO, RISCO E LIQUIDEZ

"Regra número um: nunca perca dinheiro!
Regra número dois: nunca se esqueça da regra número um."

— *Warren Buffet*

ESFORÇO E RECOMPENSA

Na história da humanidade, a busca por menor esforço e maior recompensa sempre esteve presente. Foi assim quando inventamos as ferramentas rudimentares para caçar, colher e preparar alimentos; e por que não dizer quando deixamos de ser nômades e nos fixamos em um local para plantar e colher; e, mais recentemente, nos reunimos nas cidades em busca de mais conforto.

Na teoria das finanças em geral, e do investimento em particular, a questão fundamental: "Como investir dinheiro hoje para conseguir mais dinheiro no futuro?" tem como pano de fundo exatamente aquilo que move a humanidade, ou seja, menos esforço e mais recompensa.

Quando resolvemos investir, abrimos mão do consumo imediato e nossa recompensa por essa postergação do consumo se realiza na forma de mais recursos financeiros no futuro do que a quantia inicialmente disponível e investida.

A lógica que comanda o ato de investir é buscar o maior retorno possível sobre o valor investido, ou de outra forma dado um determinado retorno, investir o mínimo possível. É a lei do menor esforço e da maior recompensa aplicada à decisão de investimento.

PERGUNTA-CHAVE DO INVESTIDOR

Qual é o potencial de entrada de caixa (retorno) proporcionado pelo investimento, seu risco e sua liquidez?

Para responder essa questão, além de conhecer muito bem o projeto e todas as variáveis que o afetam, precisaremos entender o conceito de fluxo de caixa descontado e o de probabilidade, ambos explanados mais à frente neste livro.

CRITÉRIOS PARA A DECISÃO DE INVESTIMENTO

Qualquer decisão de investimento envolve três variáveis:

- Retorno;
- Risco; e
- Liquidez.

RETORNO

O retorno esperado de um investimento é dado pela expectativa do ganho (recursos financeiros gerados por ele). Esse retorno se concretiza por meio da valorização do investimento em determinado período — quanto vale o investimento no final do período de tempo "T" versus o investido no momento zero —, e das entradas de caixa proporcionadas por este investimento até o período "T" (Renda + Valorização).

O retorno sobre o investimento é o "prêmio" que você espera receber como recompensa por aplicar ou investir seus recursos. Esse é normalmente o aspecto no qual as pessoas mais prestam atenção quando pensam em investir. Afinal, todos querem que seu dinheiro se valorize.

É importante analisar o **retorno líquido** do investimento: o montante que restará depois de descontados todos os impostos, tarifas e demais despesas. Muitas vezes, um investimento pode parecer atrativo à primeira vista, porém, pode se mostrar menos interessante depois que fazemos todas as deduções.

Avaliar a rentabilidade histórica (do passado) do investimento é um indicador interessante, porque nos dá uma referência sobre o comportamento deste ao longo do tempo. No entanto, isso não quer dizer necessariamente que o desempenho seguirá sendo o mesmo. Por isso, no mercado financeiro, é comum o alerta "rentabilidade passada não é garantia de rentabilidade futura".

Caso o retorno esperado do projeto/investimento seja maior do que as alternativas disponíveis, devemos avaliar seu risco antes de investir recursos.

RISCO

Fundamentalmente, o risco em um investimento pode ser definido como a possibilidade de perda financeira"*. É a probabilidade de o retorno esperado pelo investimento/projeto não se concretizar. É a medida da incerteza e pode ser calculado pela variabilidade esperada para o retorno do investimento ou projeto por meio de medidas estatísticas simples, como, por exemplo, desvio-padrão e/ou pela amplitude.

---

* GITMAN, 2004, p. 184.

Para ilustrarmos o conceito de risco vejamos o exemplo abaixo:

Um investidor quer aplicar seus recursos recebidos do FGTS, sacados por ocasião da aposentadoria, em um fundo de renda fixa sugerido pelo gerente de seu banco.

Ele perguntou qual era o risco da operação e o gerente não sabia, e disse que só sabia o desempenho do fundo em termos de rentabilidade anual nos últimos quatro anos: 9%, 10%, 12% e 13%, ou seja, uma média de 11% ao ano, que valeria a pena para o investidor.

Com base nesses números (única informação disponível), o investidor lembrou-se da primeira aula de estatística da faculdade: que a volatilidade histórica pode ser uma medida para o risco futuro, considerando um ambiente relativamente parecido com o passado. Uma das formas de analisar a volatilidade é medindo a sua oscilação. O desvio-padrão e a amplitude podem ajudar a medir a volatilidade. Caso se espere uma maior ou menor volatilidade futura, o risco será maior ou menor.

$$\text{Desvio-padrão} = \sqrt{\sum \frac{(X_i - \overline{X})^2}{n}}$$

Sendo: X_i = Valor individual = (9%, 10%, 12% e 13%)

$\overline{X}$ = Média dos valores = 11%

n = Número de observações = 4

Substituindo:

$$DP = \sqrt{\frac{(9 - 11)^2 + (10 - 11)^2 + (12 - 11)^2 + (13 - 11)^2}{4}}$$

$$DP = \sqrt{\frac{4 + 1 + 1 + 2}{4}}$$

$$DP = \sqrt{\frac{8}{4}}$$

$$DP = \sqrt{2}$$

$$DP = 1,41\%$$

Assim o desvio-padrão é de 1,41%, é baseado nas quatro observações e na média de 11%.

Risco medido pela amplitude = Calculado pela diferença entre o menor e o maior valor da série de retornos, no nosso caso 13%, 12%, 10% e 9%.

O risco será dado pela amplitude = 13% (-) 9% = 4%.

O tema risco é cativante e vasto e não vamos esgotá-lo aqui. Porém, vale a pena conceituar algumas premissas na gestão do risco e uma explanação sobre os tipos de risco que serão úteis na gestão financeira do seu empreendimento.

Premissas na gestão do risco

- Todo investidor tem um grau de aversão ao risco;
- Quanto maior o risco, maior deveria ser o retorno requerido no projeto/investimento; e
- O risco cresce com o tempo, isto é, cresce com o lapso de tempo entre a data 0 (zero) da decisão e a(s) data(s) do evento(s) gerador(es) dos retornos do projeto/investimento.

Tipos de risco

Quanto ao controle sobre os riscos, esses se dividem em não diversificáveis (sistemático) e diversificáveis (não sistemático).

O risco total é dado pela soma dos riscos sistemático e não sistemático.

Diversificáveis (não sistemáticos) são os riscos que podem ser evitados ou reduzidos pela atuação do investidor/gestor. Confira a forma como podemos dividi-los na Tabela 3.1.

Não diversificáveis (sistemáticos) afetam todos os investimentos do mercado (ativos, empresas, projetos etc.) e decorrem de fatores não controláveis como guerras, clima, atentados terroristas e hiperinflação. Veja a Tabela 3.1.

Tabela 3.1: Riscos Diversificáveis e Não Diversificáveis

	Diversificáveis	Não Diversificáveis	
	Riscos do Empreendimento	Riscos do Negócio	Riscos do País
Conceito	» Riscos sob a gestão do empreendimento e que afetam as operações e funções dele.	» Riscos que afetam todo o segmento de negócios do empreendimento.	» Relativo ao país onde a empresa está localizada ou atua. Decorre de variáveis políticas, econômicas, sociais, tecnológicas, ambientais e regulatórias.

	DIVERSIFICÁVEIS	NÃO DIVERSIFICÁVEIS	
	RISCOS DO EMPREENDIMENTO	RISCOS DO NEGÓCIO	RISCOS DO PAÍS
EXEMPLOS	» Inadimplência de clientes; » Greve dos funcionários; » Problemas ambientais causados pela empresa; » Qualidade do produto; » Imagem.	» Falta generalizada de matéria-prima para o segmento; » Concorrência de produtos importados; » Fusões e aquisições; » Consolidação do segmento.	» Embargo americano contra Cuba; » Sanções comerciais contra a Venezuela em 2018/2019; » Calotes.

Fonte: Elaborada pelos autores

Quanto à possibilidade de perdas, os riscos se classificam em:

TABELA 3.2: Risco de Crédito, Mercado e Liquidez

RISCO DE CRÉDITO	RISCO DE RENTABILIDADE OU DE MERCADO	RISCO DE LIQUIDEZ
» É a possibilidade de o devedor não pagar de volta o dinheiro que o empresário emprestou e/ou investiu.	» Acontece quando há oscilações nos preços dos ativos investidos. O preço de uma ação que você adquiriu pode cair em função do baixo desempenho da empresa e da economia, e nesse momento seu patrimônio diminui.	» Possibilidade e condições de resgate ou venda na hora de transformar o investimento em dinheiro disponível.

Fonte: Elaborada pelos autores

Riscos remunerados e riscos não remunerados

Segundo Cerbasi & Paschoarelli, dois conceitos importantíssimos para os empresários ou possíveis empreendedores são: risco remunerado e não remunerado.

O mercado (seu cliente) aceitará pagar (não é certo que pagará) pelos riscos que **não podem ser evitados** (não diversificáveis).

Exemplo: um laboratório que gasta fortunas em pesquisa oncológica corre o risco de, ao final da pesquisa, não chegar a nenhum produto viável. Esse é um risco não evitável. Caso contrário, se a cura para o câncer for descoberta por meio dessa pesquisa, o laboratório, com certeza, cobrará um preço bem maior pelo risco que correu e o mercado certamente irá remunerá-lo por isso.

De outro lado, o mercado (seu cliente) não vai remunerar **um risco evitável** incorrido desnecessariamente.

Exemplo: riscos por excesso de acidentes de trabalho em sua fábrica, ou de um acidente ambiental provocado por sua empresa, ou por erros grosseiros na administração de seus custos, não vão ser pagos por seu cliente, isto é, se você aumentar o preço para cobrir tais ineficiências (igualando as demais variáveis), certamente seu cliente comprará o produto do seu concorrente.

É importante ressaltar que todos os investimentos, quaisquer que sejam, têm risco. Por isso, você precisa avaliar se o retorno esperado compensa o risco e, então, tomar sua decisão conscientemente, pensando no valor máximo que está disposto a perder.

Liquidez

O terceiro critério é normalmente o menos observado, porém não menos relevante. A liquidez de um investimento é o grau de facilidade e rapidez com que transformamos o investimento (título, imóveis, estoque) em dinheiro.

Se o investimento for comprar um imóvel, o investidor deve levar em conta que precisará de tempo para vendê-lo. Podem ser semanas, meses ou até anos. Por outro lado, se você aplicar em um fundo de renda fixa, poderá ter os recursos na sua conta quando quiser, às vezes, até no mesmo dia, independentemente da perda de rentabilidade.

Um investimento com boa liquidez é interessante, pois permite que você mude de ideia ou aproveite oportunidades melhores que surjam no meio do caminho. Portanto, é crucial refletir quando poderá precisar daquele dinheiro e optar por investimentos com liquidez compatível.

Decisão de investimento – Qual é o melhor mix?

A partir da observação dos três critérios apresentados, podemos concluir que o investidor precisa encontrar sua combinação ideal de retorno, risco e liquidez – uma fórmula que pode variar em diferentes fases da vida do investidor e da empresa, conforme mudarem os objetivos, o horizonte de investimento e a tolerância ao risco.

Seria ótimo fazer um investimento com alto retorno, baixo risco e alta liquidez, porém isso é praticamente impossível. No mundo real, precisamos priorizar um ou, com sorte, dois desses aspectos. Geralmente, para obter um retorno maior nos investimentos, será preciso correr maior risco e/ou aceitar uma menor liquidez.

CAPÍTULO 4

INVESTIMENTOS NO MERCADO FINANCEIRO BRASILEIRO

"Uma das coisas mais importantes é a capacidade de dizer não a um investimento."

— *Henry Kravis*

Nesta seção descreveremos os investimentos no mercado financeiro brasileiro, analisando suas características de retorno, risco e liquidez.

MERCADO FINANCEIRO

Nos negócios e na economia há agentes que precisam de recursos para viabilizar suas necessidades de consumo e de investimentos. São os chamados **agentes deficitários**.

Felizmente existem participantes nos negócios e na economia com recursos em excesso disponíveis, decorrentes de lucros, poupança ou venda de ativos. Esses são os chamados agentes superavitários que estão em busca de bons retornos para seus recursos.

Para realizar de forma especializada e harmônica o encontro das necessidades de deficitários e superavitários, existem agentes financeiros intermediários que, junto de reguladores e produtos de investimento e de financiamento, formam o **mercado financeiro**, representado na figura abaixo:

FIGURA 4.1: Mercado Financeiro

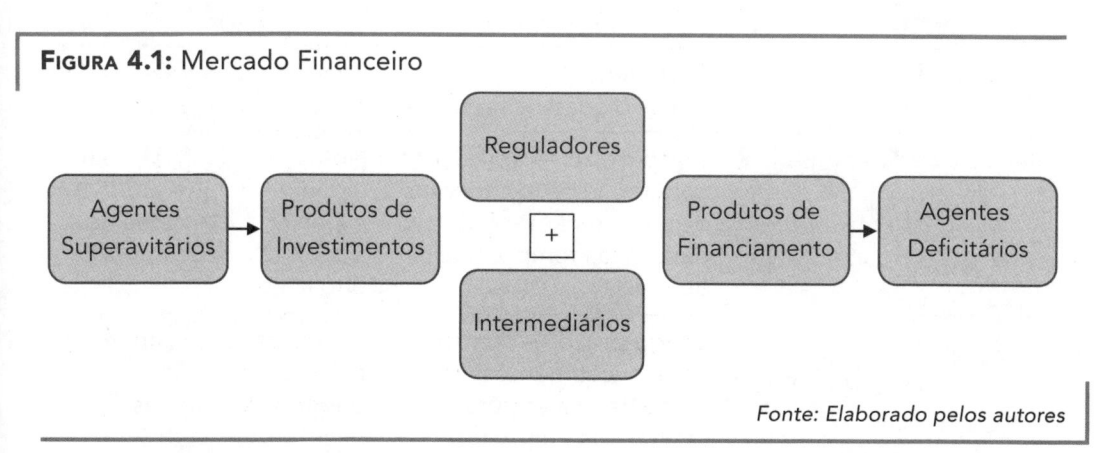

Fonte: Elaborado pelos autores

No momento em que este livro foi escrito, os produtos de investimento, financiamento e os reguladores e intermediários atuantes no mercado brasileiro eram os seguintes:

Tabela 4.1: Sistema Financeiro Nacional (SFN)

Produtos de Investimentos	Reguladores	Produtos de Financiamento
Aplicação	Conselho Monetário Nacional (CMN)	**Captação**
Pessoa Física	Conselho Nacional de Seguros Privados (CNSP)	*Pessoa Física*
Renda Fixa	Conselho Nacional de Previdência Complementar (CNPC)	Cheque especial
Caderneta de Poupança	Banco Central do Brasil (Bacen)	Cartão de crédito
CDB e RDB	Comissão de Valores Mobiliários (CVM)	Crédito direto ao consumidor
Cotas de fundos de investimento	Superintendência de Seguros Privados (Susep)	Crédito consignado
Fundos de pensão ou de previdência	Superintendência Nacional de Previdência Complementar (Previc)	Hipoteca
Debêntures		Consórcio
Títulos Públicos - Tesouro Direto	**Intermediários**	Antecipação de IR
Renda Variável	Instituições financeiras captadoras de depósitos à vista	
Ações	Bolsas de mercadorias e futuros	*Pessoa Jurídica*
Fundos de pensão (com ações e derivativos)	Resseguradoras	**Curto Prazo**
Plano de previdência privada (com ações e derivativos)	Demais instituições financeiras	Adiantamento de recebíveis
Fundos de investimentos (com ações e derivativos)	Bancos de câmbio	Desconto de duplicatas
	Bolsas de valores	Desconto de cheque
	Sociedades seguradoras de terceiros	Cheque especial empresa
Pessoa Jurídica	Sociedades de capitalização	Conta garantida
Títulos públicos	Entidades abertas de previdência complementar	
CDB e RDB	Entidades fechadas de previdência complementar	**Longo Prazo**
Títulos de capitalização	(Fundos de Pensão)	Empréstimos
Caderneta de Poupança		Financiamentos
Fundos de investimentos		BNDES
Fundos de renda fixa		Cartão de crédito empresarial
Fundos de renda variável		Finame
Fundos de Investimentos em Direitos Creditórios (FIDC)		PROGER
Ações		Capital de risco
Participação em outras empresas		Abertura de capital
		Emissão de ações e debêntures

Fonte: Elaborada pelos autores

O mercado financeiro pode ser classificado segundo vários critérios. Para os fins deste livro, é importante classificá-lo em relação ao prazo de operações:

Tabela 4.2: Mercado Financeiro

Mercado	Descrição	Exemplos
Mercado Monetário	Curtíssimo prazo — trocas diárias de recursos.	Bancos e governos trocam títulos públicos.
Mercado de Crédito	Curto prazo — aplicações para recursos excedentes de caixa e captações para faltas temporárias de crédito.	Notas promissórias, uso do limite do cheque especial, cadernetas de poupança, desconto de duplicatas.
Mercado de Capitais	Longo prazo — recursos para investimentos; estabelece a estrutura de capital das empresas.	Linhas de financiamento público e privado, debêntures e ações.

MERCADO	DESCRIÇÃO	EXEMPLOS
Mercado de Câmbio	Curto e longo prazos — viabilizam as trocas de moeda entre diferentes países.	Compra e venda de dólar, euro, ienes, reais e outras moedas. Operações de *hedge* cambial.
Mercado Futuro e a Termo	Curto e longo prazos — permitem a negociação no presente de trocas a serem realizadas no futuro.	Contratos futuros de commodities, moedas, taxa de juros.
Mercado de Opções e Derivativos	Viabiliza o encontro de agentes com apostas diferentes sobre o comportamento futuro de determinados ativos. Os contratos de opções têm seu valor originado na variação de preços de outros ativos, por isso são chamados de derivativos. Paga-se hoje pelo direito de comprar ou vender algo no futuro. Oferece a possibilidade de garantir agora o direito de comprar ou vender algo no futuro.	Opção de venda de ações. Opção de compra de moedas.

Fonte: Elaborada pelos autores

Para o objetivo deste livro, exploraremos apenas o mercado de crédito e, em menor escala, o mercado de capitais, já que os demais mercados têm poucos produtos adequados ou acessíveis às pequenas e médias empresas.

PRODUTOS DE INVESTIMENTO (EMPREENDEDOR E EMPRESÁRIO COMO INVESTIDORES)

Primeiramente, avaliaremos os produtos de investimento para você empreendedor/empresário do ponto de vista de um investidor pessoa física.

A ideia é que você possa ter ciência do retorno, do risco e da liquidez de diversos tipos de investimento com o objetivo de avaliar o custo de oportunidade do investimento no seu negócio/empresa.

No mercado financeiro são encontradas diversas opções de investimento, com retorno, risco e liquidez diferentes, que podem ser escolhidos de acordo com o objetivo, perfil do investidor e disponibilidade de recursos para aplicar.

Os investimentos em geral se dividem em:

- Investimento em ativos imobiliários (bens tangíveis — imóveis, obras de arte etc.);
- Investimentos em ativos mobiliários (bens intangíveis — poupança, Tesouro Direto, CDB, fundos, ações, letras do Tesouro Nacional etc.).

Os investimentos mobiliários por sua vez podem ser classificados em investimentos de renda fixa e em investimentos de renda variável.

Renda Fixa

Os investimentos em renda fixa são aqueles cuja remuneração, ou sua forma de cálculo, pode ser previamente definida no momento da aplicação/investimento.

Dentre os investimentos mais populares nessa categoria, estão os títulos públicos, caderneta de poupança, os fundos de Disponibilidade Interna (DI) de renda fixa, as debêntures e os Certificados de Depósito Bancário (CDBs) emitidos pelos bancos.

Pelo fato de não estarem tão sujeitas às oscilações do mercado e o fato de o investidor conhecer previamente a sua rentabilidade, as aplicações de renda fixa podem ser consideradas menos arriscadas e, por isso, mais adequadas a quem tem perfil conservador (mais avesso ao risco).

Entretanto, isso não descarta totalmente a possibilidade de perdas reais — quando se desconta a inflação. Apesar de raros, os prejuízos podem ocorrer se o emissor do título não cumprir com a obrigação assumida (risco de crédito) ou ainda se, ao final da aplicação, ela se revelar menos rentável (risco de mercado) do que outros investimentos de risco similar e disponíveis durante o mesmo período. Se o investidor precisar de liquidez antes do prazo combinado, o resgate antecipado, se possível, prejudicará o retorno.

Renda Variável

Já nas aplicações de renda variável, o investidor não tem como saber previamente qual será a rentabilidade que poderá obter. Fazem parte dessa categoria os investimentos em ações, moedas, ouro e fundos de renda variável em geral.

Como o próprio nome diz, na renda variável, os preços dos ativos sofrem variações a todo momento, sendo definidos por conta de diversos eventos que afetam as empresas emissoras, o mercado de moedas, a economia e o próprio mercado financeiro.

Em contrapartida, justamente por trazer mais riscos, a renda variável normalmente deveria proporcionar maior rentabilidade, principalmente se o investimento for feito com critério, diante de opções bem avaliadas e com diversificação. Além disso, eventuais desvalorizações das ações/moedas/ouro podem ser revertidas para quem deixa os papéis aplicados no longo prazo, desde que o investimento tenha sido realizado de maneira fundamentada. Por isso, é aconselhável que a pessoa não dependa do dinheiro investido na renda variável para gastos imediatos.

Na tabela abaixo, apresentamos alguns exemplos de investimentos de renda fixa e variável:

Tabela 4.3: Tipos de Renda Fixa e Variável

Tipos de Renda Fixa		
		Tesouro Direto
		Poupança
		CDB/LCI/LCA
		Debêntures

Tipos de Renda Variável		
		Ações e Derivativos
		Ouro
		Petróleo
		Dólar

Fonte: Elaborada pelos autores

A Melhor Combinação

Pode parecer que essas duas modalidades de investimentos (renda fixa e renda variável) são mutuamente exclusivas, o que não é verdade. Ambas devem ser utilizadas em conjunto como partes de um plano de investimentos, entretanto, elas têm características diferentes e por isso devem ser usadas para objetivos diferentes!

Recomendamos avaliar as três variáveis fundamentais antes de escolher o investimento: retorno, risco e liquidez para cada investidor.

A tabela abaixo ilustra teoricamente o ranking das variáveis (retorno, liquidez e risco) para alguns investimentos:

Tabela 4.4: Posicionamento dos Investimentos

Investimento em:	Proporciona		
	Em 1° Lugar	Em 2° Lugar	Em 3° Lugar
Poupança	Segurança	Liquidez	Rentabilidade
Renda Fixa	Segurança	Liquidez	Rentabilidade
Ações	Rentabilidade	Liquidez	Segurança
Imóveis	Segurança	Rentabilidade	Liquidez

Fonte: Elaborada pelos autores

TIPOS DE INVESTIMENTO NO MERCADO BRASILEIRO

E quais são os investimentos disponíveis para você empreendedor no mercado financeiro brasileiro, caso você não tenha sido tomado (para nossa sorte e da economia) pelo espírito animal divulgado por Adam Smith?

Faremos uma breve explanação sobre os diversos tipos de investimento disponíveis no mercado ressaltando suas características de retorno, risco e liquidez.

A ideia é que você empreendedor/empresário tenha a ciência de que seu empreendimento/negócio deve obter retornos adequados e normalmente maiores do que os disponíveis no mercado financeiro brasileiro. É como se estivéssemos buscando o custo de oportunidade do investimento em uma empresa.

RENDA FIXA

Títulos públicos do governo

Os títulos públicos são ativos de renda fixa emitidos pelo Tesouro Nacional para financiar a dívida pública nacional. Têm grande previsibilidade de retorno, liquidez diária, baixo custo de carregamento e baixíssimo risco de crédito, porque têm a solidez de uma instituição forte, o governo brasileiro.

Ao comprar um título público, você empresta dinheiro para o governo brasileiro em troca do direito de receber no futuro uma remuneração por esse empréstimo, ou seja, você receberá o que emprestou mais os juros sobre esse empréstimo.

O principal caminho para investir em títulos públicos é o Tesouro Direto, o programa do Tesouro Nacional desenvolvido em parceria com a B3 (Bolsa de Valores) para venda de títulos públicos federais para pessoas físicas, por meio da internet.

Poupança, CDBs e outros investimentos cujo tomador é um banco

São investimentos baseados em dívida, isto é, no caso da poupança, CDB e outros títulos de bancos é como se o investidor estivesse emprestando ao banco. Pode parecer estranho à primeira vista, já que o mais comum é uma pessoa pedir empréstimo a uma instituição financeira. Porém, o inverso precisa acontecer e é fundamental para que os bancos tenham recursos suficientes para oferecer financiamentos a seus clientes (Superavitários => Banco => Deficitários).

A operação de emprestar a um banco envolve a compra de títulos emitidos por ele em troca de um rendimento futuro. O risco dessa aplicação dependerá da reputação do banco emissor. Geralmente, os grandes bancos brasileiros são considerados sólidos e, portanto, o risco é muito baixo. Além disso, há o Fundo Garantidor de Crédito (FGC), que assegura aplicações de até R$250 mil caso o banco quebre.

A rentabilidade dessa aplicação **geralmente** está em linha com os títulos públicos. Contudo, pode ser maior no caso de instituições financeiras de menor porte que apresentem maior risco de crédito. A taxa de remuneração oferecida também pode ser mais elevada se o investidor aceitar comprar títulos com prazos de vencimentos mais longos e, portanto, de menor liquidez.

Nesta categoria de investimento, estão enquadrados o Certificado de Depósito Bancário (CDB), as Letras de Crédito do Agronegócio (LCA) e as Letras de Crédito Imobiliário (LCI), essas últimas isentas de imposto de renda. Podemos incluir aqui também a poupança, que muitas pessoas, erroneamente, acreditam estar associada a um risco do governo, quando na verdade envolvem um risco do banco.

Para que você tenha um exemplo, um CDB emitido por um grande banco paga hoje em torno de 90% da Selic* (taxa básica de juros do Banco Central) em um ano. Já os de instituições menores chegam a pagar até 130% da Selic no mesmo período.

Debêntures — Títulos emitidos por empresas S/As

Assim como o governo e os bancos, muitas empresas costumam tomar empréstimos para financiar seus projetos de médio e longo prazos ou para fazer frente às dívidas preexistentes. Comprar os títulos emitidos por elas, os chamados debêntures, pode ser uma oportunidade de obter um bom rendimento.

Nesse tipo de investimento, o risco de crédito depende da companhia que toma o empréstimo. Portanto, é importante se informar bem antes de comprar os papéis. O retorno tende a ser proporcional ao risco. Logo, para riscos maiores, as possibilidades de rendimento costumam ser boas, normalmente superiores às de títulos públicos e de bancos. Já a liquidez pode oscilar conforme as condições do mercado.

A taxa de remuneração das principais debêntures em média estava em IPCA + 4% a 8% ao ano em dezembro de 2018. Essa rentabilidade pode ser maior à medida que o prazo também aumenta. Lembramos que o investimento em debêntures não está protegido pelo Fundo Garantidor de Crédito.

Existem debêntures que podem, sob certas condições pré-pactuadas, transformar-se em ações. São os chamados debêntures conversíveis.

Agora que você já conhece os tipos mais comuns de investimento em renda fixa: títulos de dívida, que consistem em emprestar dinheiro em troca de uma remuneração futura, falaremos sobre o grupo de renda variável.

Renda Variável

Investimentos em ações

Investir em ações é basicamente fazer uma aposta no sucesso financeiro de uma empresa. Se tudo correr bem, você, como acionista, receberá parte dos lucros, e poderá vender suas ações/participação por um valor maior do que aquele que pagou. Por outro lado, se o negócio tiver prejuízo, ou até mesmo fracassar, você não obterá os rendimentos imaginados e ainda poderá perder em parte ou no todo o valor investido, pela desvalorização das ações.

---

* A famosa taxa Selic é usada como padrão de remuneração de diversas operações do mercado financeiro, sendo considerada uma taxa livre de risco. O nome Selic é a abreviação de Sistema Especial de Liquidação e Custódia, e acabou fincando por uso e costume, pois na verdade é onde se guarda em custódia os títulos emitidos pelo Tesouro Nacional e pelo Banco Central do Brasil.

O retorno desse tipo de investimento não pode ser previsto de antemão, mas deveria ser proporcional ao risco assumido e maior, portanto, que o retorno proporcionado pelos investimentos em renda fixa. Na renda variável, o investidor está disposto a arcar com perdas temporárias em troca da possibilidade de um retorno acima do que seria proporcionado por um título de renda fixa, seja ele de dívida pública ou privada. Diríamos que a expectativa de retorno é mais alta, e o risco maior.

Essa é a situação em que você se enquadra quando compra ações de uma companhia de capital aberto, listada na bolsa de valores, e se torna um sócio minoritário. Você participa de um empreendimento de risco, sem garantia de retorno do dinheiro aplicado.

Para se ter uma ideia, o índice Bovespa, principal indicador de ações do mercado brasileiro, teve valorização nominal média de 14,1% ao ano no período desde o início do Plano Real, em 1994, até o fim de 2019*. Houve, porém, períodos de forte baixa e forte alta durante esse mesmo período. O ano mais favorável foi 1999, com alta de 151,9%, e o pior 2008, com baixa de 41,2%.

A liquidez das ações varia de empresa para empresa, algumas são negociadas em altos volumes todos os dias e outras têm pouco volume e nem sempre têm negócios. Caso haja interessados, você consegue negociar papeis de companhias abertas na bolsa a qualquer momento, e ter seu dinheiro de volta em dois dias. É certo que essa boa liquidez às vezes vem acompanhada de perda de rentabilidade, pois, no momento que você precisar do dinheiro, nem sempre a ação estará no pico de valorização. Se todos quiserem vender ao mesmo tempo, isso poderá acarretar a queda no preço.

Investimentos em ativos reais

Existe um terceiro tipo de investimento que agrupamos em um guarda-chuva que chamamos de **ativos reais**. Ele inclui, por exemplo, a compra de imóveis, obras de arte e a aquisição ou abertura de uma empresa.

Aquisição de imóvel

Ao comprar um imóvel para investimento, você busca, como sempre, um retorno compatível com o risco, que no caso dos imóveis é considerado menor que nos demais investimentos, abrindo mão de uma maior liquidez. O retorno do investimento em um imóvel ocorre pela valorização dele, e pela renda proporcionada pelo aluguel. O aluguel mensal atualmente flutua entre 0,2% e 0,5% do valor do imóvel e terá os valores corrigidos anualmente por algum índice de inflação acordado entre as partes. Fora o risco de liquidez (se você precisar do dinheiro do imóvel e ter dificuldade para vendê-lo rapidamente, sendo obrigado a vendê-lo por um valor menor do que o de mercado), os riscos de crédito (inquilino não paga o aluguel) e de mercado (inquilino devolve o imóvel e você terá que manter o imóvel fechado e arcar com as despesas decorrentes — condomínio, IPTU, manutenção etc.), sem contar o risco de não conseguir alugar nas mesmas bases.

---

* Disponível em: <http://bvmf.bmfbovespa.com.br/indices/ResumoTaxaMediaCrescimento.aspx?Indice=I-BOV&idioma=pt-br>.

Os riscos do investimento em imóveis são menores do que outras aplicações, porém os rendimentos também o são. Entre 2008 e 2019, os imóveis se valorizaram em 208,94% (índice FipeZap), contra um crescimento de 212,01% do CDI no mesmo período. Também deve ser levado em consideração o rendimento proporcionado pelo aluguel, que hoje encontra-se em torno de 4,21% ao ano nas regiões metropolitanas, contra o CDI de 5,38% no período de um ano (jan/dez — 2019)

GRÁFICO 4.1: Variação (2008 a Venda dos Imóveis x CDI)

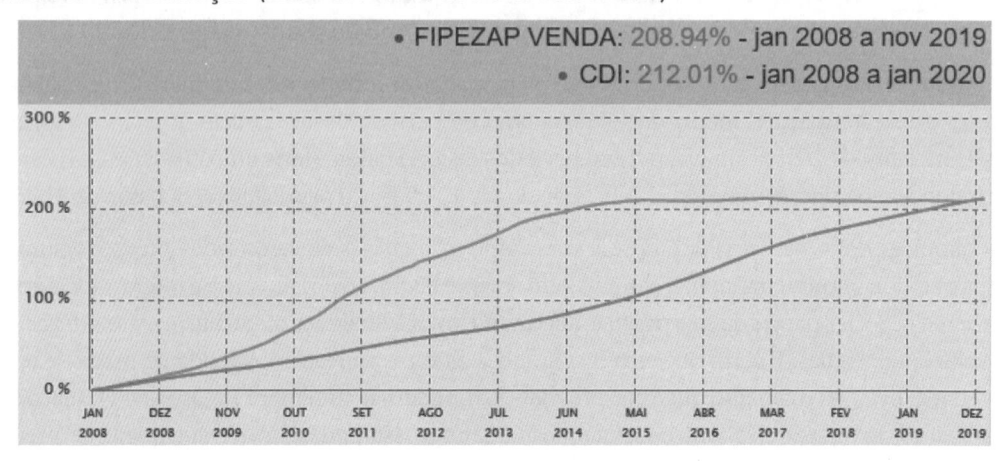

Fonte: http://fipezap.zapimoveis.com.br/

GRÁFICO 4.2: Variação da Locação de Imóveis x CDI

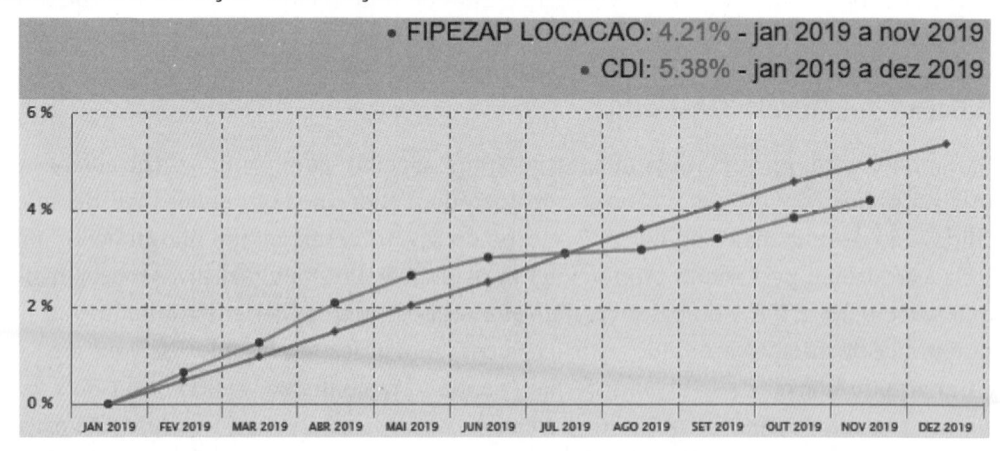

Fonte: http://fipezap.zapimoveis.com.br/

O investimento em imóvel pode oferecer oportunidades interessantes em termos de risco e retorno, mas é preciso ponderar também a questão da liquidez, normalmente menor do que nos demais investimentos, além dos custos transacionais envolvidos (escritura, documentação e ITBI).

Abertura de empresa

Abrir uma empresa é classificado como um investimento em um ativo real. Ele apresenta características de retorno, risco e liquidez bastante peculiares em relação aos demais tipos de investimento, sejam eles ativos reais ou não.

Abordaremos em detalhes o investimento Empresa na próxima seção, mas, agora, gostaríamos apenas de caracterizar esse tipo de investimento do ponto de vista do investidor como sendo o de maior risco comparativamente aos demais, com liquidez muito baixa e com uma rentabilidade que deveria, mas que nem sempre tem se efetivado como superior aos demais investimentos disponíveis no mercado financeiro.

Se tomarmos o investimento em uma empresa via ações na bolsa, sua rentabilidade está baseada no desempenho da empresa que ela representa, com todos os riscos que uma empresa está sujeita no mercado em que atua. Além disso, o papel (ação) está sujeito aos riscos do mercado financeiro em geral e especificamente aos riscos da bolsa. Uma empresa cotada em bolsa normalmente já tem um passado de desempenho, uma administração profissional, analistas de mercado que acompanham e cobram desempenho e, é claro, diversos órgãos reguladores e fiscalizadores do governo (ANBIMA, ANCORD, ANIMEC, ABAMEC, CVM etc.), que de certa forma ajudam a mitigar alguns riscos.

Enquanto isso, a abertura de uma empresa, e sua operação, carrega muito mais riscos do que aquela cotada em bolsa com anos de experiência e produtos já consagradas pelo mercado. Uma nova empresa incipiente com "c" e na maioria das vezes com "s" normalmente tem escassez de recursos, pouca penetração de seus produtos no mercado e dependência excessiva do empreendedor. Como vimos, para riscos maiores, retornos maiores devem ser requeridos.

No que diz respeito à liquidez, enquanto na bolsa há um mercado diário para que você venda suas ações, com maior ou menor desconto, uma empresa não negociada em bolsa nem sempre tem muitos interessados dispostos a pagar um bom dinheiro por elas, principalmente por que, não raro, sem o empreendedor a empresa não funciona.

INVESTIMENTOS DISPONÍVEIS NO MERCADO BRASILEIRO E A SUA RELAÇÃO RISCO, RETORNO E LIQUIDEZ

Após essa breve descrição dos tipos de investimento disponíveis ao investidor brasileiro, para sumarizar gostaríamos de demonstrar, por meio do gráfico a seguir, a curva teórica de investimentos comparando a posição de cada investimento, em relação ao retorno, ao risco percebido, e adicionalmente a um "ranking" de liquidez.

GRÁFICO 4.3: Curva Teórica de Investimentos – Retorno, Risco e liquidez

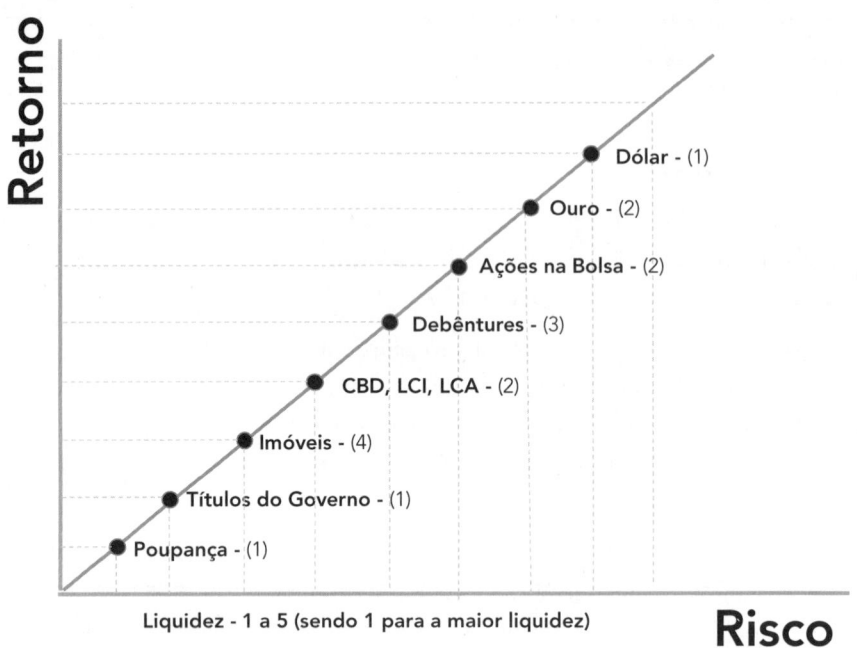

Liquidez - 1 a 5 (sendo 1 para a maior liquidez)

Fonte: Elaborado pelos autores

Tabela 4.5: Melhores Investimentos Base (Dezembro de 2019)

Investim. / Indicadores	12 M	24 M	36 M	60 M	120 M
Tesouro IPCA + 2045	17,38%				
Dólar Ptax BC	17,13%	18,89%	-0,77%	65,41%	65,80%
Ouro BM&F	16,93%	33,16%	16,75%	74,81%	147,38%
Dólar Mercado	16,91%	19,24%	-1,85%	64,36%	66,09%
Ibovespa	15,03%	45,93%	102,74%	70,63%	134,05%
Tesouro Prefixado 2023	14,79%	37,16%			
Tesouro IPCA + 2035	14,20%	30,36%	97,56%	124,80%	
Euro Mercado	11,85%	29,73%	3,35%	36,90%	37,38%
Euro Ptax BC	11,83%	29,10%	4,44%	37,58%	37,08%
Tesouro Prefixado 2021	11,72%	31,93%	83,93%		
Tesouro IPCA + 2024	11,71%	27,18%	60,95%	98,54%	
Tesouro Prefixado 2020	8,98%				
IGP-M	7,53%	6,98%	14,65%	31,40%	71,89%
Poupança + IR*	7,48%	15,75%	26,83%	49,55%	114,92%
LCI/LCA 95% CDI + IR*	7,38%	18,94%	37,05%	74,25%	178,09%
LCI/LCA 90% CDI + IR*	6,99%	17,87%	34,83%	69,37%	164,09%
LCI/LCA 85% CDI + IR*	6,59%	16,81%	32,65%	64,62%	150,75%
CDB-DI 102% CDI	6,56%	17,38%	34,17%	69,10%	169,04%
CDI	6,42%	17,07%	33,40%	67,37%	163,87%
Tesouro Prefixado 2019	6,34%	22,21%			
CDB-DI 98% CDI	6,29%	16,65%	32,63%	65,65%	158,80%
Tesouro IPCA + 2019	6,19%	20,05%	40,76%	80,25%	
LCI/LCA 80% CDI + IR*	6,19%	15,76%	30,50%	59,99%	138,04%
CDB-DI 95% CDI	6,09%	16,10%	31,49%	63,11%	151,38%
Tesouro Selic 2021	5,99%	16,42%	32,08%		
Tesouro Selic 2023	5,84%				
CDB-DI 90% CDI	5,76%	15,19%	29,61%	58,97%	139,48%
Nova Poupança + IR*	5,60%	13,58%	24,48%	46,83%	0,00%
CDB-DI 85% CDI	5,43%	14,29%	27,76%	54,93%	128,14%
CDB-DI 80% CDI	5,11%	13,40%	25,93%	50,99%	117,34%

Fonte: http://minhaseconomias.com.br/blog/investimentos/melhores-investimentos-2019

*Alíquotas de imposto de renda (IR) utilizadas: 22,5% para o mês, 17,5% para o período de 2019, e 15% para os períodos de 24 e 36 meses

No gráfico abaixo, e com base na Tabela 4.5, plotamos a curva real de retorno do ano de 2019 comparativamente à curva teórica. Podemos notar que os imóveis perderam em retorno para a poupança e para os títulos do governo, e que estes últimos, por sua vez, superaram com folga CDB e debêntures. Ações, ouro e dólar, justificando o risco maior, apresentaram maior retorno. Como podemos notar, a curva real não obedece exatamente aos preceitos da teoria e sim às condições de mercado. Na tabela vimos que os imóveis tiveram, em 2019, a pior performance média entre todos os ativos. Essa situação reflete a elevada valorização ocorrida no período 2012-2014 com excesso de demanda e falta de oferta. Muito investimento por parte dos ofertantes, e os efeitos da forte crise econômica iniciada em 2014, fizeram com que o mercado de imóveis (preço e renda) sofressem bastante desde então.

Gráfico 4.4: Curva Real x Curva Teórica de Investimentos em 2019 (12 meses)

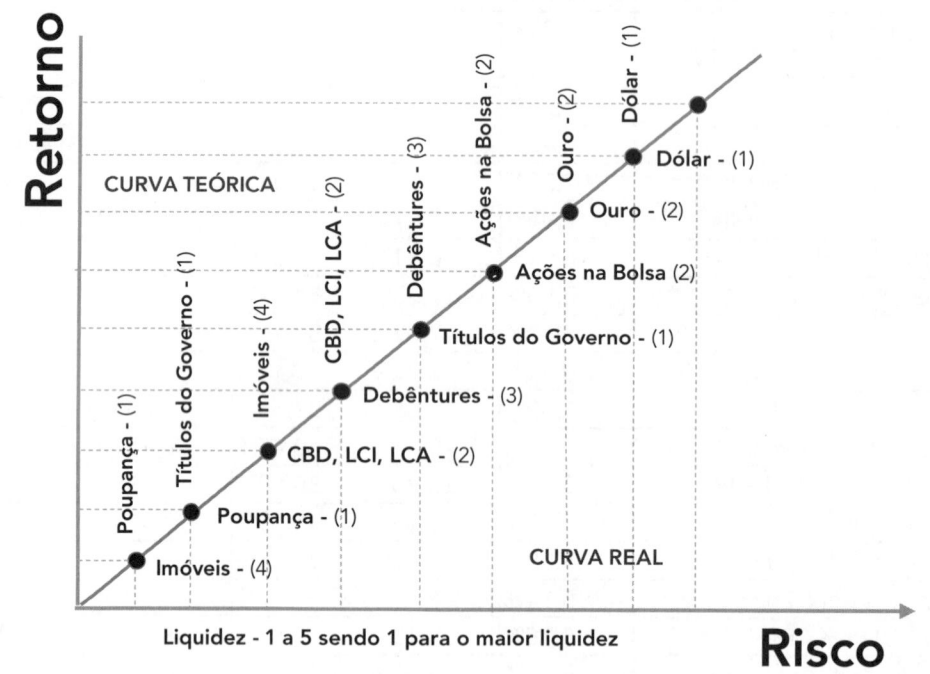

Fonte: Elaborado pelos autores

O gráfico acima corrobora a variabilidade dos retornos reais versus a teoria, bem como da relação entre retorno, risco e liquidez.

O investidor deve estar sempre muito bem informado para mudar sua estratégia de investimento de forma oportuna.

A EMPRESA COMO INVESTIMENTO

Nesta seção apresentamos a empresa como um investimento sob o ponto de vista do Empreendedor/Investidor.

CARACTERÍSTICAS DO INVESTIMENTO EMPRESA

Uma empresa, do ponto de vista das finanças, é um investimento e como tal objetiva retorno, está sujeita a riscos e apresenta um determinado grau de liquidez. Se do ponto de vista do mercado ela deve satisfazer um desejo ou uma necessidade do cliente, do ponto de vista financeiro, ela precisa sobreviver no longo prazo e dar retorno ao empreendedor.

Dar retorno significa proporcionar entradas de caixa superiores ao valor investido, acima dos custos de financiamento de operação da empresa e maiores que o custo de oportunidade do acionista.

Diferentemente de um investimento na poupança, no Tesouro Direto, em um fundo de investimento, ou na bolsa, o investimento na empresa tem características bem diferentes quanto a:

Disponibilidade

No mercado financeiro você investe a parcela que sobra depois de pagar seus gastos e, caso precise do recurso emergencialmente, você tem a alternativa de resgatá-lo.

Na empresa, independentemente do quanto de recursos próprios você tenha, o investimento requerido pode ser maior que sua disponibilidade, e não há possibilidade de resgate a qualquer momento.

Tempo de maturação e permanência com o investimento

Se no mercado financeiro você tem a opção de investir a curto, médio ou longo prazo, na empresa, o prazo do investimento, espera-se, deverá ser certamente maior do que a sua própria existência, mesmo que você, como empreendedor, venda o negócio para um terceiro.

Retorno

Ideias geniais, nichos de mercado inexplorados e paixão são condições necessárias, mas não suficientes para que um empreendimento sobreviva e continue entregando uma ideia original, um produto inovador ou deixando um legado.

Como investimento, a empresa tem que dar retorno (criar valor para o acionista). Esse retorno, consubstanciado em mais dinheiro no futuro do que aquele investido no passado, tem que cobrir todos os custos incorridos para gerá-lo e remunerar o investidor pelos riscos, que, como vimos, são maiores do que os dos investimentos disponíveis no mercado financeiro.

Se a empresa não atingir um retorno compatível com o retorno proporcionado por outros investimentos com risco semelhante, seus sócios deveriam, e os emprestadores irão, deixar de investir/emprestar, e procurar outro investimento. No limite, por falta de investidores/ emprestadores a empresa não sobreviverá.

Risco

Ao abrir uma empresa, o investidor/empreendedor vai se deparar com incertezas em quantidade e magnitude bem superiores a um investimento na renda fixa, na renda variável ou em um bem real. O número de variáveis não controláveis oriundas do ambiente externo remoto que influenciam a empresa (variáveis políticas, econômicas, sociais, tecnológicas, ambientais e regulatórias) e o baixo nível de controle das variáveis do ambiente próximo que impactam as decisões e resultados do negócio (consumidores, clientes, fornecedores, concorrentes, sindicato, comunidade) fazem com que o risco do investimento em uma empresa seja muito maior do que o risco nos outros tipos de investimento.

Liquidez

Em um investimento de renda fixa, caso você precise resgatar seu dinheiro antes do dia do vencimento, você poderá fazê-lo, mas com alguma perda de rentabilidade (antes de investir em um fundo, você já fica sabendo em quantos dias após solicitado o resgate, o dinheiro estará disponível em sua conta corrente). Na renda variável (bolsa), você pode vender a qualquer momento, sujeito ao preço da ação naquele dia e em dois dias úteis (Brasil) seu dinheiro estará na sua conta. Na empresa, nem sempre no momento que você precisar, ele terá rendido alguma coisa (na verdade o montante corrente do investimento poderá ser menor que aquilo que você investiu) ou, no caso de a empresa ser rentável e ter proporcionado lucro, nem sempre o recurso estará disponível no caixa, ou por razões fiscais ou societárias poderá ser retirado. Assim, a liquidez de um investimento em uma empresa é baixa e incerta.

Risco maior e liquidez baixa requer retorno maior

Como vimos, o risco de abrir e operar uma empresa é muito maior que o risco de investimentos em renda fixa e de renda variável disponíveis aos investidores brasileiros, inclusive comparado ao investimento em uma empresa com ações na bolsa.

A liquidez de um investimento em um ativo real, no caso a abertura e operação de uma empresa, é infinitamente menor do que aquela dos investimentos financeiros e até menor do que o investimento em um imóvel. Com risco maior e liquidez menor, é claro que o retorno requerido para um investimento na empresa deve ser muito superior ao retorno proporcionado pelos investimentos disponíveis no mercado financeiro brasileiro, num imóvel ou na bolsa. Isso nem sempre ocorre e o intuito deste livro é ajudá-lo a obter um retorno justo e proporcional ao alto risco e à baixa liquidez de ser dono de uma empresa.

Ao lado, plotamos no gráfico teórico do retorno (x) risco (x) liquidez, o posicionamento de uma empresa/startup.

Gráfico 4.5: Curva Teórica Incluindo a Expectativa de uma Nova Empresa:

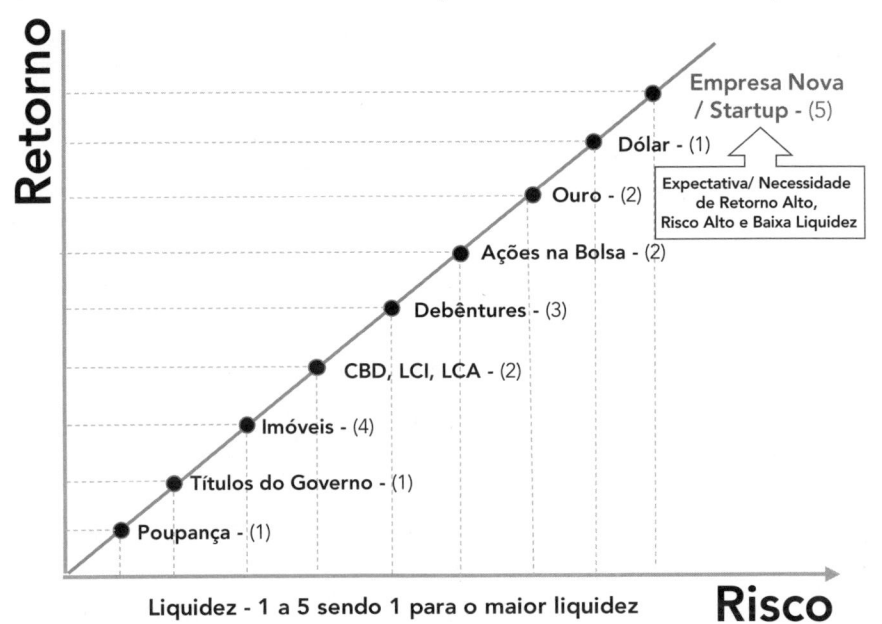

Fonte: Elaborado pelos autores

CAPÍTULO 5

COMO MEDIR INVESTIMENTO, RETORNO E LIQUIDEZ NAS EMPRESAS

"Se você não for um bom contador, será como um cego e poderá arcar com grandes prejuízos."

— *Frei Luca Pacciolo*

Quando você faz um investimento em renda fixa, após decidir o valor e o tipo, basta que você, à medida que o tempo passa, acompanhe o rendimento e aguarde até o dia do vencimento da aplicação, quando você poderá resgatar, conferir o rendimento líquido (depois do IR), comparar com outros e com a inflação do período, e começar a pesquisar outro investimento, caso não tenha outro destino para os recursos.

No caso de imóvel para aluguel, após a compra, documentação e locação, o acompanhamento é bem mais fácil, e se resume a receber o aluguel em dia e confirmar se os impostos e condomínio, se houver, estão sendo honrados pelo inquilino. Se o objetivo do investimento em imóvel for revenda, basta monitorar o mercado para não perder a oportunidade de venda com bom retorno.

Na renda variável, em ações por exemplo, ocorre o mesmo, basta acompanhar os resultados da empresa, notícias e cotação da ação e decidir de forma oportuna.

O ato de investir em uma empresa sob o ponto de vista financeiro é bem mais complicado no que diz respeito ao acompanhamento, avaliação e tomada de decisão:

1. O ato de investir e manter um investimento em uma empresa, ao contrário dos investimentos anteriores, vai requerer centenas de decisões na incerteza que gerarão centenas de eventos econômicos que, por sua vez, exigirão outra onda de decisões;

2. O custo de saída é enorme. Você não desiste de um investimento na empresa, com a mesma facilidade com que troca um investimento no mercado financeiro;

3. Ao contrário dos investimentos no mercado financeiro, o investimento na empresa não tem uma data de término e você terá que medir o investimento realizado com a empresa em operação.

A LINGUAGEM FINANCEIRA DOS NEGÓCIOS

Para acompanhar o investimento Empresa e monitorar seu retorno, risco e liquidez, um frei italiano chamado Luca Pacciolo, em 1494, ao lançar seu livro *Geometria e Aritmética*, deu início a uma ciência denominada Contabilidade, que se constituiu desde então na linguagem financeira universal dos negócios.

Ao iniciar uma empresa, além de entender os temas de investimento, retorno, risco e liquidez já abordados anteriormente, você como empresário deve entender a linguagem dos negócios e conhecer e praticar o **princípio da entidade**.

PRINCÍPIO DA ENTIDADE

A empresa e seus sócios são entidades econômicas separadas e não se confundem. Isso quer dizer que bens, direitos e valores dos sócios, assim como suas dívidas, não podem se confundir com os bens, direitos, valores e dívidas da empresa na qual eles são sócios.

Do ponto de vista econômico, os recursos (dinheiro, bens, direitos ou valores) do empreendedor (pessoa física) são colocados na empresa (pessoa jurídica) sobre a forma de um investimento inicial.

Nesse momento, a empresa já é uma **entidade separada** dos sócios com vida própria e já **deve aos sócios** o valor investido por eles.

Confundir pessoa física e jurídica primeiro impossibilita o entendimento correto da situação econômica e patrimonial do sócio e da empresa, levando a decisões erradas e podendo causar problemas com o fisco para ambas as pessoas (física e jurídica).

A FOTO, FILME E O OXIGÊNIO QUE TODO EMPRESÁRIO PRECISA TER

Já experimentou dirigir um carro sem um bom ângulo de visão, um espelho retrovisor e um marcador do nível de combustível?

Ao examinar um paciente, será que um médico poderia abrir mão do termômetro para medir a temperatura, do estetoscópio para medir a pressão ou não fazer uso da análise dos resultados dos exames de sangue e urina previamente realizados?

Não diríamos que seria impossível dirigir ou clinicar sem esses instrumentos, mas a tarefa se tornaria muito mais difícil e incerta sem eles.

E, para dirigir uma empresa do ponto de vista econômico e financeiro, do que você precisa?

Seguiremos o roteiro básico que todo empresário por certo já passou e pelo qual o empreendedor deverá passar para explicar quais são as ferramentas de gerenciamento financeiro indispensáveis a todo gestor/empreendedor.

Tudo começa com uma ideia, uma necessidade do mercado a ser satisfeita e uma vontade de empreender e assumir todos os riscos e recompensas da empreitada.

A foto — o que a empresa tem e o que a empresa deve — o balanço: Quanto está investido na empresa e de onde vieram esses recursos?

Após tomar a decisão de abrir uma empresa e após cumpridas as etapas de estratégia e planejamento (que serão abordadas no próximo capítulo) o empreendedor investirá na empresa seus recursos próprios e provavelmente tomará financiamento de terceiros para que possa, com esses recursos, investir em edifícios, máquinas, equipamentos, estoques etc.

Nesse momento, se tirarmos uma **foto** daquilo que a empresa possui e daquilo que a empresa tem de dívida (deve), levantaremos o famoso **balanço patrimonial** da empresa, que demonstra, em uma determinada data, aquilo que a empresa possui, o chamado **ativo** (edifícios, máquinas, equipamentos, estoque e dinheiro) e aquilo que a empresa tem de dívida, o chamado **passivo** [investimento inicial colocado pelos sócios (capital) e empréstimos disponibilizados pelos credores (bancos, fornecedores, governo etc.)].

Simples, não? O balanço representa no **ativo** aquilo que a empresa **tem**, ou onde os recursos foram investidos. No **passivo**, aquilo que a empresa **deve** ou de onde os recursos se originaram: de terceiros e/ou dos sócios.

Em termos de direitos sobre os recursos econômicos da empresa, se subtrairmos do **ativo** aquilo que a empresa deve a terceiros, **passivo com terceiros**, chegaremos ao que se denomina **patrimônio líquido** dos acionistas, ou seja, o que a empresa deve aos sócios depois de pagar o valor da dívida para com terceiros.

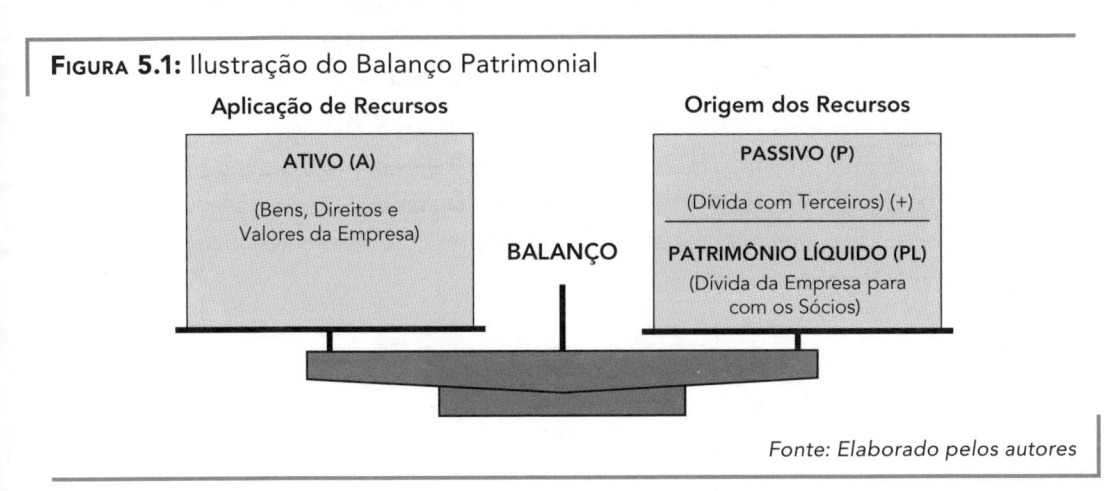

Figura 5.1: Ilustração do Balanço Patrimonial

Aplicação de Recursos	Origem dos Recursos
ATIVO (A)	**PASSIVO (P)**
(Bens, Direitos e Valores da Empresa)	(Dívida com Terceiros) (+)
	PATRIMÔNIO LÍQUIDO (PL) (Dívida da Empresa para com os Sócios)

BALANÇO

Fonte: Elaborado pelos autores

O balanço patrimonial é representado pela igualdade entre o ativo e o passivo (dívida com terceiros) mais o patrimônio líquido (dívida com os acionistas). O PL e o passivo financiam o ativo, por isso, têm ativo e passivo do mesmo tamanho (estão balanceados)

Balanço simplificado

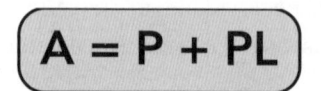

A = Ativo

P = Passivo com terceiros

PL = Patrimônio Líquido (Sócios)

É no balanço que estão registrados o valor do investimento feito pelos sócios/empreendedores (especificamente no patrimônio líquido) e também o valor do investimento total na empresa (total do ativo), que congrega todos os investimentos com os recursos provenientes dos sócios (patrimônio líquido) e de terceiros credores (passivo).

No passivo, está registrado o quanto e para quem (sócios ou terceiros) a empresa deve, ou, em outras palavras de onde vieram os recursos que foram investidos no ativo.

- Quanto é o investimento **total** na empresa? **Total do ativo;**
- Quanto a empresa deve a **terceiros**? **Passivo com terceiros;**
- Quanto é o investimento **dos acionistas** na empresa ou quanto a empresa deve aos acionistas? **Patrimônio líquido.**

A contabilidade classifica ativos e passivos conforme sua liquidez (no caso dos ativos) e conforme sua exigibilidade (no caso dos passivos). Ativos mais líquidos e que espera-se se transformarão em dinheiro em até um ano são registrados no **ativo circulante** e os demais no **ativo não circulante**.

No caso do passivo, exigibilidades (dívidas) com vencimento em até um ano são registrados no **passivo circulante** e as demais no **passivo não circulante**. O patrimônio líquido é dos acionistas e não é exigível, estando sempre à disposição da empresa.

Idealmente, os ativos não circulantes, por serem os ativos específicos do negócio da empresa (máquinas, equipamentos, marcas etc.), são os que devem proporcionar maior retorno ao negócio, quando comparados aos ativos circulantes. Do mesmo modo, do lado do passivo, o patrimônio líquido é o recurso mais caro para a empresa, devido ao maior risco assumido pelo emprestador, no caso, o acionista.

A tabela a seguir detalha o balanço e suas classificações:

TABELA 5.1: Balanço Patrimonial

ATIVO		PASSIVO	
Grau de liquidez (O que eu recebo primeiro) ↑ / Maior retorno ↑	**Circulante:** (Contas com vencimentos até 1 ano) Compreende as contas relacionadas ao giro da operação. Clientes, estoques, impostos a recuperar	**Circulante:** (Contas com vencimentos até 1 ano) Compreende as contas relacionadas ao giro da operação. Fornecedores, impostos, salários.... Os empréstimos a vencer abaixo de 1 ano também são classificados no circulante	Grau de exigibilidade (Quem eu pago primeiro) ↓ / Maior o custo e o risco ↓
	Não Circulante: (Contas com vencimentos acima de 1 ano) Bens e direitos que são convertidos em caixa em exercícios futuros	**Não Circulante:** (Contas com vencimentos acima de 1 ano) Obrigações a pagar nos próximos exercícios. Ex. Empréstimos	
	Ativo Permanente: Bens e diretos que são empregados na produção ou prestação de serviço e possuem vida útil finita	**Patrimônio Líquido:** (Recursos próprios oriundos dos donos) Nesse grupo também são registrados os lucros/prejuízos da empresa, bem como reservas de lucros	

Fonte: Elaborada pelos autores

Uma vez em ordem com todos os ativos (caixa, estoques, equipamentos), adquiridos ou financiados com recursos do passivo (dos sócios ou de terceiros) dá-se início as operações da empresa, com compras, produção, venda e todos os eventos econômicos daí derivados.

O filme — Estamos ganhando dinheiro/lucro? — a DRE

Passado um período após o início das operações (compras e produção) surgem as primeiras vendas e o empresário se pergunta: "Como está minha empresa, será que estou ganhando dinheiro?" Pois é, aí que surge a segunda ferramenta fundamental para gerir uma empresa economicamente. Falamos da Demonstração de Resultado Econômico (DRE)*, que, como o próprio nome diz, procura demonstrar o resultado proporcionado pela empresa, respondendo à pergunta: Estamos ganhando dinheiro/lucro? A **DRE** é um **filme** que conta uma história de quanto a empresa vendeu, quanto custou para produzir e vender seus produtos, de quanto foram as despesas necessárias à manutenção da empresa, quanto a empresa incorreu em juros sobre os empréstimos tomados, quanto a empresa contribui para o governo com impostos e, finalmente, quanto sobrou para o empresário na forma de **lucro**, isto é, o resultado da subtração entre receitas, despesas e impostos. É na demonstração de resultados que encontraremos o retorno proporcionado pelo investimento do acionista e da empresa como um todo.

---

* A DRE tradicional contabilmente significa Demonstração do Resultado do Exercício.

Exercício é o período para o qual estamos avaliando um resultado, normalmente um mês, um trimestre ou um ano. Entretanto, preferimos chamá-la de Demonstração do Resultado Econômico, pois assim reiteramos a diferença entre o resultado econômico e o financeiro (caixa), que veremos a seguir.

DRE Simplificada

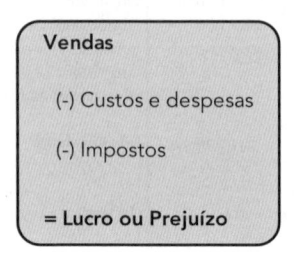

Vendas

(-) Custos e despesas

(-) Impostos

= Lucro ou Prejuízo

Econômico versus financeiro ou regime de competência econômico versus regime de caixa

Nesse ponto é fundamental discorrermos sobre o principal entrave no entendimento das demonstrações financeiras pelos empresários e empreendedores. A contabilidade, como ciência do patrimônio, tem sua origem na economia, é baseada na teoria dos contratos e registra os eventos com uma visão econômica, isto é, o que é medido e registrado é o efeito econômico no patrimônio da entidade, independentemente da entrada ou saída de caixa proveniente do evento econômico.

Exemplo: imaginemos que você foi contratado pela Empresa A para trabalhar durante todo o mês de setembro com o salário de R$10 mil e que o acordado é o pagamento do valor do contrato no dia 10 de outubro. Ao final do 30º dia de setembro, a contabilidade registrará na Empresa A uma dívida no valor de R$10 mil tendo você como credor e ao mesmo tempo registrará uma despesa no valor de R$10 mil pois você efetivamente prestou o serviço durante o período acordado, ajudando a empresa a conseguir a receita daquele mês de setembro.

Note que em nenhum momento mencionamos os termos "pagamento ou recebimento", isto é, no dia 30/09 a empresa não havia desembolsado o valor do contrato e você tampouco havia recebido nenhum centavo pelos seus serviços. Somente no dia 10 de outubro, se a Empresa A tiver dinheiro disponível, ela desembolsará os R$10 mil e você receberá o dinheiro pelos seus 30 dias de trabalho no mês anterior (setembro). Economicamente, no dia 30/09 você já ganhou os R$10 mil e a empresa já incorreu na despesa nesse mesmo valor. Financeiramente, a empresa deve para você (passivo) e não desembolsou nada, e você tem um ativo a receber.

A DRE e o balanço registram os fatos econômicos, isto é, o que vale é o fato econômico realizado (serviço prestado, ou a transformação de uma matéria-prima) independentemente do desembolso financeiro que pode ter ocorrido anteriormente, de forma concomitante ao fato, ou que ocorrerá em um momento futuro.

TABELA 5.2: Regime de Caixa x Competência

	Regime de Caixa	Regime de Competência
Receitas/Entradas	Quando o valor entra no Caixa	Quando o produto/serviço é realizado e aceito pelo cliente.
Despesas/Saídas	Quando o valor sai do caixa	Quando o serviço é prestado ou a despesa é incorrida.
Demonstração Financeira	Fluxo de Caixa	Demonstração de Resultados e Balanço.

Fonte: Elaborada pelos autores

Abaixo detalhamos cada item da DRE, iniciando pela receita bruta de vendas e terminando com o lucro líquido depois do imposto de renda. Essa descrição é gerencial e diferente dos modelos oficiais requeridos pelas autoridades para fins fiscais e societários, porém é a mais útil para o nosso propósito de decisão financeira.

TABELA 5.3: Demonstração de Resultado Econômico

	ITENS	DESCRIÇÃO	ANÁLISE
DRE - DEMOSNTRAÇÃO DE RESULTADO ECONÔMICO	Receita Bruta de vendas	Vendas dos produtos e/ou serviços prestados no período (geralmente 1 ano)	Quanto vendemos?
	(-) Deduções de vendas	Impostos que incidem sobre as vendas (Pis, Cofins, ICMS, IPI e ISS....), também contemplam devoluções e cancelamentos	
	= Receita Líquida	= Receita Bruta - Deduções de vendas	
	(-) Custo mercadoria / serviço	Gastos variáveis empregados na fabricação de produtos acabados (Matéria prima, salários, depreciação....), ou gastos para prestar serviços (Salários, depreciação...)	Qual o custo das mercadorias e/ou serviços vendidos?
	= Margem de Contribuição - MC	= Receita Líquida - Custos Variáveis	
	(-) Despesas Operacionais	Gastos fixos de operações + gastos administrativos e comerciais (contador, representantes comerciais, aluguel, depreciação de computadores...)	Quanto tivemos de despesas?
	= Lucro Operacional Antes dos Juros IR e CS - LAJIR	= Margem de Contribuição - Despesas fixas operacionais	
	(-) Impostos sobre o Lucro Operacional	Tributos que incidem sobre o lucro da operação sem juros sobre financiamento (Imposto de Renda e Contribuição Social)	
	(-) Juros de financiamento	Juros correspondentes aos empréstimos para compra de ativos e também de capital de giro	Quanto incorremos de juros?
	(+) Benefício dos Impostos sobre os Juros	IR e CS que deixam de ser pagos por haver despesas de Juros dedutíveis para fins destes tributos	
	= Lucro Líquido Depois do IR - LDIR	= Lucro depois do Ir e CS	Quanto sobrou de lucro?

Fonte: Elaborada pelos autores

O oxigênio – Tenho dinheiro para pagar as contas? – Demonstração de Fluxo de Caixa (DFC)

"O caixa é rei."

— Anônimo

Todas as decisões financeiras, sejam elas de financiamento, investimento ou operacionais, "desaguam" no fluxo de caixa da empresa/empreendimento.

E, como vimos, um investimento representa a alocação de caixa/recursos em um projeto/empresa/investimento com o objetivo de se obter mais caixa no futuro. O montante e o *timing* de retirada que demonstrarão se nosso investimento valeu a pena. A demonstração de fluxo de caixa nos proporciona parte dessa resposta.

Demonstração de Fluxo de Caixa (DFC)

Não adianta investir, comprar, produzir, vender e ter lucro, isto é, ter feito por merecer receitas maiores do que os custos e despesas incorridos, e **não ter dinheiro** para pagar seus fornecedores, seus funcionários, e os impostos para o governo, e distribuir parte dos lucros aos acionistas. O lucro vai virar caixa, mas pode não estar no caixa ainda. A terceira demonstração fundamental que nos informa e orienta sobre como estamos ou estaremos de caixa é a **Demonstração de Fluxo de Caixa**, o oxigênio ou o pulso dos negócios. Tomando como exemplo o corpo humano, você pode ter um problema nos rins, no estômago e até um AVC, mas se você parar de respirar (faltar oxigênio) você morre. Consideramos o caixa o oxigênio da empresa e, por isto, ele é fundamental para sua sobrevivência. Costumamos dizer que o caixa segue o lucro, isto é, em uma empresa lucrativa (receitas maiores que os custos, despesas e impostos), com lucro bem medido, mais cedo ou mais tarde tal lucro vai virar caixa, desde que você tenha tomado as decisões de crédito corretas.

Se o lucro demorar demais para se transformar em caixa, você terá que buscar mais e mais empréstimos com terceiros (bancos) que vão gerar mais despesas de juros, diminuindo assim seu lucro futuro. Dá para sobreviver sem lucro por um período de tempo, mas sem caixa vai ser difícil chegar no escritório pela manhã no dia em que você deveria depositar o salário dos seus funcionários.

Das três demonstrações (balanço, DRE e fluxo de caixa) a de fluxo de caixa tem sua utilidade potencializada quando utilizada de forma prospectiva, isto é, quando utilizada para prever as entradas e saídas futuras de caixa.

Ela demonstra e possibilita a gestão da liquidez da empresa, isto é, a capacidade de pagamento da empresa.

Nossa experiência tem mostrado que, entre as três demonstrações (Balanço, DRE e DFC), a DFC é a menos entendida e utilizada, apesar de sua extrema importância para a gestão financeira dos negócios.

O fluxo de caixa demonstra as fontes e os usos de caixa da empresa, e a inabilidade em compreendê-lo e manejá-lo está entre as maiores causas da mortalidade até de empresas "lucrativas".

Podemos construir a DFC usando o método direto ou o indireto. O método indireto parte do lucro líquido e ajusta-o para o conceito de caixa, somando ao lucro as despesas que não representam saídas de caixa (depreciação, por exemplo) e subtraindo as receitas que não representaram uma entrada de caixa.

Neste livro, abordaremos o método direto que, a nosso ver, é mais simples, intuitivo e rico em termos de análise.

A DFC, de forma simples, replica aquilo que vem gravado no canhoto do talão de cheques (outrora utilizado e útil).

DFC Simplificada

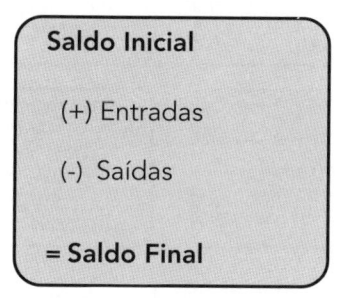

Saldo Inicial

(+) Entradas

(-) Saídas

= Saldo Final

Com uma DFC mais analítica, você pode planejar e gerenciar as fontes (entradas) e usos (saídas) de caixa provenientes dos três tipos de atividades financeiras da empresa:

- **Atividades operacionais**
  Como eu opero? [Refletidas no DRE (receitas, despesas e lucro.)]
  Fluxo de caixa das atividades operacionais:
  Entradas e saídas de caixa fruto das operações do negócio da empresa. (Compras, produção, vendas, despesas, impostos etc.)

- **Atividades de investimento**
  Onde e como eu invisto? (Refletidas no balanço ativo.)
  Fluxo de caixa das atividades de investimento:
  Entradas e saídas de caixa frutos dos investimentos na empresa (estoques, contas a receber, projetos, máquinas, equipamentos, edifícios etc.)

- **Atividades de financiamento**
  Onde e como eu me financio? (Refletidas no balanço, passivo e PL.)
  Fluxo de caixa das atividades de financiamento:
  Entradas e saídas de caixa fruto do financiamento da empresa por terceiros ou pelos sócios.

Há outras formas de chegarmos ao fluxo de caixa, entre elas o método indireto já mencionado. Outra forma de análise, principalmente para uma reconciliação com o balanço, é dada pelas seguintes equações:

Tabela 5.4: Equação do Fluxo de Caixa

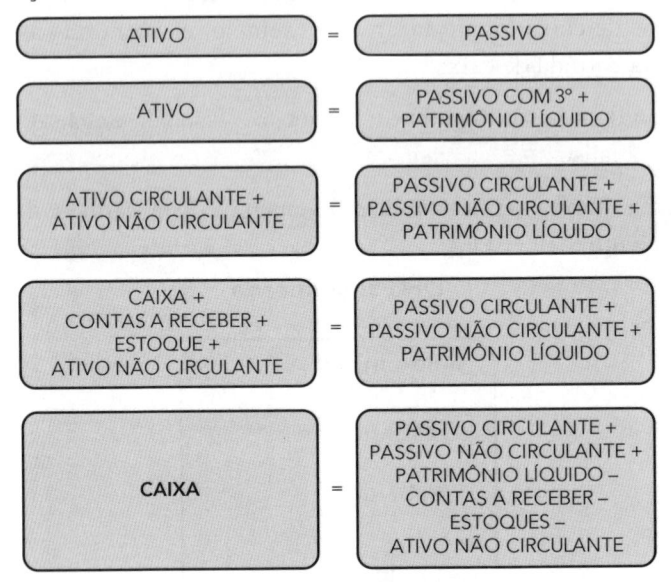

Fonte: Elaborado pelos autores

Assim:

- **Aumentos** com capital de terceiros (passivo circulante, passivo não circulante) e com capital próprio no patrimônio líquido **aumentam** o **caixa**;
- **Diminuições** (pagamentos) no passivo circulante, passivo não circulante e patrimônio líquido **diminuem** o **caixa**;
- **Aumentos** no contas a receber, estoques e ativo não circulante **diminuem** o **caixa**;
- **Diminuições** no contas receber, estoques e ativo não circulante **aumentam** o **caixa**.

Se você colocar os valores da equação acima e comparar com os valores do período anterior, descobrirá quais grupos de contas foram responsáveis pelo aumento ou diminuição do caixa no período.

A DFC mostra a situação de caixa da empresa e responde perguntas que o balanço e a DRE não respondem totalmente.

Quando a empresa é saudável, a maior parte do caixa é gerado pelas atividades operacionais.

Se a empresa está investindo massivamente em ativo imobilizado (máquinas, equipamentos, edifícios etc.), ou vendendo ativos para gerar caixa e cobrir o déficit operacional de caixa, basta analisarmos o fluxo de caixa dos investimentos na DFC.

A empresa buscou empréstimos pesadamente, ou diminuiu o endividamento pagando os empréstimos? Recorreu a mais capital dos sócios ou pagou dividendos?

Essas perguntas têm suas respostas na seção fluxo de caixa das atividades de financiamento na DFC.

Quaisquer que tenham sido as fontes e os usos de caixa, a DFC, se bem elaborada, demonstra de forma clara e revela bastante sobre a saúde financeira da empresa.

A DFC não mente jamais. Diferentemente das demais demonstrações (balanço e DRE) que se embasam em conceitos econômicos (realização da receita, princípio da competência, provisões e ajustes que requerem premissas e estimativas), a DFC reflete o que realmente acontece no caixa.

TABELA 5.5: Exemplo de Fluxo de Caixa

FLUXO DE CAIXA DIRETO

(Em Reais)	Ano 1
Recebimento de Clientes	1.528.168
Pagamento de Fornecedores (exceto estoque)	-261.160
Pagamento de salários e gastos gerais	-325.764
Pagamento de Impostos	-312.232
Compra de matéria-prima	-852.600
Fluxo de Caixa das Atividades Operacionais	**(223.589)**
Compra Imobilizado	-422.449
Fluxo de Caixa das Atividades de Investimento	-422.449
Fluxo de Caixa Livre	-646.038
Aporte de capital próprio	500.000
Pagto de Dividendos 25% Lucro ano anterior	0
Empréstimos Bancários	200.000
Pagamento empréstimos	0
Fluxo de Caixa das Atividades de Financiamento	**700.000**
Fluxo de Caixa do Período	**53.962**
Saldo inicial	0
Saldo final do período	53.962
Saldo Acumulado	**53.962**

Fonte: Elaborado pelos autores

Não dá para dirigir bem sem visão, retrovisor e marcador do nível de combustível, assim como não dá para se obter um bom diagnóstico médico sem termômetro, estetoscópio ou exames de sangue. Também não é possível gerir economicamente uma empresa sem saber quanto ela tem, quanto ela deve para terceiros e quanto deve aos sócios (a foto proporcionada pelo balanço). Não dá para gerir sem saber se a empresa está ou não ganhando dinheiro (o filme, contado pela demonstração de resultado) e, definitivamente, não dá para gerir uma empresa sem saber se ela terá oxigênio (caixa) para o próximo dia, semana, mês e ano.

CAPÍTULO 6

A JORNADA DO INVESTIMENTO NA EMPRESA DO PONTO DE VISTA FINANCEIRO

"Se alguém está sentado na sombra hoje é porque plantou uma árvore há muito tempo."

— *Warren Buffett*

1. A jornada do investimento na Empresa do ponto de vista financeiro

Você, como empreendedor, tem recursos em um fundo de renda fixa no valor de R$100 mil e um imóvel na zona industrial da cidade, com valor de mercado de R$200 mil.

Após desenhar seu plano estratégico (vide próximo capítulo e o estudo de caso) e abrir, finalmente, sua empresa (veja como fazer isso no apêndice), você integralizou o capital inicial (investiu), transferindo o dinheiro da conta pessoal para a empresa e transferiu, no cartório de registro de imóveis, o galpão industrial para o nome da empresa.

As figuras e o texto a seguir apresentam os reflexos desses eventos passo a passo no Balanço, na DRE e na DFC.

1º dia de operação

Investimento em caixa e em Imóveis (Evento 1) agora pertencentes a empresa e registrados no ativo dela (lado esquerdo do balanço).

Concomitantemente com a entrada dos recursos provenientes do investimento feito por você no ativo da empresa, ela passa a dever para você (acionista) o valor investido. Essa dívida é representada no lado direito do balanço, no passivo, mais especificamente no patrimônio líquido, e na conta capital social.

Perceba que, ao final do primeiro dia, após esses eventos, a empresa tem bens e valores (ativos) no montante de R$300 mil, que é exatamente o valor que a empresa deve aos sócios (passivo — patrimônio líquido).

TABELA 6.1: Balanço Patrimonial do 1° Dia de Operação

Em milhares

ATIVO (Aplicação dos recursos) = Bens e Direitos				PASSIVO (Origem dos recursos) = Obrigações com Terceiros e Sócios			
	Saldo Inicial	Evento	Saldo Final		Saldo Inicial	Evento	Saldo Final
Caixa		① 100,00	100,00	Fornecedores			-
Aluguéis a receber			-	Impostos a pagar			-
Estoque			-	Empréstimos			-
Total Circulante	-	100,00	**100,00**	**Total Circulante**	-	-	-
Terrenos			-	Emprest. > 12 meses			-
Imóveis		① 200,00	200,00				
			-	**Total Não Circulante**	-	-	-
Total Não Circulante	-	200,00	**200,00**	Capital Social		① 300,00	300,00
				Lucro acumulado			-
				Patrimônio Líquido	-	300,00	**300,00**
TOTAL ATIVO	-	300,00	**300,00**	**TOTAL PASSIVO + PL**	-	300,00	**300,00**

Fonte: Elaborado pelos autores

2° dia de operação

No segundo dia de operação, você como empreendedor sabe que precisará de um veículo utilitário que custa R$50 mil, e do caixa para adquirir matéria-prima e pagar as despesas dos primeiros meses e, desta forma, terá que "financiar" o veículo utilitário no banco.

Você vai na concessionária, recebe a nota fiscal do veículo no nome da empresa e assina o financiamento de um ano (em nome da empresa) com pagamento de dez prestações mais juros no dia 30 de cada mês sendo a primeira parcela no mês seguinte. O veículo é então registrado no ativo da empresa (é um bem) e, no passivo, registra-se uma dívida da empresa com o Banco (Evento 2).

Ao final do segundo dia, ativo e passivo registram R$350 mil (o que a empresa tem, é exatamente o que ela deve — como sempre será), assim distribuídos:

Tabela 6.2: Balanço Patrimonial do 2° Dia de Operação

Em milhares

ATIVO (Aplicação dos recursos) = Bens e Direitos				PASSIVO (Origem dos recursos) = Obrigações com Terceiros e Sócios			
	Saldo Inicial	Evento	Saldo Final		Saldo Inicial	Evento	Saldo Final
Caixa	100,00	-	100,00	Fornecedores	-		-
Contas a receber	-	-	-	Impostos a pagar	-		-
Estoque	-	-	-	Empréstimos	-	(2) 50,00	50,00
Impostos a recuperar	-	-	-				
				Total Circulante	**-**	**50,00**	**50,00**
Total Circulante	**100,00**	**-**	**100,00**				
				Emprest. > 12 meses	-	-	-
Veículos	- (2)	50,00	50,00	**Total Não Circulante**	**-**	**-**	**-**
Imóveis	200,00		200,00				
				Capital Social	300,00	-	300,00
				Lucro acumulado	-	-	-
Total Não Circulante	**200,00**	**50,00**	**250,00**	**Patrimônio Líquido**	**300,00**	**-**	**300,00**
TOTAL ATIVO	**300,00**	**50,00**	**350,00**	**TOTAL PASSIVO + PL**	**300,00**	**50,00**	**350,00**

Fonte: Elaborado pelos autores

3° dia de operação

No terceiro dia de operação, você adquire matéria-prima por R$20 mil com pagamento de 50% a vista e 50% a prazo. Também compra equipamentos necessários à produção por R$100 mil, financiados em cinco anos por um banco oficial de fomento, com pagamentos mensais e carência total de um ano (Evento 3 e 3.1).

Ao final do terceiro dia de operação, temos:

- O ativo Caixa diminuiu em R$10 mil pelo pagamento de 50% a vista ao fornecedor de matéria-prima;
- O ativo Estoque de Matéria-prima aparece com valor de R$20 mil;
- O ativo Máquinas e Equipamentos aparece registrado no ativo por R$100 mil;
- O passivo Fornecedores, correspondente a 50% do valor do estoque adquirido, aparece como uma dívida no passivo de R$10 mil;
- O passivo Financiamento a Pagar, aparece como uma dívida com o banco oficial de fomento, fruto da aquisição de máquinas e equipamentos por R$100 mil;
- O Patrimônio Líquido permanece o mesmo inicialmente aportado e dado pela equação: **A − P = PL (460-160 = 300)**.

TABELA 6.3: Balanço Patrimonial do 3° Dia de Operação

Em milhares

ATIVO (Aplicação dos recursos) = Bens e Direitos				PASSIVO (Origem dos recursos) = Obrigações com Terceiros e Sócios			
	Saldo Inicial	Evento	Saldo Final		Saldo Inicial	Evento	Saldo Final
Caixa	100,00	**3** (10,00)	90,00	Fornecedores	-	**3** 10,00	10,00
Contas a receber	-		-	Impostos a pagar	-	-	-
Estoque	-	**3** 20,00	20,00	Empréstimos	50,00	-	50,00
Impostos a recuperar	-		-				
				Total Circulante	**50,00**	**10,00**	**60,00**
Total Circulante	**100,00**	**10,00**	**110,00**				
				Emprest. > 12 meses	-	100,00 **3.1**	100,00
Veículos	50,00		50,00	**Total Não Circulante**	**-**	**100,00**	**100,00**
Máquinas	**3.1** 100,00		100,00				
Imóveis	200,00		200,00	Capital Social	300,00	-	300,00
				Lucro acumulado	-	-	-
Total Não Circulante	**250,00**	**100,00**	**350,00**	**Patrimônio Líquido**	**300,00**	**-**	**300,00**
TOTAL ATIVO	**350,00**	**110,00**	**460,00**	**TOTAL PASSIVO + PL**	**350,00**	**110,00**	**460,00**

Fonte: Elaborado pelos autores

Com todos os investimentos de capital feitos (imóvel, equipamentos, estoques e caixa) é hora de iniciar a contratação de pessoal, produzir e vender. Afinal, é da venda com lucro que o empresário/empreendedor gerará o retorno sobre o investimento feito na empresa por ele e por terceiros.

Como vimos, o lucro é a diferença entre a receita, fruto da venda de seu produto, e todos os custos, despesas, juros sobre empréstimos e impostos, e está demonstrado na Demonstração do Resultado Econômico (DRE).

30° dia de operação

Imaginemos que, ao final do mês, a venda tenha sido de R$30 mil (Evento 4) e que tenham sido consumidos R$10 mil (Evento 5) de matéria-prima, e que as despesas no mês para alcançar a receita tenham sido:

- Despesas de pessoal .... R$6 mil (Evento 6)
- Outras despesas fixas .... R$2 mil (Evento 6)
- Impostos sobre a venda .... R$3 mil (Evento 7)
- Impostos sobre o lucro .... R$2.380,00 (Evento 7)
- Juros sobre o financiamento de máquinas e veículos ..... R$2.000,00 (Evento 8)

Com isso, nossa DRE ficaria assim:

Tabela 6.4: DRE do 30° Dia de Operação

Em milhares

DEMONSTRATIVO DE RESULTADO		
=		
Apura o resultado econômico de um período		
		TOTAL
Receita de vendas	4	30,00
(-) Impostos	7	(3,00)
Receita Líquida		**27,00**
Custo mercad. vendida	5	(10,00)
Lucro Bruto		**17,00**
Despesas Pessoal	6	(6,00)
Despesas Fixas		(2,00)
Lucro Operacional		**9,00**
Juros de financiamento	8	(2,00)
		-
Lucro antes do IR e CS		**7,00**
IR e CS 34%	7	(2,38)
Lucro Líquido	9	**4,62**

Fonte: Elaborado pelos autores

Como vimos, a DRE é um filme cujo roteiro sumarizado é: "Estamos tendo lucro?"

O filme, em si, tem várias cenas:

- Começa com a **receita bruta de vendas** de seu produto ao seu cliente. Lembre-se, aqui não interessa se você recebeu à vista ou vai receber em três vezes, o importante é que a venda foi feita e a mercadoria foi entregue e aceita pelo seu cliente que se comprometeu a pagar no futuro, caso não tenha pago à vista. No nosso caso, a venda foi realizada para ser recebida em 30 dias (Evento 4);
- **Impostos sobre vendas** (Evento 7) são os que incidem sobre o fato gerador "venda".
- **Receita líquida de vendas** — Vendas brutas (-) Impostos sem vendas;
- **Custo das Mercadorias Vendidas (CMV)** — É o custo da mercadoria vendida e representa o valor de custo que deixou nosso estoque e que foi vendido aos clientes (Evento 5);
- **Despesas** — Referem-se ao sacrifício financeiro (gasto) necessário à obtenção da receita no mês. Tivemos despesas com pessoal que serão pagas no dia 5 do mês seguinte e, outras despesas fixas, pagas durante o próprio mês (Evento 6);

- **Lucro operacional** — Aqui é onde medimos quanto sobrou da receita, depois do CMV e das despesas operacionais. Nesse ponto é como se parássemos o filme em uma cena em que, até aqui, só o elenco inicial estava atuando. Na empresa e sob o ponto de vista econômico, o lucro operacional mostra o lucro da operação da empresa (vendas–impostos indiretos–CMV–despesas operacionais), sem levar em conta como essa operação foi financiada e quanto de imposto direto temos que pagar ao governo;
- Os **juros** são despesas que decorrem da taxa de juros contratada e, é logico, o tempo pelo qual usamos o recurso emprestado. Como afirmamos, economicamente a taxa de digamos 1,33% ao mês sobre o capital emprestado de R$150.000,00 (R$50.000,00 empréstimo para veículo (+) R$100.000,00 empréstimo para máquinas e equipamentos) geraria uma despesa de R$2.000,00 no mês (Evento 8).

Note-se que o empréstimo para máquinas e equipamentos tem carência de pagamento de principal e juros de 1 ano, porém independente do desembolso, economicamente pelo tempo transcorrido e a taxa contratada, a empresa tomadora já deve R$ 2.000,00 (R$ 666,67 de juros pelo veículo e R$ 1.333,33 de juros pela máquina) e, portanto, essas despesas tem que ser registradas como incorridas na DRE.

Nesse ponto, é preciso ressaltar a diferença entre juros econômicos refletidos na DRE e o desembolso desses refletidos junto com amortização do principal na DFC.

Lucro antes do IR/CS — Aqui é outra parada no filme para medirmos quanto a empresa ganhou após pagar os juros sobre empréstimos necessários à sua operação. Note que, na hipótese de sua empresa não ter empréstimos, o lucro antes do IR/CS será igual ao lucro operacional, indicando que você só operou com recursos próprios.

IR/CS — Trata-se do imposto de renda/contribuição social sobre o lucro e é apurado para empresas no regime de lucro real, simplificadamente multiplicando-se a alíquota de IR/CS sobre o lucro antes do IR/CS, independentemente de o pagamento ter sido realizado ou não (Evento 7).

O **lucro líquido** é o final do filme esperado, e a expectativa é que ele seja positivo e compatível com o retorno requerido pelo empreendedor. O lucro líquido é do acionista e por isso é registrado, depois de apurado na DRE, no balanço e somado ao patrimônio líquido, pois nessa altura a empresa já deduziu das receitas:

- Os impostos sobre vendas;
- O custo da mercadoria vendida;
- As despesas;
- Os juros dos empréstimos de 3os; e
- Os impostos sobre o lucro.

E, portanto, o lucro líquido sobrante é do acionista, podendo ser distribuído ao acionista ou retido.

Fluxo de caixa

> "A felicidade é um fluxo de caixa positivo."
>
> — *Fred Adler*

Agora, vamos discorrer sobre o fluxo de caixa, que demonstra como foi o movimento da conta caixa.

Assim, montaremos o demonstrativo de fluxo de caixa de nossa empresa a partir de todas as operações que afetam o caixa enumeradas anteriormente.

TABELA 6.5: Fluxo de Caixa do 1° Mês

Em milhares

FLUXO DE CAIXA	Evento	
Saldo Inicial		0,00
(+) Aporte inicial	1	100,00
(-) Pagamento 50% da matéria-prima	3	-10,00
(-)Pagamento de despesas fixas	6	-2,00
(-)Pagamento de despesas pessoal	6	-6,00
Saldo Final		82,00

Fonte: Elaborado pelos autores

Agora que temos o balanço inicial formado pelos movimentos do dia 1° e 3°, a DRE do mês de janeiro e o demonstrativo de fluxo de caixa do primeiro mês, vamos construir o balanço com os últimos lançamentos do mês. Partimos do saldo final do 3° dia e fizemos a movimentação do dia 30 na coluna de "Evento".

TABELA 6.6: Balanço Patrimonial do 1° Mês

Em milhares

ATIVO (Aplicação dos recursos) = Bens e Direitos	Saldo Inicial	Evento	Saldo Final
Caixa	90,00	6 (8,00)	82,00
Contas a receber	-	4 30,00	30,00
Estoque	20,00	5 (10,00)	10,00
Impostos a recuperar	-		-
Total Circulante	**110,00**	12,00	**122,00**
Veículos	50,00		50,00
Máquinas	100,00		100,00
Imóveis	200,00		200,00
Total Não Circulante	**350,00**	-	**350,00**
TOTAL ATIVO	**460,00**	12,00	**472,00**

PASSIVO (Origem dos recursos) = Obrigações com Terceiros e Sócios	Saldo Inicial	Evento	Saldo Final
Fornecedores	10,00		10,00
Impostos a pagar	-	7 5,38	5,38
Empréstimos	50,00	8 2,00	52,00
Total Circulante	**60,00**	7,38	**67,38**
Emprest. > 12 meses	100,00	-	100,00
Total Não Circulante	**100,00**	-	**100,00**
Capital Social	300,00	-	300,00
Lucro acumulado	-	9 4,62	4,62
Patrimônio Líquido	**300,00**	4,62	**304,62**
TOTAL PASSIVO + PL	**460,00**	12,00	**472,00**

Fonte: Elaborado pelos autores

TABELA 6.7: Cruzamento entre: Balanço, DRE e DFC

Em milhares

ATIVO (Aplicação dos recursos)			
=			
Bens e Direitos			
	Saldo Inicial	Evento	Saldo Final
Caixa	90,00	6 (8,00)	82,00
Contas a receber	-	4 30,00	30,00
Estoque	20,00	5 (10,00)	10,00
Impostos a recuperar	-	-	-
Total Circulante	**110,00**	**12,00**	**122,00**
Veículos	50,00		50,00
Máquinas	100,00		100,00
Imóveis	200,00		200,00
Total Não Circulante	**350,00**	**-**	**350,00**
TOTAL ATIVO	**460,00**	**12,00**	**472,00**

PASSIVO (Origem dos recursos)			
=			
Obrigações com Terceiros e Sócios			
	Saldo Inicial	Evento	Saldo Final
Fornecedores	10,00	-	10,00
Impostos a pagar	-	7 5,38	5,38
Empréstimos	50,00	8 2,00	52,00
Total Circulante	**60,00**	**7,38**	**67,38**
Emprest. > 12 meses	100,00	-	100,00
Total Não Circulante	**100,00**	**-**	**100,00**
Capital Social	300,00	-	300,00
Lucro acumulado	-	9 4,62	4,62
Patrimônio Líquido	**300,00**	**4,62**	**304,62**
TOTAL PASSIVO + PL	**460,00**	**12,00**	**472,00**

Em milhares

FLUXO DE CAIXA		
		Evento
Saldo Inicial		**0,00**
(+) Aporte inicial	1	100,00
(-) Pagamento 50% da matéria-prima	3	-10,00
(-)Pagamento de despesas fixas	6	-2,00
(-)Pagamento de despesas pessoal	6	-6,00
Saldo Final		**82,00**

Em milhares

DEMONSTRATIVO DE RESULTADO		
=		
Apura o resultado econômico de um período		
		TOTAL
Receita de vendas	4	30,00
(-) Impostos	7	(3,00)
Receita Líquida		**27,00**
Custo mercad. vendida	5	(10,00)
Lucro Bruto		**17,00**
Despesas Pessoal	6	(6,00)
Despesas Fixas		(2,00)
Lucro Operacional		**9,00**
Juros de financiamento	8	(2,00)
		-
Lucro antes do IR e CS		**7,00**
IR e CS 34%	7	(2,38)
Lucro Líquido	9	**4,62**

Fonte: Elaborado pelos autores

Fechamento do balanço

Você ao certo já ouviu falar no fechamento do balanço. Ele nada mais é do que a conferência das contas contábeis oriundas dos eventos econômicos que devem "fechar" as três demonstrações financeiras – balanço, DRE e DFC. O caixa final do DFC deve fechar com o saldo da primeira conta do balanço. O lucro líquido da DRE deve, caso não haja distribuição de dividendos, "fechar" com a subconta de lucro líquido acumulado do patrimônio líquido. Esse fechamento dá uma certa segurança de que tudo que foi registrado foi também lançado e calculado corretamente. Sem essa amarração é melhor verificar o que ficou de fora ou foi lançado erroneamente.

O espírito empreendedor é absolutamente louvável e imprescindível para a economia de qualquer país e o empreendedor/empresário tem que gerir esses negócios com diligência para perpetuá-los.

Começar conhecendo bem as ferramentas gerenciais de balanço, DRE e fluxo de caixa, e disponibilizá-las de forma oportuna, precisa e relevante já é um bom começo.

Nem sempre os contadores (terceirizados ou internos) apresentam aos empreendedores um kit com o balanço, a Demonstração de Resultados Econômicos (DRE) e a Demonstração de Fluxo de Caixa (DFC) nos moldes gerencias aqui descritos. Você, como empreendedor, deve exigir, analisar e discutir com ele qualquer dúvida que você venha a ter. Esses são seus instrumentos, que são imprescindíveis para gerir sua empresa.

RESUMO DA PARTE II

- O conceito de valor do dinheiro no tempo é a pedra angular das finanças;

- Dá-se o nome de custo de oportunidade ao retorno que seria proporcionado por um investimento que se deixou de fazer para se investir na alternativa escolhida. Esse custo de oportunidade funciona como um retorno mínimo exigido do investimento escolhido;

- A humanidade busca menor esforço e maior recompensa em tudo o que faz;

- Ao investir, o investidor procura menor investimento e maior retorno;

- A pergunta-chave em qualquer investimento é: qual o retorno, o risco e a liquidez proporcionados pelo investimento?

- O retorno é o ganho derivado do investimento;

- O risco é a possibilidade de perda financeira do retorno;

- A liquidez é a facilidade com que se transforma um investimento em caixa/dinheiro;

- No mercado financeiro há agentes superavitários e deficitários;

- Governo, reguladores e intermediários transferem recursos dos superavitários para os deficitários;

- Para os superavitários, existem produtos de investimento em renda fixa e em renda variável;

- Cada investimento apresenta características de retorno, risco e liquidez;

- Para se obter maior retorno, na maioria das vezes é preciso abrir mão de liquidez e correr mais riscos;

- Por sua natureza, o investimento em uma startup/empresa apresenta mais risco e menor liquidez do que outras modalidades de investimento;

- Risco maior e baixa liquidez requerem retorno maior do que as alternativas de investimento disponíveis;

- A contabilidade é, há séculos, a linguagem financeira dos negócios;

- Empresa e acionistas/donos são entidades distintas e não se confundem patrimonialmente;

- Existem três demonstrações financeiras que possibilitam a gestão financeira da empresa;

- O balanço, a DRE e a DFC andam juntas e são imprescindíveis na gestão financeira da empresa;

- O balanço é uma foto que mostra aquilo que a empresa "tem" (ativo) e aquilo que ela "deve" (Passivo) em um determinado momento;

- A DRE (Demonstração de Resultados Econômicos) é um filme, cujo enredo é: a empresa está ganhando dinheiro?

- O DFC (Demonstração de Fluxo de Caixa) demonstra o caminho do "oxigênio" dos negócios: o fluxo de caixa;

- Exija o balanço, a DRE e o DFC de seu contador e discuta com ele cada um deles à exaustão.

PARTE III

GESTÃO E ESTRATÉGIA

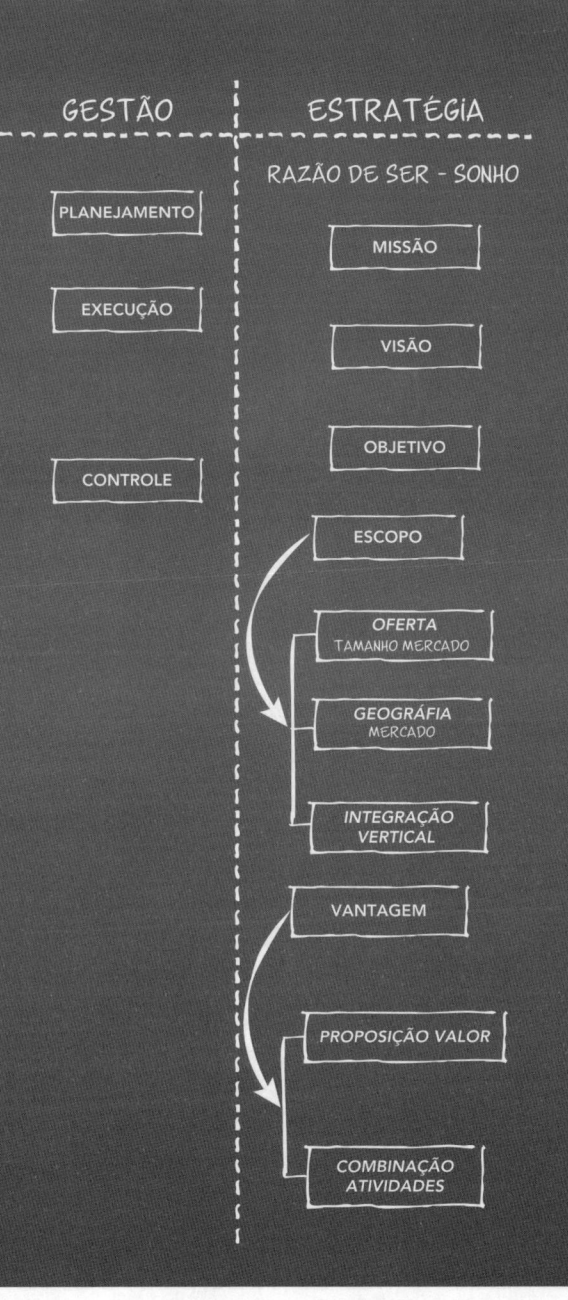

PERGUNTAS

- Quais são as causas do fechamento das empresas de forma precoce?
- Como a administração pode ajudar?
- Qual é o processo de gestão?
- O que é planejamento?
- O que faz a execução?
- Qual é o papel do controle?
- Qual é o papel da informação no processo decisório?
- Qual é o papel da estratégia nas empresas?
- Quais são os elementos da estratégia?

CAPÍTULO 7

PLANEJAMENTO, EXECUÇÃO E CONTROLE ECONÔMICO-FINANCEIRO

"Proper planning prevents poor performance."

— *Ditado inglês, algo como: planejamento apropriado previne a performance ruim.*

Relutamos em incluir este capítulo no livro. A discussão sempre foi: para que precisaríamos incluir temas relacionados à gestão de negócios e não apenas sobre a gestão financeira das empresas?

No entanto, ela foi resolvida quando tivemos acesso às conclusões da pesquisa do Sebrae que indicou que as causas da elevada mortalidade das empresas no Brasil estão fortemente relacionadas às falhas gerenciais, em especial à falta de planejamento e, é claro, à gestão financeira.

TABELA 7.1: Causas de Dificuldades e Razões para o Fechamento das Empresas

Categorias	Ranking	Dificuldades/ Razões	Percentual de empresários que responderam
Falhas gerenciais	1º	Falta de capital de giro	42%
	3º	Problemas financeiros	21%
	8º	Ponto/ local inadequado	8%
	9º	Falta de conhecimento gerenciais	7%
Causas econômicas conjunturais	2º	Falta de clientes	25%
	4º	Maus pagadores	16%
	6º	Recessão econômica no país	14%
Logística operacional	12º	Instalações inadequadas	3%
	11º	Falta de mão-de-obra qualificada	5%
Políticas públicas e arcabouço legal	5º	Falta de crédito bancário	14%
	10º	Problemas com a fiscalização	6%
	13º	Carga tributária elevada	1%
	7º	Outra razão	14%

Fonte: Sebrae

Tabela 7.2: Fatores Determinantes do Sucesso e Fracasso nos Negócios

Fator	Negócios com maiores riscos de extinção	Negócios com maiores possibilidades de sucesso
Experiência prévia	Empreendedor sem experiência no ramo	Empreendedor com experiência no ramo
Tempo de estudo antes de abrir a empresa	Período curto de estudo	Período longo de estudo
Planejamento antes da abertura da empresa	Falta de um planejamento prévio (ou adequado)	Maior consciência sobre o negócio. Busca por informações sobre aspectos legais, fornecedores e qualificação de mão de obra.
Administração do negócio	Descuido com o fluxo de caixa, com o aperfeiçoamento do produto e com o cliente	Administração eficiente do fluxo de caixa e aperfeiçoamento do produto às necessidades do cliente. O empresário ouve o cliente e investe em propaganda e divulgação.
Dedicação ao negócio	Parcial	Exclusiva
Uso de assessoria	Não utiliza assessoria externa	Utiliza assessoria externa
Disponibilidade de capital	Falta de capital (de giro ou investimento)	Certa disponibilidade
Idade da empresa	Há maior risco no 1º ano de atividade	Empreendimento mais maduro tem menor probabilidade de fechar
Porte da empresa	Estrutura excessivamente pequena	Estrutura maior

Fonte: Sebrae

ADMINISTRAÇÃO OU GESTÃO

A administração é uma ciência que, para ser aplicada, requer um pouco de arte. A administração (gestão) pode ser definida como a atividade humana que coordena pessoas na busca de objetivos comuns. Uma forma simples de abordar a administração é tratá-la como um processo de tomada de decisão que se divide em três etapas – planejamento, execução e controle. O objetivo da administração de qualquer empreendimento é que este cumpra sua missão — sua razão de ser. É claro que, para cumprir a missão, a gestão deve garantir a sobrevivência e o crescimento do empreendimento no longo prazo.

Planejamento

O planejamento é algo que fazemos antes de agir ou, de uma forma mais acadêmica, é um processo de tomada antecipada de decisão.

Ele engloba a definição de um futuro desejado e de meios eficientes e eficazes de alcançá-lo. É, segundo Ackoff, a essência da sabedoria, definida por ele como a preocupação com o futuro, mas não o futuro do adivinho, que só tenta prevê-lo. O sábio, segundo o autor, tenta "controlar o futuro".

Ackoff admite que o planejamento é caro e demanda tempo, mas também afirma que não deve haver outra atividade em uma companhia que possa dar tanta rentabilidade, e provavelmente não há outra atividade que possa se tornar tão dispendiosa caso deixe de ser feita.

De fato, são notórios alguns dos problemas advindos da falta de planejamento, como repetição de erros do passado, dependência excessiva dos gestores, falta de integração entre departamentos e perda de oportunidades.

Planejar é decidir antecipadamente de forma a fazer o futuro que queremos e não ficar à mercê dele.

O planejamento formal, que é uma tomada de decisão antecipada, consiste em cinco partes, segundo Ackoff.

1. Fins — Especificação de objetivos e metas;
2. Meios — Escolha de políticas, programas, procedimentos e práticas;
3. Recursos — Tipos e quantidades de recursos e sua alocação;
4. Implantação — Procedimentos para a tomada de decisão;
5. Controle — Procedimentos para detectar erros nos planos ou na execução e prevenir e corrigir desvios em relação ao plano.

De acordo com a abrangência e o impacto de suas decisões, o planejamento pode ser dividido em: Estratégico e Operacional.

O Planejamento Estratégico

A estratégia busca assegurar que o seu negócio se adapte ao ambiente em que atua e cumpra a missão (razão de ser do negócio).

No planejamento estratégico, cenários são estabelecidos para que as ameaças e oportunidades sejam identificadas e tratadas. Um diagnóstico interno de sua empresa deve ser realizado para que pontos fortes possam ser aproveitados e pontos fracos resolvidos ou minimizados, tudo em busca do cumprimento da missão e da sobrevivência.

As ações para aproveitar oportunidades, mitigar ameaças, tirar proveito dos pontos fortes e neutralizar os pontos fracos, se tornarão **diretrizes estratégicas** qualitativas que orientarão o planejamento operacional.

Um bom planejamento estratégico tem como pré-requisito o envolvimento de toda a organização na sua elaboração, além de ter a missão, visão, crenças, e valores, claramente definidos e praticados.

Planejamento Operacional

Baseado nas diretrizes estratégicas definidas no plano estratégico, o plano operacional deve identificar e avaliar as alternativas de ação, e escolher aquela alternativa que otimiza/maximiza o retorno econômico ao acionista do ponto de vista financeiro.

Dentro do planejamento operacional, existe uma etapa denominada pré-planejamento onde através de simulações devemos identificar, avaliar e escolher as melhores alternativas que sigam as diretrizes estratégicas e ao mesmo tempo viabilizem economicamente o retorno desejado.

Para avaliar economicamente as alternativas nessa etapa, lançamos mão de diversos conceitos e técnicas econômico-financeiras baseadas no valor do dinheiro no tempo (nossa régua), de forma a mensurar o impacto de cada decisão no patrimônio da empresa e do acionista.

Todas as alternativas em termos de financiamento, investimento e operacional são avaliadas antecipadamente sob a ótica do lucro e do caixa necessários para atingir o retorno almejado.

A próxima etapa — **planejamento operacional de médio e longo prazo** — detalha a alternativa ou as alternativas escolhidas na etapa anterior (pré-planejamento) de forma mais analítica.

Quais são as fontes de financiamento; em quais ativos vamos investir; quais produtos vamos produzir e como; que insumos consumir e de onde eles virão; qual a estrutura física (imóveis, equipamentos, veículos) e de pessoal precisamos; quanto, como e onde vamos vender; quanto investiremos em marketing; e em pesquisa e desenvolvimento.

Não faltam decisões a serem tomadas e todas elas requerem, além de sua intuição para negócios, conceitos e técnicas financeiras derivadas do conceito do valor do dinheiro no tempo (nossa régua), que precisam ser levadas em consideração no ponto de decisão.

A terceira e última etapa — **plano de curto prazo ou orçamento** — é mais detalhada ainda e é elaborada normalmente dois ou três meses antes do ano para o qual o plano será elaborado. Em função das mudanças nas variáveis externas e incontroláveis que afetam a empresa, o plano de curto prazo requer monitoramento constante para que, caso necessário, seja revisto (replanejado) e subsidie adequadamente os programas operacionais que orientam a execução.

Execução

Vista de uma forma simples, a execução é a fase em que as ações definidas no planejamento são realizadas. É fazer acontecer, com eficiência. Indo um pouco mais fundo, das inúmeras definições de execução, ficamos com a estabelecida por Ram Charam e Larry Bossidy:

"Execução é a forma de unir os três processos-chave de qualquer negócio — de pessoal, da estratégia e do plano operacional — para conseguir que as coisas aconteçam dentro do prazo."

A execução baseia-se no plano operacional de curto prazo, ajustado quando necessário.

Controle

Se planejar é tomar decisões de forma antecipada, controlar é avaliar se as decisões produzirão o resultado esperado e que levem ao atingimento do objetivo. O melhor controle é o que corrige o desvio antes que ele ocorra. Nesse sentido, a função controle requer as seguintes etapas:

- Prever os resultados das decisões na forma de medidas de desempenho (metas);
- Medir o realizado;
- Comparar o desempenho real contra as metas; e
- Corrigir o desvio, replanejando.

"Controle é uma função, baseada no processo decisório, composto por parâmetro ou padrão, informação sobre o realizado, comparação de ambos e tomada de decisão para corrigir o desvio, caso exista. O controle termina com a ação de correção, replanejando."[*]

Portanto, planejamento e controle são duas faces da mesma moeda e, quanto melhor for o plano (completo, integrado, claro), melhor será a eficácia do controle.

A Informação

Alguém já disse que a informação é o alimento dos campeões. Nós acreditamos nisso.

O processo decisório é baseado nas informações e no conhecimento do decisor para detectar o problema, analisar a situação, listar as alternativas e avaliá-las e finalmente prever as consequências da que foi escolhida.

A informação reduz a incerteza associada à tomada de decisão e, até certo ponto limite (custo de obtenção versus benefício da informação adicional), quanto mais informação (oportuna, completa, correta e confiável) melhor a decisão.

Cada etapa que vimos no processo de planejamento, execução e controle requer um sistema de informação que subsidie a tomada de decisão daquela etapa.

---

[*] Adaptado de notas de aula do professor doutor. Armando Catelli.

É lógico que cada sistema terá, então, informações específicas, com atributos relacionados à etapa para a qual ele foi criado.

Para o escopo desse livro, nos interessam os sistemas de informação que subsidiem os gestores com informações de natureza econômico-financeira para as etapas de planejamento de longo, médio e curto prazo, e é claro para as etapas de execução e de controle.

A Figura 7.1, adaptada de *Controladoria — Uma Abordagem da Gestão Econômica*, mostra o processo de planejamento, execução e controle com suas etapas e sequência lógica discutidas aqui. Inclui também os sistemas de informação correspondentes: pré-viabilidade, orçamentos, decisões financeiras, custos e contabilidade.

Figura 7.1: Processo de Planejamento, Execução e Controle

Gestão Financeira e Controladoria

Visão Geral do Processo de Planejamento e Controle e SI

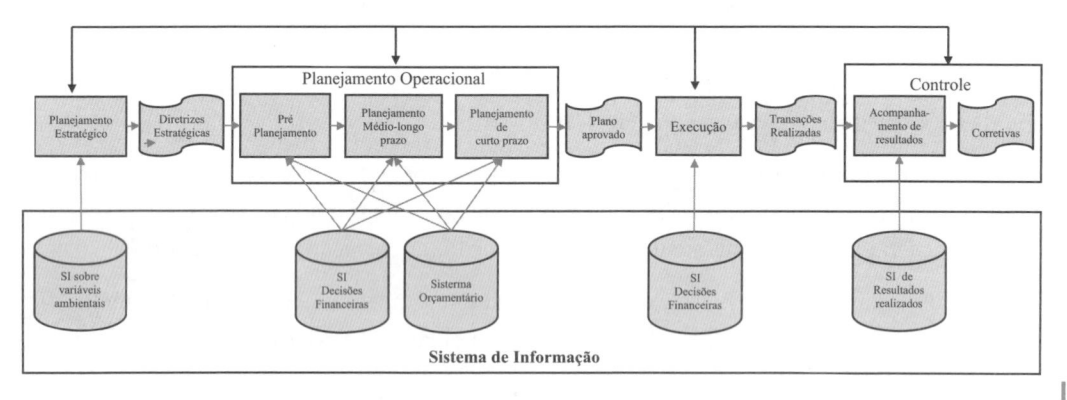

Fonte: Adaptado de Controladoria – Uma abordagem da Gestão Econômica

---

É importante salientar que todos esses sistemas de informação, inclusive o de contabilidade, são desenhados para o tomador interno de decisão à empresa, com conceitos econômicos e financeiros adequados a esse propósito.

Esse sistema deve apresentar as seguintes características:

- Permite detalhamento, isto é, podemos partir do todo para as partes com identificação dos responsáveis pela decisão. Cada decisão afeta um conjunto identificável de produtos, clientes, centros de resultado, funções e localização;
- A mensuração dos eventos é econômica, isto é, baseado no conceito de escassez, custo econômico e valor do dinheiro no tempo;
- Os produtos e serviços são avaliados pelo valor corrente de reposição de mercado e não pelo valor histórico.

ONDE TUDO COMEÇA — A ESTRATÉGIA OU COMO VAMOS COMPETIR?

Os ingredientes cruciais para empreender com sucesso são um empreendedor/empresário excepcional, uma ótima oportunidade de mercado e uma gestão de primeira classe.

Não discutiremos neste livro as etapas pelas quais um empreendedor/empresário passa até identificar uma oportunidade por meio de uma ideia ou de um produto/serviço inovador, ou mesmo através de um posicionamento diferente para um produto/serviço tradicional. Partiremos da segunda etapa, a avaliação da oportunidade, que consiste resumidamente em determinar quais são as vantagens competitivas do negócio em relação aos produtos/serviços substitutos ou outras opções de compra e principalmente em relação aos concorrentes.

A pergunta que a estratégia tem que responder é:

O que levará meu cliente a escolher meu produto/serviço em detrimento do produto do meu concorrente ou até de um outro produto sucedâneo?

A resposta para essa pergunta tem de ser dada pela estratégia, termo muito usado nas grandes empresas, mas que causa mal estar e assusta pequenos e médios empresários, que na maioria das vezes tem a estratégia na cabeça, mas que, pela rebuscada prosa de consultores, e seus modelos complicados, custosos e inviáveis, não contribuem para a disseminação e melhor uso da estratégia nas PMEs.

Existem dezenas de autores e centenas de abordagens sobre a estratégia. Nós, para respondermos à pergunta crucial acima, buscamos utilizar um modelo simples, prático, que tem se mostrado eficaz para a estratégia e que é baseado em um artigo, ao nosso ver brilhante, dos professores David Collis e Michael G. Rukstad, "Can you say what your strategy is?" [Em tradução livre: Você pode dizer qual é a sua estratégia?].

ELEMENTOS DA ESTRATÉGIA

Para responder a nossa questão estratégica, existem três elementos que compõem a estratégia que precisam ser entendidos, discutidos, aceitos e comunicados de forma simples através de uma declaração da estratégia, são eles:

- Objetivo;
- Escopo; e
- Vantagem.

Objetivo

A estratégia é o caminho, e todo caminho começa a ser trilhado visando um ponto final a ser alcançado. A estratégia começa com um objetivo que a empresa visa atingir. A já clássica passagem de *Alice no País das Maravilhas*, de Lewis Carrol, não nos deixa mentir:

"Aonde fica a saída?" Perguntou Alice ao gato que ria. "Depende", respondeu o gato. "De quê?", replicou Alice; "Depende de para onde você quer ir...", respondeu o gato.

O objetivo deve incluir não só um fim como também um cronograma para atingi-lo. Definir objetivos requer cuidados. Para checarmos a qualidade dos objetivos utilizamos sempre o acróstico **Smart**:

Figura 7.2: Definição de Metas Smart

S Vem do termo Específico, em inglês, "Specific". O seu objetivo não pode dar margem para interpretações duvidosas, tem que ser específico.

M "Measurable" ou Mensurável. O seu objetivo deve ser fácil de medir, de ser acompanhado e avaliado. Você não pode controlar ou gerenciar o que não pode ser mensurável.

A "Attainable" ou Atingível. O objetivo precisa ser tangível, possível de ser alcançado. Um desafio é sempre bem-vindo, é estimulante e para todo objetivo sempre encontraremos barreiras e obstáculos a serem superados, mas isto é diferente de um objetivo que nunca poderá ser atingido.

R "Realistic" ou Realista. O seu objetivo precisa ser condizente com a sua realidade. Por exemplo, não se pode querer ganhar o próximo campeonato sem nunca ter se dedicado ou treinado para este feito.

T "Tangible" ou Tangível. Defina um objetivo cujo esforço e investimento pessoal possa ser percebido ao longo do tempo investido para alcançá-lo.

Fonte: Anônimo

Definindo o objetivo

Muitas empresas confundem sua visão, missão e valores, geralmente consolidados em uma declaração, com o objetivo estratégico da companhia. Muito provavelmente, se procurarmos na recepção de centenas de empresas, nos depararíamos com quadros contendo declarações que invariavelmente incluiriam: "Satisfazer as necessidades de alimentação, segurança, conforto, educação, cultura, entretenimento. Excedendo as expectativas do cliente, respeitando o meio ambiente, provendo oportunidades igualitárias e maximizando a riqueza do acionista." Soa familiar? Isso não é objetivo estratégico e tampouco **Smart**.

Não que as declarações de visão, missão e valores não sejam importantes, elas são e, além de orientar funcionários a **fazer as coisas de forma correta**, elas também deveriam orientá-los **sobre as coisas certas que devem ser feitas**. Isso só uma boa estratégia pode fazer.

A empresa inteira precisa saber de forma muito simples e clara qual é o objetivo maior que maximiza o valor da empresa para que os respectivos objetivos subordinados orientem corretamente as decisões táticas e operacionais no campo de batalha, diante de fornecedores, parceiros e clientes.

Puxando para o nosso lado de finanças, ainda segundo Collis e Rukstad, a pergunta certa a ser feita para definirmos corretamente nosso objetivo estratégico é:

Qual é o objetivo que maximiza o valor da empresa em X anos?

- Crescimento? Ex: Atingir crescimento real de 20% até 2025.
- Obter rentabilidade anual de 20% sobre o valor investido até o ano de 2025, medido pela relação lucro líquido depois do IR/CSL, dividido pelo patrimônio líquido médio corrigido do ano?
- Se tornar líder de mercado? Atingir a liderança no mercado nacional em 2025, medida pelo painel Nielsen/Kantar ou outra pesquisa de mercado?
- Melhorar a lucratividade? Lucro líquido sobre a receita líquida de 15% até 2025?

Escopo

Normalmente negligenciado, o estabelecimento do escopo, ou das fronteiras de atuação da empresa, é fundamental para que todos os funcionários saibam em que atividades devem se concentrar e principalmente ter certeza onde não devem atuar.

Com o escopo claro, economizamos energia não dispendendo esforços em segmentos fora do escopo, sobrando mais tempo e recursos para serem investidos no que realmente importa.

A definição do escopo envolve três dimensões cuja importância pode variar para cada negócio: **cliente, oferta** (quem é o meu cliente ou quais são os produtos que ofertamos) e **localização geográfica de atuação**.

Cliente

- Grandes varejistas;
- Consumidores de produtos naturais;
- Médicos de alta renda.

Oferta

- Derivados de milho;
- Produtos de higiene;
- Compra e venda de veículos blindados.

Localização geográfica de atuação (onde atuamos?)

- Atuação global;
- Brasil;
- Estado de São Paulo;
- Grande São Paulo;
- Cidade de São Paulo;
- Zona Leste da cidade de São Paulo.

Integração vertical: Até que ponto, ou desde que ponto, vamos atuar em determinada cadeia produtiva?

Integração para frente: Se nosso negócio fosse um frigorífico e produzíssemos carnes, integração para frente seria termos nossos próprios açougues ou casas de carne ou, hoje em dia, até mesmo vender direto ao consumidor pela internet.

Integração para trás: Igualmente, se produzíssemos carne, poderíamos recuar na cadeia até a produção da ração e a criação dos animais para abate.

Vantagem competitiva

Esse elemento é, sem dúvida, a essência da estratégia, pois é o elemento que responderá a nossa pergunta:

O que levará meu cliente a escolher meu produto/serviço em detrimento do produto do meu concorrente ou até de um outro produto sucedâneo?

É fundamental que você e seus colaboradores saibam qual é, ou construam conjuntamente, a vantagem competitiva da sua empresa, de forma que eles possam contribuir para a execução com sucesso da estratégia.

A vantagem competitiva é composta de dois subelementos:

- Uma proposição de valor para o cliente;
- Uma definição das atividades-chave e da combinação destas de forma a viabilizar a entrega da proposição de valor para o cliente.

Proposição de valor

Se o que procuramos é a resposta à nossa pergunta-chave, temos que começar listando os atributos que o consumidor de nosso produto valoriza, colocá-los em um ranking de preferência e comparar o posicionamento de cada um de nossos concorrentes em cada um dos atributos.

Isso posto, você terá que decidir como posicionar sua empresa em cada atributo relativamente aos concorrentes.

Não é uma decisão fácil, e envolve aspectos objetivos:

- Qual é o tamanho do mercado?
- Que fatia do mercado dá mais valor a cada um dos atributos?
- Qual é o investimento — custo de se entregar cada um dos atributos?
- Quanto o cliente/consumidor está disposto a pagar a mais por cada um dos atributos?

E aspectos subjetivos:

O que você, como empresário/empreendedor, gostaria de entregar para atender seu mercado? (mais qualidade, mais conveniência, mais variedade, mais serviço, um ambiente sofisticado ou simples etc.) Essas opções têm muito a ver com as crenças e valores do empresário, e que junto com os aspectos quantitativos vão definir sua proposição de valor.

Uma técnica simples para se definir a proposição de valor é desenhar o que se chama Mapa de Proposição de Valor.

Tabela 7.3: Mapa de Proposição de Valor para produto de Pão de Queijo

O que o cliente valoriza?

O que o Mercado Oferece?	Qualidade	Preço acessível	Produto saudável	Sabor diferenciado	Preparo rápido	Treinamento para garantir o preparo exato	Média Total
Peso (0 a 10)	10	8	7	6	5	4	6,67
Seu produto	5	4	4	4	5	3	5,70
Concorrente 1	5	3	4	5	4	1	5,20
Concorrente 2	3	5	3	3	2	1	4,10
Concorrente 3	4	3	4	3	3	1	4,30

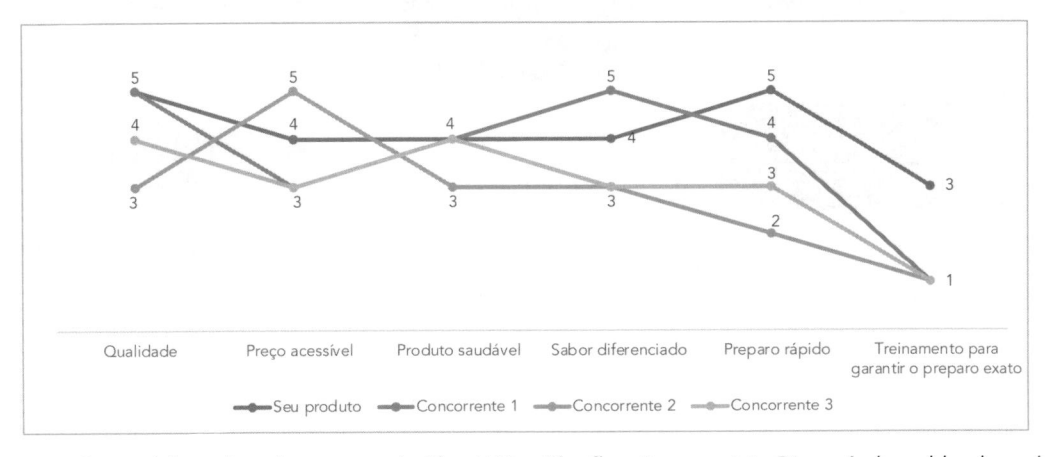

Fonte: Adaptado pelos autores do Blog LUZ — Planilhas Empresariais. Disponível em: blog.luz.vc/

O mapa elaborado acima parte de uma atribuição de pesos de zero a dez aos itens mais relevantes para o público-alvo, perfazendo uma média de 6,67, que seria a nota máxima que um participante deste mercado poderia receber se obtivesse a nota máxima em todos os quesitos. A nota que cada participante recebe vai de zero a cinco. Com base na notas recebidas e nos pesos atribuídos ao itens é calculada a média de cada participante.

Mapa de atividades-chave

Definida a proposição de valor, passamos a definir quais as atividades e como organizá-las em um sistema integrado para que possamos entregar à proposição de valor um custo otimizado.

Se você tem um restaurante cuja proposição de valor é só trabalhar e servir produtos orgânicos frescos, seu mapa de atividades deve conter atividades que garantam que os ingredientes tenham origem orgânica, sejam transportados de forma adequada para preservar o frescor e armazenados corretamente para que se mantenham saudáveis e com boa apresentação. Para isso, a busca de fornecedores, a logística de entrada e o armazenamento são tarefas fundamentais que você deve fazer muito bem para que seu restaurante entregue a proposição de valor que você se propôs.

FIGURA 7.3: Mapa de Atividades-Chave

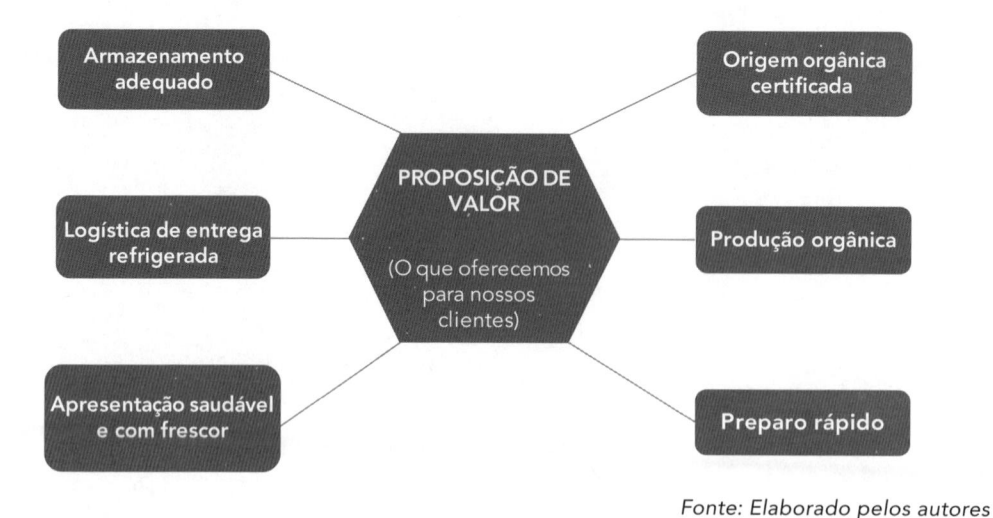

Fonte: Elaborado pelos autores

A declaração da estratégia

Usando o exemplo do artigo de Collis, mencionado anteriormente, se você despejar limalhas de ferro em uma folha de papel de forma aleatória, ou seja, dispersas e sem nenhuma direção aparente. Se você cuidadosamente passar por debaixo da folha um imã, verá que as limalhas se alinharão numa direção, formando uma figura que de alguma forma lembrará uma linha reta.

O mesmo ocorre quando a estratégia da companhia fica apenas na cabeça do dono ou dos principais executivos. Ela precisa ser declarada formalmente, divulgada e principalmente compreendida por todos na empresa.

Essa declaração deverá conter os três elementos da estratégia e, segundo Collis e Rukstad, é possível estabelecer uma declaração de estratégia com 35 palavras. Se for bem-formulada e divulgada, todos os funcionários estarão conscientes e engajados no objetivo, no escopo e na vantagem competitiva escolhida pela companhia e isso aumenta a probabilidade de maximização do valor da empresa no longo prazo.

TABELA 7.4: Hierarquia dos Propósitos da Empresa e Estratégia

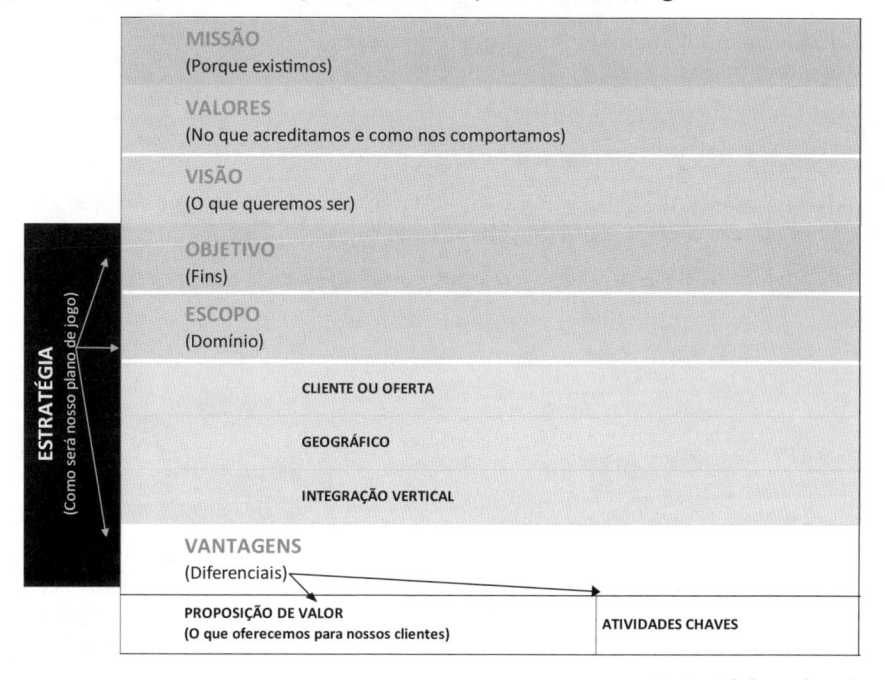

Fonte: Elaborada pelos autores

RESUMO DA PARTE III

- Falhas gerenciais e na gestão financeira são as principais causas do fracasso nas startups e PMEs;

- A administração ou gestão é a ciência e a arte de conduzir grupos humanos na busca de objetivos comuns;

- Administrar é tomar decisões — planejar, executar e controlar;

- O planejamento decide antecipadamente o futuro que queremos;

- A execução faz o planejado acontecer;

- O controle procura garantir que a execução atinja o planejado;

- A informação oportuna e de qualidade subsidia o processo de planejamento, execução e controle;

- A estratégia deve garantir a adaptação da empresa ao ambiente em que ela atua de forma a cumprir sua missão;

- A estratégia requer objetivo, escopo e vantagem competitiva;

- O objetivo deve ser "Smart" e, sob o ponto de vista financeiro, garantir a maximização do valor da empresa para o acionista;

- O escopo delimita onde atuamos para que possamos focar aquilo que importa: que cliente atendemos ou que produto oferecemos;

- Em qual região geográfica atuamos?

- Qual é o nosso grau de integração?

- Qual é a nossa vantagem competitiva — O que levará os clientes da empresa a escolher nossos produtos em detrimento dos produtos do concorrente?

- Quais atividades devemos ser excelentes para entregar a proposição de valor?

Parte IV

GESTÃO FINANCEIRA

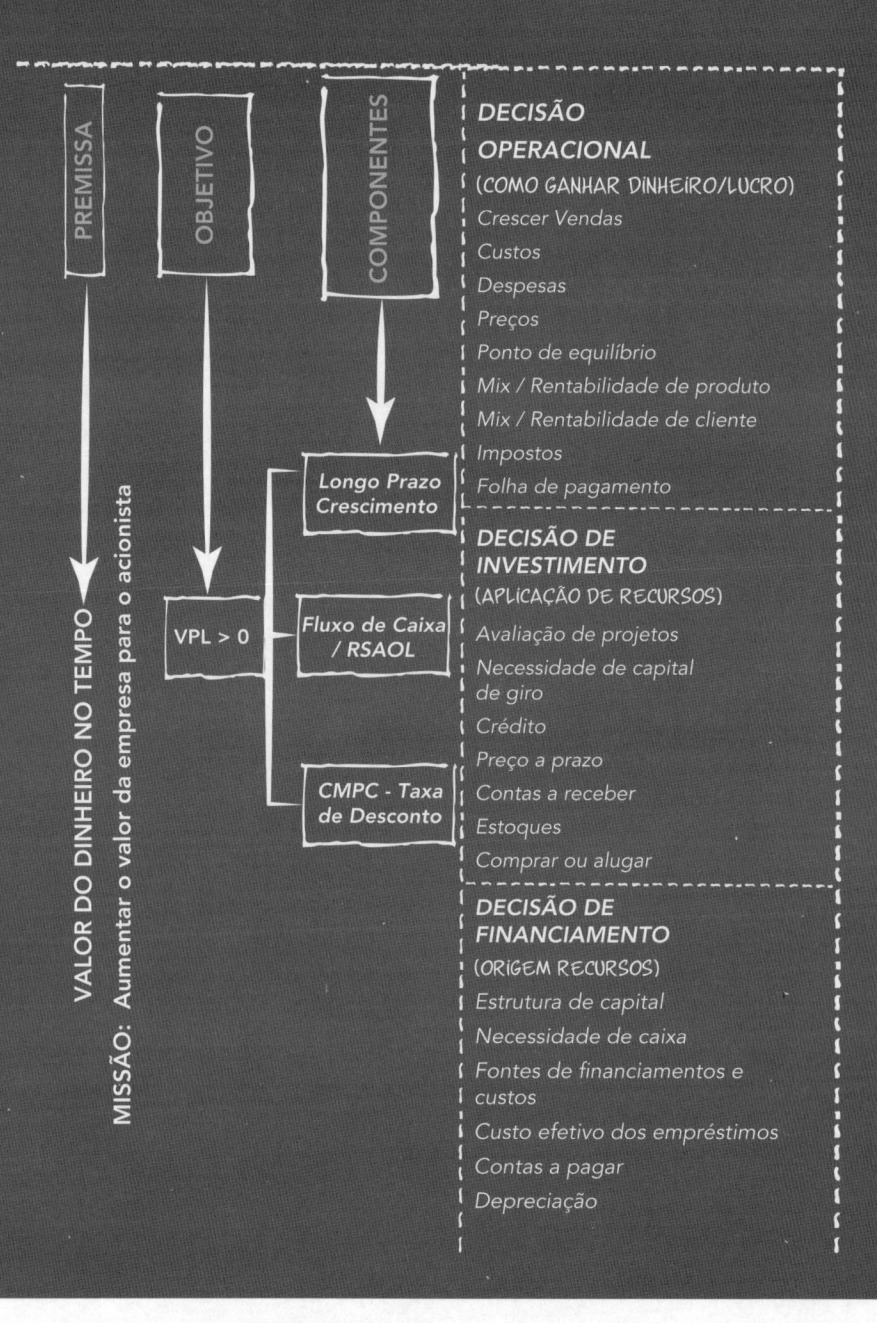

DECISÃO OPERACIONAL
(COMO GANHAR DINHEIRO/LUCRO)
Crescer Vendas
Custos
Despesas
Preços
Ponto de equilíbrio
Mix / Rentabilidade de produto
Mix / Rentabilidade de cliente
Impostos
Folha de pagamento

DECISÃO DE INVESTIMENTO
(APLICAÇÃO DE RECURSOS)
Avaliação de projetos
Necessidade de capital de giro
Crédito
Preço a prazo
Contas a receber
Estoques
Comprar ou alugar

DECISÃO DE FINANCIAMENTO
(ORIGEM RECURSOS)
Estrutura de capital
Necessidade de caixa
Fontes de financiamentos e custos
Custo efetivo dos empréstimos
Contas a pagar
Depreciação

PREMISSA

OBJETIVO

COMPONENTES

Longo Prazo Crescimento

VPL > 0

Fluxo de Caixa / RSAOL

CMPC - Taxa de Desconto

VALOR DO DINHEIRO NO TEMPO

MISSÃO: Aumentar o valor da empresa para o acionista

PERGUNTAS

- Qual é a missão da gestão financeira?
- Como se cria valor?
- Qual é o conceito de valor do dinheiro no tempo e sua importância na gestão financeira?
- Quais são os métodos de avaliação das decisões financeiras/investimentos?
- Como funciona o método do Prazo de Retorno do Investimento (PRI) — Payback e do PRI-descontado?
- Como funciona o método do Valor Presente Líquido (VPL)?
- Como funciona a Taxa Interna de Retorno (TIR)?
- Como funciona a TIR modificada?
- Qual é o método recomendado?
- Como devemos avaliar as decisões financeiras na empresa?
- Qual é a função objetivo de todas as decisões financeiras?
- Quais são as decisões financeiras em uma startup/empresa?
- Qual é a função objetivo da decisão de investimento?
- Onde o investimento está representado no balanço?
- Qual é a função objetivo das decisões operacionais?
- Onde o retorno está representado?
- Qual é a função objetivo da decisão de financiamento?
- Onde o financiamento está representado no balanço?
- Como calcular o Retorno sobre o Investimento?
- Como maximizar o lucro?
- Como minimizar o investimento?
- Como minimizar o custo de capital?
- Como avaliar se a empresa está criando valor através de suas demonstrações financeiras?

PERGUNTAS

- Como calculamos o retorno para o acionista?
- Qual é o valor da empresa para o acionista?
- Como fazer uma análise financeira da empresa utilizando os demonstrativos financeiros?
- O que diz a análise vertical?
- O que diz a análise horizontal?
- Como a fórmula Dupont ajuda na análise financeira?

CAPÍTULO 8

A GESTÃO FINANCEIRA E A CRIAÇÃO DE VALOR NO SEU NEGÓCIO

"O risco vem de você não saber o que está acontecendo."

— *Warren Buffet*

O retorno de um investimento, como vimos, se dá através da entrada de caixa maior do que os valores investidos. Na empresa, esse fluxo de caixa positivo só acontecerá se sua empresa criar valor para seus clientes que, ao adquirirem os produtos e serviços da empresa, proporcionam lucro.

A missão de todo empreendedor ou empresário é criar valor, aumentando o valor da empresa no longo prazo, dado certo nível de risco.

Criando valor estaremos aumentando a competitividade da empresa no mercado, garantindo sua continuidade e dando condições para que ela continue crescendo.

Para criar valor, uma boa estratégia, boa execução, produtos e serviços melhores que os da concorrência são pré-requisitos.

Você empresário/empreendedor é o principal tomador de decisões dentro de seu negócio. Sabemos que o processo de decidir consiste em, diante de determinado problema, analisar a situação, listar alternativas de solução e escolher aquela que melhor se adequar à função objetivo (o que queremos atingir?) da decisão específica (qualidade, custo, lucro, caixa, tempo, design, resistência, etc.).

Em finanças, cada decisão precisa ser tomada tendo como objetivo a criação de valor para o acionista. Para isso, é fundamental que se conheça e aplique o conceito de valor de dinheiro no tempo, a pedra angular em finanças e se utilize dos métodos de avaliação de investimento.

O VALOR DO DINHEIRO NO TEMPO E OS MÉTODOS DE AVALIAÇÃO DE INVESTIMENTOS

"No mundo dos negócios, o espelho retrovisor é sempre mais claro do que o do para-brisa."

— *Warren Buffet*

O valor do dinheiro no tempo é o conceito fundamental da gestão financeira e, através da matemática financeira e das técnicas de avaliação de investimentos que o aplicam, é que TODAS as decisões devem ser avaliadas.

É o que chamamos de aplicação do rigor financeiro em todas as decisões de negócios.

TAXA DE JUROS

Se o dinheiro tem valor no tempo, qual é o seu preço? É a taxa de juros que incide sobre o montante investido ou emprestado pelo período que o dinheiro ficou investido ou emprestado.

Vários fatores macroeconômicos e microeconômicos influenciam na formação da taxa de juros, sendo os principais o risco do tomador de empréstimo/capital e do projeto, as expectativas inflacionárias, os custos administrativos envolvidos na operação e o custo de oportunidade do emprestador.

JUROS SIMPLES

Pouco utilizado atualmente no cálculo dos juros simples, a taxa de juros é aplicada sobre o montante emprestado de forma linear, sem considerar a incorporação dos juros ao montante originalmente emprestado.

Juros Simples = Montante (x) Taxa de Juros (x) Número de Períodos

Ex: R$1 mil (x) 2% ao mês (x) 12 meses = R$240,00.

Para chegarmos ao montante ao final do período utilizamos a seguinte fórmula:

$VF = VP (1 + j (x) n)$

$VF = R\$1$ mil $(x) (1,24)$

$VF = R\$1.240,00$

Onde:

VP = Valor Presente

VF = Valor Futuro

J = Taxa de Juros

N = Prazo/Período

JUROS COMPOSTOS

São os juros aplicados sobre o montante emprestado e sobre os juros acumulados, gerando assim juros sobre os juros. A fórmula é dada por:

Juros Compostos = $M * ((1 + J)^n) - 1$

M = Montante

J = Taxa de Juros

n = Número de Períodos do Empréstimo

Aplicando os juros compostos ao exemplo que utilizamos para os juros simples teríamos:

Juros Compostos = R\$1 mil $* ((1 + 2\% \text{ a. a.})^{12 \text{ meses}}) - 1$ = R\$268,24

Para chegarmos ao montante ao final do período utilizamos a seguinte fórmula:

VF = $VP * ((1 + i)^n)$

VF = $R\$1.000 * ((1,02)^{12})$

VF = R\$1.268,24

Como é possível perceber, o valor dos juros compostos é maior que o valor dos juros simples (R\$268,24 > R\$240,00), pois o valor dos juros de cada período é somado ao capital para cálculo de novos juros nos períodos seguintes, considerando sempre um novo montante.

MÉTODOS DE AVALIAÇÃO DE INVESTIMENTO

Existem várias técnicas para se avaliar financeiramente uma decisão de negócios. Elas variam quanto à complexidade e a precisão, mas, de uma forma geral, complementam-se.

Todos se baseiam em um fluxo de caixa previsto que contenha as entradas e saídas de caixa provenientes do investimento/decisão.

MÉTODO DO PERÍODO DE RETORNO DO INVESTIMENTO OU MÉTODO DO PAYBACK (PRI)

Em quanto tempo recupera-se o valor investido? Essa é a pergunta que o método do payback procura responder.

Suponha o seguinte fluxo de caixa:

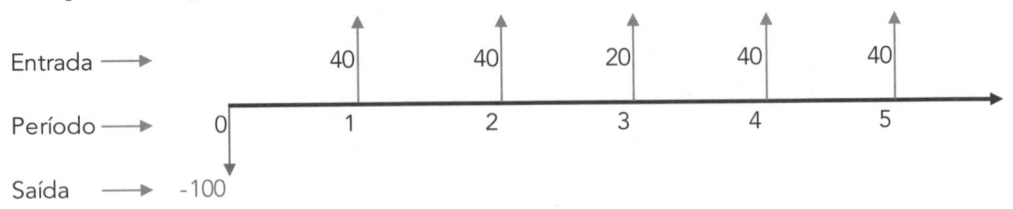

Uma saída de investimento na data zero de R$100 e cinco entradas de caixa consecutivas (retornos de caixa), duas de R$40, uma de R$20 e outras duas de R$40.

O Período de Retorno do Investimento (PRI ou período de payback) é calculado da seguinte forma:

Fluxo		
Período	**Ano**	**Acumulado**
Data Zero	-100	-100
Ano 1	+ 40	-60
Ano 2	+ 40	-20
Ano 3	+ 20	0

Nesse caso, o período de retorno do investimento é de exatos três anos, que é quando o fluxo acumulado fica zerado.

Em outro exemplo teríamos:

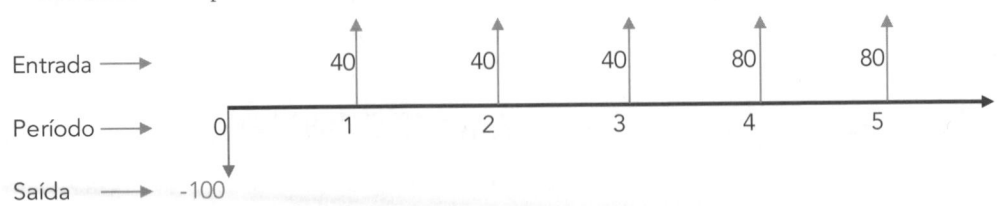

Fluxo		
Período	**Ano**	**Acumulado**
Data Zero	-100	-100
Ano 1	+40	-60
Ano 2	+40	-20
Ano 3	+40	20

Nesse caso, para calcular o PRI com precisão temos que fazer uma interpolação matemática, uma continha simples:

PRI = Número de anos completos (+) Saldo a recuperar/Fluxo do ano seguinte

Assim temos:

PRI = 2 + 20/40

PRI = 2,5 anos.

O método do período de recuperação do investimento, ou método do payback, **falha ao não considerar o valor do dinheiro no tempo e ao ignorar os fluxos de caixa que acontecem após a recuperação do investimento.**

Método do Período de Retorno do Investimento Descontado ou Método do Payback Descontado (PRID)

Esse método corrige uma das grandes falhas do método do payback, ao descontar os fluxos a valor presente, levando em conta o valor do dinheiro no tempo, e utilizando uma taxa de desconto equivalente ao custo de financiamento. No caso da sua empresa, esse custo é a média ponderada de cada fonte de financiamento pelo seu peso (%) no passivo total da empresa (voltaremos a esse assunto mais a frente).

Usando o mesmo exemplo, e uma taxa de desconto de 10%, teríamos:

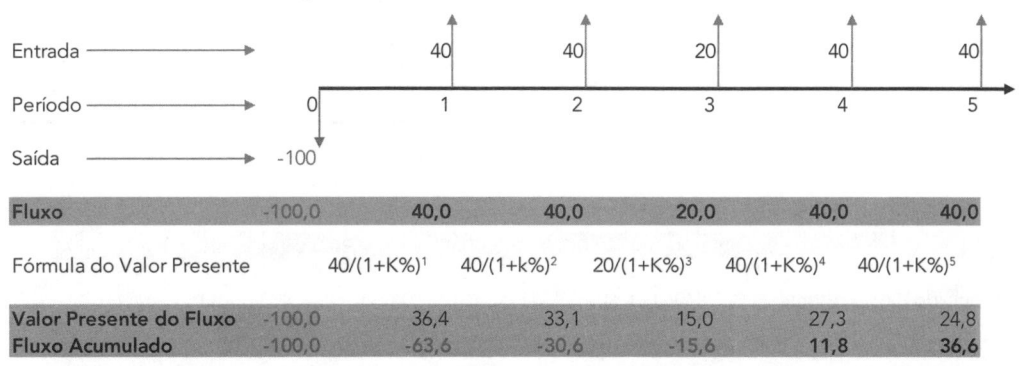

Entrada		40	40	20	40	40
Período	0	1	2	3	4	5
Saída	-100					

Fluxo	-100,0	40,0	40,0	20,0	40,0	40,0
Fórmula do Valor Presente		$40/(1+K\%)^1$	$40/(1+k\%)^2$	$20/(1+K\%)^3$	$40/(1+K\%)^4$	$40/(1+K\%)^5$
Valor Presente do Fluxo	-100,0	36,4	33,1	15,0	27,3	24,8
Fluxo Acumulado	-100,0	-63,6	-30,6	-15,6	11,8	36,6

Interpolando para se chegar com precisão ao PRID teríamos:

PRID = 3 + (15,6 / 27,3)

PRID = 3,57 anos

Apesar de melhor que o payback simples, o método do payback descontado **ainda falha ao não levar em conta os fluxos de caixa que ocorrem depois do período de payback.** No exemplo, parte do fluxo número 4 no valor de R$40 e o fluxo número 5 (R$40). Pode haver dois projetos com PRI/payback igual, porém com fluxos após o PRI/payback diferentes e, nesse caso, o método do PRI/payback não os diferencia.

MÉTODO DO VALOR PRESENTE LÍQUIDO (VPL)

O método do Valor Presente Líquido (VPL) calcula o valor, em uma mesma data, dos diversos fluxos de caixa do projeto utilizando o custo de capital do projeto como taxa de desconto.

É dada pela fórmula:

$$VPL = FC0 + \frac{FC1}{(1+K)^1} + \frac{FC2}{(1+K)^2} + \frac{FC3}{(1+K)^3} + \cdots + \frac{FCn}{(1+K)^n}$$

Onde:

VPL = Valor Presente Líquido

FC0 = Fluxo de Caixa inicial (investimento inicial)

FC1...n = Fluxo de Caixa de cada ano

K = Custo de Capital

n = Período do enésimo fluxo

Se o VPL > Zero, o investimento é viável e o projeto deve ser aprovado.

A parte mais difícil do método, além da projeção do fluxo de caixa, é a definição correta do risco de cada projeto e de seu respectivo custo de capital. Idealmente, o custo de capital deve levar em conta o risco associado ao projeto adicionalmente ao risco do capital da empresa.

Sendo K (custo de capital) = 10% ao ano.

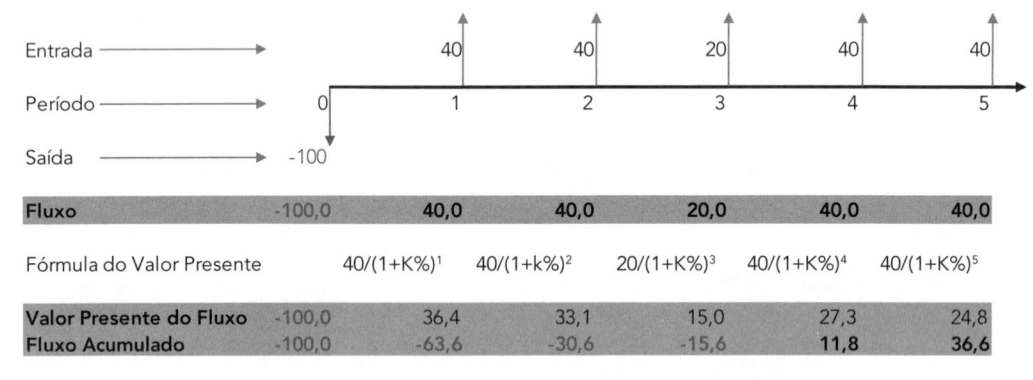

Entrada		40	40	20	40	40
Período	0	1	2	3	4	5
Saída	-100					

Fluxo	-100,0	40,0	40,0	20,0	40,0	40,0
Fórmula do Valor Presente		40/(1+K%)¹	40/(1+k%)²	20/(1+K%)³	40/(1+K%)⁴	40/(1+K%)⁵
Valor Presente do Fluxo	-100,0	36,4	33,1	15,0	27,3	24,8
Fluxo Acumulado	-100,0	-63,6	-30,6	-15,6	11,8	36,6

Valor Presente Líquido é de **R\$36,6** e, portanto, maior do que zero.

O investimento, no caso, é viável e o projeto deve ser aprovado.

Quando se utiliza o método do VPL para avaliar vários projetos com VPL positivo é salutar usar uma derivação do método, conhecida como índice de rentabilidade do VPL.

O índice de rentabilidade mostra quantas vezes o valor presente das entradas supera o valor presente dos investimentos.

Fórmula:

$$\text{Índice de Rentabilidade} = \frac{\dfrac{FC1}{(1+K)^1} + \dfrac{FC2}{(1+K)^2} + \dfrac{FC3}{(1+K)^3} + \cdots + \dfrac{FCn}{(1+K)^n}}{\text{Valor investido }(FCO)}$$

Ou

$$\text{Índice de Rentabilidade} = \frac{\text{Valor Presente das Entradas}}{\text{Valor Presente das Saídas}}$$

Quando se compara os diversos projetos, aquele que apresentar o maior índice (sempre maior que um) deverá ser escolhido como o melhor projeto sob o ponto de vista financeiro.

Para o caso acima, teríamos índice de rentabilidade de 136,6/100 ou 1,366

Método da Taxa Interna de Retorno (TIR)

É o método mais famoso, muito citado e pouco estudado. A TIR é uma taxa de desconto hipotética que, quando aplicada a um fluxo de caixa, faz com que os valores dos desembolsos, trazidos ao valor presente, sejam iguais aos valores das entradas proporcionados pelo investimento, também trazidos ao valor presente. O conceito foi proposto por John Maynard Keynes, de forma a classificar diversos projetos de investimento: aqueles cujos fluxos de caixa tivessem uma taxa interna de retorno maior do que a taxa do custo de capital deveriam ser escolhidos. A Taxa Interna de Rentabilidade (TIR) é a taxa de atualização do projeto que dá o VPL nulo, aquela que o investidor obtém em média em cada período (ano, mês) sobre os capitais que se mantêm investidos no projeto, enquanto o investimento inicial é recuperado progressivamente.

De posse da TIR, a comparamos com o custo de capital (K) e, se a TIR for maior que K, o projeto deve ser aprovado.

$$TIR = FC0 + \frac{FC1}{(1+TIR)^1} + \frac{FC2}{(1+TIR)^2} + \frac{FC3}{(1+TIR)^3} + \cdots + \frac{FCn}{(1+TIR)^n} = 0$$

Para o nosso exemplo teríamos:

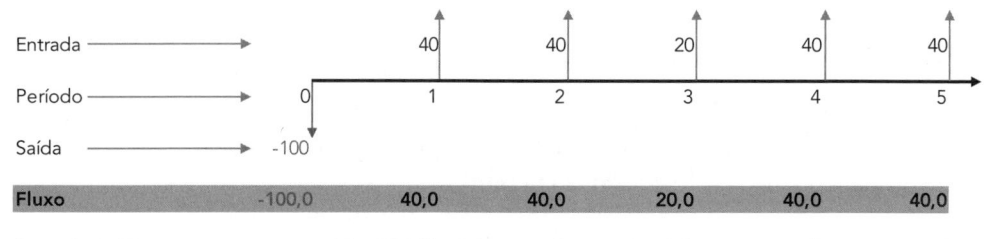

	Período 0	1	2	3	4	5
Entrada		40	40	20	40	40
Saída	-100					
Fluxo	-100,0	40,0	40,0	20,0	40,0	40,0
Fórmula da TIR		40/(1+TIR%)^1	40/(1+TIR%)^2	20/(1+TIR%)^3	40/(1+TIR%)^4	40/(1+TIR%)^5
TIR	23,67%					

Supondo a taxa de custo de capital em 10%, como a TIR é de 23,67% e, portanto, maior que o custo de capital, o projeto deve ser aprovado.

Apesar de utilizar os mesmos parâmetros do VPL, fluxo de caixa completo, e o valor do dinheiro no tempo, a TIR parte da premissa de que os fluxos intermediários recebidos durante o projeto serão aplicados à mesma TIR do projeto como um todo. Essa é uma premissa raramente verdadeira e que pode levar a uma TIR não real, pois nem sempre o projeto é replicável ou você terá projetos com TIRs iguais às do projeto original.

Método da Taxa Interna de Retorno Modificada (TIRM)

A TIRM surgiu para corrigir o grande problema da TIR como método de avaliação de investimento, ou seja, a premissa de que os fluxos intermediários seriam aplicados à mesma TIR do projeto.

Para isso, utilizando a fórmula do valor futuro (VF = (VP $(1+K)^{\wedge n}$, levamos cada fluxo do projeto retornado pelo projeto para o valor futuro na data do último fluxo, usando como taxa o custo de capital (k) da firma.

$$VF = FC1 * (1+k)^1 + FC2 * (1+k)^2 + FC3 * (1+k)^3 + \cdots + FCn * (1+k)^n$$

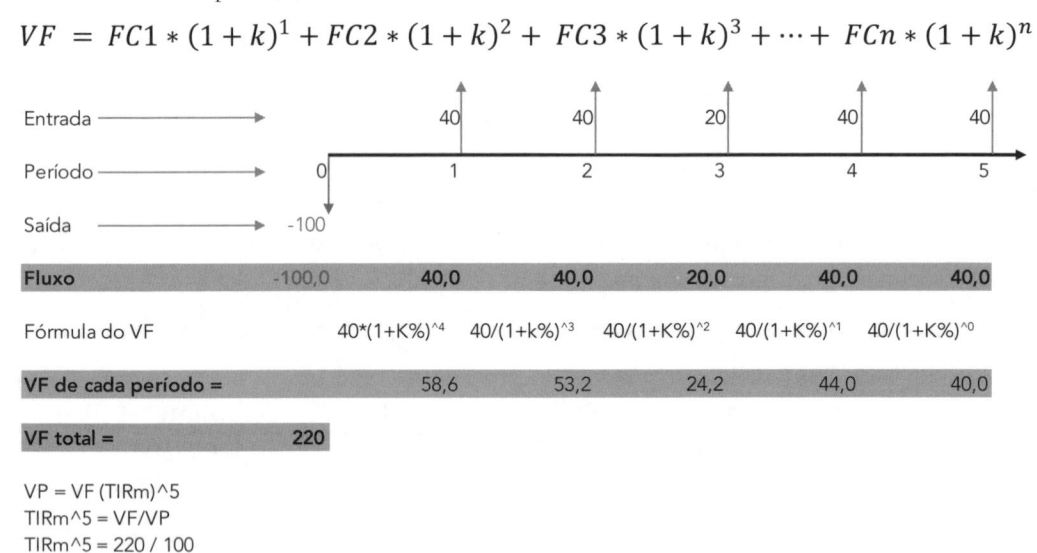

Fluxo	-100,0	40,0	40,0	20,0	40,0	40,0
Fórmula do VF		40*(1+K%)^4	40/(1+k%)^3	40/(1+K%)^2	40/(1+K%)^1	40/(1+K%)^0
VF de cada período =		58,6	53,2	24,2	44,0	40,0

VF total =	220

VP = VF (TIRm)^5
TIRm^5 = VF/VP
TIRm^5 = 220 / 100

TIRm = 17,1%

A TIRM do projeto é de 17,1% ao ano, ainda maior que o custo de capital de 10% e menor é claro que a TIR pura de 23,67%, pois seus fluxos intermediários foram ou serão aplicados ao custo de capital e não os 23,67% da taxa pura.

A seguir, apresentamos um resumo de todos os indicadores com suas respectivas avaliações:

Tabela 8.1: Resumo do Indicadores

Método	Resultado	Avaliação
Payback	3 anos	Não leva o valor do dinheiro no tempo.
Payback descontado	3,57 anos	Apesar de considerar o valor do dinheiro no tempo, não considera os fluxos pós payback.
VPL	R$36,60	> igual 0, aprova - Levando em conta o VPL e todos os fluxos.
TIR	23,67%	> Custo do Capital, aprova - Premissa de aplicação fluxos a mesma TIR é irreal.
TIR Modificada	17,10%	> Custo do Capital, aprova.

Fonte: Elaborado pelos autores

O Método Recomendado

Entre os diversos tipos de avaliação de investimento, o método de VPL é o mais completo e recomendado conceitualmente, podendo ser complementado pelo índice de rentabilidade do próprio VPL e pelos demais métodos, de forma a corroborar suas conclusões.

Para aplicá-lo, são necessárias uma boa projeção de fluxo de caixa e uma taxa de desconto realista.

A Régua e a Regra

O método VPL passa a ser a **régua** pela qual mediremos todas as decisões financeiras. A medida da régua, ou a **regra** para avaliarmos uma decisão financeira (investimento, financiamento ou operacional), **é que o VPL seja maior do que ZERO**.

Com o advento dos smartphones, você pode baixar um aplicativo de uma calculadora financeira (HP 12C, por exemplo) e isso facilitará sobremaneira seus cálculos e decisões financeiras.

Exemplo de cálculo de VPL na HP12C:

Qual é o VPL para um investimento de R$100 que proporcionará entradas conforme o fluxo de caixa abaixo, sabendo-se que a taxa de desconto exigida pelo investidor é de 10% ao ano?

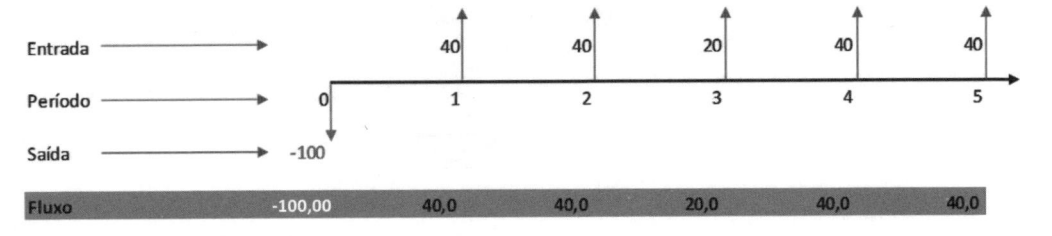

TABELA 8.2: Como Calcular o VPL na HP12C

Período	Fluxo	Passos		Função HP12C
0	-100	1°	f + x≷y	f + FIN para limpar a memória.
		2°	100	CHS => g + PV	CHS para inverter o sinal. g + CFo para fluxo de saída inicial.
1	40	3°	40	g + PMT	g + CFj para marcar uma entrada ou saída subsequente.
2	40	4°	40	g + PMT	g + CFj para marcar uma entrada ou saída subsequente.
3	20	5°	20	g + PMT	g + CFj para marcar uma entrada ou saída subsequente.
4	40	6°	40	g + PMT	g + CFj para marcar uma entrada ou saída subsequente.
5	40	7°	40	g + PMT	g + CFj para marcar uma entrada ou saída subsequente.
Taxa	10%	8°	10	f + i	f + INT para marcar a taxa de desconto.
VPL =	**36,61**	9°		f + PV	f + NPV para calcular o VPL.

Fonte: Elaborado pelos autores

CAPÍTULO 9

TOMADA DE DECISÕES FINANCEIRAS

"Em Deus confiamos; todos os demais devem apresentar dados."

— *W. Eduards Deming*

O RIGOR FINANCEIRO NA TOMADA DE DECISÕES

A essência da gestão é o processo de tomada de decisões. Boas decisões envolvem informação de qualidade, investigação cuidadosa, cenários e alternativas abrangentes, uma função objetivo (o que queremos atingir com a decisão?) bem elaborada, boa execução e controle.

Segundo o professor Iudicibus, para cada processo de tomada de decisão deveríamos:

- Estabelecer qual é a função objetivo que se deseja maximizar;
- Coletar e avaliar o tipo de informação utilizada no passado para maximizar a função;
- Fornecer o modelo preditivo que suprirá o modelo decisório para a maximização da função objetivo.

Decisões financeiras têm como função objetivo a criação de valor, que se materializa em retorno para o acionista através da distribuição de dividendos e da valorização do capital/ações da empresa detidas por esses. Ela é criada quando decisões operacionais, de financiamento e de investimento, gerem um fluxo de caixa que descontado ao custo de capital da empresa (CMPC), resultem em um valor presente líquido positivo (VPL > 0).

O CMPC é calculado multiplicando o custo de cada fonte (próprio e terceiros) pelo percentual de participação da fonte no total do passivo oneroso da empresa.

$$\text{CMPC} = \left(\frac{\text{Passivo 3}^{\circ}}{\text{Passivo Total}} \text{x \%Custo Capital 3}^{\circ} \text{x (1-TaxaIR)} \right) + \left(\frac{\text{Capital Próprio (PL)}}{\text{Passivo Total}} \text{ x \%Custo Capital Próprio} \right)$$

As Decisões Financeiras — Condutores de Valor, Avaliação e Criação de Valor

Para que as **decisões operacionais** criem valor, elas devem maximizar o lucro/caixa por meio do crescimento de vendas com uma margem saudável e otimização do pagamento de impostos.

Para que as **decisões de investimento** criem valor, elas devem reduzir os investimentos da empresa ao mínimo necessário para uma operação eficaz que maximize o lucro dos investimentos. Eficiência no uso dos ativos (circulantes e não circulantes), é o nome do jogo.

Para que as **decisões de financiamento** criem valor, elas precisam minimizar o custo médio ponderado de capital através de uma ótima estrutura de capital e excelência em negociação de empréstimos/financiamentos.

A Figura 9.1 abaixo demonstra as decisões financeiras, os condutores de valor e os componentes da avaliação de forma a se atingir o objetivo de criar valor para o acionista.

Figura 9.1: Criação de Valor para o Acionista

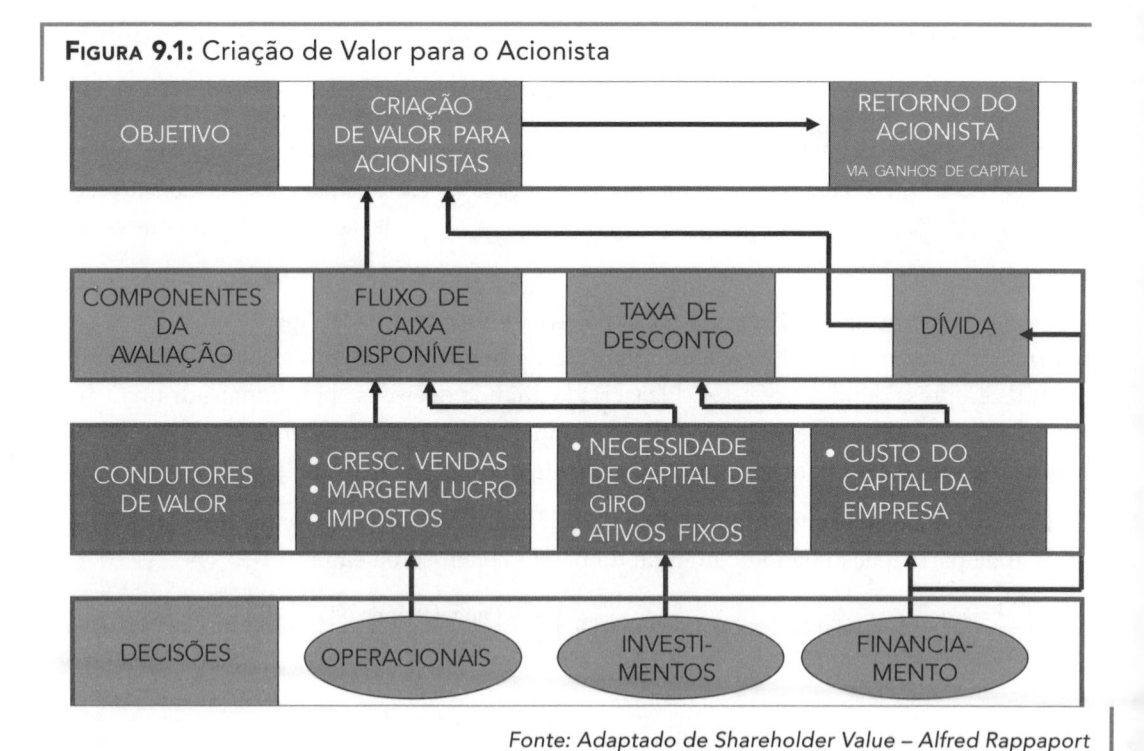

Fonte: Adaptado de Shareholder Value – Alfred Rappaport

DECISÕES FINANCEIRAS E DEMONSTRAÇÕES FINANCEIRAS

As decisões financeiras (operacionais, de investimento e de financiamento) devem ser tomadas com rigor financeiro considerando o valor do dinheiro no tempo e a aplicação dos métodos de avaliação de investimento. Essas decisões se refletirão nas demonstrações financeiras (Balanço, DRE e DFC).

Você, como empreendedor/empresário, deve, com base no Balanço, DRE e DFC, analisar se as decisões planejadas e executadas estão levando a empresa ao objetivo maior, ou seja, criação de valor com VPL > 0 (a regra).

ANÁLISE DETALHADA DO INVESTIMENTO E DO RETORNO

Nesta seção, analisaremos o investimento e o lucro na empresa com o intuito de demonstrar como podemos, por meio do balanço e da DRE, analisar se nossas decisões de investimento, financiamento e operacionais têm sido corretas e têm levado ao nosso objetivo maior, ou seja, criar valor para o acionista através do retorno sobre o investimento maior que o custo de capital. Em outras palavras, averiguar se o valor presente líquido do conjunto de projetos da empresa é maior que zero.

Investimento "na" empresa

O montante investido na empresa como um todo é representado pelo total do ativo. Como vimos, o ativo pode ser dividido em circulante (AC) e não circulante (ANC).

FIGURA 9.2: Onde São Classificados os Investimentos no Balanço

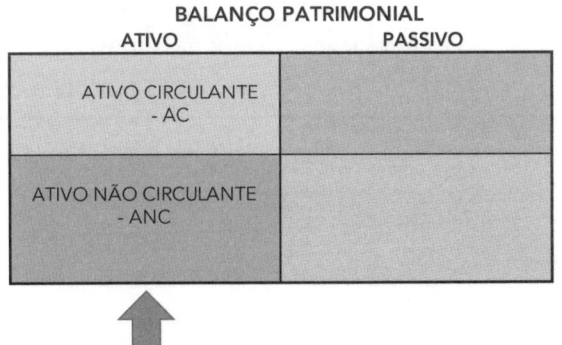

Fonte: Elaborado pelos autores

O ativo não circulante (ANC) contém os grandes geradores do lucro no negócio. É das máquinas, equipamentos, uso da marca e da tecnologia que os ganhos mais importantes devem vir.

O ativo circulante (AC) contém os ativos que se transformam em caixa em um ciclo curto para que as atividades possam prosseguir. Por isso, o AC foi apelidado de capital de giro, pois ele dá prosseguimento (giro) ao ciclo do negócio. Para os engenheiros, ele pode ser comparado ao lubrificante que faz com que as engrenagens rodem e se desgastem menos.

Os ACs (caixa, contas a receber, estoques), dão liquidez ao negócio e como tal seus retornos normalmente são menores do que os proporcionados pelos ativos não circulantes (veículos, máquinas e equipamentos e imóveis).

Apesar de sabermos que todo o investimento AC ou ANC deve ser minimizado visando maior retorno, essa máxima é ainda mais válida no caso do AC, pois seu retorno é quase nulo. No entanto, o AC do ponto de vista do negócio e do retorno é um "mal necessário".

Figura 9.3: Visualização da Otimização dos Investimentos no Balanço

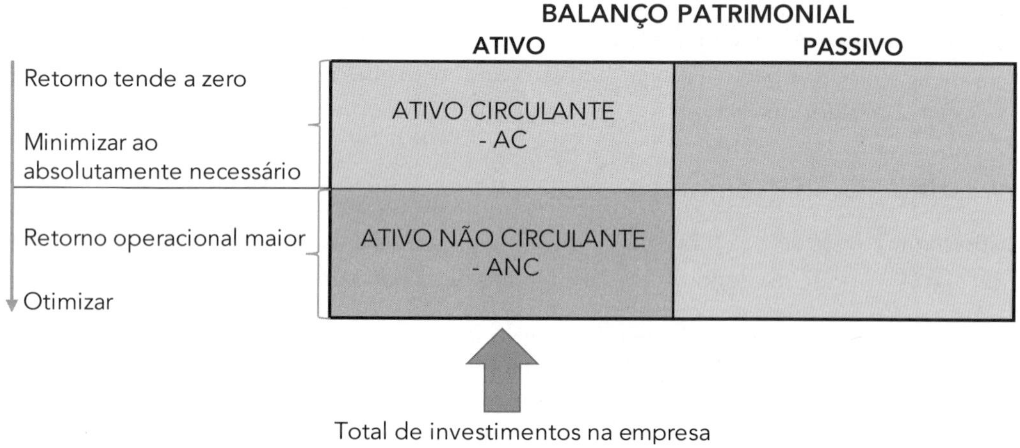

Fonte: Elaborado pelos autores

Capital de Giro Líquido (CGL)

O AC é formado basicamente pela conta caixa/bancos, contas a receber e estoques, e tende a crescer à medida que a empresa vende mais, dá mais prazo aos clientes e precisa de mais estoque para fazer frente às vendas crescentes.

Parte do AC pode/deve estar financiado pelo passivo circulante operacional (PC) — fornecedores, salários e impostos a pagar. E, da diferença entre o AC e o PC operacional, resulta no que chamamos de capital de giro líquido, ou seja, o que é preciso de capital de giro após abater a parte financiada pelo PC não oneroso (impostos, salários) e pelo PC supostamente não oneroso (fornecedores).

Na nossa máxima de sempre — **minimizar investimento** (menor esforço e maior recompensa) —, uma forma importante para diminuir o investimento total na empresa (ativo) é conseguir mais crédito de fornecedores com o maior prazo possível desde que sem custo financeiro pelo prazo adicional (ou pelo menos com um custo financeiro menor que o custo de outras alternativas de financiamento), e do custo de capital da empresa.

Exemplo:

FIGURA 9.4: Exemplo de Balanço, Reflexos no Capital de Giro e Investimento

ATIVO	PASSIVO
ATIVO CIRCULANTE - AC Clientes = R$200	**PASSIVO CIRCULANTE - PC** Fornecedores + Salários = R$100
	PASSIVO NÃO CIRCULANTE - PNC Financiamento = R$400
ATIVO NÃO CIRCULANTE - ANC Máquinas = R$800	**PATRIMÔNIO LÍQUIDO - PL** Capital Social = R$500
TOTAL R$1.000	**TOTAL R$1.000**

Descrição	Valores
Capital de Giro = (AC)	200
CGL — Capital de giro Liquido (AC) – (PC)	200 - 100 = 100
Total Ativo = Total Investido	1.000
Total Investido = AC + ANC	200 + 800 = 1.000
Total Investimento Líquido = CGL + ANC	1.000 - 100 = 900

Fonte: Elaborado pelos autores

Note que as dívidas financeiras (bancos, debêntures, *factoring*) não devem ser consideradas como redutoras do AC para cálculo do Capital de Giro Líquido (CGL), pois esses recursos são não operacionais e dizem respeito a uma decisão de financiamento tomada após descobrirmos a necessidade de capital de giro líquido do negócio.

Investimento líquido = Ativo Operacional Líquido

Total Investimento Líquido = 900, ou seja, parte do total investido está sendo financiado (sem ônus) por terceiros.

Chamamos de investimento líquido o valor total do ativo subtraído do investimento financiado por terceiros supostamente sem ônus. Esse conceito é muito importante, porque determina o valor do investimento líquido na empresa sobre o qual busca-se otimizar um retorno adequado. Quanto mais financiamento não oneroso, menor o investimento total e por consequência do acionista, aumentando a probabilidade de maior retorno. Assim, sempre que possível devemos aumentar o financiamento não oneroso no passivo ou mesmo que oneroso, com custo menor que o custo médio ponderado de capital (CMPC). De novo, é a busca por menor esforço e maior recompensa.

Figura 9.5: Objetivo de Maximização do Balanço Patrimonial

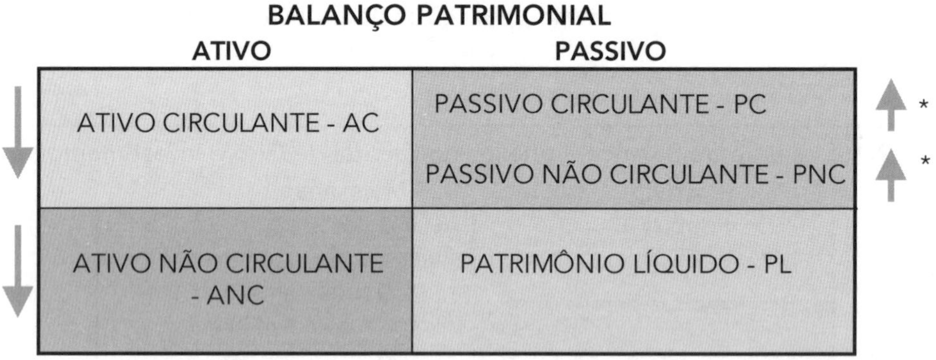

BALANÇO PATRIMONIAL

ATIVO	PASSIVO
ATIVO CIRCULANTE - AC	PASSIVO CIRCULANTE - PC *
	PASSIVO NÃO CIRCULANTE - PNC *
ATIVO NÃO CIRCULANTE - ANC	PATRIMÔNIO LÍQUIDO - PL

* Sem custo financeiro ou com o menor custo possível e sempre menor que o retorno operacional da empresa.

Fonte: Elaborado pelos autores

Investimento "do" acionista

O patrimônio líquido representa, no balanço, o valor que o acionista investiu inicialmente na empresa mais os investimentos adicionais oriundos de aporte adicional de capital, se existente, e a parcela do lucro líquido da empresa não distribuída e reinvestida nela.

Figura 9.6: Patrimônio Líquido no Balanço

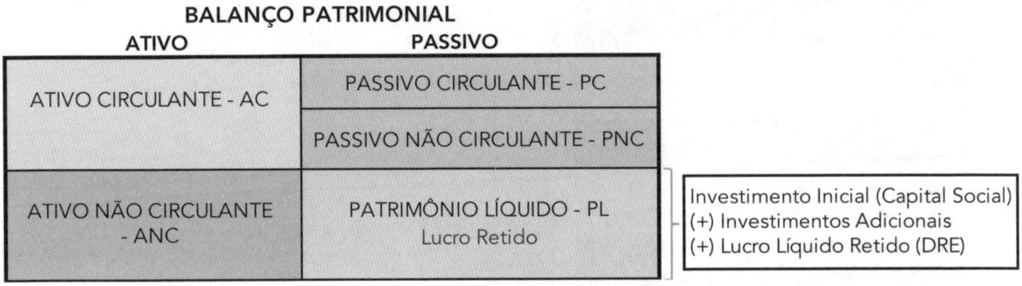

BALANÇO PATRIMONIAL

ATIVO	PASSIVO	
ATIVO CIRCULANTE - AC	PASSIVO CIRCULANTE - PC	
	PASSIVO NÃO CIRCULANTE - PNC	
ATIVO NÃO CIRCULANTE - ANC	PATRIMÔNIO LÍQUIDO - PL Lucro Retido	Investimento Inicial (Capital Social) (+) Investimentos Adicionais (+) Lucro Líquido Retido (DRE)

Fonte: Elaborado pelos autores

Como já salientamos por conta do risco este é o capital mais caro para a empresa.

Retorno/Lucro

E aí, deu lucro?

Você já sabe que a resposta a essa pergunta está na DRE e que temos sempre que maximizá-la (recompensa), porém, antes de respondê-la diretamente, precisamos esmiuçar o lucro em seus diversos "níveis".

Que lucro?

- O lucro bruto? Receita líquida (-) Custo dos produtos vendidos/Serviços prestados;
- A margem de contribuição? Definida como a diferença entre a receita líquida de vendas e os custos variáveis do produto/serviço vendido, e que demonstra a contribuição do produto/linha para a cobertura das despesas fixas e geração do lucro operacional?
- O lucro operacional? Margem de contribuição (-) Despesas operacionais
- O lucro operacional após o imposto de renda? O famoso LODIR / NOPAT (Net Operating Profit After Taxes — Lucro Operacional Depois do IR), que mostra o quanto a empresa ganha independentemente da forma como ela é financiada?
- O LAJIDA/EBITDA — Lucro Antes dos Juros, Impostos, Depreciação e Amortização? O famoso EBITDA?
- O lucro antes dos juros e dos impostos — LAJIR/EBIT?
- O lucro antes dos impostos — LAIR /EBT? Lucro operacional (-) Juros
- O lucro líquido do acionista? O famoso *bottom line*. Lucro líquido depois dos impostos (LAIR – IR/CS).
- A figura a seguir mostra as partes de Receita Líquida, a quem pertencem os diversos tipos de Lucro até chegar ao Lucro Líquido Final dos Acionistas.

Figura 9.7: A Quem Pertence o Lucro?

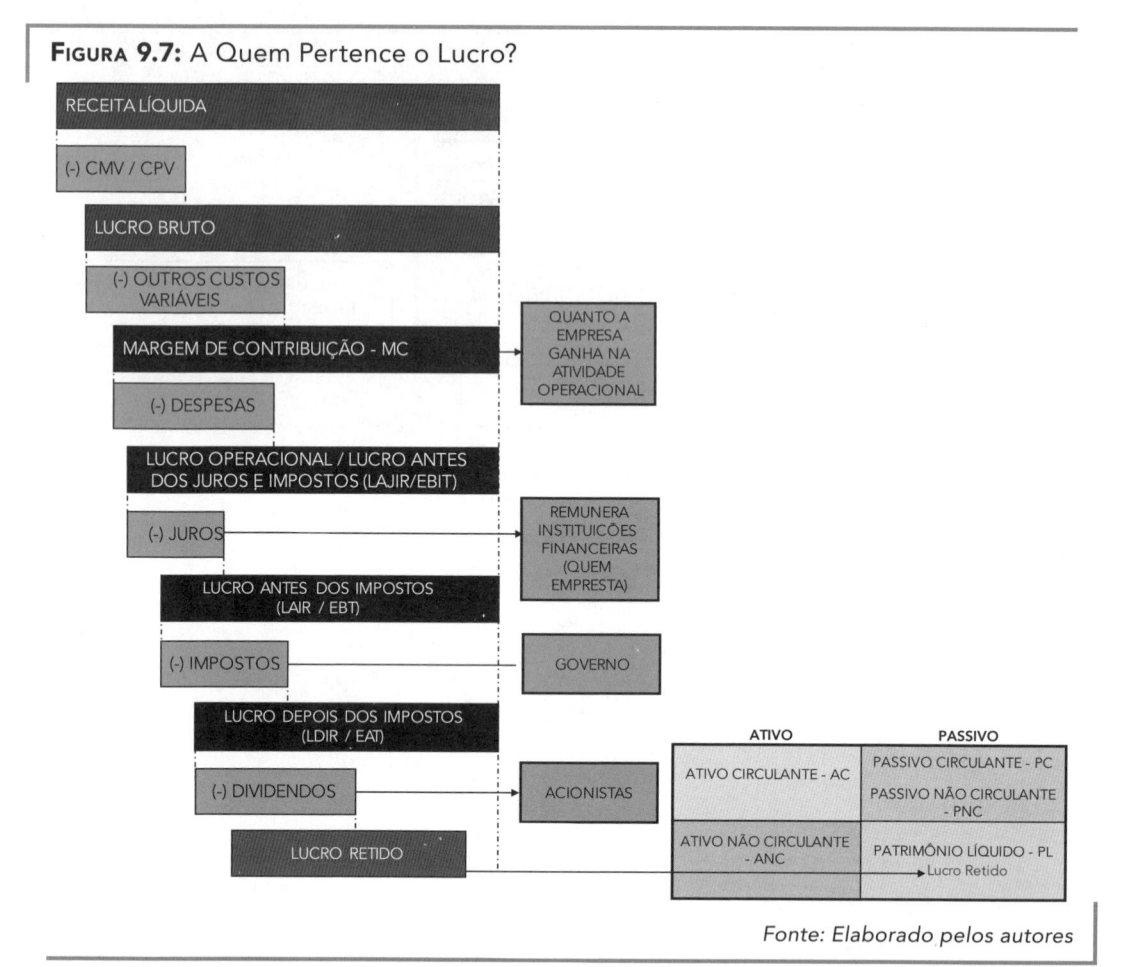

Fonte: *Elaborado pelos autores*

Como interpretar cada tipo de lucro?

O lucro bruto e sua proporção em relação ao faturamento (margem bruta percentual) pode indicar problemas de precificação, de produção e de compras de matéria-prima e componentes.

O lucro operacional e a margem operacional (lucro operacional dividido pela receita líquida) podem, além de mostrar a evolução de um período para o outro, indicar a produtividade e a eficiência no uso dos recursos fixos quando comparadas com outras empresas.

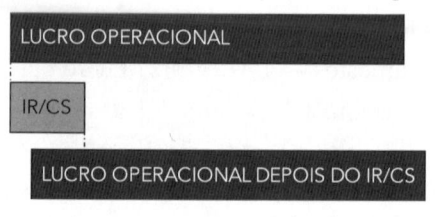

O lucro operacional após o imposto de renda mostra quanto a empresa ganha independentemente da forma como ela é financiada. É uma medida gerencial utilizada para medirmos o retorno sobre o ativo operacional líquido que deve ser comparado ao Custo Médio Ponderado de Capital (CMPC). Em outras palavras, o retorno do negócio deve ser maior que o custo de funcionamento deste.

O lucro antes do IR/CSL, ou o lucro depois das despesas financeiras, mostra o quão eficiente somos no uso de recursos de terceiros para financiar parte das operações da empresa. Estamos pagando "caro" pelos empréstimos?

O lucro líquido é o que sobrou para o acionista depois de pagar fornecedores, despesas fixas, despesas de juros e os impostos, e, como os demais, pode ser comparado evolutivamente ou entre empresas de forma absoluta ou relativa.

Esses vários tipos de lucros são úteis, do ponto de vista da análise financeira, para comparações e *benchmarking*[*], servindo para detectar os pontos fortes e fracos da empresa. Essa comparação pode ser feita contra outras empresas no segmento ou de forma evolutiva buscando as razões para a piora ou melhora nos indicadores.

RETORNO SOBRE O INVESTIMENTO

É isso, o retorno sobre o investimento é calculado, dividindo-se o lucro (recompensa) pelo investimento (esforço), e é representado percentualmente.

$$Retorno\ sobre\ o\ Investimento = \frac{Lucro}{Investimento} = \%$$

Recomenda-se que cada tipo de lucro deva ser comparado com o investimento correspondente, ou seja, o Retorno Sobre o Ativo Operacional Líquido (RSAOL) na empresa é dado por:

$$RSAOL = \frac{Lucro\ Operacional\ Depois\ do\ IR}{Ativo\ Operacional\ Líquido} = \%$$

O lucro líquido (do acionista), ao ser dividido pelo patrimônio líquido (o que o acionista investiu da empresa) determina o retorno econômico do acionista, que deve servir de base comparativa com o custo de oportunidade do acionista e claro com outras alternativas de investimento (empresas na bolsa, Bovespa, renda variável, renda fixa, imóveis etc.)

$$Retorno\ do\ Acionista\ (RSPL) = \frac{Lucro\ Líquido}{Patrimônio\ Líquido} = \%$$

---

[*] *Benchmarking* consiste no processo de busca das melhores práticas em uma determinada indústria e que conduzem ao desempenho superior. É visto como um processo positivo e através do qual uma empresa examina como outra realiza uma função específica a fim de melhorar a forma como realiza a mesma ou uma função semelhante.

Tabela 9.1: Relacionamento entre os Indicadores e os Demonstrativos Contábeis

LUCRO	BALANÇO PATRIMONIAL	
	ATIVO	PASSIVO

Receitas

(-) Custos e Despesas Operacionais

= Lucro Operacional Antes dos Impostos

(-) IR e CS

= Lucro Operacional Depois dos Impostos

(-) Juros

= Lucro Líquido

ATIVO CIRCULANTE - AC

ATIVO NÃO CIRCULANTE - ANC

TOTAL ATIVO

PASSIVO CIRCULANTE - PC (Exceto financiamento)

PASSIVO NÃO CIRCULANTE - PNC

PATRIMÔNIO LÍQUIDO - PL

Lucro Retido

TOTAL PASSIVO

$$(RSAOL) = \frac{\text{Lucro Operacional Depois do IR}}{\text{Ativo Operacional Líquido}} = \%$$

(-)

$$(RSPL) = \frac{\text{Lucro Líquido}}{\text{Patrimônio Líquido}} = \%$$

Fonte: Elaborado pelos autores

GERADORES DE RETORNO

Como vimos, a busca por maior recompensa e menor esforço é da natureza humana.

Assim também ocorre com os investidores que, para um dado retorno, buscam o menor investimento possível ou, para um dado investimento, buscam o maior retorno possível.

Na empresa, o gerador de retorno é o lucro, que é retratado na DRE. O investimento está retratado no balanço (investimento do acionista no patrimônio líquido e da empresa — recursos do acionista e de terceiros — no ativo).

Dessa forma, o investimento gera o retorno (lucro) e o retorno é dado pela divisão do lucro pelo investimento e, matematicamente, qualquer incremento no numerador ou decréscimo no denominador aumenta o retorno.

FIGURA 9.8: Visualização Representativa da DRE e do Balanço

BALANÇO PATRIMONIAL

DRE	ATIVO	PASSIVO
		Dívidas com 3os. - R$ 500
	Ativos - R$ 1.000	
		PL - R$ 500
LUCRO R$ 100	TOTAL R$ 1.000	TOTAL R$ 1.000

Fonte: Elaborado pelos autores

Lucro (DRE) = R$100

Balanço ativo total = Investimento total da empresa = R$1 mil

Balanço patrimônio líquido = Investimento do acionista = R$500

Retorno sobre o investimento da empresa = R$100/R$1 mil = 10%

Retorno sobre o patrimônio líquido do acionista = R$100/500 = 20%

Um terceiro gerador de retorno é o custo de capital de terceiros, pois, quanto menor, maior a chance de que o Retorno Sobre o Ativo Operacional Líquido (RSAOL) da empresa como um todo seja maior que o custo desse capital de terceiros. Esse endividamento alavancará o retorno do capital próprio do acionista até um certo limite. Assim, do lado do passivo, a meta é reduzir o custo do financiamento de terceiros.

MAXIMIZANDO O LUCRO

Lucro Operacional Depois do IR Aumentar	Investimento no Ativo Operacional Líquido Reduzir	Custo de Capital de 3os ou Total Reduzir

Aumentando o lucro operacional

O retorno operacional total da empresa é dado pela divisão do lucro operacional depois do IR/CS pelo valor total de investimento líquido na empresa, ou seja, o total do ativo – passivo circulante operacional. O lucro operacional está retratado na DRE e é nele que os reflexos das decisões operacionais para crescer vendas, reduzir custos e despesas e minimizar impostos se refletirão.

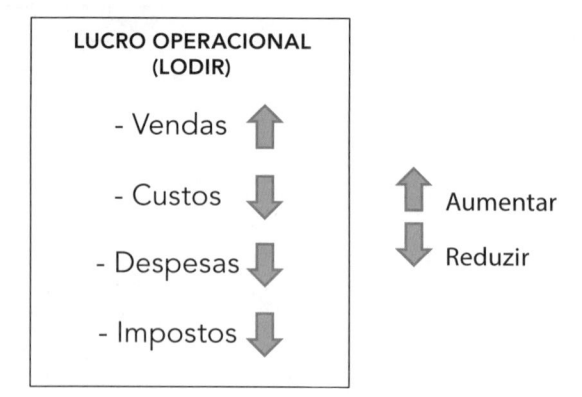

A DRE oferece respostas a diversas perguntas que o empreendedor/empresário deve fazer sobre seu negócio:

- Qual é o volume a ser vendido?
- A que preço?
- Quais insumos utilizar?
- Qual é a melhor fonte de insumos em termos de custo?
- Qual é a estrutura de pessoas e qual o custo mínimo?
- Qual é a opção tributária a utilizar?

Minimizando/Otimizando o Investimento

O jogo do lado do investimento chama-se redução ao mínimo possível, desde que operacional (ativo não circulante) e financeiramente (investimento em capital de giro) isso não se torne limitante para a obtenção do lucro operacional máximo.

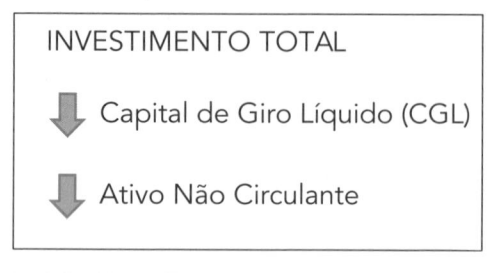

Perguntas que o empreendedor /empresário deve fazer para otimizar o investimento:

- Qual é a melhor máquina em termos de produtividade e custo total? (Energia, perdas, manutenção, supervisão);
- Imóvel próprio ou alugado?
- Com que prazo devemos vender?
- Quanto de estoque carregar?

Minimizando o Custo de Capital de Terceiros — Otimizando a Estrutura de Capital

O custo de capital deve ser minimizado pois, quanto menor, maior será a diferença entre o Retorno Sobre o Ativo Operacional Líquido (RSAOL) e o custo de capital da empresa. Quanto maior essa diferença, maior é a criação de valor.

O custo de capital da empresa dependerá do risco financeiro de sua empresa, isto é, se você tem 80% de capital de terceiros no seu negócio, apenas 20% de capital próprio, e precisar de mais dinheiro de terceiros, o custo requerido pelos credores com certeza será maior (mantidas as demais variáveis) do que se você tivesse 80% de capital próprio e apenas 20% de terceiros.

Chamamos de estrutura de capital a relação entre o total de recursos de terceiros (dívida) e o passivo total da empresa. Se você tem 60% de recursos de terceiros, é claro que os outros 40% são recursos cuja origem são os acionistas (patrimônio líquido).

Chamamos de Custo Médio Ponderado de Capital (CMPC) a média ponderada do custo de capital de terceiros e do custo do capital próprio ponderado pelo peso de cada um no passivo total.

Figura 9.9: Visualização da Distribuição Percentual do Balanço

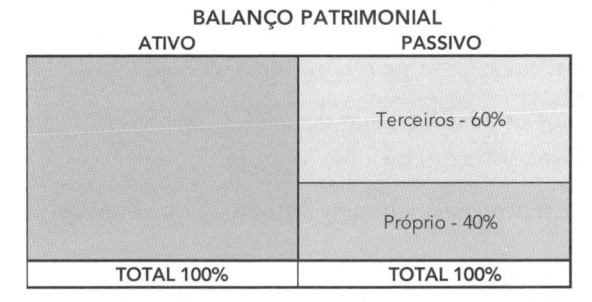

Fonte: Elaborado pelos autores

Perguntas que o empreendedor/empresário deve fazer para otimizar a estrutura de capital

- Qual é a estrutura ótima de capital? (A proporção de capital de terceiros e de capital próprio)
- Qual é a melhor linha de financiamento de curto prazo? (Custo, prazo, garantias etc.)
- Qual é a melhor linha de financiamento de longo prazo? (Custo, prazo, garantias etc.)
- Com que prazo e custo financeiro devemos comprar mercadorias e serviços??

COMO CRIAR VALOR?

Muitas empresas satisfazem de forma eficiente uma necessidade, agradam clientes, empregados e a comunidade, mas não conseguem traduzir esse sucesso em lucro suficiente e, portanto, não criam valor para o acionista.

Sem lucro adequado, não se cria valor e não se aumenta o valor de mercado, fazendo com que a empresa não atraia capital para seus projetos e operações. O fim dessa história é a descontinuidade por incompetência econômica, apesar de ótimas ideias, produtos e serviços.

Criar valor é a missão de todo empreendedor, empresário ou gestor. Significa identificar uma necessidade não satisfeita, ou uma necessidade mal atendida, e satisfazê-la de uma maneira mais eficiente e eficaz que os concorrentes e obter o Retorno Sobre o Ativo Operacional Líquido (RSAOL) acima do custo de capital investido (CMPC) — (RSAOL% > CMPC %).

Obter retorno maior que o custo de capital é o que indicará se você está ou não criando valor, e a tarefa de finanças é orientar você e todos na empresa no processo decisório de criar valor.

No nível das decisões na empresa, só se cria valor se o caixa, a valor presente, gerado pela decisão superar o desembolso necessário para auferi-lo.

$$\boxed{\text{VPL > ZERO}}$$

Já discutimos o valor do dinheiro no tempo, ou seja R\$100 hoje vale mais do que R\$100 daqui a um ano e, por isso, o caixa futuro gerado pela decisão/produto/projeto/negócio tem que ser traduzido a um valor presente que reflita o custo de financiamento da empreitada.

Assim, se quisermos criar valor, toda decisão de negócios deve obedecer ao princípio fundamental de todo investimento racional, ou seja:

"Gerar, a valor presente, mais caixa no futuro do que o investimento requerido para viabilizá-lo".

Ao calcularmos o Valor Presente Líquido (VPL) do fluxo de caixa do projeto, descontado a uma taxa de desconto (CMPC), chegamos a um valor que, caso positivo, cria valor e, caso negativo, o destrói.

E quais são os fatores determinantes para a criação de valor?

- Um fluxo de caixa que, a valor presente, descontado pela taxa de custo de capital seja positivo; e
- Uma taxa de custo de capital (desconto - CMPC) realista.

Para descobrirmos os valores exatos de fluxo de caixa de um projeto, precisaríamos aguardar até o seu fim. Na empresa, que se supõe perene, e que normalmente tem vários projetos/eventos simultâneos, precisamos utilizar a contabilidade que redistribui no tempo os fluxos de caixa da empresa através da DRE, por meio dos quais devemos monitorar e garantir que a empresa:

- Opere com rentabilidade operacional suficientemente alta;
- Minimize seu custo de capital; e
- Tenha capacidade de crescimento com rentabilidade.

Rentabilidade Operacional da Empresa

O lucro operacional é o maior responsável pelo fluxo de caixa em uma empresa. Esse fluxo, uma vez descontado, deve gerar um VPL positivo.

A rentabilidade da operação da empresa é o maior determinante na criação de valor e determinará o sucesso como investimento. Rentabilidade, aqui, é entendida como o ganho por unidade investida, ou seja, quanto sobra de resultado operacional (lucro operacional depois do imposto) por cada real investido.

A empresa, ou o projeto, pode apresentar lucro e até caixa em termos absolutos, mas esses números podem não significar que ela está criando valor e sendo rentável.

Para calcular a rentabilidade operacional, partimos do numerador, do Lucro operacional (-) Imposto de renda, e dividimos pelo Investimento (Ativo líquido investido) - o denominador.

O lucro operacional foi gerado pelas decisões operacionais e não é afetado pelas decisões de financiamento.

O ativo operacional líquido investido é o ativo total diminuído da parcela de financiamento operacional e não oneroso do passivo (salários, impostos e fornecedores[*]).

Retorno Sobre Ativo Operacional Líquido — RSAOL%

Se considerarmos que a empresa é um portfólio de projetos com Valor Presente Líquidos (VPLs) positivos e negativos, podemos admitir que a rentabilidade operacional medida pelo RSAOL% (lucro operacional depois do IR dividido pelo ativo operacional líquido) representam, respectivamente, os fluxos de caixa dos projetos e os respectivos investimentos, presentes no método do Valor Presente Líquido (VPL).

---

[*] Como sabemos, não existe juro zero e, se o fornecedor está dando prazo, o custo à vista deveria ser menor.

Retorno

RSAOL — Retorno Sobre o Ativo Operacional Líquido $= \dfrac{\text{Lucro Operacional Depois do IR}}{\text{Ativo Operacional Líquido}} = \%$

Onde:

Lucro operacional depois do IR = Lucro operacional (-) IR/CS

Ativo operacional líquido = Caixa (+) Necessidade de capital de giro (+) Ativos fixos líquidos

NCG — Necessidade de Cap. Giro = Ativo operacional (-) Passivos operacionais

Ativo operacional = Contas a receber (+) Estoques (+) Outros

Passivo operacional = Contas operacionais a pagar (fornecedores, salários e impostos)

Minimização do Custo de Capital

Como vimos anteriormente, a taxa de desconto do método VPL é o custo de capital da empresa, isto é o Custo Médio Ponderado de Capital (CMPC) que deve ser utilizado na análise prévia de todos os projetos de investimento e em todas as decisões da empresa.

É calculado multiplicando cada fonte de capital (próprio e de terceiros) da empresa pelo seu custo e pelo seu peso no total do passivo oneroso.

$$CMPC = \left(\frac{\text{Passivo 3}^{\underline{o}}}{\text{Passivo Total}} \ x \ \%Custo \ Capital \ 3^{\underline{o}} \right) + \left(\frac{\text{Capital Próprio (PL)}}{\text{Passivo Total}} \ x \ \%Custo \ Capital \ Próprio \right)$$

Uma estrutura ótima de capital e custo de financiamento com terceiros minimizados criam valor.

Capacidade de Crescimento que Cria Valor

Não basta apenas crescer, é preciso que os projetos responsáveis pelo crescimento tenham RSAOL% > CMPC%, e, quanto maior a diferença, maior será a criação de valor do projeto.

Margem de Retorno = RSAOL% (-) CMPC%

Se você crescer (vender mais) com projetos com RSAOL% **menor** que CMPC%, você reduzirá o retorno da empresa e do acionista e, no limite, fará com que a empresa destrua valor.

Criação de valor — Determinantes de valor macro e micro direcionadores de valor

No final, a criação de valor se dá através de um fluxo de caixa de entrada maior que o de saída.

Para viabilizar esse fluxo de caixa, não se iluda: boa estratégia, execução, bons produtos ou serviços, melhores que os da concorrência e eventuais produtos sucedâneos, são pré-requisitos.

No seu dia a dia, você deve tomar decisões que permitam:

Crescer suas vendas — Novos produtos, mercados, usos, canais, promoções, modificações de produto, preço, distribuição etc;

Aumentar sua margem operacional — Pesquisa e desenvolvimento, novos materiais, maior produtividade, renegociação com fornecedores, orçamento base zero, reestruturação, e redução (dentro da lei) de seus impostos;

Reduzir/Otimizar o investimento — É claro, quanto menor o investimento, dado um lucro, maior o retorno;

Reduzir o custo do financiamento — Otimizar a estrutura de capital. Pagar o menor custo financeiro (juros) possível.

FIGURA 9.10: Criação de Valor: Determinantes, Macro Direcionadores e Micro Direcionadores de Valor

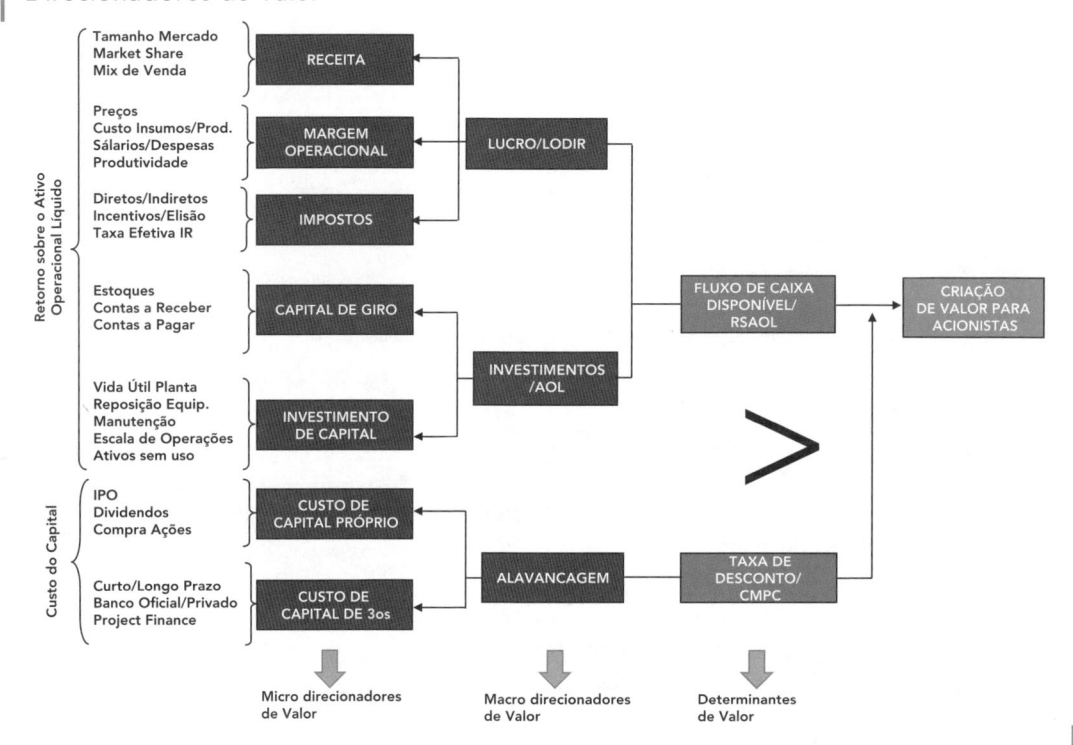

Fonte: Adaptado de Shareholder Value - Rappaport

Retorno da empresa para o acionista

É claro que a rentabilidade operacional medida pelo RSAOL é importante, além de ser a maior contribuidora para a rentabilidade da empresa. Com RSAOL% > CMPC% podemos garantir que a empresa está efetivamente dando retorno compensatório aos acionistas. Isso se confirma caso a famosa última linha da DRE, lucro líquido depois dos impostos, dividido pelo capital próprio investido (patrimônio líquido) for maior que o custo de capital do acionista, seu custo de oportunidade.

RSPL = Retorno Sobre o Patrimônio Líquido = Lucro líquido depois do IR/Patrimônio líquido.

Esse retorno é consequência de decisões de financiamento, investimento e operacionais que, juntas, determinarão a qualidade da gestão econômica da empresa e seu retorno.

O RSPL é a medida de rentabilidade mais importante e abrangente à medida que relaciona o lucro residual dos acionistas com o valor efetivamente investido por esses para obter tal lucro.

CRIAÇÃO DE VALOR, VPL, DECISÕES FINANCEIRAS E DEMONSTRAÇÕES FINANCEIRAS

As decisões financeiras de financiamento, investimento e operacionais que se refletem nas demonstrações financeiras (Balanço, DRE e DFC) guardam relação estreita com a aplicação do método VPL.

Para aferir se o projeto cria valor, (VPL > 0), o método VPL tem três componentes:

1. Investimento inicial;
2. Taxa de desconto;
3. Fluxo de caixa proporcionado pelo investimento.

Os três conjuntos de decisões financeiras tratam exatamente dos três componentes requeridos pelo método do VPL, a saber:

- Decisão de investimento: no que, quanto e quando vamos investir? (1)
- Decisão de financiamento: como financiar o negócio e minimizar o custo do capital? (2)
- Decisão operacional: como maximizar o lucro/caixa? (3)

As demonstrações financeiras refletem o resultado das decisões de financiamento (balanço – passivo), das decisões de investimento (balanço – ativo) e decisões operacionais (DRE).

É no ativo que descobrimos o quanto foi investido.

É no passivo que temos a estrutura de capital (próprio e de terceiros) que determinará o custo do capital utilizado. (CMPC - Custo Médio Ponderado de Capital).

E é na DRE que temos uma aproximação do fluxo de caixa gerado pelo lucro operacional.

Figura 9.11: Criação de Valor, Método VPL, Decisões Financeiras e Demonstrações Financeiras

Objetivo: Criar valor	Método VPL	Decisões Financeiras	Demonstrações Financeiras
↓	Investimento	→ Decisões de Investimentos →	Balanço Ativo
↓	Taxa de Desconto	→ Decisões de Financiamento →	Balanço Passivo
↑	Fluxo de Caixa do projeto →	Decisões Operacionais	→ DRE Fluxo de Caixa

↓ Reduzir ↑ Aumentar

Fonte: Elaborado pelos autores

VPL e valor do dinheiro no tempo

Todas as decisões de negócio baseiam-se na premissa que o dinheiro tem valor no tempo.

Assim, pregamos que todas as decisões de negócio devam passar pela régua do valor presente líquido que usa o valor do dinheiro no tempo como premissa.

$$VPL = FC0 + \frac{FC1}{(1+K)^1} + \frac{FC2}{(1+K)^2} + \frac{FC3}{(1+K)^3} + \cdots + \frac{FCn}{(1+K)^n}$$

A aplicação da fórmula requer um fluxo de caixa projetado confiável e uma taxa de desconto realista.

O valor presente líquido > 0 indica que a decisão cria valor financeiro e proporciona retorno maior que o custo dos recursos empregados.

Nossa régua é o método VPL e a regra para aprovação da decisão financeira/projeto é VPL > 0.

VPL e decisões financeiras

As decisões financeiras (financiamento, investimento e operacionais) dentro da empresa guardam relação direta com a aplicação do método de avaliação a valor presente.

As decisões de financiamento definem a estrutura ótima de capital e procuram pelas melhores fontes de recursos disponíveis para financiar os investimentos e as operações.

Seu objetivo é otimizar as fontes de capital próprio e de terceiros visando minimizar o custo médio ponderado de capital.

Decisão Financiamento = Taxa de Desconto (Minimizar) ↓

As decisões de investimento dizem respeito à escolha de alternativas de investimento que proporcionem retornos satisfatórios, que criem valor.

Como discutimos, o valor investido tem que ser otimizado de forma a aumentar a rentabilidade relativa proporcionada pelas entradas de caixa oriundas do investimento.

Decisão Investimento = Investimento (Minimizar)

As decisões operacionais escolhem as melhores alternativas em termos de volume, preço, custos, despesas que resultarão no lucro que, por sua vez, vai gerar o caixa operacional do investimento/projeto/negócio.

O objetivo das decisões operacionais é maximizar o caixa/lucro gerado pelo negócio.

Decisão Operacional = Lucro/ Fluxo de Caixa

Decisões financeiras e demonstrações financeiras

O conjunto de decisões financeiras (operacionais, financiamento e investimento) se refletem nas demonstrações financeiras da empresa.

O lado esquerdo do balanço consolida os diversos investimentos realizados pela empresa ao passo que o lado direto reflete as decisões de financiamento com terceiros e com os acionistas.

Na DRE são refletidas as decisões operacionais, bem como os reflexos econômicos das decisões de investimento (depreciação, lucro ou prejuízo na venda de ativos etc.) e de financiamento (juros etc.).

Demonstração financeiras — Investimento, financiamento e retorno

Nas demonstrações financeiras, podemos obter quase todas as informações que precisamos para monitorar investimento, financiamento e retorno da empresa e do acionista. Com pequenos ajustes e adaptações podemos ajustar os números contábeis e atenuar suas principais falhas. (Não levar em conta o custo de oportunidade do acionista, valor dos fluxos de caixa futuros, valor atual do investimento e necessidade de investimento futuro.)

O lucro operacional nada mais é do que uma aproximação do caixa gerado por todos os projetos de investimento previamente analisados pelo método do VPL. Como diria Eliseu Martins: "O lucro deve virar caixa, senão deve ser ajustado. A velha contabilidade nada mais era do que uma redistribuição temporal dos fluxos de caixa nas operações da empresa. Assim, ao longo do tempo e no acumulado, ambos irão sempre convergir."* Ao aplicarmos a alíquota de imposto de renda e contribuição social ao lucro operacional, e obtermos o **L**ucro **O**peracional **D**epois do **IR**/CS (**LODIR**), teremos uma aproximação do fluxo de caixa depois do IR/CS proporcionado pelos projetos em andamento na empresa.

---

* MARTINS, Eliseu. *Lucro versus Fluxo de Caixa*, Capital Aberto. Disponível em: < https://capitalaberto. com.br/secoes/colunistas/lucro-versus-fluxo-de-caixa/>..

ANÁLISE HORIZONTAL E ANÁLISE VERTICAL

"Números não são feitos para serem calculados,
os números devem ser comparados."

— *Jack Welch e Suzy Welch*

A análise horizontal e a análise vertical são muito simples e ao mesmo tempo poderosas e imprescindíveis para qualquer análise financeira.

Elas possibilitam comparações relativas que tornam evidentes as variações ocorridas nos números e que possibilitam investigações mais profundas e decisões financeiras assertivas.

ANÁLISE HORIZONTAL

A análise horizontal é uma análise de séries históricas que mostra uma evolução, tendo na observação inicial uma base 100 (cem). Ela demonstra o crescimento ou a queda ao longo do tempo. Aplicada ao balanço, à DRE, ou ao DFC, ela ajuda a descobrir grandes variações e tendências que devem ser identificadas, entendidas e, caso necessário, corrigidas. Normalmente, as séries são comparadas com índices de preços, de salários etc., de forma que variações reais versus esses índices apareçam.

Tabela 9.2: Análise Horizontal de uma DRE

DRE	Ano 1	Ano 2	Análise Horizontal	Var. Ano2 /Ano1
Receitas	100	150	50,0%	1,5
(-) Custos e despesas Operacionais	70	90	28,6%	1,3
= Lucro Operacional antes dos Impostos	30	60	100,0%	2
(-) IR e CS	10	20	100,0%	2
= Lucro Operacional depois dos Impostos	20	40	100,0%	2
(-) Juros	5	7	40,0%	1,4
= Lucro Líquido	15	33	120,3%	2

Fonte: Elaborado pelos autores

Análise

Enquanto as receitas cresceram 50%, os custos e despesas operacionais cresceram apenas 28,6%, proporcionando um crescimento no lucro operacional de 100%.

Como o IR e CS é proporcional ao lucro, estes também cresceram 100%. Pode ser que o crescimento de vendas possa ter proporcionado mais caixa e menos empréstimos que, por sua vez, causaram menos juros que só cresceram 40%, fazendo com que o lucro líquido crescesse 120,3%.

Tabela 9.3: Análise Horizontal de um Balanço Patrimonial

BALANÇO PATRIMONIAL

ATIVO	Ano 1	Ano 2	A. Horizontal	PASSIVO	Ano 1	Ano 2	A. Horizontal
ATIVO CIRCULANTE - AC	500	700	40,0%	PASSIVO CIRCULANTE - PC	285	267	-6,3%
ATIVO NÃO CIRCULANTE - ANC	1.000	1.100	10,0%	PASSIVO NÃO CIRCULANTE - PNC	700	1.000	42,9%
				PATRIMÔNIO LÍQUIDO - PL	500	500	0,0%
				Lucro Retido	15	33	120,3%
TOTAL ATIVO	1.500	1.800	20,0%	TOTAL PASSIVO	1.500	1.800	20,0%

Fonte: Elaborado pelos autores

Análise

É claro que tanto ativo quanto passivo total cresceram igualmente (20%). Especificamente, o ativo circulante cresceu 40% e o ativo não circulante cresceu 10%. Esses crescimentos foram financiados por um aumento de 42,9% no passivo não circulante (normalmente oneroso), pois houve queda no passivo circulante de 6,3% e o patrimônio líquido só subiu por conta dos lucros retidos que cresceram estupendos 120,3% (vide DRE).

Com a análise horizontal, na DRE, no balanço, e na DFC a evolução de cada conta pode ser comparada isoladamente ou contra um indexador de inflação, por exemplo, e os insights oriundos daí são valiosos para investigações mais profundas que levam a decisões apropriadas.

ANÁLISE VERTICAL

A análise vertical divide proporcionalmente o valor de uma determinada rubrica por um valor base (receita líquida na DRE, ou total do ativo/passivo no balanço), indicando percentualmente quanto a parte representa do todo. Mostra a participação de cada parte no total (100%).

TABELA 9.4: Análise Vertical de uma DRE

DRE	Ano 1	Análise Vertical (A)	Ano 2	Análise Vertical (B)	Var. (B) / (A)
Receitas	100	100%	150	100%	1,0
(-) Custos e despesas Operacionais	70	70%	90	60%	0,9
= Lucro Operacional Antes dos Impostos	30	30%	60	40%	1,3
(-) IR e CS	10	10%	20	14%	1,3
= Lucro Operacional Depois dos Impostos	20	20%	40	26%	1,3
(-) Juros	5	5%	7	5%	0,9
= Lucro Líquido	15	15%	33	22%	1,5

Fonte: Elaborado pelos autores

Análise

O lucro líquido que representava, no ano um, 15% da receita, passou para 22%, isto é, de cada real vendido sobrava 15 centavos no ano um e agora sobram 22 centavos. Essa melhoria é fruto da maior margem de lucro operacional (40% no ano dois versus 30% no ano um), já que IR e CS cresceram de 10% para 14% e os juros permaneceram em 5% da receita.

Tabela 9.5: Análise Vertical de um Balanço Patrimonial

BALANÇO PATRIMONIAL

ATIVO	Ano 1	A. Vertical	Ano 2	A. Vertical	PASSIVO	Ano 1	A. Vertical	Ano 2	A. Vertical
ATIVO CIRCULANTE - AC	500	33,3%	700	38,9%	PASSIVO CIRCULANTE - PC	285	19,0%	267	14,8%
ATIVO NÃO CIRCULANTE - ANC	1.000	66,7%	1.100	61,1%	PASSIVO NÃO CIRCULANTE - PNC	700	46,7%	1.000	55,6%
					PATRIMÔNIO LÍQUIDO - PL	500	33,3%	500	27,8%
					Lucro Retido	15	1,0%	33	1,8%
TOTAL ATIVO	1.500	100,0%	1.800	100,0%	TOTAL PASSIVO	1.500	100,0%	1.800	100,0%

Fonte: Elaborado pelos autores

Análise

O ativo circulante, que representa 33,3% do total do ativo no ano um, passou a representar 38,9% no ano dois, com queda proporcional no ativo não circulante. Do lado do passivo, o crescimento foi financiado pelo passivo não circulante que cresceu de 46,7% para 55,6% do total. Passivo circulante e patrimônio líquido diminuíram em relação ao ano um.

Análise vertical

Com a análise vertical você pode, na DRE, analisar suas margens, a participação de cada item no total de sua receita respondendo, por exemplo, à pergunta: Para cada R$100 que vendemos quanto ganhamos de lucro líquido? No balanço, podemos descobrir, com a análise vertical, quanto cada item do ativo e do passivo representa no total, dando subsídios para decisões que visem otimizar a estrutura de ativos e de capital.

Fórmula Dupont

Já se vão quase 100 anos desde que um vendedor de explosivos da outrora gigante química americana Dupont inventou uma fórmula de análise financeira abrangente e muito útil.

Ele decompôs o retorno sobre o patrimônio líquido (lucro líquido/PL), um indicador de retorno fundamental, em três partes:

- **Lucratividade,** ou seja, o percentual de lucro sobre a receita (você obtém esse número ao fazer uma análise vertical na DRE). Quanto sobra de lucro líquido por real vendido?
- **Produtividade** é a eficiência no uso dos ativos, medida pelo giro do ativo (Receita (DRE) dividida pelo total do ativo - (balanço). Quantas vezes a empresa gira/usa o ativo?
- **Alavancagem financeira**, definida pela divisão do ativo pelo patrimônio, que indica o grau de uso de recursos de terceiros no financiamento do ativo. Qual é o endividamento da empresa?

Figura 9.12: Direcionadores de Retorno do Acionista

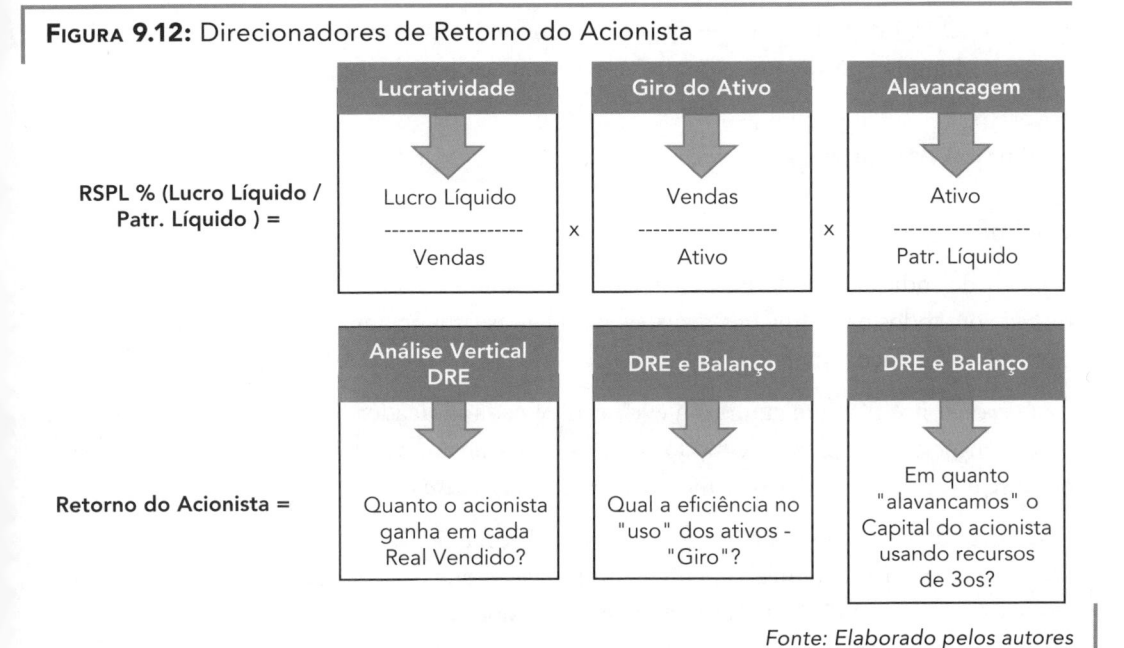

Fonte: Elaborado pelos autores

Essa decomposição permite uma análise detalhada e uma visão dos aspectos operacionais de lucratividade, produtividade do ativo e do aspecto financeiro — estrutura de capital dissecando o retorno e permitindo um plano de ação visando melhorá-lo. A fórmula Dupont mostra os reflexos das decisões de investimento (produtividade do ativo), financiamento (alavancagem financeira) e operacional (lucratividade).

Como podemos ver, os três elementos da fórmula Dupont contêm informações que encontramos ou na DRE, ou no balanço ou em ambos.

Dessa forma, poderemos, a partir do Retorno Sobre o Patrimônio Líquido (RSPL%), do fim para o começo, construir o que chamamos de árvore da fórmula Dupont, que funciona como um *cockpit* da gestão econômico-financeira da empresa.

Na próxima seção, abordaremos a gestão financeira e a criação de valor utilizando as demonstrações que apresentamos até aqui (balanço, DRE, DFC), e as ferramentas de análise financeira (análises vertical e horizontal e a fórmula Dupont), para que efetivamente possamos medir economicamente o retorno e tomar decisões baseadas na criação de valor para o acionista.

Tanto o RSAOL/RONA (Retorno Sobre o Ativo Operacional Líquido) como o RSPL/ROE (Retorno Sobre o Patrimônio Líquido), são indicadores confiáveis da criação de valor e retorno sobre o investimento. E podem ser melhorados através de:

1. Melhoria da margem de lucro;
2. Aumento da produtividade (giro) dos ativos; ou
3. Otimização da alavancagem (definida pelo ativo total dividido pelo patrimônio líquido), desde que, como já vimos, o custo da dívida seja menor do que o retorno sobre o ativo operacional líquido (CMPC% < RSAOL%).

É nessas três variáveis que você empresário/empreendedor deve focar seus esforços.

Cockpit

A partir do indicador de RSPL podemos criar, usando o conceito da fórmula Dupont, um *cockpit* com todos os efeitos das decisões financeiras (financiamento, investimento e operacionais) no balanço e na DRE.

O *cockpit* nos permite analisar a evolução de cada indicador ou a comparação dele com outros negócios e empresas de modo que possamos ajustar as decisões para corrigir desvios ou buscar melhoria na performance através de *benchmarking*.

Com o *cockpit*, temos a famosa gestão a vista, que facilitará nossa busca pela maximização do lucro, otimização do investimento e minimização do custo de capital, variáveis determinantes do retorno do investimento e criação de valor para o acionista.

Figura 9.13: Modelo da Fórmula Dupont

FÓRMULA DUPONT

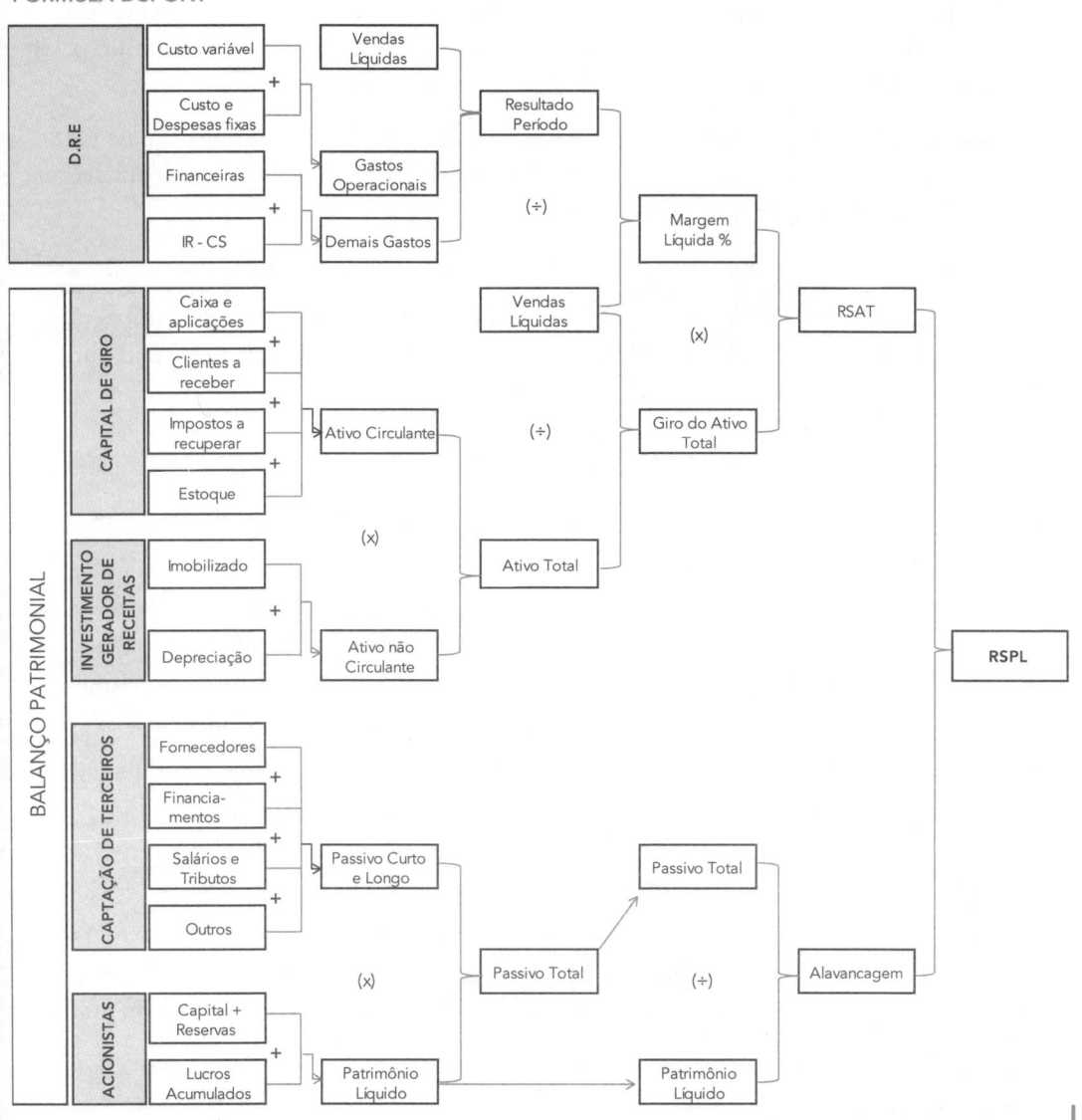

Fonte: Elaborado pelos autores

Qual é o valor da sua empresa?

Sob um ponto de vista patrimonialista, sua empresa vale o valor do patrimônio líquido, ou seja, do total de ativos subtraímos os passivos com terceiros e chegamos ao valor do patrimônio líquido do acionista.

Essa fórmula era utilizada no passado, porém, em função das deficiências em mensurarmos corretamente o valor atual dos ativos e os ativos intangíveis (marcas, capital intelectual etc.), essa forma de valorização caiu em desuso.

Hoje em dia, o valor histórico dispendido na aquisição de ativos pouco importa, é passado.

Para se calcular o valor de uma empresa hoje, a boa técnica recomenda que utilizemos o conceito fundamental do valor do dinheiro no tempo aplicado aos fluxos de caixa futuros gerados pela empresa.

A. Valor presente líquido dos fluxos de caixa futuros

O que efetivamente interessa é a capacidade do ativo de gerar fluxos de caixa líquidos positivos, que é a definição conceitual de ativo.

Você deve projetar (prazo usual de 5 a 10 anos) as entradas e saídas de caixa provenientes de suas operações (vendas, custos, despesas, juros e impostos), estimando taxas de crescimento e saídas necessárias aos investimentos requeridos para a operação e crescimento futuro do negócio.

De posse desse fluxo, aplica-se a técnica do fluxo de caixa descontado por uma taxa de desconto realista e chega-se ao valor presente líquido do fluxo projetado (VPL).

B. Valor terminal ou valor residual

As empresas são feitas para a perpetuidade e como tal gerarão fluxos de caixa perpétuos. Assim, devemos calcular o que a teoria chamou de valor terminal ou residual que é o valor presente dos fluxos que se iniciariam logo após o período de projeção (5 a 10 anos) até a perpetuidade.

Segundo Damodaram[*], existem três maneiras de se calcular o valor residual:

- Valor de liquidação;
- Abordagem dos múltiplos;
- Modelo crescimento estável;

---

[*] DAMODARAN, Aswath. *Avaliação de Empresas*. 2ª. Ed, São Paulo: Pearson Universidades, 2007.

O valor de liquidação assume a liquidação dos ativos ao final do último ano da projeção.

A abordagem dos múltiplos pressupõe a continuidade da empresa e aplica múltiplos ao lucro, às receitas ou ao valor contábil para estimar o valor no ano terminal [10 (x) lucro, 2 (x) receita etc.].

O modelo de crescimento estável também pressupõe continuidade e que os fluxos de caixa da empresa crescerão a uma taxa constante para sempre. Com crescimento constante, o valor terminal pode ser estimado por um modelo de crescimento perpétuo.

Por acreditarmos ser conceitualmente mais realista e robusta adotaremos, para o cálculo do valor terminal, a abordagem do modelo de crescimento estável dado pela fórmula.

$$Valor\ Terminal = \frac{\textit{Último fluxo estável a valor presente}}{(\textit{Custo de Capital \% } - g\%)}$$

g % = Taxa de crescimento

Assim o valor da sua empresa será dado por.

A - valor presente do fluxo projetado (+) B - valor terminal

Exemplo:

Fluxo	-100,0	40,0	40,0	20,0	40,0	40,0
Fórmula do Valor Presente		40/(1+K%)1	40/(1+k%)2	20/(1+K%)3	40/(1+K%)4	40/(1+K%)5
Valor presente do Fluxo	-100,0	36,4	33,1	15,0	27,3	24,8
Fluxo Acumulado	-100,0	-63,6	-30,6	-15,6	11,8	36,6

Valor terminal do último fluxo a valor presente	24,8
Taxa de desconto	10,0%
G (Crescimento)	1%

Valor terminal	276,0 = 24,8 / (10% - 1%)
Fluxo acumulado	36,6
Valor da empresa	**312,6**

Neste exemplo visualizamos o fluxo de caixa total da empresa. Caso utilizássemos o fluxo de caixa operacional (sem incluir a amortização e juros da dívida) deveríamos abater do valor gerado o valor atual da dívida para se chegar ao valor da empresa.

RESUMO DA PARTE IV

- O dinheiro tem valor no tempo. Cem reais hoje valem mais que R$100 no futuro;

- Criar valor, do ponto de vista financeiro, consiste em obter um fluxo de caixa proveniente do investimento, maior do que os fluxos de caixa de saída do investimento e seu custo;

- Criar valor, portanto, significa ter um fluxo de caixa que, descontado a valor presente por uma taxa de desconto, gera um valor maior do que zero;

- São diversos os métodos de avaliação de investimento; dentre os que levam em conta o valor do dinheiro no tempo, pedra angular em finanças, o método do Valor Presente Líquido (VPL) é o mais completo conceitualmente e recomendado;

- Todas as decisões financeiras devem ser avaliadas por esse método, sem prejuízo de outras variáveis;

- A função objetivo de toda decisão de negócios é maximizar o valor da empresa e a riqueza do acionista;

- O investimento total na empresa está representado no ativo;

- O investimento do acionista está representado no patrimônio líquido;

- O retorno/lucro aparece na Demonstração de Resultado Econômico (DRE) e no acumulado, se não distribuído, na linha de lucros retidos no patrimônio líquido no Balanço;

- O retorno sobre o investimento é determinado pela divisão do lucro pelo investimento e representado percentualmente;

- A análise vertical e a análise horizontal são ferramentas que possibilitam a análise de tendências e variações sendo úteis quando analisadas evolutivamente ou quando comparadas com outras empresas;

- A fórmula Dupont é um instrumento de análise que segrega lucratividade, eficiência no uso dos ativos e alavancagem financeira para analisar o retorno;

- Na empresa, os geradores de retorno são: lucro, investimento e custo de capital;

- Para aumentar o lucro operacional, devemos aumentar vendas, reduzir custos e despesas, e otimizar o pagamento de impostos;

- Para reduzir investimento, devemos otimizar o investimento em capital de giro e em ativos não circulantes (permanentes ou fixos);

- Para reduzir custo de capital, devemos identificar a estrutura ótima de capital, aumentar o financiamento não oneroso e reduzir o custo dos demais financiamentos com terceiros;

- Criar valor em um projeto significa gerar VPL maior do que zero;

- O VLP é determinado pelo cálculo do fluxo de caixa do projeto e pela taxa de desconto;

- Criar valor do ponto de vista financeiro se utilizando das demonstrações financeiras da empresa significa obter um Retorno sobre o Ativo Operacional Líquido (RSAOL%) maior que o Custo Médio Ponderado de Capital (CMPC%);

- Na empresa, sua rentabilidade operacional, sua capacidade de crescimento e seu CMPC são os fatores determinantes na criação de valor;

- A rentabilidade operacional máxima (RSAOL) é obtida com lucros maximizados e investimentos otimizados;

- Crescer com projetos/vendas que apresentem VPL > 0, ou RSAOL% > CMPC% é garantia de retornos saudáveis e criação de valor;

- O retorno da empresa para o acionista é dado pela divisão do Lucro Líquido Depois dos Impostos (LLDI) pelo investimento do acionista no patrimônio líquido;

- O valor da empresa para o acionista é dado pelo valor presente do fluxo de caixa operacional descontado a uma determinada taxa de desconto, somado ao valor residual da empresa (valor da perpetuidade), e diminuído pelo valor atual das dívidas, caso existente.

Parte V

DECISÕES FINANCEIRAS

O FILME, A FOTO E O OXIGÊNIO

DECISÃO OPERACIONAL
(COMO GANHAR DINHEIRO/LUCRO)

Crescer Vendas
Custos
Despesas
Preços
Ponto de equilíbrio
Mix / Rentabilidade de produto
Mix / Rentabilidade de cliente
Impostos
Folha de pagamento

DECISÃO DE INVESTIMENTO
(APLICAÇÃO DE RECURSOS)

Avaliação de projetos
Necessidade de capital de giro
Crédito
Preço a prazo
Contas a receber
Estoques
Comprar ou alugar

DECISÃO DE FINANCIAMENTO
(ORIGEM RECURSOS)

Estrutura de capital
Necessidade de caixa
Fontes de financiamentos e custos
Custo efetivo dos empréstimos
Contas a pagar
Depreciação

DEMONSTRAÇÃO DO RESULTADO

Receita Bruta
(-) Deduções (Impostos/Devoluções)
= Receita Líquida
(-) Custo produtos/serviços
= Margem Contribuição (MC)
(-) Despesas Operacionais
(-) Despesas Comerciais
(-) Despesas Administrativas
= Lucro Operacional Antes do IR/CS (LAJIR)
(-) IR e CS
= Lucro Operacional Depois do IR/CS (LODIR)
(-) Juros
(+) Benefício do IR e CS sobre juros
= Lucro líquido (LDIR)

ATIVO

Ativo Circulante - AC
  Caixa
  Contas a receber
  Outros ativos circulantes
  Estoques
Ativo Não Circulante - ANC
  Investimentos em empresas
  Máquinas e Equipamentos
  Edifícios / Veículos
  (-) Depreciação

BALANÇO

PASSIVO

Passivo Circulante - PC
  Empréstimos e Financiamentos
  Fornecedores
  Salários e encargos
  Impostos a pagar
Passivo Não Circulante - PNC
  Empréstimos e Financiamentos
Patrimônio Líquido - PL
  Capital Social
  Reservas
  Lucros Acumulados

LIQUIDEZ

FLUXO DE CAIXA

Saldo Inicial

Fluxo de Caixa das Atividades Operacionais

Recebimento de Clientes
Pagamento de Fornecedores
Pagamento de salários
Pagamento de Impostos
Compra de matéria prima (estoque

Fluxo de Caixa das Atividades de Investimento)

Compra Imobilizado
Compra de ações (Investimentos)

Fluxo de Caixa das Atividades de Financiamento

Aporte de capital próprio
Pagto de Dividendos
Empréstimos Bancários
Pagamento empréstimos

Saldo Final

CAPÍTULO 10

DECISÕES FINANCEIRAS

O princípio básico de toda decisão de negócios e particularmente da decisão financeira é criar valor.

Do ponto de vista financeiro, em um novo empreendimento, você deve antes de pôr a mão na massa verificar se o projeto/empresa é viável, isto é, se o empreendimento vai dar "retorno", ou criar valor para empresa/acionista?

Para chegarmos à resposta precisamos responder às seguintes perguntas:

Onde investiremos os recursos? (Decisões de investimento)

De onde virão os recursos? (Decisões de financiamento)

O projeto/empresa vai gerar caixa operacional o suficiente para cobrir todos os custos operacionais de financiamento de terceiros e de oportunidade do acionista por não investir em outras alternativas de investimento? (Decisões operacionais)

As três perguntas acima resumem a função do gestor financeiro em qualquer projeto/empresa, ou seja, tomar decisões de investimento, financiamento e operacionais, que criem valor.

O conjunto de decisões de investimento, financiamento e operacionais se reflete no balanço, na DRE e no DFC e determinará o retorno da empresa e do acionista conforme podemos ver esquematicamente na Figura 10.1:

A gestão financeira para criar e maximizar o valor da empresa e a riqueza do acionista deve minimizar o valor do investimento, otimizar a estrutura de financiamento (capital) de forma a pagar o menor custo possível e maximizar o lucro operacional. Tudo isso sem prejuízo da sua missão e estratégia (que, se bem executada, traz perpetuidade ao negócio).

Figura 10.1: Impactos e Diretrizes das Decisões Financeiras

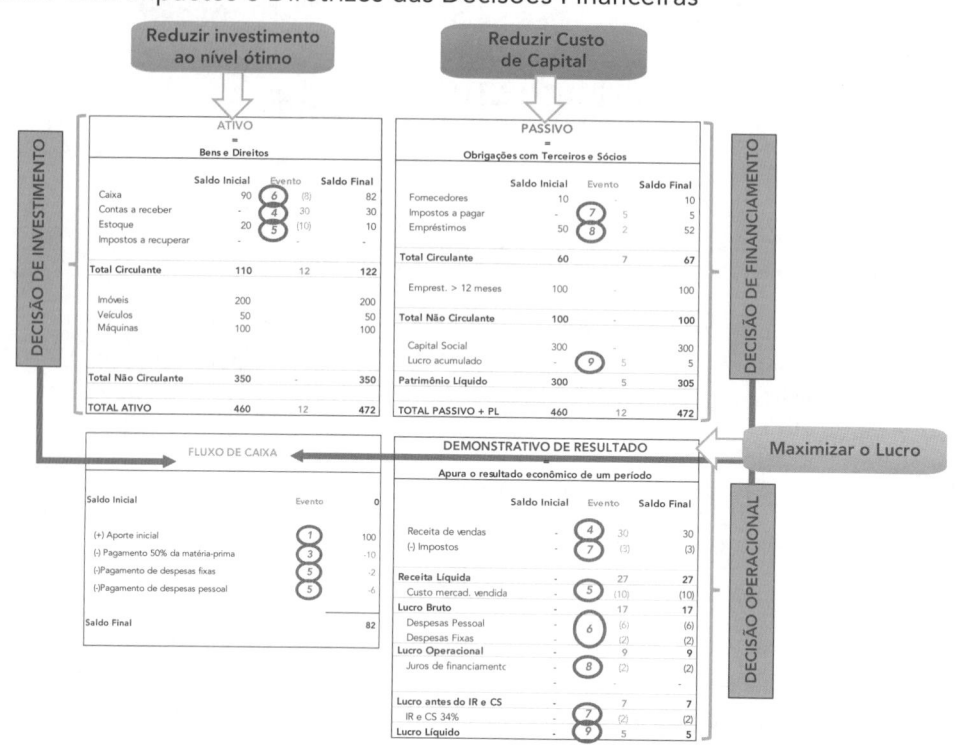

Fonte: Elaborado pelos autores

Decisões Financeiras

DECISÃO OPERACIONAL (Como ganhar dinheiro/ lucro)	DECISÃO DE INVESTIMENTO (Aplicação de recursos)	DECISÃO DE FINANCIAMENTO (Origem recursos)
Como crescer vendas?	Vale a pena investir nesse projeto/ativo/empresa?	Como ler o passivo?
Quais são meus custos?	Como avaliar um projeto de investimento em ativos não circulantes?	Fontes de Financiamento
Qual o nível ótimo de despesas fixas?	Exemplo de Avaliação de Investimento	Por que se endividar?
Qual preço devo cobrar?	Quanto preciso de capital de giro?	Até quanto se endividar? Qual a Estrutura de Capital?
Quanto devo vender/ faturar de forma a não ter prejuízo?	Como gerir o Contas a receber?	Qual o montante e quando devemos tomar um empréstimo / financiamento?

DECISÃO OPERACIONAL (COMO GANHAR DINHEIRO/ LUCRO)	DECISÃO DE INVESTIMENTO (APLICAÇÃO DE RECURSOS)	DECISÃO DE FINANCIAMENTO (ORIGEM RECURSOS)
Qual o melhor MIX de produtos para venda?	Qual o preço para venda a prazo?	Quais as fontes de financiamento para o seu negócio?
Meus clientes dão Lucro? Análise da Lucratividade de Clientes	Quanto devo investir em estoques?	Qual o Custo Efetivo Total de um empréstimo?
Como pagar os impostos corretamente?	Comprar ou Alugar?	Como gerenciar o contas a Contas a Pagar?
Quais são os custos reais de um funcionário CLT?	-	Por quanto devo comprar a prazo? Ou qual a taxa máxima que devo pagar pelo prazo de pagamento?

Fonte: Elaborado pelos autores

Decisão de Investimento

- Vale a pena investir nesse projeto/ativo/empresa?
- Como avaliar um projeto de investimento em ativos não circulantes?
- Exemplo de Avaliação de Investimento
- Quanto preciso de capital de giro?
- Como gerir o Contas a receber?
- Qual o preço para venda a prazo?
- Quanto devo investir em estoques?
- Comprar ou Alugar?

"Investir com sucesso é antecipar a antecipação dos outros."

— *John Maynard Keynes*

BALANÇO PATRIMONIAL

ATIVO	PASSIVO
ATIVO CIRCULANTE - AC Dinheiro, aplicações, contas a receber, estoques etc.	
ATIVO NÃO CIRCULANTE - ANC Terrenos, máquinas, investimentos em empresas etc.	

Decisão de investimentos

FUNÇÃO OBJETIVO DA DECISÃO DE INVESTIMENTO

O primeiro componente na criação de valor diz respeito às decisões de investimento e trata das escolhas e desembolsos efetivos em projetos, pessoas, máquinas, tecnologia e serviços, de forma a viabilizar produtos e serviços desejados pelo mercado, que uma vez consumidos proporcionem entradas de caixa (retornos) maiores que aqueles desembolsados para planejar, executar, vender, cobrar, controlar os projetos, produtos e serviços.

O objetivo da decisão de investimento é criar valor através da otimização/minimização do investimento de forma que ele produza o maior retorno.

A decisão de investimento é a primeira e a mais importante das decisões nos negócios, pois o empreendedor abre mão de caixa hoje em troca de uma expectativa de fluxo de caixa maior no futuro para investir no sonho, no seu negócio. Se as decisões de investimento forem corretas do ponto de vista financeiro, a empresa perdura, caso contrário o desempenho econômico-financeiro será ruim e a empresa corre o risco de fracassar e levar com ela os recursos investidos pelo empreendedor.

Uma decisão de investimento que cria valor deve gerar um fluxo de caixa que, a valor presente, seja superior ao valor investido (VPL > 0).

O PROCESSO DE DECISÃO DE INVESTIMENTO

Existem quatro etapas na decisão de investimento:

- Identificação;
- Avaliação;
- Seleção;
- Implementação e acompanhamento.

Identificar uma oportunidade de negócio

Como já reiteramos, essa é a etapa mais importante do processo de investimento e felizmente temos empreendedores, e homens de negócio, muito bons nessa tarefa.

Avaliação

É na avaliação financeira da proposta de investimento que precisaremos reunir os dados que resultarão no fluxo de caixa projetado do projeto e na determinação da taxa de desconto necessária ao cálculo do valor presente das propostas e o seu ordenamento. Existem propostas de investimento cujo objetivo é a segurança das operações e dos funcionários; propostas obrigatórias por lei; e investimentos estratégicos e operacionais. Em todos eles, a avaliação a valor presente é útil e necessária, mas, é claro, que os investimentos em segurança, compulsórios ou estratégicos, requerem outros critérios de decisão além do econômico-financeiro.

Seleção

Na terceira etapa, os projetos devem ser aceitos ou rejeitados segundo critérios financeiros e não financeiros que se encaixem com as necessidades da empresa/investidor. Uma vez aceitos, os projetos devem ser ordenados segundo os critérios da decisão acima (*compliance*, segurança, estratégicos, econômico-financeiros).

Implementação e acompanhamento

A quarta etapa envolve a implementação do planejado e a, mais citada do que praticada, auditoria ou acompanhamento do investimento. Além da execução eficiente e eficaz do planejado, o acompanhamento físico operacional e financeiro do projeto é de fundamental importância para a correção dos desvios, eventual abandono e para o aprendizado para os projetos futuros.

Como avaliar um investimento?

Do ponto de vista financeiro, um investimento é avaliado em termos de retorno, risco e liquidez.

FLUXO DE CAIXA

A primeira coisa que devemos estabelecer é a previsão de entradas e saídas de caixa proporcionadas pelo negócio ou pela empresa.

Taxa de desconto

O segundo aspecto que devemos estabelecer é a taxa de desconto ou custo de capital, que embute os componentes de retorno mínimo requerido, risco e até de liquidez.

A taxa de desconto deve embutir o risco, isto é, para projetos com maior risco, a taxa de desconto deve embutir um prêmio maior à taxa livre de risco. Ao trazer um fluxo ao seu valor presente, dois projetos com fluxo de caixa diferentes no tempo, o cálculo fará com que o projeto com fluxos de caixa mais próximos da data zero apresentem VPL maior, privilegiando implicitamente a liquidez.

A taxa de desconto leva em conta o custo de oportunidade do investidor, ou seja, o retorno que o mesmo ganharia em uma aplicação com risco semelhante.

E o custo de capital de um projeto é o mesmo custo de capital da empresa?

A taxa de desconto de um projeto específico é determinada pelo seu risco. Se o risco for semelhante aos projetos da empresa, devemos utilizar o custo de capital da empresa, no caso, a CMPC/WACC (custo médio ponderado de capital) como taxa de desconto.

Se o risco do projeto for diferente dos demais projetos da empresa, devemos usar o custo médio ponderado do projeto ou de projetos com risco semelhante como taxa de desconto.

Valor Presente Líquido (VPL)

Depois de obter os dados necessários (fluxos de caixa e taxa de desconto), basta aplicar a fórmula do valor presente líquido:

$$VPL = FC0 + \frac{FC1}{(1+K)^1} + \frac{FC2}{(1+K)^2} + \frac{FC3}{(1+K)^3} + \cdots + \frac{FCn}{(1+K)^n}$$

FC = Fluxo de Caixa

K = Taxa de Desconto

N = Período

Se o VPL for maior que zero, o projeto dá retorno maior que o custo de capital e por isso agrega valor e aumenta o valor da empresa.

Caso tenhamos que decidir entre vários projetos, sugerimos o uso do índice de rentabilidade, além é claro dos critérios não financeiros, se aplicáveis.

Sob uma perspectiva de mercado, o valor presente líquido de um projeto seria uma aproximação do valor que o mercado pagaria pelo projeto ou pela empresa caso houvesse um mercado para eles.

AS DECISÕES DE INVESTIMENTO E OS REFLEXOS NO BALANÇO

As decisões de investimento guardam uma relação direta com as contas de ativo (bens, direitos e valores) no balanço de uma empresa.

TIPOS DE INVESTIMENTO

Uma empresa precisa investir em diversos tipos de ativo para levar a cabo sua missão. Isso inclui desde máquinas e equipamentos até investimentos temporários para proteger o caixa da desvalorização pela inflação, por exemplo.

Classe de Investimentos na Empresa

No ativo circulante

Chama-se ativo circulante a classe de ativos que teoricamente ou já está denominado em dinheiro ou depósitos bancários em moeda nacional ou que podem se transformar em dinheiro em até o primeiro ano.

- Dinheiro em caixa e bancos;
- Aplicações financeiras (CDB, renda fixa e fundos);

- Contas a receber oriundas da venda a prazo de mercadoria e serviços;
- Estoques necessários à operação (matéria-prima, em processo ou produtos acabados);
- Outras contas a receber oriundas de adiantamento a funcionários, empréstimos a empresas do mesmo grupo etc.

No ativo não circulante

Investimentos/ativos que normalmente são permanentes para o negócio da empresa e cuja transformação em dinheiro é demorada (maior que um ano), difícil ou não desejada:

- Contas a receber com prazo maior do que um ano;
- Máquinas e equipamentos;
- Móveis e instalações;
- Terrenos e edificações;
- Investimentos em outras empresas.

TABELA 10.1: Classificação dos Investimentos no Balanço

BALANÇO PATRIMONIAL

ATIVO	PASSIVO
ATIVO CIRCULANTE - AC Dinheiro, aplicações, contas a receber, estoques etc.	
ATIVO NÃO CIRCULANTE - ANC Terrenos, máquinas, investimentos em empresas etc.	

Total de investimentos na Empresa

Fonte: Elaborado pelos autores

Agora, vamos discorrer sobre os diversos tipos de ativo registrados no balanço.

Caixa

Curiosamente, ao mesmo tempo que o caixa é o ativo mais líquido e mais buscado pelos acionistas, o investimento no caixa da empresa deve ser minimizado, pois não tem a capacidade de dar um retorno adequado, que é o que todo ativo deve buscar.

O caixa é um colchão de liquidez da empresa para fazer frente a emergências e oportunidades que só podem ser aproveitadas com dinheiro em caixa.

Contas a receber de clientes

Pouquíssimas empresas podem se dar ao luxo de só vender à vista. Por isso, toda empresa investe no ativo contas a receber, fruto de vendas realizadas a prazo para clientes.

Quanto maior a participação das vendas a prazo no total de vendas e quanto maior o prazo dado aos clientes para se realizar uma venda, maior é o volume de dinheiro investido no ativo contas a receber. No caso de não pagamento no prazo, o investimento em contas a receber permanece parado até que o cliente liquide o débito. Nesse ínterim, se a empresa contava com aquele recurso para pagar suas contas, terá que recorrer a outra fonte de recursos e, se for um empréstimo de emergência, os juros serão bem onerosos.

Estoques

Uma empresa precisa manter estoques disponíveis de produto acabado para venda e de peças/componentes/matéria-prima para a sua fabricação. Estoques em excesso geram perda financeira e a falta deles gera perda de vendas. Dimensionar bem o estoque é uma decisão difícil e será discutida oportunamente.

Equipamentos, edificações e terrenos

São ativos (bens com capacidade de gerar benefícios futuros na forma de fluxo de caixa líquido positivo) que capacitam a empresa para a fabricação e venda de produtos/serviços ao mercado e, normalmente, proporcionam fluxos de caixa de longo prazo. A maioria dos ativos nesse grupo geram uma despesa denominada de depreciação, que trataremos oportunamente. Por enquanto, imagine que ela representa uma despesa "econômica" do desgaste de uma máquina ou de um veículo.

Figura 10.2: Classificação das Contas no Ativo

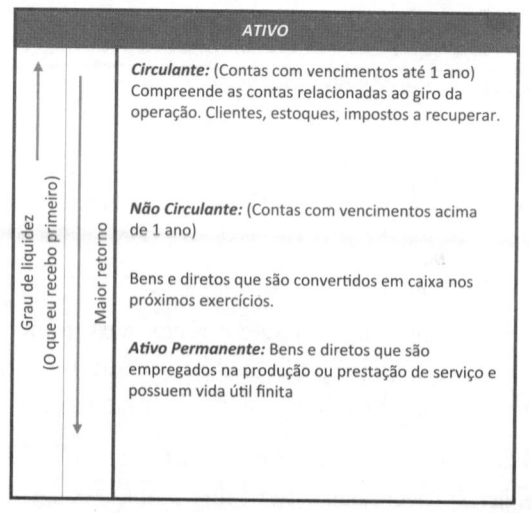

Fonte: Elaborado pelos autores

O ativo representa os investimentos realizados em bens, direitos e valores da empresa e estão do lado esquerdo do balanço em uma ordem de liquidez, ou seja, a facilidade de se transformar em caixa. Assim, o caixa é normalmente a primeira conta do balanço, seguido da conta bancos, aplicações financeiras de curto prazo, contas a receber, estoques etc. Depois destes, vêm os equipamentos, planta industrial etc. Se nos lembrarmos que em finanças liquidez e a rentabilidade são atributos que normalmente não têm uma correlação positiva, os ativos menos líquidos (incluindo os estoques para as empresas comerciais) dizem respeito ao coração do negócio da empresa e devem proporcionar retornos maiores que os ativos mais líquidos, que, na verdade, são necessários para girar ou viabilizar (contas a receber e caixa) o negócio principal da companhia.

PRINCIPAIS DECISÕES DE INVESTIMENTO

A seguir, listamos e exemplificamos as principais decisões de investimento em uma empresa.

VALE A PENA INVESTIR NESSE PROJETO/ATIVO/EMPRESA?

Além dos desembolsos efetivos em **dinheiro**, a postergação do consumo ou a perda da opção de investir em outro projeto representam o custo de oportunidade do acionista e dos credores. Custo de oportunidade nada mais é do que o ganho que o emprestador do recurso ou proprietário está deixando de ter ao alocar seus recursos no projeto em curso, em detrimento de outros projetos de igual risco.

Matematicamente, a criação de valor nas decisões de investimento só ocorre quando o caixa gerado pela venda de bens e serviços da **empresa** é maior que o custo dos recursos consumidos somado ao retorno exigido pelos proprietários do capital, o custo de oportunidade.

Todo investimento diz respeito a ativos (nos quais os recursos são aplicados) e, portanto, estão lá para gerar bens e serviços futuros que, transformados em caixa, devem proporcionar valor (VPL > 0).

Para avaliarmos se o projeto vale a pena (cria valor) devemos calcular o valor presente líquido do fluxo de caixa proporcionado pelo projeto/investimento. Se o VPL for maior que zero, o projeto cria valor e deve ser aprovado.

COMO AVALIAR UM PROJETO DE INVESTIMENTO EM ATIVOS NÃO CIRCULANTES?

Do ponto de vista da tomada de decisão de investimento em ativos não circulantes (fábrica, equipamento, nova linha de produção, nova filial etc.) normalmente você deve, antes de calcular o VPL, conduzir um questionamento com as seguintes reflexões:

Figura 10.3: Avaliação de Projeto de Investimento na Empresa

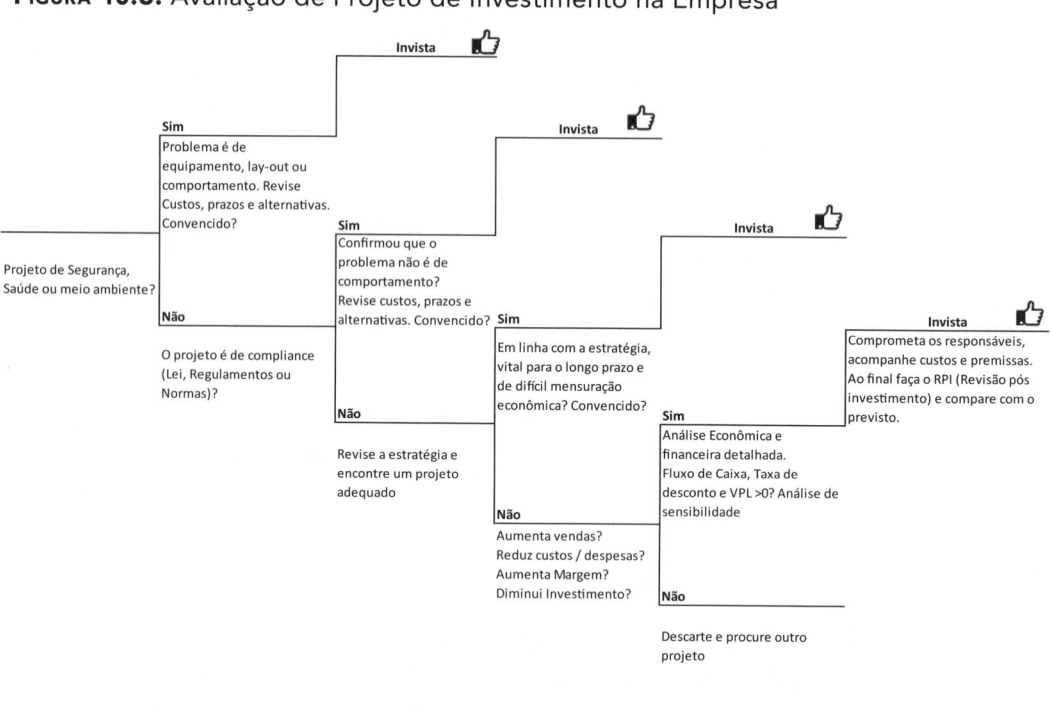

Fonte: Elaborado pelos autores

Exemplo de Avaliação de Investimento

Depois de passar pela árvore de decisão acima e sobrevivido, precisamos estimar o fluxo de caixa do projeto, sua taxa de desconto e calcular seu VPL. Para exemplificar, utilizaremos o exemplo a seguir.

O engenheiro de sua empresa recomendou o investimento em uma nova máquina para aumentar a capacidade produtiva, porque o departamento comercial trouxe um pedido adicional de 500 unidades para o ano que se inicia. Você, como empreendedor, deve avaliar se investe e aceita o pedido ou recusa-o e deixa a chance ao seu concorrente.

Atualmente, sua empresa (optante pelo lucro real, possui em caixa R$90 mil, sendo que R$50 mil serão requeridos pelo pedido adicional como capital de giro, você poderá optar pelo uso dos outros R$40 mil restantes para pagar parte da máquina. Como sua empresa tem um nome respeitável na praça, o gerente de seu banco abriu uma linha de crédito para sua empresa financiar até 80% da máquina a uma taxa de 12% ao ano. O custo de capital próprio é de 10% ao ano.

Perguntas:

- Qual é o percentual de capital próprio e de terceiros que devemos utilizar no projeto?
- Qual é o percentual da compra deve ser financiado pelo banco?

- Qual é o CMPC/WACC para esta operação?
- Qual é o maior valor presente líquido para essa operação?
- Quais são a TIR e a TIR Modificada deste projeto?
- Qual é o preço mínimo que devemos praticar?
- Você poderia aceitar vender menos do que as 500 unidades adicionais por ano?

Para responder questões como estas, precisamos estimar um fluxo de caixa projetado para o período de forma a termos uma visão abrangente das necessidades de caixa e tomar a melhor decisão financeira.

O primeiro passo é projetar a DRE e, a partir dela, o fluxo de caixa. Com um modelo de cálculo automatizado no Excel, é possível simular vários cenários a fim de encontrar a estrutura ótima de capital, o melhor VPL e a melhor TIR modificada.

Tabela 10.2: Premissas do Exemplo

	B	C
6	**Premissas**	
7	% máximo pelo banco	80%
8	Investimento em maquinário	100.000
9	Investimento em capital de giro	50.000
10	Custos fixos anuais (Manutenção Máquinas)	5.000
11	Taxa da depreciação anual	20,00%
12	Alíquota (Pis, Cofins e ICMS)	27,25%
13	Alíquota (IR + CS)	34,00%
14	Custo variável unitário - R$	290
15	Aumento da quantidade	500
17	Preço venda unitário - R$	500

Fonte: Elaborado pelos autores

Tabela 10.3: Demonstração de Resultado do Exercício — DRE Gerada pelo Pedido Adicional de 500 Unidades

Demonstração Resultado do Exercício - DRE	0	1	2	3	4	5	TOTAL	Fórmula Ano 1
Receitas (Preço x Quantidade)		250.000	250.000	250.000	250.000	250.000	1.250.000	=C15*C17
(-) Impostos (Pis, Cofins e ICMS)		-68.125	-68.125	-68.125	-68.125	-68.125	-340.625	=D36*-$C$12
(=) Receita Líquida		181.875	181.875	181.875	181.875	181.875	909.375	=D36+D37
(-) Custos variáveis (Custo x Quantidade)		-145.000	-145.000	-145.000	-145.000	-145.000	-725.000	=C15*$C$14
(=) Margem de Contribuição		36.875	36.875	36.875	36.875	36.875	184.375	=D38+D39
(-) Custos fixos (Manutenção Máquina)		-5.000	-5.000	-5.000	-5.000	-5.000	-25.000	=-C10
(-) Depreciação		-20.000	-20.000	-20.000	-20.000	-20.000	-100.000	=$C$11*$C$61
(+) Venda de Ativo Imobilizado						40.000	40.000	
(=) Lucro operacional		11.875	11.875	11.875	11.875	51.875	99.375	=SOMA(D40:D42)
(-) Juros		-9.600	-8.089	-6.396	-4.501	-2.378	-30.964	=IPGTO($C$22;D35;$C$26;$C$25)
(=) Lucro antes do IR		2.275	3.786	5.479	7.374	49.497	68.411	=D44+D45
(-) IR/CSLL		-773	-1.287	-1.863	-2.507	-16.829	-23.260	=$C$13*(D44+D45)
(=) Lucro líquido depois do IR		1.502	2.499	3.616	4.867	32.668	45.151	=SOMA(D46:D47)

Fonte: Elaborado pelos autores

TABELA 10.4: Demonstração Fluxo de Caixa (Método Indireto) — DFC

B	C	D	E	F	G	H	I
50 Demonstração Fluxo de Caixa (Indireto) - DFC	0	1	2	3	4	5	TOTAL
51 Fluxo Atividades Operacionais							
52 Lucro Líquido depois do IR		1.502	2.499	3.616	4.867	6.268	18.751
53 Itens que não afetam o Caixa							0
54 (+) Depreciação		20.000	20.000	20.000	20.000	20.000	100.000
55 (+) Juros apropriados (1)		9.600	8.089	6.396	4.501	2.378	30.964
56 (-) Capital de giro aplicado (2)	-50.000						-50.000
57 (+)Retornor do capital de giro (3)						50.000	50.000
58 (=) Fluxo de Caixa Operacional	-50.000	31.102	30.588	30.012	29.368	78.646	149.715
59							
60 Fluxo Atividades Investimentos							
61 (-) Compra maquinário (4)	-100.000						-100.000
62 (+) Venda do ativo ao final do contrato (5)						40.000	40.000
63 (-) IR/CS (venda do ativo) (6)						-13.600	-13.600
64 (=) Fluxo Atividades Investimentos	-100.000	0	0	0	0	26.400	-73.600
65							
66 Fluxo Atividades Financiamentos							
67 (+) Financiamento (7)	80.000						80.000
68 (-) Pagamento financiamento		-22.193	-22.193	-22.193	-22.193	-22.193	-110.964
69 (=)Fluxo Atividades Financiamentos	80.000	-22.193	-22.193	-22.193	-22.193	-22.193	-30.964
70							
71 FLUXO DE CAIXA	-70.000	8.909	8.395	7.819	7.175	82.853	45.151

Fonte: Elaborado pelos autores

(1) Despesas apropriadas na DRE e pago junto da amortização no fluxo de financiamento.

(2) Capital de giro requerido pelo pedido adicional (Ativo circulante – Passivo circulante).

(3) Quando um projeto é encerrado, o capital empregado no giro do negócio retorna para o fluxo, pois presume-se que tudo foi pago e recebido. Teoricamente se o projeto dura 5 anos, ao final, o capital de giro volta para o negócio.

(4) Compra da máquina (80% com recursos bancários e 20% com recursos próprios).

(5) Se o projeto termina, podemos vender a máquina pelo seu valor de mercado.

(6) Ganho de capital na venda da máquina é tributado pelo IR (valor de mercado menos o valor contábil depreciado).

(7 e 8) Valor empréstimo pelo banco + Valor das prestações anuais com juros de 12% ao ano e 5 anos de prazo

Utilizando-se o modelo de fluxo de caixa indireto, partimos do lucro econômico e chegamos ao fluxo de caixa. Precisamos colocar no fluxo de caixa o investimento em capital de giro, pois os dados de vencimento e pagamentos não estão disponíveis a priori. Esse efeito será corrigido no final do último período, assim que tudo for recebido e pago. Esse é um artifício para se chegar mais próximo de um fluxo de caixa real.

Após projetar a DRE e o fluxo de caixa é possível calcular os indicadores para avaliação do projeto.

Para esse exemplo, simularemos o quanto devemos utilizar de capital de terceiros (no caso o financiamento do banco) para obter o maior VPL possível.

Elaboramos uma tabela para simular qual a estrutura ótima de capital. Para facilitar o entendimento, e também a replicação, colocamos ao lado as fórmulas e mantivemos as tabelas com cabeçalho de linha e coluna para as referências nas células do Excel.

Tabela 10.5: Simulação da Estrutura de Capital

	B	C	D	E
19	Estrutura de Capital		Fórmulas	
20	**Capital Terceiros**			
21	% máximo empréstimo para compra	80%		
22	Custo de capital de terceiros	12,00%		
23	Alíquota de IR/CSLL	34,00%		
24	Custo de capital de terceiros após IR	7,92%	=C22*(1-23)	
25	Valor Financiado (80% de R$ 100.000)	80.000	=C32*(1-58)	
26	Prazo Financiado (anos)	5		
27	**Capital Próprio**			
28	Recurso disponível	40.000		
29	Custo do Capital Próprio	10,00%		
30	Capital Próprio Utilizado	8.000	=C28*(1-33)	
31	**CMPC/WACC**			
32	% Capital de terceiros	80,00%		
33	% Capital próprio	20,00%	=1-C32	
34	CMPC/WACC	8,34%	=C32*C24*C29*C33	

Demonstração Fluxo de Caixa (Indireto) - DFC	0	1	2	3	4	5	TOTAL
FLUXO DE CAIXA SALDO FINAL	-70.000	8.909	8.395	7.819	7.175	109.253	71.551

Fonte: Elaborado pelos autores

Tabela 10.6: Indicadores

	B	C	D	E	F	G
73	Indicadores				Fórmulas	
74	Investimento total (Capital de giro + Maquinário (capital próprio)			70.000	=C8*C33+C9	
75	VPL			12.254	=VPL(C34;D71:H71)+C71	
76	% Retorno (VPL sobre Investimento)			17,51%	=E75/E74	
77	TIR			12,70%	=TIR(C71:H71)	
78	MTIR			12,19%	=MTIR(C71:H71;C22;C29)	

Fonte: Elaborado pelos autores

Após a estruturação dos dados, é possível analisar qual a estrutura ótima de capital.

Utilizando a ferramenta *Solver* do Excel (para utilizá-la é necessário baixar este suplemento no próprio Excel — Arquivo/Opções/Suplementos/Solver), é possível dizer com mais precisão qual é o melhor cenário para a empresa, porque essa ferramenta permite a simulação de várias hipóteses até encontrar a melhor alternativa para uma situação problema, que, no nosso caso, será saber qual é o maior VPL respeitando as premissas.

Para utilizar esta ferramenta temos que ter em mente três passos, presentes em qualquer decisão:

- Qual é o objetivo?
- Quais são as variáveis?
- Quais são as restrições?

Figura 10.4: Parâmetros da Função Solver no Excel

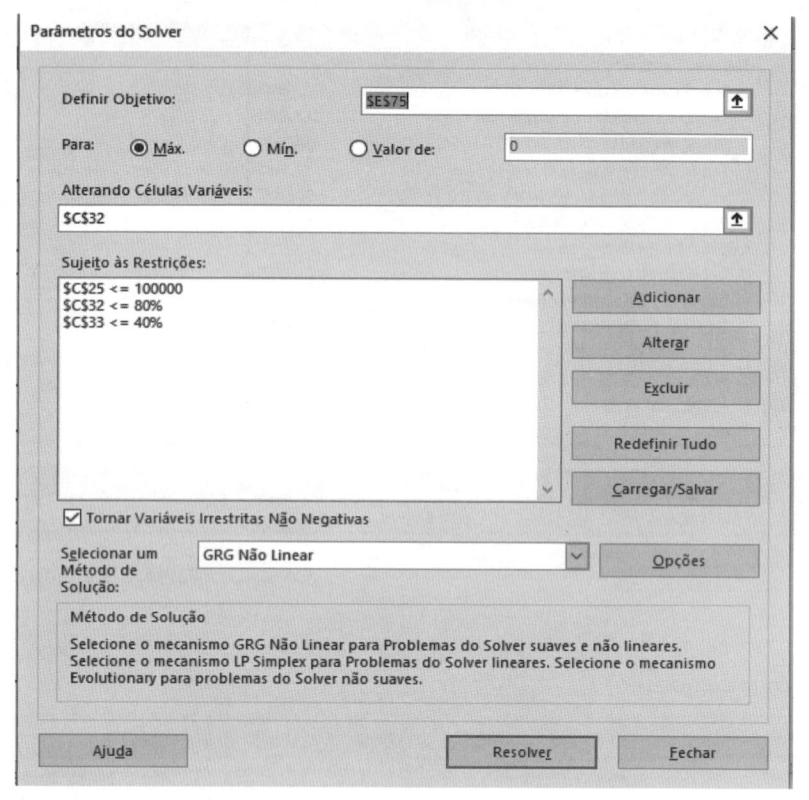

Fonte: Microsoft Excel

Nosso **objetivo** é o maior VPL que se encontra na célula E75.

A **variável** que queremos saber neste caso é o quanto devemos utilizar de capital de terceiros, cuja variável se encontra na célula C32.

Agora, nos resta colocar as restrições, que são:

O valor total da máquina é de R$100 mil.

A porcentagem máxima do financiamento pelo banco é de 80% da máquina e a célula que define a % de capital de terceiros é a C32.

Devemos respeitar o limite de capital próprio que é de R$40 mil. Como o valor da máquina é R$100 mil, colocamos que o limite é de 40% do valor da máquina. célula C33 >= 40%.

Uma vez imputadas as condições, basta executar clicando em Resolver.

O Excel retornou o resultado do exemplo acima, com as seguintes respostas:

Quanto a empresa deve utilizar de capital próprio para a compra da máquina?

Apenas 20%, pois o banco somente financia 80%, senão financiaríamos 100%.

Qual percentual da compra deve ser financiado pelo banco?

O limite máximo, ou seja, 80%, pois o benefício do IR melhora o VPL.

Qual é o CMPC/WACC para essa operação?

CMPC = 8,34%

Qual é o maior valor presente líquido para essa operação?

R$12.254

Quais são a TIR e a TIR modificada desse projeto?

TIR 12,70 e MTIR 12,19%

Para responder as duas últimas perguntas de preço mínimo e quantidade a ser vendida, precisamos utilizar um outro recurso do Excel, a Tabela de Dados, que se encontra em Dados / Teste de Hipóteses / Tabela de Dados.

Para utilizar esse recurso, basta referenciar no canto superior esquerdo da tabela a célula onde se encontra a fórmula do VPL, preencher o que se deseja simular nas linhas ou colunas (no nosso caso estamos simulando o preço de venda unitário) e na coluna (estamos simulando o volume). Após preenchidos os dados basta selecionar toda a tabela e ir até a Tabela de Dados e referenciar onde se encontra a variável de linha célula C17 e a Tabela 10.2 e executar.

TABELA 10.7: Análise de Sensibilidade do VPL

VPL	Preço de Venda Unitário				
12.254	480	485	488	495	500
437	-16.490	-12.338	-9.847	-4.034	118
460	-12.934	-8.563	-5.941	178	4.548
470	-11.387	-6.922	-4.243	2.009	6.475
480	-9.841	-5.281	-2.544	3.841	8.401
500	-6.748	-1.998	852	7.503	12.254

(Quantidade — rótulo vertical à esquerda da coluna de valores 437, 460, 470, 480, 500)

Fonte: Elaborado pelos autores

Note que o VPL é idêntico onde as variáveis se encontram, ou seja, preço a R$500,00 com volume de venda a 500. Se o preço for R$485,00, os VPLs serão todos negativos.

Para os 25 casos simulados na tabela, apenas 10 deram VPL positivo, as demais 15 simulações apresentaram VPL negativo, ou seja, em 60% da simulação o VPL fica negativo. Esse é um indicativo de que o negócio é sensível a volume e preço.

Qual é o preço mínimo que deve ser aplicado?

O menor preço seria R$488,00 para um volume de 500 unidades, deixando o VPL praticamente zerado, mas ainda positivo.

Você poderia aceitar vender menos do que 500 unidades por ano?

Sim, o volume mínimo para R$500,00 de preço unitário seria de 437 unidades, para que não houvesse VPL negativo.

Agora, um ponto muito importante a ser observado é o regime de tributação, pois o benefício da IR só é valido no lucro real. Vejamos o que acontece com o VPL se não houver o benefício do IR.

Tabela 10.8: Indicadores para Tomada de Decisão

Indicadores	
Investimento total (Capital de giro + Maquinário (capital próprio))	70.000
VPL	3.535
% Retorno (VPL sobre Investimento)	5,05%
TIR	9,57%
MTIR	9,63%

Fonte: Elaborado pelos autores

Mantendo todas as condições constantes, apenas mudando o regime de tributação, notamos que o VPL cai 71,2%, saindo de R$12.254 para R$3.535, e o retorno cai de 21,13% para 5,05%, menor que o CMPC (8,34%) e, portanto, não viável.

QUANTO PRECISO DE CAPITAL DE GIRO?

O valor total investido em uma empresa é representado por todo o ativo e, por serem de natureza distinta, são classificados em ativos circulantes e não circulantes. Como já ressaltamos, a regra geral nos negócios é minimizar o investimento e por consequência a necessidade de capital, buscando com isso aumentar o retorno (para o mesmo lucro, quanto menor o investimento, maior será o retorno).

Os lucros da operação da empresa devem vir preferencialmente da eficiência e eficácia no uso dos ativos não circulantes (máquinas, equipamentos, softwares e marca, por exemplo: os estoques em uma empresa comercial podem ser vistos como um ativo não circulante, dado que fazem parte da operação principal da empresa) e, portanto, levando em conta que o capital é escasso, quanto menor o capital investido no ativo circulante, maior é a parcela disponível para investimento no capital permanente ou não circulante, e maior é a probabilidade de maior retorno.

Capital de giro ou de trabalho

Os ativos circulantes dizem respeito aqueles ativos mais líquidos e que no curso normal das operações de uma empresa se transformarão em caixa num período de até um ano. É por isso que esses ativos compõem aquilo que se denominou capital de giro, pois eles giram ao longo de um ano, sustentando a necessidade de liquidez (caixa) da empresa. Em uma empresa comercial, por exemplo, o caixa se transforma em estoque pela compra, que por sua vez se transforma em contas a receber pela venda, para finalmente se transformar em caixa novamente, completando o ciclo.

Capital de giro, portanto, é o ativo circulante que dá liquidez às operações do dia a dia da empresa.

Capital de giro = Ativo circulante (caixa, contas a receber, estoques)

Capital de Giro Líquido (CGL)

Todos os ativos de uma empresa são financiados por recursos (fontes) demonstrados no passivo. Os recursos do acionista no patrimônio líquido, e os recursos de terceiros, de curto e de longo prazo, representados no exigível a curto e a longo prazo. Aos recursos que se originam de terceiros e são exigíveis (têm que ser pagos até uma determinada data) em até um ano, convencionou-se chamar de passivo circulante.

Dá-se o nome de capital de giro líquido à diferença entre o ativo circulante e o passivo circulante (excluídas as dívidas financeiras). O capital de giro líquido representa o capital de giro (AC) diminuído (líquido) da parcela financiada pelos credores e operacionais (fornecedores, funcionários, governo etc.)

Capital de giro líquido = Ativo circulante (-) Passivo circulante operacional (excluídas dívidas financeiras)

Gestão de capital de giro

O objetivo da administração financeira a curto prazo é gerir cada um dos itens do ativo circulante (caixa, bancos, aplicações financeiras, contas a receber, estoques etc.) e do passivo circulante (fornecedores, salários e impostos a pagar, empréstimos etc.), a fim de alcançar um equilíbrio entre rentabilidade, liquidez e risco que contribua positivamente para aumentar o valor da empresa. Um investimento alto demais em ativos circulantes reduz a lucratividade, enquanto um investimento baixo demais aumenta o risco de a empresa perder liquidez e não poder honrar suas obrigações no prazo pactuado (perder crédito e até se tornar inadimplente). Ambas as situações conduzem à redução do valor da empresa, que é exatamente o que não queremos.

Figura 10.5: Análise do Capital de Giro Líquido (CGL)

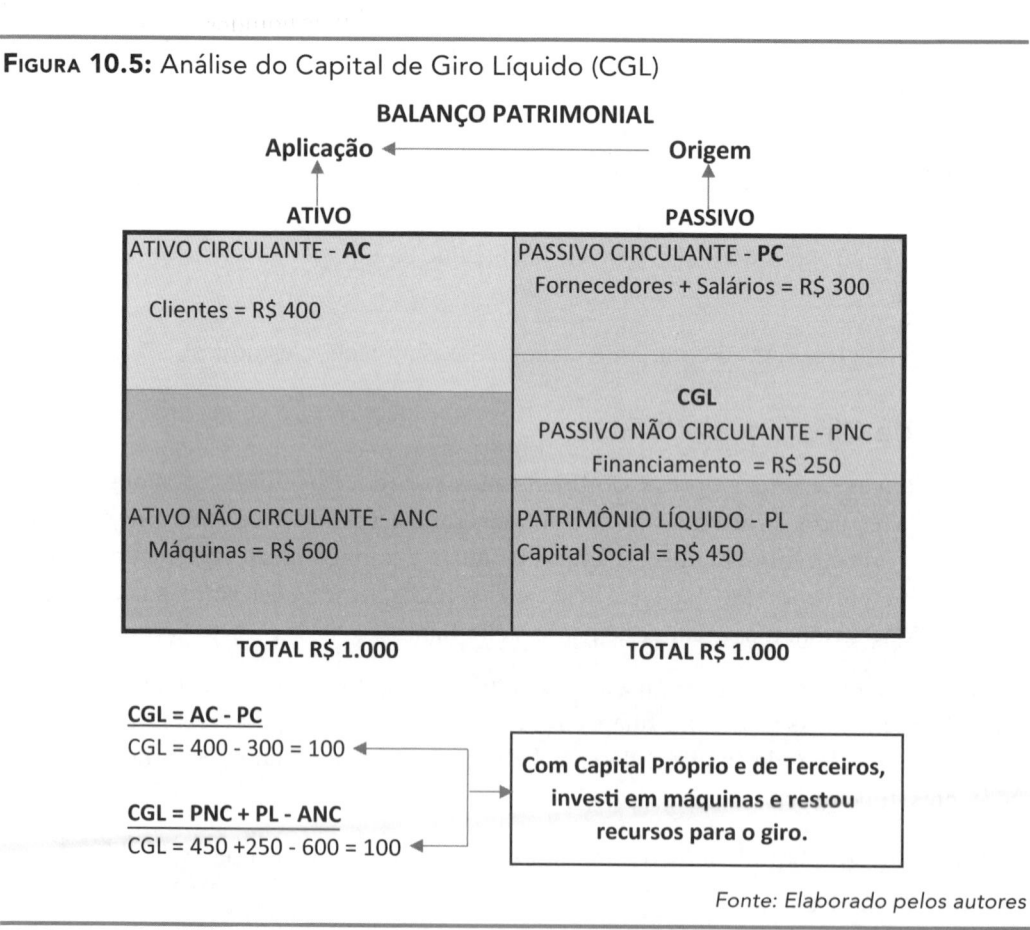

Fonte: Elaborado pelos autores

Capital de giro positivo e capital de giro negativo

Quando o valor do ativo circulante supera o do passivo circulante, isso significa que a empresa possui um capital de giro positivo. Essa situação (ativo circulante maior que o passivo circulante) é mais comum, por dois motivos: o primeiro, denominado descasamento, diz respeito à impossibilidade de conciliar as datas de pagamento com as de recebimento. O segundo fator diz respeito à incerteza associada ao recebimento dos recursos de clientes nas datas acordadas e a necessidade de a empresa honrar seus pagamentos nas datas compromissadas, sob pena de sofrer os efeitos de perda de reputação, pagamento de multa e juros cada vez mais altos, e por fim, perda do crédito e inadimplência. Assim, um ativo circulante maior que o passivo circulante dá fôlego para o gestor lidar com o descasamento e as incertezas das entradas de caixa.

Nessa situação, ativo circulante maior que o passivo circulante, o capital de giro líquido representa a parcela dos ativos circulantes da empresa financiada com recursos a longo prazo (soma do exigível a longo prazo com patrimônio líquido), os quais excedem as necessidades de financiamento dos ativos não circulantes (vide figura abaixo).

Padrão Ideal de Fluxo de Caixa

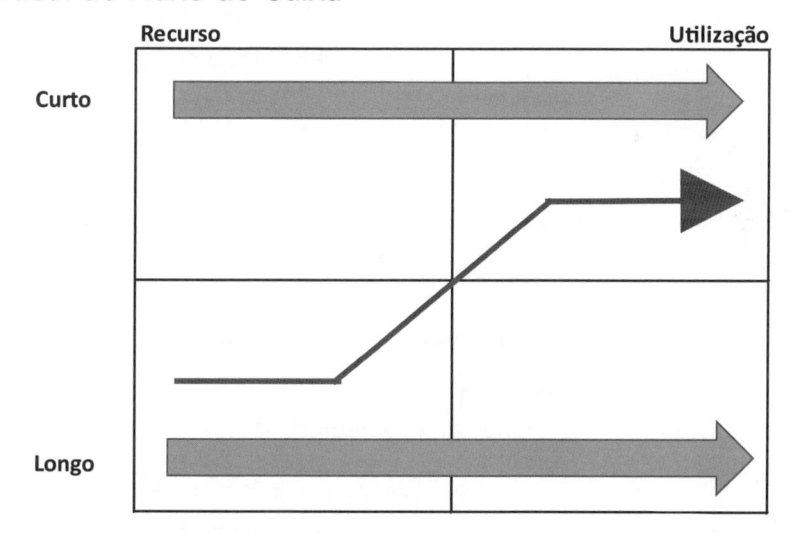

Ao longo do período, esperaríamos ver o padrão de caixa como ilustrado acima, com os seguintes eventos:

1. Investimentos longos sendo financiados por recursos longos;
2. Investimentos curtos sendo financiados por recursos curtos;
3. Alguns investimentos de longo prazo sendo investidos nos ativos de curto prazo.

A razão para o item 3 é que o capital de giro precisa expandir em linha com o crescimento da empresa. Para atingir este requerimento, os fundos precisam ser captados com recursos de longo prazo, pois isso ocasiona certa folga financeira para o giro.

Quando o valor do ativo circulante é menor que o do passivo circulante, isso significa que a empresa possui capital de giro líquido negativo. Nessa situação, menos usual, o capital de giro líquido é a parcela dos ativos permanentes da empresa que está sendo financiada com passivos circulantes, ou seja, com capitais de curto prazo, o que denota um quadro de risco, pois dívidas de curto prazo vencem antes de os ativos não circulantes começarem a gerar caixa ou atingirem a maturidade.

Gestão de capital de giro no Brasil

No Brasil, provavelmente em função de nossa memória inflacionária e seus reflexos na elevada taxa de juros real, a gestão de capital de giro é crucial. Primeiro, os gestores têm que entender o capital de giro como um mal necessário (precisamos ter estoques para amortecer desvios da demanda e falhas na cadeia de suprimentos, além de precisarmos conceder crédito e vender a prazo se quisermos vender mais e batermos nosso concorrente). Isso posto, a meta é otimizar o capital de giro, buscando eficiência na gestão de estoques e de contas a receber, de um lado, e passivos circulantes que nos financiem de preferência sem custo, do outro. Como já mencionamos, nossa taxa de juros exorbitante faz com que os fornecedores de matéria-prima e serviços incluam encargos financeiros de até 2% ao mês quando optamos por comprar a curto prazo (30/60 dias), coisa que em países mais estáveis dificilmente ocorre. Assim, apenas as contas de salários em geral e de impostos e encargos a pagar podem ser ditas como de custo zero no financiamento do capital de giro.

O capital de giro é um dos principais causadores das dificuldades financeiras das PMEs. Como elas estão sempre crescendo, sua necessidade de capital de giro (caixa, estoque e contas a receber) cresce pela necessidade de mais estoque, mais venda e mais prazo.

Essa necessidade de capital de giro não é totalmente financiada por fornecedores e demais credores operacionais, pois, é claro, existe a parcela do lucro embutido na receita não financiada pelos credores, sem contar eventuais dificuldades de crédito junto aos fornecedores.

Como otimizar contas circulantes (caixa, estoques, contas a receber, contas a pagar etc.) é o X da questão. O quadro abaixo mostra uma tentativa de listar os itens que aumentam e diminuem o capital de giro.

Tabela 10.9: Formas de Aumentar e Reduzir o Capital de Giro

	Necessidade de Capital de Giro	
	Aumento do Capital de Giro	**Redução do Capital de Giro**
Fornecedores	-Compras à vista sem desconto -Prazo curto de pagamento -Falta planejamento de Compras (Volume) -Adiantamento a fornecedores	-Prazos longos de pagamentos, desde que o juros embutidos não sejam maiores dos que os de empréstimos. -Política de adiantamentos e pagamentos.
Estoques	-Excesso de estoque -Processo produtivo moroso -Estoques obsoletos -Falta de controle de itens perecíveis	-Processo produtivo enxuto e padronizado -Gestão de estoque mínimo e estoque máximo -Inventário periódico do estoque -Controle de acesso ao estoque -Processo de requisição para retirada de itens do estoque -Controle sistêmico de produtos perecíveis (sai primeiro o que expira)
Clientes	-Vendas a prazo sem inclusão de juros adequados -Falta de política de crédito ao cliente	-Vendas à vista -Política de vendas com inclusão de juros adequados -Política de concessão de crédito a clientes -Política de cobrança e gestão eficaz de inadimplentes
Ativos	-Investimentos em ativos operacionais que ficarão ociosos -Investimentos em ativos não operacionais em excesso -Compra de itens desnecessários	-Política de compra de ativos -Fixação de retorno mínimo para compra de ativos (estudo de viabilidade econômica) -Venda de ativos obsoletos -Inventário periódico de ativos

Aumenta Investimento	Reduz Investimento
Diminui o Retorno	Aumenta o Retorno

Fonte: Elaborado pelos autores

COMO GERIR O CONTAS A RECEBER?

Precisamos conceder crédito e vender a prazo se quisermos vender mais.

Gestão do contas a receber

Se pudesse, na sua empresa você só venderia à vista e não a prazo, mas, como existem concorrentes que poderíamos chamar de mais bonzinhos que você, se você não der prazo dificilmente você conseguirá vender, ou pelo menos vender tanto quanto venderia se pudesse conceder crédito e vender a prazo.

De outro lado, como vimos, vender a prazo gera um ativo denominado contas a receber (um título que representa um direito que você tem de cobrar seu cliente no futuro) e isso é um investimento que consumirá caixa e que precisa ser financiado por capital próprio ou de terceiros.

O valor das vendas a prazo e o prazo concedido (dias) determinará o montante do contas a receber. Se você vende R$100 por mês, sendo 50% a prazo e por 30 dias, supondo uma venda no dia 15 do mês um, você terá no final do mês um, no contas a receber, o valor de $50 todos os meses, supondo uma venda constante e pagamentos pontuais.

Por outro lado, na mesma condição, se você aumentar o prazo para 60 dias, seu contas a receber a partir do segundo mês será de R$100, e os R$50 a mais aplicados no ativo contas a receber, terão que ser financiados por alguém lá do lado do passivo (fornecedores, empréstimos ou patrimônio — acionistas).

Uma boa gestão de contas a receber inclui o estabelecimento de uma política de crédito, a definição dos termos e condições, a política de cobrança e o monitoramento e controle do contas a receber.

Política de crédito

A decisão de conceder crédito é uma das mais importantes no processo de gestão de contas a receber. A pergunta que não quer calar é: Seu cliente merece crédito? Se sim, em que condições (limites, prazos e garantias)?

Em crédito, como diria Henry P. Muller, "não há surpresas, somente ignorância", e para reduzir ignorância precisamos buscar a informação que normalmente está disponível nas agências de informação de crédito, que inclusive disponibilizam análises com vários graus de detalhe.

Para fazer sua análise de crédito, lembre-se de analisar os famosos "5 Cs de Crédito":

1. **Caráter**: refere-se ao histórico do solicitante quanto ao cumprimento de suas obrigações financeiras e contratuais;
2. **Capacidade:** refere-se ao potencial do solicitante para quitar o crédito solicitado com base em seus negócios correntes e futuros;
3. **Capital:** refere-se à solidez financeira do solicitante;

4. **Colateral:** refere-se ao montante de bens colocados à disposição pelo solicitante para garantir o crédito;

5. **Condições:** refere-se às condições econômicas e setoriais vigentes, assim como elementos especiais que possam vir a afetar tanto o solicitante como o credor.

Termos e condições

Diz respeito ao montante de crédito e o prazo de crédito e, como vimos, quanto maior for, maior será o investimento em contas a receber e maior a necessidade de financiá-lo. O lado bom de mais limite e prazo é a possibilidade de realizar mais vendas, porém mais prazo significa mais incerteza e mais incerteza traz mais risco de inadimplência e destruição do lucro gerado a duras penas.

A recomendação aqui é sempre de prudência e análise detalhada do negócio de seu cliente, procurando entender seu modelo de negócios, fornecedores, clientes etc., buscando estabelecer um prazo adequado à necessidade do cliente (nem excessivo, nem curto demais a ponto de provocar aperto financeiro desnecessário).

Como discutimos, mais limite e prazo requer financiamento e este tem um custo. Recomenda-se, na política de formação de preços, se estabelecer um preço à vista para seu produto (vide tópico de preços neste capítulo) e preços para cada um dos prazos disponibilizados (30, 60 e 90 dias), acrescentando-se o custo financeiro que a empresa incorrerá por não receber o dinheiro à vista, e financiar o cliente. No Brasil, em função da memória inflacionária, ainda hoje os prazos têm sido estabelecidos como múltiplos de sete dias para evitar que os vencimentos ocorram nos fins de semana e se perca um dia que já chegou a custar absurdos 3% por conta da hiperinflação em meados dos anos 1980.

Para tentar antecipar recebimentos ou evitar atrasos, você pode oferecer descontos para pagamento até determinada data. É prudente que os descontos para antecipação sejam negociados antes do faturamento para evitar a incidência dos impostos sobre o valor dado como desconto. Uma alternativa é oferecer descontos para serem utilizados até o vencimento, estabelecendo multas salgadas para aqueles que não pagarem de forma pontual.

Do ponto de vista da cobrança, recomenda-se que 100% da cobrança seja feita com a utilização da rede bancária, com instruções e procedimentos totalmente automatizados, evitando-se a chamada cobrança em carteira (fora do banco) que dá margens para ineficiência e até fraudes. Cobrança bancária, alertas eletrônicos e acompanhamento imediato dos títulos vencidos, com cobrança via correio eletrônico, telefônica e até pessoal, garantem eficiência e maior rapidez na cobrança. A regra aqui é quem chegar primeiro bebe água fresca.

Monitoramento e controle

Em termos de controle do contas a receber, o famoso relatório de idade do contas a receber, com listagem por cliente, título, vencimento e status (vencido ou a vencer), é suficiente para o monitoramento e controle.

Para terminar, aqui valem duas máximas que utilizamos nos embates com o pessoal do departamento comercial, quando a discussão é crédito:

i. Só existem dois tipos de cliente inadimplente:

Os que têm dinheiro e não querem pagar; e

Os que não têm como pagar.

ii. Cliente que não paga não é cliente.

QUAL É O PREÇO PARA VENDA A PRAZO?

Uma vez determinado o preço à vista que veremos no capítulo de decisão operacional, como podemos estabelecer o preço a prazo de forma a termos a mesma contribuição e retorno do preço à vista?

O sonho de todo empresário é vender a vista e, se possível, receber antes de entregar o produto ou prestar o serviço. Como essa hipótese no mercado real é rara, temos que calcular preços a prazo que atendam ao mercado e ao mesmo tempo contribuam para a maximização do valor da empresa e da riqueza do acionista.

Para esse cálculo, devemos transformar o preço à vista e o preço a prazo em fluxos de caixas gerados pelo evento venda à vista e venda a prazo, então igualá-los e com isso descobrir a variável que torna a equação verdadeira.

Preço à vista:	R$100,00
Frete:	5% do preço à vista pago no 10° dia após a venda
Comissão:	4% pago 15 dias após a venda
ICMS:	18% pago 20 dias após o mês de faturamento
PIS\COFINS:	9,25% pago no 25° dia após o mês de faturamento

Cálculo do valor presente à vista

Utilizando como taxa o Custo Médio Ponderado de Capital (CMPC) da empresa, de 1% ao mês, vamos calcular o Valor Presente (VP) de uma venda à vista realizada no dia 30, isto é:

$$VP\ Venda\ à\ vista = VP\ Receita\ à\ vista - VP\ Frete - VP\ Comissão - VP\ Impostos\ (ICMS, Pis\ e\ Cofins)$$

Venda à vista

VP Recebimento à Vista	= 100\(1+i)0
VP Recebimento à Vista	= 100\(1,01)0
VP Recebimento à Vista	= 100\1
VP Recebimento à Vista	**= 100,00**

Frete

Valor do Frete	= -5% (x) R$ 100,00 = -R$ 5,00
VP do Frete	= -R$ 5,00\(1+i) $^{(10\backslash30)}$
VP do Frete	= -R$ 5,00\(1,01) $^{(10\backslash30)}$
VP do Frete	= -R$ 5,00\1,00332
VP do Frete	**-4,98**

Comissão

Valor da Comissão	= -4%(x) R$ 100,00 = -R$ 4,00
VP da Comissão	= -R$ 4,00\(1+i) $^{(15\backslash30)}$
VP da Comissão	= -R$ 4,00\(1,01) $^{(15\backslash30)}$
VP da Comissão	= -R$ 4,00\(1,00499)
VP da Comissão	**= -R$ 3,98**

ICMS

Valor do ICMS	= -18%(x)R$ 100,00 = -R$ 18,00
VP do ICMS	= -R$ 18,00\(1+i) $^{(20\backslash30)}$
VP do ICMS	= -R$ 18,00\(1,01) $^{(20\backslash30)}$
VP do ICMS	= -R$ 18,00\(1,00666)
VP do ICMS	**= -17,88**

PIS/COFINS

Valor do PIS\COFINS	= -9,25%(x) R$ 100,00 = -R$ 9,25
VP do PIS\COFINS	= -R$ 9,25\(1+i) $^{(25\backslash30)}$
VP do PIS\COFINS	= -R$ 9,25\(1,01) $^{(25\backslash30)}$
VP do PIS\COFINS	= -R$ 9,25\1,00833)
VP do PIS\COFINS	**= -R$ 9,17**

Valor presente venda à vista = 100,00 (-) 4,98 (-) 3,98 (-) 17,88 (-) 9,17

Valor presente venda à vista = 63,98

Cálculo do preço a prazo

Se pensarmos ao pé da letra, cada dia do mês deveria ter um preço diferente, pois o fato de termos pagamentos (impostos, frete, comissões etc.) em datas fixas dentro do mês faz com que uma venda no dia 30 tenha um valor presente menor que uma venda realizada no 1º dia do mês, por exemplo.

Para fins de exemplo, calcularemos o preço que deveríamos cobrar por uma venda a prazo no dia 30, que foi o dia da venda na modalidade à vista no exemplo anterior.

Como sabemos que o valor presente de uma venda de R$100 realizada no dia 30 é de, arredondando, R$63,98, temos que buscar o valor do preço com prazo de 30 dias que iguala o valor presente a R$63,98.

Preço de venda à vista no dia 30 do mês X = R$100,00

Valor presente da venda à vista no dia 30 do mês X = R$63,98

Para calcularmos o preço com 30 dias de prazo em uma venda no dia 30 do mês X, basta resolvermos a seguinte equação:

Preço a prazo de 30 dias, numa venda feita no dia 30 =

$$63,98 = VP\ 30\ dias - VP\ Frete - VP\ Comissão - VP\ Impostos\ (ICMS, Pis\ e\ Cofins)$$

Considerando:

VP = Valor Presente;

Pr^{30*} = Preço a prazo de 30 dias; e

i = Taxa de desconto 1% ao mês (CMPC).

Substituindo:

$$63,98 = VP(Pr30 - VP\ (Pr30\ x\ 5\%) - VP(Pr30\ x\ 4\%) - VP\ (Pr30\ x\ 18\%) - VP(Pr30\ x\ (9,25\%)$$

$$VP\ Pr30 = \left(\frac{Pr30}{(1+i)}\right)^{\left(\frac{30}{30}\right)} = 0,9909$$

$$VP\ Frete = \left(\frac{Pr30 \times -5\%}{(1+i)}\right)^{\left(\frac{10}{30}\right)} = -0,049834$$

$$VP\ Comissão = \left(\frac{Pr30 \times -4\%}{(1+i)}\right)^{\left(\frac{10}{30}\right)} = -0,03987$$

$$VP\ ICMS = \left(\frac{Pr30 \times -18\%}{(1+i)}\right)^{\left(\frac{20}{30}\right)} = -0,17881$$

$$VP\ Pis/Cofins = \left(\frac{Pr30 \times -9,25\%}{(1+i)}\right)^{\left(\frac{25}{30}\right)} = -0,09157$$

Assim temos:

$63,98 = 0,99009 - 0,049834 - 0,03987 - 0,17881 - 0,09157$

$63,98 = 0,630\ Pr30$

$Pr30 = 63,98/0,630$

Preço com prazo de 30 dias para venda no dia 30 = R$101,56

---

* Pr30=1,00

Para conferirmos, vejamos:

	Preço a prazo	VPL do Preço a prazo
Preço Prazo 30 dias venda no dia 30	101,56	VP = 100,55
Frete 101,54 (x) 5% (10 dias prazo)	(5,08)	VP = (5,06)
Comissão 101,54 (x) 4% (15 dias prazo)	(4,06)	VP = (4,04)
ICMS 101,54(x) 18% (20 dias prazo)	(18,28)	VP = (18,16)
PIS\COFINS 101,54 (x) 9,25 (25 dias prazo)	(9,39)	VP = (9,31)
VP da venda com 30 dias de prazo	VP da Venda a Vista	R$ 63,98

Veja que a tendência é cobrar 1% por 30 dias, ou seja, cobrar R$101 para uma venda a prazo de 30 dias utilizando a taxa de CMPC.

Nossos cálculos mostraram que, levando em conta o valor do dinheiro no tempo e os prazos das entradas e saídas geradas pela venda, qualquer valor menor que os R$101,56, vai gerar uma perda de valor em relação à venda à vista por R$100,00 realizada no dia 30.

Nota: o Brasil só resolveu o problema crônico da inflação depois de 1994. Antes disso, os elevados índices inflacionários obrigavam as empresas a terem preços diários para não entregar ativos por um valor menor que o custo de reposição. Fora considerações de ordem prática, ainda hoje, com as taxas de juros pagas pelas pequenas e médias empresas, no limite, seria sim necessário que tenhamos preços diários, levando em conta custo de reposição, data da venda e seus reflexos no fluxo de caixa.

QUANTO DEVO INVESTIR EM ESTOQUES?

"Estoques.... um mal necessário."

— *Autores*

Na reportagem de primeira página do caderno Veículos da *Folha de São Paulo* de 11/11/2012, apareceu uma foto de uma picape, com o capô aberto e em letras garrafais a inscrição "EM FALTA" para ilustrar a espera de até seis meses por peças de reposição para reparo de veículos em São Paulo.

E aí empreendedor/empresário, você, como cliente, compraria essa marca de veículo?

Esse é um dos danos que a falta de estoque pode causar, desde perda de vendas, processos por perdas e danos e, o que é pior, a perda de um cliente para o resto da vida. Mas qual é a solução? Entupir o pátio, a fábrica, as revendas e os mecânicos com peças de reposição?

Gestão de estoques

A conta de estoques representa todos os itens de matéria-prima, de produtos em processo e acabados, necessários à produção e à venda. Normalmente, é uma conta de elevada participação no valor dos investimentos ou dos ativos totais da empresa e, como tal, deve ser otimizada.

O ideal é que o investimento em estoque seja sempre financiado pelo prazo de pagamento dado pelo fornecedor e, de preferência, sem custo financeiro adicional. Como isso raramente ocorre, passemos para a análise específica da conta estoque.

O problema

Como dimensionar os estoques de forma a não perdermos venda e ao mesmo tempo não incorrermos nos custos explícitos e implícitos que o excesso de estoque acarreta?

Critérios para solução do problema

Os custos associados aos estoques são de dois tipos: de manutenção do estoque e da falta de estoque.

Os critérios para a escolha da melhor alternativa para a solução do problema passam necessariamente pelo custo, isto é, a solução é aquela que minimiza o custo da equação:

> Custo de manutenção de estoques (+) Custo da falta de estoque

Os custos

Custos de manutenção: compreendem o custo de oportunidade (CMPC) do investimento em estoques, os custos de estocagem, manejo, de seguro, aluguel e IPTU do armazém, e os custos de perda de valor do estoque por questões de mercado e/ou obsolescência.

Custos da falta de estoque: refere-se ao não ganho da margem pela perda de venda de um produto (mensurável), as perdas geradas pelos gargalos provocados na produção por falta de estoque (mensurável), eventuais prejuízos por processos por perdas e danos causados aos clientes (mensurável), e a perda da confiança dos clientes e, no limite, a perda do cliente em definitivo (custos altos, mas de mensuração difícil).

Alternativas de solução

Uma alternativa é investir excessivamente em estoque, de forma a não perder nenhuma venda por falta de produtos. Essa alternativa zeraria a segunda parcela de nossa equação a ser minimizada, mas com certeza maximizaria a primeira parcela de custo de manutenção de estoque. A outra é não ter estoque, zerando o custo de manutenção de estoque e, de outro lado, perdendo vendas e provavelmente o negócio todo.

Assim, qual a alternativa ótima?

Ter a quantidade exata de estoque por local sincronizada com o momento da venda ou uso. Fácil? É claro que não. E como buscamos isso?

Como sempre, a resposta começa com um sonoro depende e requer uma profunda análise da cadeia logística do negócio, na qual a **visibilidade da demanda e tempo de resposta das operações** definirão se vamos planejar para atender a demanda ou se vamos reagir à demanda.

Independentemente da existência de visibilidade da demanda, se as operações têm tempo de resposta longo, a solução é planejar os estoques com base em uma previsão de vendas.

Se o tempo de resposta das operações for rápido, e na existência de visibilidade da demanda, recomenda-se reagir à demanda real. Do contrário, isto é, em situações de falta de visibilidade da demanda e rapidez na resposta das operações, será necessária uma investigação mais detalhada das características de produto e operação, mas é provável que a reação à demanda seja a melhor resposta também.

Como gerir?

Infelizmente, as previsões de vendas (com ou sem visibilidade), e a respostas das operações (curta ou longa), não são perfeitas e apresentarão falhas. Nessa altura, a gestão dos estoques entre em cena e deve:

- Definir os objetivos de estoques por produto/linha, de preferência como uma % de vendas ou em termos de dias de estoque;
- Estabelecer os incentivos apropriados para que os gestores e demais funcionários busquem atingir os objetivos;
- Monitorar se os objetivos estão sendo atingidos, corrigindo os desvios e, se necessário, refazendo o planejamento.

Receitas de gestão e controle

A previsão de vendas deve ser atualizada permanentemente e, de preferência, com métodos estatísticos associados a painel de especialistas e de gente próxima dos clientes.

O uso da tecnologia da informação permite, por exemplo, que o nível de estoque da cadeia (cliente–cliente do cliente–consumidor) possa ser visualizado, permitindo inclusive a utilização do "*Just-in-Time*" (estoques chegando na quantidade certa e exatamente quando necessários).

Na gestão de estoques, elabore uma curva ABC, isto é, liste por valor de estoque item a item de seu estoque, começando com os maiores (curva A), os intermediários (curva B) e os de menor investimento (curva C). A curva ABC é um dos conceitos mais antigos e úteis na administração de empresas.

Com a curva ABC, monitore o giro — venda/estoque (do item que vende mais, até aquele que não vende) de estoques por item (previamente estabelecido como objetivo), reduzindo a compra, ou promovendo a venda do item, de forma a ajustar o estoque ao nível pretendido.

O inverso do giro, isto é, 1/giro x 360 nos dá os dias de estoque que temos para cada item. Estabeleça objetivos de dias de estoque levando em conta o tempo de reposição e faça um plano de ação para alcançá-lo.

Venda primeiro os itens mais antigos, evitando obsolescência.

Negocie o menor prazo de entrega com seus fornecedores, exija prazos adicionais de pagamento pelo não cumprimento e até penalidades pecuniárias.

Avalie periodicamente se, do ponto de vista econômico, não é melhor comprar o componente pronto em vez de comprar e estocar as matérias-primas, convertê-las em componentes e estocá-los até o momento de utilização.

Tenha um sistema de monitoramento de preços de reposição de suas matérias-primas e produtos acabados de forma a ajustar rapidamente o custo de seus estoques, possibilitando redução de preços e consequente maior volume de vendas de um lado, ou até compras especulativas de outro, compensando o custo do estoque adicional com o ganho da compra especulativa.

Queime, isto é, venda com grande desconto — ou a preço de custo se necessário — estoques não utilizados ou cuja utilização seja longínqua ou incerta. Nesse sentido, crie um relatório, no qual o custo do item aumente todo dia (desde o primeiro dia de estoque) num valor equivalente ao custo financeiro diário (custo médio ponderado do capital diário (x) valor do item). Você terá surpresas incríveis e descobrirá itens com custos maiores do que o preço de venda no mercado.

COMPRAR OU ALUGAR?

Essa é uma decisão com a qual, mais cedo ou mais tarde, você vai se deparar:

- Vamos usar um exemplo para entender essa decisão;
- Utilizaremos, é claro, o valor presente líquido, que leva em conta o valor do dinheiro no tempo, conceito fundamental em finanças.
- Vamos também nos utilizar do conceito de custos diferenciais, no qual os custos relevantes dizem respeito apenas aqueles que são diferentes entre as duas alternativas: comprar ou alugar.

Dados do problema

Compra ou aluguel de uma empilhadeira:

Compra	
Valor da compra	R$50 mil
Valor da venda ao final de três anos	R$10 mil
Depreciação do equipamento em três anos	33,3% a.a.
Combustível	R$4 mil
Gasto anual de manutenção	R$7.200

Aluguel
R$2 mil por mês equivalente
Manutenção por conta da locadora, inclusive com reposição durante o período
Devolução da empilhadeira ao final do contrato

Variáveis comuns

- Alíquota de imposto de renda 34%;
- A taxa de desconto dada pelo CMPC de 2% ao mês.

Resolução

Tabela 10.10: Resolução do Case

	Data	Comprar	Data	Alugar
A. Disponibilização empilhadeira	0	50.000,00	01-36	2.000,00
Crédito de ICMS na compra 18%				
18% (x) R$50.000 (\) 48	01-48	187,50		
B. Combustível	01-36	-400,00	01-36	-400,00
C. Manutenção	01-36	-600,00		
D. 5% perda de vendas por manutenção	01-36	-100,00		
E. Valor de venda ao final	36	10.000,00		
IR sobre o lucro na venda 34% (x) R$ 10 mil		-3.400,00		
F. Depreciação R$50.000 \ 36 = 1.388,88				
Efeito de depreciação no IR R$1.388 (x) 34%	01-36	472,22		
G. Efeito IR da Prestação R$2000 (x) 34%			01-36	680,00

Fonte: Elaborado pelos autores

Tabela 10.11: Cálculo do Valor Presente

COMPRAR	Data	Valor	Data	Valor Presente
A. Disponibilização da empilhadeira	0	-50.000,00		-50.000,00
Crédito de ICMS na compra 18%				
18% (x) R$50.000 (\) 48	01-48	187,50	01-48	5.751,21
B. Combustível	01-36	-400,00	01-36	-10.195,54
C. Manutenção	01-36	-600,00	01-36	-15.293,31
D. 5% perda de vendas por manutenção	01-36	-100,00	01-36	-2.548,88
E. Valor de venda ao final	36	10.000,00	36	7.451,12
IR sobre lucro na venda 34% (x) R$10 mil	36	-3.400,00	36	-1.666,76
F. Depreciação R$50.000 \ 36 = 1.388,88				
Efeito de depreciação no IR R$ .388,88 (x) 34%	01-36	472,22	01-36	13.703,10
TOTAL				-52.799,06

Fonte: Elaborado pelos autores

Alternativa de aluguel

Tabela 10.12: Cálculo do Valor Final de Aluguel

ALUGAR	Data	Valor	Data	Valor Presente
A. Disponibilização da empilhadeira	0	-2.000,00	01-36	-65.388,86
Crédito de ICMS na compra 18%				
18% (x) R$50.000 (\) 48	01-48			
B. Combustível	01-36	-400,00	01-36	-10.195,44
C. Manutenção	01-36			
D. 5% perda de vendas por manutenção	01-36			
E. Valor de venda ao final	36			
IR sobre lucro na venda 34% (x) R$10 mil	36			
F. Depreciação R$ 50.000 \ 36 = 1.388,88				
Efeito de depreciação no IR R$1.388,88 (x) 34%	01-36			
G. Efeito IR da Prestação R$2.000 (x) 34%		680,00	01-36	18.999,17
TOTAL				-56.585,13

Fonte: Elaborado pelos autores

Conclusão

Se nossas premissas estiverem certas, hoje seria melhor, financeiramente, comprar o equipamento em vez de alugá-lo, pois o custo a valor presente de compra, de R$52.799,06, é menor do que o custo a valor presente do aluguel, R$56.585,23, em R$3.786,17.

CAPÍTULO 11

DECISÃO DE FINANCIAMENTO

1. Como ler o passivo?

2. Fontes de Financiamento

3. Por que se endividar?

4. Até quanto se endividar? Qual a Estrutura de Capital?

5. Qual o montante e quando devemos tomar um empréstimo / financiamento?

6. Quais as fontes de financiamento para o seu negócio?

7. Qual o Custo Efetivo Total de um empréstimo?

8. Como gerenciar o contas a Contas a Pagar?

9. Por quanto devo comprar a prazo? Ou qual a taxa máxima que devo pagar pelo prazo de pagamento?

"Me dê uma alavanca e eu moverei o mundo."

— *Arquimedes*

Figura 11.1: Reflexo da Decisão de Financiamento

BALANÇO PATRIMONIAL

ATIVO	PASSIVO
	PASSIVO CIRCULANTE - PC
	PASSIVO NÃO CIRCULANTE - PNC
	PATRIMÔNIO LÍQUIDO - PL

Fonte: Elaborado pelos autores

FUNÇÃO OBJETIVO DA DECISÃO DE FINANCIAMENTO

O objetivo de toda decisão de financiamento é maximizar o valor da empresa e do acionista, minimizando o custo de capital.

Precisamos encontrar a melhor fonte de financiamento em termos de custo, prazo e eventuais reciprocidades olhando sempre para a regra de decisão de financiamento, isto é, o Custo Médio Ponderado de Capital mínimo (CMPC%) é menor que o Retorno Sobre o Ativo Operacional Líquido (RSAOL%).

Em um país com crédito escasso e taxas de juros reais (acima da inflação) altíssimas, é difícil encontrar projetos cujo retorno ultrapasse o custo do dinheiro.

Esta seção trata da decisão de financiamento nos seguintes aspectos:

- Precisamos nos financiar com terceiros?
- Qual é a melhor composição de capital próprio e de terceiros para o projeto e a empresa?
- Qual é o montante de financiamento necessário?
- Qual é o prazo ideal de financiamento?
- Quais são as fontes de financiamento disponíveis?
- Quais são as condições do financiamento (custo, prazo e outras)?

COMO LER O PASSIVO? AS DECISÕES DE FINANCIAMENTO E OS REFLEXOS NO BALANÇO

As decisões de financiamento impactam o lado direito do balanço patrimonial, o passivo.

Os recursos com os quais a empresa se **financia** são registrados no **passivo**.

A ordem em que são registrados segue a lógica da exigibilidade e do prazo de vencimento, isto é, quanto maior o direito de preferência do credor, e o quanto mais cedo for o prazo de vencimento da dívida, mais no topo e à direita do balanço estará registrado o passivo. O salário a pagar no dia 15 do próximo mês será registrado antes do empréstimo com vencimento em seis meses que, por sua vez, virá antes do financiamento de uma máquina com vencimento daqui a dois anos.

Para facilitar a análise, a contabilidade classifica o passivo com terceiros com base no vencimento da dívida ou obrigação. Assim, dívidas/obrigações que vencem em até um ano são classificados como **passivo circulante**. (A ideia aqui é que estes passivos se transformarão em uma exigência de caixa no decorrer de um ano, ou seja, circulam em um ano).

Os passivos com vencimento acima de um ano são classificados como **passivo a longo prazo.**

Como já vimos, todos os recursos de terceiros têm preferência sobre os recursos dos proprietários, além, é claro, de exigirem uma data específica de vencimento. Por essa razão, o capital inicial dos sócios e os lucros retidos são os últimos registrados no passivo, aparecendo no canto inferior direito do balanço.

Se tomarmos a equação Ativo = Passivo e desenvolvermos com aquilo que você já sabe, teremos Ativo (-) Passivo com terceiros = Patrimônio líquido. Se uma vez corretamente avaliados, a empresa vender todos os seus ativos e pagar toda a dívida com terceiros, o que sobra é o patrimônio líquido dos proprietários. Outra forma bastante didática de mostrar essa relação é: se do total de investimento da empresa (ativo total), retirarmos a parte financiada pelos credores/terceiros (passivo exigível), sobrará o investimento feito/ganho pelos proprietários (patrimônio líquido) registrado no canto inferior direito do balanço, por ser o menos exigível e de prazo indeterminado.

Proprietários/Acionistas — Os proprietários proveem recursos para a empresa.

Os recursos dos proprietários não precisam ser devolvidos a eles em uma data específica e, por conta disso, são denominados também como passivo não exigível/capital próprio.

Quando houver lucro e a gestão da empresa puder decidir distribuí-lo, os proprietários receberão uma parcela na forma de retiradas.

A parcela de lucro não distribuída ou retida é dos proprietários é registrada no Patrimônio Líquido e se configura como uma importante fonte interna de financiamento.

Os proprietários também detêm os direitos em relação ao aumento do valor da empresa, resultante da expectativa de operações lucrativas futuras.

É claro que, se estivermos falando da sua empresa, você estará usando dois chapéus — um como gestor financeiro e outro como proprietário. E é importante que você use um chapéu de cada vez e respeite a opinião de ambos.

Credores/Recursos de terceiros – Os recursos dos credores/terceiros, ao contrário daqueles dos proprietários, são exigíveis, isto é, têm data para serem devolvidos com juros e despesas adicionais explícitas ou não.

Figura 11.2: Classificação Contas do Passivo

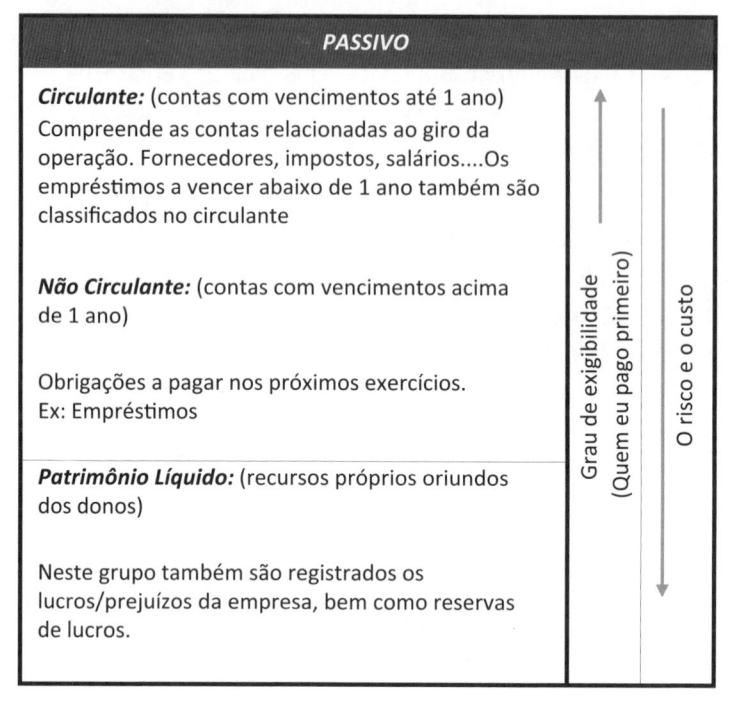

Fonte: Elaborado pelos autores

Tipos de credores

Podemos classificar os credores de várias formas:

Em relação ao prazo de financiamento, isto é, o tempo decorrido entre a entrada de recursos e a sua devolução:

- Credores de curto prazo/credores de longo prazo
- Com custo explícito (juros, IOF, taxas)/sem custo implícito

Recursos com prazo de pagamento de até um ano. Normalmente, são empréstimos/financiamento bancários ou entre empresas para cobrir necessidade de capital de giro, ou fazer frente a emergências (*Hot Money*, capital de giro, *factoring*, mútuo). Abordaremos as linhas disponíveis em detalhes.

Um ponto extremamente importante nos empréstimos e financiamentos é que os juros e demais despesas financeiras são dedutíveis na determinação do lucro tributável das empresas sob o lucro real (ver modalidade de tributação no capítulo de impostos). Assim, eles reduzem o lucro tributável diminuindo o pagamento de imposto de renda/CS.

Credores de longo prazo

Recursos cujo vencimento se dará depois de um ano.

Os bancos comerciais não têm sido ofertantes de crédito a longo prazo para as PMEs. No Brasil, esse papel vem sendo exercido pelo Banco do Brasil, pelo BNDES e por algumas instituições de fomento com várias linhas de financiamento.

Um financiamento está vinculado à compra e à propriedade de algum bem (máquina, veículo, imóvel etc.) enquanto um empréstimo não tem necessariamente um destino pré-acordado.

Uma empresa aberta pode emitir, por exemplo, uma debênture que é um título de dívida e normalmente de longo prazo, que sob determinadas condições pode até ser convertida em ações.

Tabela 11.1: Classificação dos Itens no Passivo

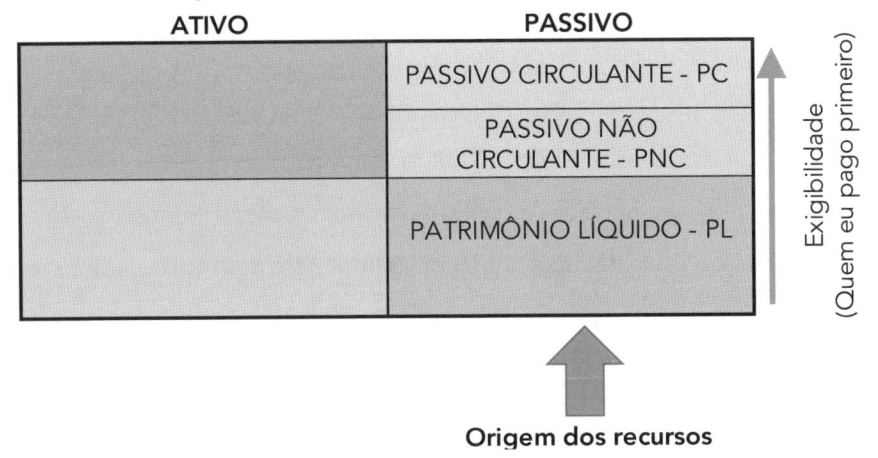

Fonte: Elaborado pelos autores

Com custo implícito: acredite, não existe juro zero, pelo menos no Brasil

Recursos provenientes de fornecedores de matéria-prima, serviços e equipamentos quando adquiridos a prazo, normalmente 30, 60 e 90 dias. Mesmo que tais prazos não embutam explicitamente juros, na realidade, você terá um desconto se oferecer pagamento à vista e, portanto, a opção de pagamento a prazo embute sim juros, que muitas vezes são maiores que os explícitos em um empréstimo bancário fornecido pelos bancos.

Sem custo implícito

Funcionários, o governo (federal, estadual e municipal), e alguns outros órgãos, proveem recursos para a empresa na maioria das vezes sem ônus (juros).

Quando os funcionários trabalham o mês todo e só recebem no quinto dia útil do mês subsequente eles estão financiando a empresa, mesmo que por pouco tempo. Valores de férias e 13º salário também são pagos depois de ganhos econômicos e por isso são fonte de recursos sem custo.

Impostos em geral têm seu fator gerador em um período e o pagamento é exigido somente em período futuro e também se constituem em recursos sem custo financeiro.

PRECISO DE RECURSOS?

A não ser pelos empreendimentos novos que ainda não iniciaram a operação, a principal fonte de financiamento de uma empresa são os recursos internos (lucro, depreciação e movimentações no capital de giro) oriundos de suas operações normais.

Quando tais recursos não são suficientes para financiar a expansão das operações atuais ou novos investimentos/projetos, ou quando for um bom negócio se financiar com terceiros, a empresa deve buscar os recursos ou com os acionistas ou com terceiros no mercado de dívida.

Antes de partir para a busca de recursos de terceiros é importante que se analise, para empresas em operação, o motivo de os recursos oriundos das operações não serem suficientes para o financiamento do projeto de expansão.

Estamos dando lucro? O lucro é suficiente e proporciona uma boa rentabilidade?

O capital de giro tem consumido os recursos? Por quê?

É possível diminuir a necessidade de capital de giro sem prejuízo do crescimento e do lucro?

A DRE, o balanço, o fluxo de caixa e as técnicas de análise discutidas no livro respondem a estas perguntas.

QUAL É O MONTANTE DE RECURSOS NECESSÁRIOS?

Os recursos gerados pelas operações dependem do lucro, das necessidades de capital de giro e do investimento em capital fixo. Para crescer e gerar mais lucro a empresa precisará de mais capital fixo (máquinas, equipamentos, edificações) e de capital de giro (estoques, contas a receber etc.) e dependendo desse crescimento é possível que os recursos gerados pelas operações atuais não sejam suficientes. Há que se investigar aqui, se o lucro gerado é suficiente, se os investimentos são produtivos e se o investimento em capital de giro é eficiente.

Os recursos gerados pelas operações podem ser estimados da seguinte forma:

Lucros retidos (+) Despesas que não envolvem saída de recursos de caixa (depreciação, provisões etc.) +- Variação da necessidade de capital de giro +- Investimento em capital fixo.

Ao projetarmos a DRE, o balanço e o fluxo de caixa, descobrimos quais são o montante e o *timing* correto de recursos necessários para o período projetado.

Só assim os investimentos no capital de giro e no ativo não circulante, bem como amortizações de empréstimos etc., serão corretamente levados em conta.

Como se trata de uma projeção, devemos sempre levar em conta que as entradas de caixa são mais incertas que as saídas (conservadorismo).

FONTES DE FINANCIAMENTO

As fontes de recursos para a empresa podem ser obtidas de terceiros ou dos acionistas/proprietários.

As fontes de recursos de terceiros podem ser oriundas de:

- Família/amigos através de empréstimos;
- Fornecedores de mercadorias e serviços;
- Governo, via prazo de pagamento de impostos e tributos;
- Instituições financeiras — Empréstimos bancários e arrendamento mercantil;
- Funcionários — Na medida que eles recebem o salário no final do mês ou só no quinto dia útil do mês seguinte, o 13º salário apenas no final do ano e o adicional de férias, na saída de férias, os funcionários financiam a empresa porque primeiro prestam o serviço e depois recebem por ele;
- Debenturistas — São investidores que adquirem títulos da empresa em troca de juros;
- Instituições do mercado de capitais.

As fontes de capital próprio são os acionistas/proprietários e, é claro, os recursos (lucros) gerados pelas operações.

A estrutura de capital

A estrutura de capital, ou a proporção entre capital próprio (patrimônio líquido) e o de terceiros, é a segunda decisão mais importante que o empresário/gestor deve tomar em termos financeiros.

Qual é a combinação ótima de recursos de terceiros e próprios?

Essa combinação é fundamental para o custo de capital da empresa e, obviamente, para o retorno da empresa e do acionista.

Empresas com dívida com terceiros em excesso tem risco alto e esse risco aumenta o custo de capital de terceiros e do capital próprio.

Empresas sem dívida com terceiros podem perder oportunidades boas de investimento e são ineficazes fiscalmente pois os juros pagos sobre empréstimos de terceiros são dedutíveis para fins de imposto de renda no regime de lucro real, ao passo que o custo implícito do capital próprio não.[*]

Assim, o objetivo é ter uma estrutura de capital ótima que maximiza o valor da empresa, minimizando o custo de capital.

---

[*] No Brasil, a Lei 9.249/95, que instituiu os juros sobre o capital próprio, dedutível para fins de imposto de renda, diminuiu um pouco essa desvantagem do capital próprio.

Para ilustrar o efeito do endividamento sobre o resultado da empresa vamos exemplificar:

Tabela 11.2: Efeitos dos Juros s/ Empréstimos na DRE

Empresa A	Sem Dívida	C/Divida 50% a 10% a.a. sem Crescimento	C/Divida 70% a 15% a.a. C/Cresc.30%
	Ano 1	Ano 2	Ano 3
Vendas	100,0	100,0	130,0
CMV	-50,0	-50,0	-65,0
Lucro Bruto	50,0	50,0	65,0
Despesas	-30,0	-30,0	-30,0
LAJIR - Lucro antes do Juros e IR/CS	20,0	20,0	35,0
Juros	0,0	-5,0	-10,5
LAIR - Lucro antes do IR/CS	20,0	15,0	24,5
Imposto	-10,0	-7,5	-12,3
LDIR - Lucro depois do IR/CS	10,0	7,5	12,3
PL - Patrimônio Liquido	100,0	50,0	30,0
RSPL = LDIR/PL	10,0%	15,0%	40,8%

Fonte: Elaborado pelos autores

RSPL = Retorno sobre o Patrimônio Líquido

RSPL = LODIR/PL

LODIR/PL= Lucro Operacional depois do IR sobre o Patrimônio Líquido

Como você pode notar, quanto maior o endividamento, maior o retorno do acionista, ou seja, o lucro líquido dividido pelo patrimônio líquido. É claro que, para níveis muito altos de endividamento, o risco aumenta e ninguém vai querer emprestar para alguém tão endividado.

A teoria financeira denomina esse efeito do endividamento sobre o lucro como alavancagem financeira, por alavancar o resultado. A alavancagem é o nome que se dá à relação entre a dívida com terceiros e o capital próprio e, se for maior que um, diríamos que a empresa está alavancada.

Como vimos a alavancagem é uma decisão acertada se o custo do endividamento após o benefício do imposto de renda for menor que o retorno operacional depois do IR do seu negócio (RSAOL%) Retorno sobre o ativo operacional líquido = LODIR/AOL.

A Estrutura Ótima

Existe uma estrutura [fundos próprios (PL)/fundos de terceiros (passivo)] que minimiza o custo médio ponderado de capital e maximiza o valor do acionista pois:

- O custo de capital próprio é maior que o custo de capital de terceiros, porque seu risco é maior;
- O custo de capital de terceiros tem o benefício de dedutibilidade dos juros para efeito de imposto de renda nas empresas no regime de lucro real;
- Ambos os custos (próprios e de terceiros) aumentam à medida que o endividamento com terceiros aumenta, devido ao maior risco de dificuldades financeiras oriundas de compromissos de juros e amortização fixa independentemente do resultado operacional da empresa.

Graficamente teríamos:

Gráfico 11.1: Estrutura Ótima de Capital

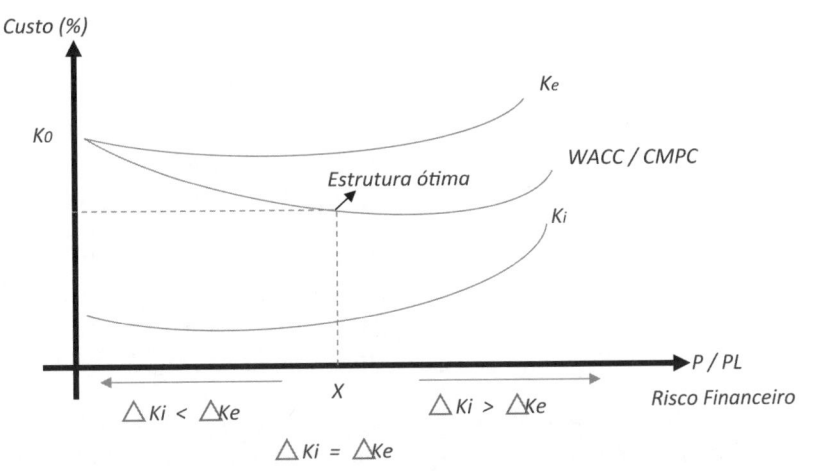

Fonte: Adaptado de Curso de Administração Financeira - Assaf Neto

K0 = Custo de capital próprio se a empresa fosse financiada somente por capital próprio.

Ki = Custo de capital de terceiros

Ke = Custo de capital próprio

P = Passivo de terceiros permanentes (passivo oneroso)

PL = Recursos próprios permanentes (patrimônio líquido)

CMPC/WACC = Custo Médio Ponderado de Capital

O ponto X na linha P/PL é onde o CMPC é mínimo.

O CMPC é o custo de capital da empresa e é calculado multiplicando cada custo da fonte de capital (próprio e de terceiros) da empresa pelo seu peso no total.

$$CMPC\% = \left(\frac{Passivo}{Passivo\ Total} \times \%Custo\ Capital\ 3^{\circ} \times (1 - T \times IR)\right) + \left(\frac{Capital\ Próprio\ (PL)}{Passivo\ Total} \times \%Custo\ Capital\ Próprio\right)$$

Apesar de graficamente estar claro que existe uma estrutura ótima de capital que minimiza o CMPC (ponto X), ele é muito difícil de ser determinado na prática.

O que podemos fazer é, a partir dos custos de capital próprio e do custo capital de terceiros, depois do efeito fiscal, simular o Custo Médio Ponderado de Capital (CMPC) e chegar a um ponto em que este começa a subir em função do endividamento excessivo e seus efeitos sobre o risco e as dificuldades financeiras.

Em qualquer situação, o CMPC não pode exceder o retorno operacional medido pelo Retorno Sobre o Ativo Operacional Líquido (RSAOL%), lucro operacional depois do IR sobre o ativo operacional líquido [Capital de Giro Líquido (CGL) + Ativo não circulante (ANC)].

Custo de Capital de Terceiros

O custo de capital de terceiros, na maioria dos casos, tem seu custo explícito nos contratos que a empresa assina quando recebe o empréstimo (vide CET neste capítulo). Esse mesmo contrato tem cláusulas que garantem ao emprestador que o devedor deve devolver o capital e os juros acordados independentemente do resultado da empresa devedora.

Até por conta dessa "garantia de recebimento independentemente do resultado", os recursos de terceiros têm um risco menor para quem está emprestando e por isso um custo menor para a empresa que está pedindo emprestado. Além disso, normalmente existem garantias reais ou fiduciárias que reduzem o risco de crédito, reduzindo o custo do empréstimo.

Uma segunda característica que barateia o custo de empréstimos de terceiros versus o custo do capital próprio, é que os juros do capital de terceiros são dedutíveis para fins de cálculo do imposto de renda da empresa devedora. Isto é, as despesas financeiras com juros, reduzem o lucro da empresa tomadora de empréstimo, reduzindo o valor do imposto de renda (IR) pago por ela.

O custo de capital para o capital de giro para uma empresa com boa nota de crédito custa hoje em torno de 20% ao ano.

O custo efetivo dessa linha seria:

Custo K efetivo (após IR) = K [Custo do empréstimo (%) antes do IR] (x) (1-Taxa IR)

Custo K efetivo (após IR) = 30% (x) (1-34%)

Custo K efetivo (após IR) = 13,2% a.a.

No entanto, essa dedutibilidade só vale para as empresas optantes pelo regime tributário do lucro real (vide tributos neste capítulo).

Custo de Capital Próprio

Vale repetir que o capital próprio ou dos acionistas tem custo sim e é mais alto do que o custo de capital de terceiros.

É incrível a quantidade de empreendedores e gestores que simplesmente não "cobram" um retorno sobre seu capital ou, no mínimo, não levam em conta esse custo quando planejam seu lucro. O custo de capital próprio é mais alto porque seu risco é maior, pois o acionista só terá retorno se a empresa obtiver lucro suficiente para proporcionar retorno maior que o custo de capital da empresa. Ele não tem garantia contratual de recebimento do capital de volta a exemplo de um terceiro emprestador.

É mais alto também, pois os supostos encargos sobre o capital não são dedutíveis para fins de imposto de renda.

O custo de capital próprio já não é tão fácil de se calcular como o de capital de terceiros e existem vários métodos disponíveis na literatura. Aqui tentaremos ir pelo intuitivo e mais popular, o chamado modelo de precificação de ativos (CAPM - Capital Asset Pricing Model).

O custo de capital próprio é dado pela fórmula:

$$Custo\ Capital\ Próprio = T_{lr} + (\ T_m - T_{lr}\ ) * \beta$$

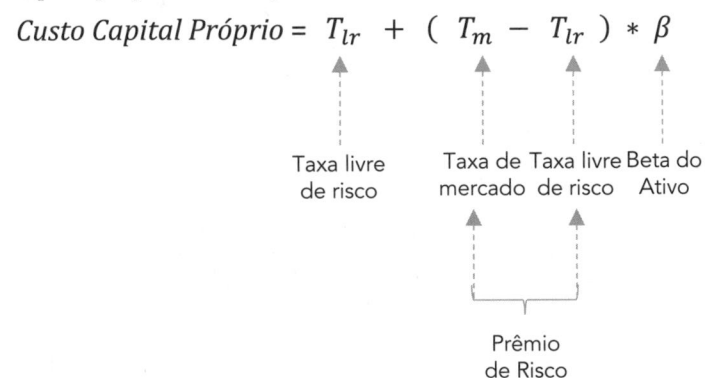

O primeiro componente da fórmula para se chegar ao custo de capital do acionista é uma taxa de remuneração livre de risco, que significa quanto o acionista obteria se aplicasse em um título livre de risco. A remuneração da poupança ou a taxa dos títulos públicos federais (Selic) poderia ser um bom exemplo de título de investimento livre de risco.

O segundo componente é a diferença entre o retorno médio dos títulos com risco no mercado e a taxa livre de risco. Quanto está dando de retorno uma aplicação na média dos títulos existentes no mercado menos o retorno do título livre de risco? Um retorno médio poderia ser dado pela média dos retornos de uma carteira de renda fixa e variável.

O terceiro componente é o que vai inserir a variável de risco da empresa/projeto em que está se investindo. Como sabemos, quanto maior o risco, maior é o retorno exigido e, por exemplo, uma empresa de alimentos tende a ter um risco menor do que uma empresa de exploração de petróleo.

O risco é medido pelo beta (β), que mede a sensibilidade da empresa/setor em relação a outras empresas/setores.

Vamos a um exemplo: imagine que a taxa livre de risco do mercado (LR) esteja em 6%, que o risco da empresa investida, o beta (sendo 1 para risco igual, menor que 1 para risco menor e maior que 1 para risco maior) seja de 1,3, e que a taxa de retorno médio dos títulos do mercado seja de 15%.

Aplicando nossa fórmula teríamos:

$$Custo\ Capital\ Próprio = T_{lr} + (\ T_m - T_{lr}\ ) * \beta$$

$$CCP = 6\% + (\ 15\% - 6\%\ ) * 1,3$$

$$CCP = 17,70\%$$

Custo Médio Ponderado de Capital

Agora que temos o custo de capital de terceiros da empresa e o custo de capital próprio, fica fácil calcular Custo Médio Ponderado de Capital (CMPC) da empresa (o famoso WACC - Weighted Average Cost of Capital, no original). Basta multiplicar a proporção de capital próprio pelo custo de capital próprio e a proporção de capital de terceiros na estrutura de capital pelo respectivo custo. Supondo 60% de capital próprio e 40% de capital de terceiros teremos:

Tabela 11.3: Cálculo do CMPC

Fonte de Capital	Estrutura de Capital	Custo de Capital	Peso
	(a)	(b)	(a) (x) (b)
Capital Próprio	60%	17,70%	10,62%
Capital de Terceiros	40%	13,20%	5,28%
Custo Medio Ponderado de Capital =			15,90%

Fonte: Elaborado pelos autores

Como podemos ver, quanto maior a proporção de capital de terceiros a um custo de capital menor, também menor será o custo médio ponderado de capital total da empresa. Sim, mas há um limite para a empresa se endividar e, à medida que a proporção de dívida em relação ao capital próprio aumenta, também aumenta o risco e o custo do empréstimo exigido pelos emprestadores por conta do aumento de risco.

No Brasil há a figura dos juros sobre o capital próprio, que permite a dedução de encargos financeiros sobre o capital próprio do acionista. Sem entrar no mérito conceitual dessa possibilidade, ela deve ser aproveitada enquanto dure.

Otimizando a estrutura de capital

Regra número 1 — O Capital do acionista tem custo maior que o capital de terceiros (risco maior, menor exigibilidade, prazo indeterminado).

$$\boxed{CCP\% > CCT\%}$$

Regra número 2 — O custo ponderado do capital próprio (acionista) e do capital de terceiros CMPC% tem que ser menor que o RSAOL%, retorno operacional da empresa (lucro operacional depois do IR/CS, dividido pelo ativo operacional líquido), pois do contrário sua empresa e você estarão destruindo valor (ou trabalhando para os credores — bancos).

$$\boxed{RSAOL\% > CMPC\%}$$

Regra número 3 — Só contraia empréstimos ou se financie com terceiros se o custo do empréstimo for menor que o retorno operacional da empresa como um todo RSAOL% (lucro operacional depois do IR/CS sobre o ativo operacional líquido)

Regra número 4 — Só contraia dívidas com terceiros cuja maturação (vencimento) seja no mínimo equivalente aos fluxos de retorno do projeto que o empréstimo financiará:

- Curto prazo com curto prazo;
- Médio prazo com médio prazo;
- Longo prazo com longo prazo.

POR QUE SE ENDIVIDAR?

Mesmo que recursos próprios estejam sobrando, disponíveis internamente ou através de aporte de recursos pelos acionistas, o endividamento com terceiros pode ser um excelente negócio do ponto de vista do retorno para acionistas.

Isso acontece basicamente por duas razões:

1. Redução do pagamento do imposto de renda

Uma empresa pode investir recursos dos acionistas ou de terceiros para obter lucro e criar valor. Se utiliza apenas recursos dos acionistas, a legislação da maioria dos países não considera como dedutível do lucro, o custo de capital do acionista. No Brasil, a figura dos juros sobre o capital próprio atenua um pouco isso. Assim, ao utilizar recursos de terceiros e deduzir do lucro no regime de lucro real a parcela de juros incorrida como despesa, a empresa estará reduzindo o valor de imposto de renda pago e isso torna os recursos de empréstimo mais competitivos em relação ao capital próprio, aumentando o valor da empresa.

2. Possibilidade de alavancar ganhos; Alavancagem financeira

Vamos explicar através de um exemplo. Se você tivesse que decidir entre as duas alternativas abaixo, qual das duas escolheria?

1. Investir R$1 mil com recursos próprios para obter um lucro de R$200,00, obtendo 20% de retorno, ou

2. Investir R$500,00 em recursos próprios, tomar R$500,00 de recursos de terceiros pagando 10% de juros e obter R$150,00 de lucro ou seja 30% de lucro sobre os R$500,00 investidos?

É claro que você preferiu a alternativa (b), pois com ela você, além de diversificar seu investimento, colocando os outros R$500,00 em outros projetos, você estaria utilizando recursos de terceiros que, nesse caso, têm um custo menor que o retorno de seu projeto. Isso é a famosa alavancagem financeira.

Como tudo na vida, o capital de terceiros tem seu lado negativo e, nesse caso, quanto mais capital de terceiros no empreendimento, maior é o risco financeiro da empresa (risco de não honrar os compromissos financeiros) e aí, quanto maior o risco, maior será a taxa de juros que os emprestadores cobrarão para emprestar o dinheiro.

Assim, além de seu projeto apresentar um retorno maior que o custo de empréstimos, há um limite para o endividamento com terceiros, e esse limite é dado pelo ponto mínimo da curva de custo médio ponderado (entre custo de capital próprio e custo de capital de terceiros). (Vide gráfico 11.1)

Em termos de prazo de financiamento, os recursos de terceiros devem estar adequados aos ativos/investimentos que eles vão financiar, evitando-se o descasamento entre maturidade do projeto e necessidade de pagamento dos recursos obtidos para seu financiamento.

Se os ativos da empresa oferecerem um retorno maior que o custo dos empréstimos tomados para financiá-los, seus lucros e o valor da empresa se valorizarão. Isso é criar valor.

Até Quanto se Endividar? Qual é a Estrutura de Capital?

> "Nunca sabemos aonde estamos indo, mas seria bom
> termos uma ideia de onde estamos."
>
> — *Howard Marks*

Na empresa, chega uma hora que recursos são necessários para crescer (opcional) ou até cobrir uma venda que não deu certo ou um cliente que não pagou (compulsória). Nesses casos, surge a dúvida entre buscar dinheiro com terceiros ou aportar mais capital próprio (se disponível) no negócio.

Estrutura de capital

Qual estrutura de capital é a melhor para a empresa?

A estrutura de capital diz respeito a quanto do seu ativo (bens, direitos e valores) será financiado com recursos próprios (patrimônio líquido) e quanto com recursos de terceiros (passivo — dívida). E essa proporção tem a ver com risco e retorno, a pedra angular das finanças.

A decisão dependerá de uma série de fatores e não é definitiva, já que as condições da empresa e do mercado mudam ao longo do tempo.

Mais capital de terceiros (dívida) aumenta o grau de risco, porém também pode levar a uma maior taxa de retorno esperada. Assim, existe uma estrutura de capital ótima (porcentagem de dívida com terceiros versus capital próprio) que maximiza o valor da empresa. Quatro fatores devem ser analisados para se decidir sobre a estrutura de capital ótima da empresa, são eles:

Risco do negócio — Para um negócio de alto risco, normalmente o endividamento deve ser baixo;

Estilo da gestão/Acionistas — Há gestores mais agressivos e gestores conservadores — os mais agressivos gostam de dívida e os conservadores não.

Acesso aos emprestadores — Capacidade da empresa de obter recursos a juros razoáveis mesmo em condições adversas.

Situação tributária da empresa - Se, ao utilizar a dívida, os juros puderem reduzir o valor do imposto efetivo pago pela empresa, isso aumenta a vantagem de se endividar com terceiros. Há casos em que a empresa opera com prejuízo, ou que está sob regime de lucro presumido ou no simples e, nesse caso, o benefício do IR/CSLL não se aplica.

Uma vez discutidos os fatores que definem a estrutura de capital, utilizaremos um exemplo para calcular uma estrutura ótima de capital.

Custo de Capital Próprio (CCP)

$$Custo\ Capital\ Próprio = T_{lr} + (\ T_m - T_{lr}\ ) * \beta$$

Taxa livre de risco — Taxa de mercado — Taxa livre de risco — Beta do ativo

Prêmio de Risco

$$CCP = 6\% + (\ 10\% - 6\%\ ) * 1{,}06$$

$$CCP = 10{,}24\%$$

Custo de Capital de Terceiros (CCT) - É o custo do financiamento obtido junto ao banco.

À medida que o endividamento aumenta o custo do endividamento com terceiros também aumenta. Assim uma estimativa desse custo de capital de terceiros seria:

TABELA 11.4: Custo do Endividamento

Percentual de Endividamento	0%	25%	50%	75%
Custo dívida	9%	10%	11%	15%
Alíquota Imposto de renda	34%	34%	34%	34%
Custo dívida após IR	**5,94%**	**6,60%**	**7,26%**	**9,90%**

Fonte: Elaborado pelos autores

TABELA 11.5: Custo Médio Ponderado de Capital

$CMPC = (CPX\ x\ propoção\ capital\ próprio) + (CCT\ x\ proporção\ capital\ de\ terceiros\ x(1\text{-}Tx\ IR))$

Percentual de Endividamento	0,00%	25,00%	50,00%	75,00%
CCT após IR	**5,94%**	**6,60%**	**7,26%**	**9,90%**
Percentual de capital próprio	100,00%	75,00%	50,00%	25,00%
CCP	**10,24%**	**10,24%**	**10,24%**	**10,24%**
CMPC	**10,24%**	**9,33%**	**8,75%**	**9,99%**

Na prática o CCP também sobe com o aumento do endividamento com 3os.

Fonte: Elaborado pelos autores

GRÁFICO 11.2: Estrutura Ótima de Capital

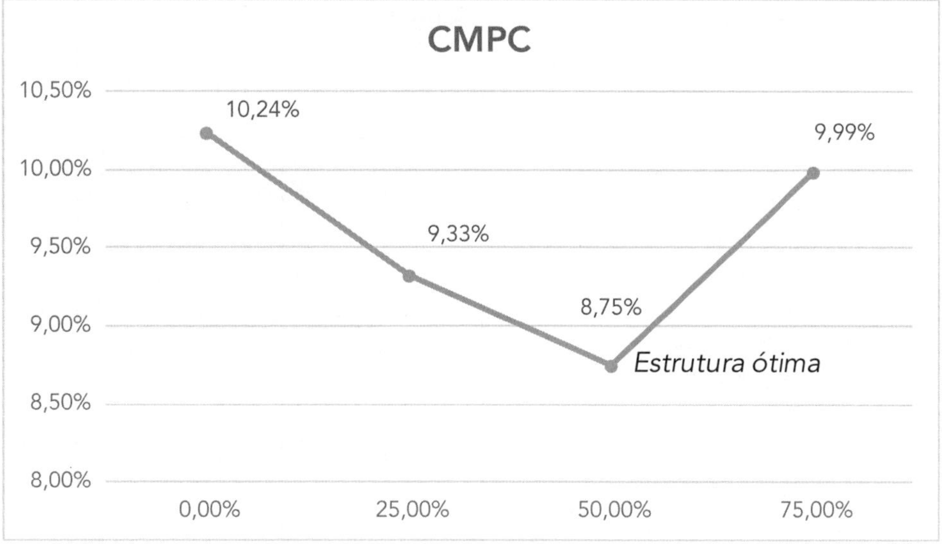

Fonte: Elaborado pelos autores

Pelos números ao lado, vimos claramente o efeito do endividamento excessivo (75% de capital de terceiros), pois em 50% de endividamento o CMPC é de 8,75% e com 75% de endividamento o CMPC sobe para 9,99% a.a., indicando uma estrutura ótima em 50% de capital próprio e 50 % de capital de terceiros.

Em resumo, com uma gestão competente, bons produtos e bons planos, a chance de alto retorno (maior que o custo da dívida) é grande e a dívida nesse caso pode valer a pena.

QUAL É O MONTANTE E QUANDO DEVEMOS TOMAR UM EMPRÉSTIMO/FINANCIAMENTO?

Você realmente precisa tomar um empréstimo?

A primeira coisa a fazer é ter certeza de que sua empresa precisa tomar um empréstimo. Essa resposta só virá se você possuir uma previsão de seu fluxo de caixa futuro.

Quando falamos de caixa, é lógico que depósitos bancários e aplicações de liquidez imediata também se enquadram, nesse caso, como caixa.

Fluxo de caixa projetado

Como vimos, o fluxo de caixa tem a estrutura do outrora muito utilizado canhoto do talão de cheque, ou atualmente do extrato bancário: Saldo Inicial + Entradas – Saídas = Saldo Final

Tabela 11.6: Fluxo de Caixa Projetado

Fluxo de Caixa Projetado	Semana 1	Semana 2	Semana 3	Semana 4
Saldo de Caixa Anterior	100	108	132	133
(+) Entradas	30	35	20	15
Recebimentos provenientes de vendas	20	30	15	10
Outras Entradas	10	5	5	5
(-) Saídas	22	11	19	30
Pagto de Fornecedores	10	5	6	9
Pagto de Impostos	5		5	
Pagto de Despesas	3	2	4	2
Pagto de Investimentos	4	4	4	4
Devolução de Empréstimos				15
(=) Saldo Final	108	132	133	118

Fonte: Elaborado pelos autores

Ao projetá-lo numa base semanal, ou até diária, você saberá exatamente o valor e o período que ficará com saldo final de caixa negativo ou positivo.

Dá para atenuar a falta de caixa ou até eliminá-la?

Após elaborá-lo, você deve analisar o fluxo de caixa e buscar alternativas para tentar zerar as semanas/dias em que o caixa se mostra negativo e, é lógico, aplicar os saldos positivos de caixa de forma que eles possam render alguma coisa.

Como minimizar os saldos negativos? Aqui não tem milagre, você terá que olhar cada uma das entradas e saídas e buscar alternativas para antecipar as entradas e postergar, ou até eliminar, as saídas de caixa.

Entradas

Para as entradas de vendas, por exemplo, cabem as seguintes perguntas:

Essa entrada será proveniente de venda à vista ou a prazo?

Se for à vista, qual o período entre a data do faturamento/entrega da mercadoria ou do serviço e a efetiva entrada/cobrança do dinheiro?

Dá para reduzir esse período? Existe atraso na cobrança? Em caso positivo: por deficiência da cobrança ou inadimplência do cliente? Podemos só liberar a mercadoria/serviço depois que recebermos o dinheiro?

Dá pra antecipar o faturamento para que o dinheiro entre antes?

Se a venda for a prazo, qual o prazo que estamos dando? Dá para renegociar e reduzi-lo mesmo que para isso tenhamos que dar um desconto, desde que menor do que a taxa que o banco cobrará pelo empréstimo que sanaria meu déficit de caixa?

Como está a velocidade de nosso sistema de cobrança? É tudo eletrônico? Nossa conta bancária é imediatamente creditada assim que o cliente paga?

Com que rapidez resolvemos pendências no faturamento (devolução, diferenças de preço etc.)? Quanto mais rápido, mais rápido o dinheiro vai entrar.

Contas a receber vencidas e já em cobrança judiciária devem ser revistas e negociadas. Às vezes, um bom desconto viabiliza um recebimento que de outra forma levaria anos para tramitar em todas as instâncias legais, reduzindo a probabilidade de recebimento.

Para outras entradas, é sempre bom revisar ativos (estoques e equipamentos) e verificar se não podemos transformá-los em dinheiro, é claro, se não estiverem sendo utilizados agora ou no futuro.

Saídas

Para as saídas, valem os mesmos questionamentos, porém de forma mais contundente, pois nesse lado a empresa é a compradora/contratante e sempre pode buscar fornecedores alternativos e que permitam prazos maiores e prorrogação.

Para os pagamentos de fornecedores, confirme que o prazo dado é o combinado, que a data da emissão da nota e a data da entrega da mercadoria ou do serviço correspondem ao prazo de entrega combinado e, na melhor das hipóteses, combine com o fornecedor que o prazo de pagamento deverá contar a partir da data de entrega da mercadoria ou do serviço e não da emissão da nota fiscal. Com isso, você ganha alguns dias.

Para os pagamentos a fornecedores, coloque o pessoal de compras para solicitar prorrogação por uma semana, ou dez dias, sem, é claro, a cobrança de juros. Diga que é um descasamento momentâneo de caixa e eles vão entender. Para evitar juros, diga que no futuro o fornecedor poderá precisar de uma antecipação e aí poderíamos pagar na mesma moeda (prazo e sem juros).

Ainda em relação aos fornecedores de matéria-prima, tente negociar uma consignação, isto é, ele te manda a mercadoria e só fatura no final do mês ou à medida que você utilizá-la. Na prática, isso aumenta o período entre utilização da matéria-prima e o prazo de pagamento por ela.

Para as despesas, valem as mesmas ações listadas para os fornecedores, com exceção daquelas relacionadas à folha de pagamento e às concessionárias de utilidade pública (água, telefone, energia etc.), nas quais a flexibilidade é menor.

Para os impostos, apesar de serem poucas as alternativas para postergação, além do cuidado para não pagamento em atraso (que gera multa e juros), existem algumas alternativas de postergação do fato gerador do imposto (elisão e não evasão tributária) que podem fazer uma diferença enorme no fluxo de caixa. Por exemplo, faturando-se no 1º dia de maio em vez de faturar no 30º dia de abril você receberá, para uma venda com prazo de 30 dias, apenas um dia depois do dia em que receberia caso faturasse no dia 30 de abril, porém desembolsará ICMS, PIS/COFINS (se for tributado por eles) um mês depois, ganhando um mês no prazo de pagamento desses tributos.

Para o pagamento de fornecedores de equipamentos e obras (os chamados investimentos), também valem as mesmas dicas descritas para os fornecedores, além do planejamento minucioso do início de operação do equipamento. De que adianta comprar a máquina e começar a contar o prazo para pagamento se, por exemplo, as obras civis do local onde o equipamento vai operar não estiverem prontas?

Fluxo de caixa projetado revisado

Após a análise anterior, e principalmente as negociações e ações visando postergar pagamentos e antecipar recebimentos, você deverá elaborar um novo fluxo com os déficits e superávits por semana ou diários e, aí sim, caso ainda necessário, partir para a etapa de busca de um empréstimo.

Quais São as Fontes de Financiamento para o seu Negócio?

Você em algum momento precisará de recursos adicionais para tocar sua empresa. Você terá acesso a fontes que querem ser seus sócios no empreendimento, participando do risco do negócio e dos lucros do negócio como acionistas. Você também terá acesso a emprestadores de recursos, que os disponibilizarão por um tempo em troca de uma taxa de juros.

Nesse caso, pesquise ao menos três opções para avaliar as ofertas. Compare, além dos juros, o prazo, o sistema de amortização, o tempo para liberação dos recursos, a garantia requerida etc.

Capital de sócios/acionistas

Nesses tempos de empreendedorismo e das startups, muitos agentes superavitários (tem mais recursos do que necessitam) têm sido bastante ativos na busca de negócios que apresentem rentabilidades acima daqueles oferecidos por aplicações de renda fixa ou até da renda variável tradicional (ações em bolsa, moedas etc.).

Para o empreendedor, existem vários tipos de provedores de recursos de capital de risco que se adequam a cada estágio de desenvolvimento do negócio.

Abaixo segue a figura da escada de financiamento/crescimento que procura indicar, para cada estágio de volume de vendas do negócio, a fonte mais adequada de recurso de capital de risco.

Gráfico 11.3: A Escada do Capital de Risco

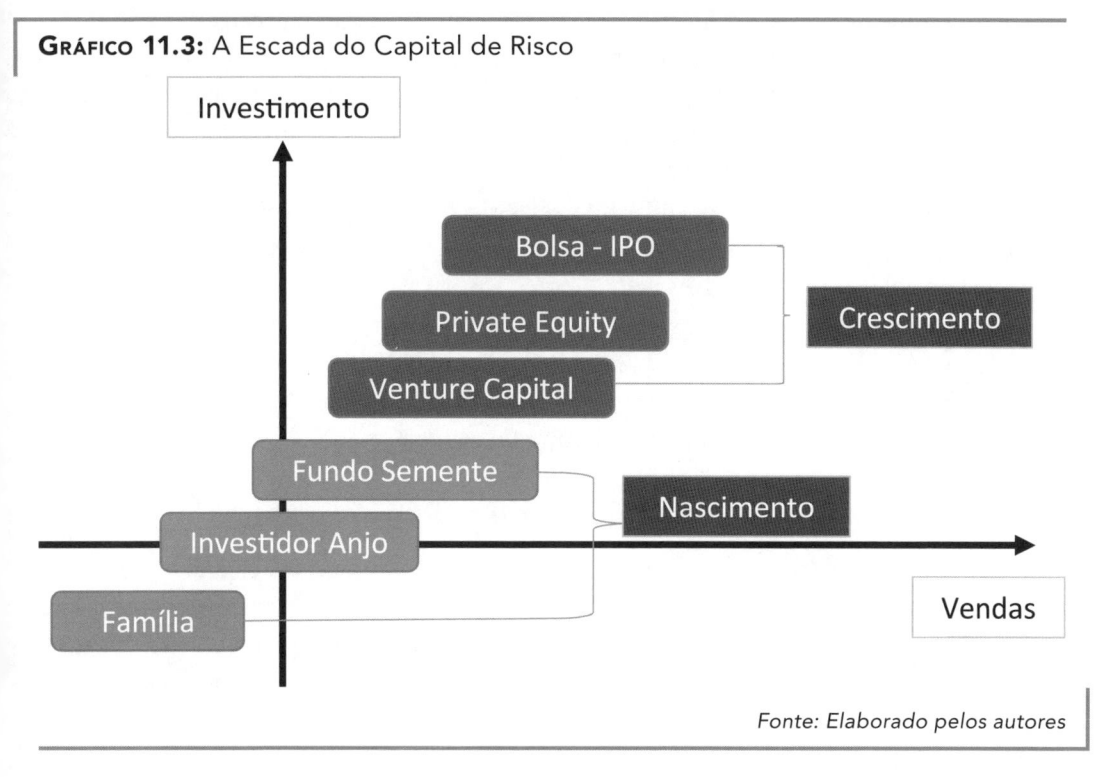

Fonte: Elaborado pelos autores

Familiares/Amigos — Família e amigos podem tanto oferecer recursos como sócios ou como emprestadores:

- **Familiares** — É sempre delicado juntar negócios e família, porém familiares são uma fonte de recurso valiosa e muitas vezes única no início do empreendimento. Trate-os da maneira mais formal e profissional possível, inclusive com um contrato especificando termos e condições de remuneração e saída. Isso vai facilitar o convívio e deixar clara a relação que já nasce além de profissional.

- **Amigos** — Para os amigos vale o mesmo que alertamos para o caso de familiares. Estabeleça claramente os termos e condições do empréstimo ou da participação no negócio para não perder a amizade ou, se perder, não ficar com remorso.

- **Investidor-anjo** — Trata-se de um investimento efetuado por pessoas físicas em empresas iniciantes que, além dos recursos financeiros, oferecem também capital intelectual apoiando o empreendedor com experiência, conhecimento e contatos para abertura de portas.

Operacionalmente, os recursos podem entrar como um empréstimo conversível em ações num determinado prazo ou por ocasião de um evento de liquidez (nova rodada de investimento, venda de participação, IPO etc).

- **Fundo Semente** — Normalmente provê quantias maiores de capital que os investidores-anjo. O veículo é um fundo que capta recursos de diversos investidores e investem em várias empresas ao mesmo tempo, e que já estão em operação num estágio mais avançado do que as empresas investidas pelo investidor-anjo (já possuem produtos, clientes e faturamento).
- **Venture Capital** — São investidores de risco que investem em empresas promissoras e seu objetivo é alavancar as vendas para futura operação de venda, fusão ou abertura de capital.
- **Private Equity** — Empresas de Private Equity investem grandes quantias de recursos em negócios que já faturam acima de R$100 milhões por ano. Normalmente fazem a gestão do negócio ou participam ativamente da gestão e têm prazos determinados para venda ou abertura do capital.

Abertura de capital — Initial Public Offer (IPO)

Uma oferta pública de ações é o momento em que a empresa abre seu capital e passa a ter suas ações cotadas e negociadas na bolsa. A oferta inicial de ações é oferecida a investidores e o recurso pode ser utilizado para os projetos da empresa ou pode ir para o bolso dos acionistas atuais da empresa que vendem sua participação na empresa, total ou parcialmente.

Capital de terceiros/Emprestadores

Além dos recursos próprios, ou provenientes de outros sócios, existem várias fontes de recursos de terceiros para financiamento das operações/expansão da empresa.

Clientes

Em situações especiais, os clientes podem adiantar recursos para que sua empresa possa entregar um projeto ou produtos e serviços requeridos por ele.

O adiantamento de clientes gera um passivo de igual valor e as condições de devolução do adiantamento devem estar claras e definidas previamente. Os clientes podem ao pagar à vista e não a prazo prover recursos para a sua empresa de forma imediata. De outro lado, o crédito dado a um cliente pode ser descontado em bancos ou numa empresa de *factoring*. Clientes com crédito melhor que o da empresa credora podem ser descontados com taxas menores que sua empresa obteria num empréstimo bancário por exemplo.

Fornecedores

É raro um fornecedor adiantar recursos a um cliente. O que existe é o mecanismo de alongamento de prazo de pagamento do fornecedor através de uma operação com uma instituição financeira. O fornecedor que originalmente não poderia oferecer prazo para pagamento, ou de outra forma cobraria uma taxa de financiamento muito elevada, nesse caso recebe os recursos à vista da instituição financeira, que desconta o título entregando o valor líquido para o fornecedor. Esse título tem como sacado a sua empresa e, quando esta tem melhor nota de crédito do que o fornecedor, essa operação se torna menos custosa e mais adequada para todos.

Arrendamento ou *leasing*

O arrendamento é um contrato mercantil no qual o arrendatário tem o direito de usar o equipamento de propriedade do arrendador em troca de pagamentos periódicos. No vencimento do contrato, o ativo é devolvido ao arrendador ou, caso haja uma opção de compra, o arrendatário poderá ficar com o ativo nas condições previstas no contrato.

Existem dois tipos de arrendamento: os operacionais e financeiros.

No arrendamento operacional, o período é mais curto que a vida útil do bem e o arrendador se responsabiliza pelas despesas de manutenção do bem, podendo cancelar o contrato antes do término (ex: o arrendamento de uma copiadora).

No arrendamento financeiro, o prazo é mais longo e estende-se normalmente até o final da vida útil do bem. As despesas de manutenção são por conta do arrendatário e o contrato não pode ser cancelado antes do final (ex: o arrendamento de uma aeronave).

Microcrédito

O microcrédito, por seu valor (normalmente muito baixo), é direcionado a um público restrito de baixa renda que geralmente não tem acesso a outras formas de crédito.

Existem vários tipos de microcrédito e entre eles destaca-se o chamado original, que se destina a reduzir a pobreza, e o tipo comercial, que é um instrumento de financiamento para microempresas e empresários informais.

Financiamento/Investimento coletivo (Crowdfunding)

Trata-se de uma modalidade de financiamento/investimento onde várias pessoas podem investir pequenas quantias de dinheiro em um negócio, geralmente pela internet. O empreendedor/empresário apresenta sua ideia e a necessidade de recursos aos interessados e estabelece um prazo máximo para a adesão destes.

Existem muitos sites de crowdfunding nos quais você poderá entender o mecanismo e até mostrar sua ideia/produto/projeto e obter recursos.

Empréstimo sem intermediário

O empréstimo *peer to peer*, também chamado empréstimo entre pessoas, é caracterizado pelo uso de plataforma na web para captação e distribuição de valores sem a intervenção de uma instituição financeira tradicional. É conhecido oficialmente como SEP (Sociedade de Empréstimo entre Pessoas) e foi recentemente regularizado pelo Banco Central.

Existem várias empresas que promovem esse tipo de empréstimo e você deve submeter os dados pessoais (do sócio) e da empresa, que passarão por análise de viabilidade, inclusive de crédito, antes de ser colocado no ar para buscar investidores.

Empréstimos bancários

Os empréstimos bancários se constituem na principal fonte de recursos de terceiros para o financiamento das PMEs no Brasil. Existem empréstimos bancários de curto, médio e de longo prazo, apesar de estes últimos serem de oferta bastante escassa nos bancos comerciais e no sistema financeiro como um todo. Os empréstimos de curto prazo, normalmente não requerem garantias ao passo que os de maior prazo na maioria das vezes requerem garantias reais (bens) ou fidejussórias (pessoas).

Contas/Conceitos de Balanço da Empresa	Produtos de Empréstimos Bancários	Observações
1. CAPITAL DE GIRO (Estoques + Duplicatas - Fornecedores)	» Descontos de Duplicata » Desconto de Cheques » Desconto de Recebíveis de Cartões de Crédito » Capital de Giro (Pré e Pós-fixado) » *Vendor* » *Compror* » ADF (Adiantamento de Fornecedores)	A maioria das empresas têm necessidades estruturais de giro. Cada uma tem essa necessidade determinada em um número de dias. O ideal é que se capte tais recursos financeiros no mercado com alguma folga. Outra sugestão, sujeita à disponibilidade e custo, é que uma parte da necessidade estrutural de curto prazo seja suprida por empréstimo de longo prazo, o que reduz o **risco de refinanciamento** da empresa, em especial em períodos de turbulência. Essa não é uma prática usual. Os bancos estranham, pois alongar dívida desnecessariamente significa colocar o dinheiro na mão da empresa sem uso específico — e que pode ser mal usado.

Contas/Conceitos de Balanço da Empresa	Produtos de Empréstimos Bancários	Observações
2. NECESSIDADE TEMPORÁRIA DE CAIXA (Oriunda de qualquer motivo)	» Conta Garantida » *Hot Money*	A conta garantida, como o próprio nome sugere, deve ser usada em situações emergenciais. Muitas empresas utilizam-na para financiar capital de giro estrutural, como se fosse um empréstimo de capital de giro, o que é inadequado e mais caro. Se um problema de caixa está acontecendo com muita frequência, é porque se tornou estrutural, então deve-se tomar uma linha de médio/longo prazo. Apesar de muitos gerentes de banco deixarem que isso ocorra, até porque ganham mais, a longo prazo a visão que o banco tem de empresa deteriora-se porque a empresa não é bem gerida financeiramente.
3. FINANCIAMENTO DE EXPORTAÇÕES (Duplicatas a receber e estoque)	» ACC/ACE (Adiantamentos sobre Contratos de Câmbio/ Adiantamentos sobre Cambiais Entregues) » Pré-pagamento de exportação	O dinheiro não é "carimbado", mas, em geral, o custo das linhas externas (ACC/ACE) é mais baixo do que as linhas domésticas de capital de giro. Portanto, quase toda empresa exportadora que tem acesso a tais linhas acaba utilizando-as. Atenção, porém, para as regulamentações dessas linhas, pois penalidades são aplicadas para quem não as segue.
4. IMPORTAÇÕES (Fornecedores a pagar; matéria-prima ou investimento em ativo fixo)	» Finimp (Financiamento de Importação) » Eximbank (Export-Import Bank)	É bastante similar ao financiamento de exportação. Porém, a regulamentação é distinta. Os diversos Eximbanks também são boas fontes quando se adquire máquinas de países que tenham esse tipo de agência. É preciso informar-se com o fornecedor estrangeiro e com o banco.

CONTAS/CONCEITOS DE BALANÇO DA EMPRESA	PRODUTOS DE EMPRÉSTIMOS BANCÁRIOS	OBSERVAÇÕES
5. AMPLIAÇÃO DE INSTALAÇÃO, COMPRA DE EQUIPAMENTOS ETC. (Permanente/Ativo Fixo)	» Linhas do BNDES » Pré-pagamento de exportação (mais de três anos) » Repasses de organismos multilaterais internacionais » *Leasing*	Em geral, essas linhas são sujeitas a um longo processo de aprovação e desembolso. Nem todos os bancos se dedicam a estruturar esses empréstimos. Há dificuldade em convencer um gerente a se dedicar a estruturar um repasse internacional. Portanto, a preocupação é captar um empréstimo — ponte se houver necessidade premente de caixa. O *leasing* é mais utilizado para pequenas inversões, tais como compra de veículos, compra de computadores e pequenos equipamentos.
6. MULTIUSO	» Emissão de títulos internacionais, como *commercial papers, euronotes.* » Emissão de debêntures.	Esse tipo de captação somente é acessível para empresas de grande porte, porque é cara e trabalhosa.

Fonte: 7 Passos para melhorar o relacionamento bancário

Empréstimos de Curto Prazo

Adiantamento de recebíveis

O ativo contas a receber, gerado através de cheques pré-datados, duplicatas emitidas, ou vendas geradas por cartão de crédito, pode ser utilizado como lastro em operações de financiamento de curto prazo. O valor desses ativos pode ser descontado por uma taxa de juros acordada e o montante líquido é creditado na conta da empresa imediatamente.

Com exceção da antecipação de recebíveis nas vendas feitas por cartão de crédito, as demais modalidades têm cláusula de regresso, ou seja, caso o cheque/duplicata/título não seja liquidado pelo seu cliente no prazo de vencimento, o credor tem o direito de receber do cedente (empresa que emitiu o título — no caso, a sua empresa).

TABELA 11.7: Análise de Adiantamento de Recebíveis

Adiantamento de Recebíveis			
	Dados	Siglas	Cálculos
Valor de Recebíveis	R$10.000	M	R$10.000
Data Vencimento	30/04/2019		
Data Operação	05/03/2019		
Dias de Antecipação	56	N	
Taxa de Comissão	3%	C	-R$300
Taxa de Desconto ao Mês	3%	J	
Juros	M(x)J/30(x)N		-R$560
IOF	1,50%	ano	-R$23
Valor Líquido Antecipado			**R$9.117**

Cálculo CET- Custo Efetivo Total na HP	
N	56
VP/PV	R$9.116,99
VF/FV	-R$10.000
Juros/i ?	0,1652
(1+0,16522/100)^30-1	**5,08%** Taxa Efetiva

Fonte: Elaborado pelos autores

O desconto de duplicata/*factoring* obedece ao mesmo mecanismo do adiantamento de recebíveis.

TABELA 11.8: Análise de Desconto de Duplicatas

Desconto de Duplicata	
Taxa ao mês	3,50%
Taxa ao dia	0,117%
IOF anual	1,50%
Data Operação	10/03/19

Número Fatura	Emissão	Cliente	Valor	Vencimento	Dias Descontados	Juros	IOF	Valor Líquido	Calculo CET
101	05/03/19	Vitor	R$15.000,0	05/05/19	61	-R$1.067,5	-R$37,6	R$13.894,9	3,84%
102	08/03/19	Ana Luisa	R$20.000,0	23/04/19	46	-R$1.073,3	-R$37,8	R$18.888,9	3,80%
103	10/03/19	Beatriz	R$18.000,0	10/05/19	61	-R$1.281,0	-R$45,1	R$16.673,9	3,84%
							Valor creditado		R$49.457,6

Cálculo CET- Custo Efetivo total na HP	
N	61
VP/PV	R$13.894,90
VF/FV	-R$15.000,00
Juros/i ?	0,1255
(1+0,12554/100)^30-1	3,84%

Fonte: Elaborado pelos autores

Cheque especial pessoa jurídica

É a mesma linha da famosa e cara linha de crédito para as pessoas físicas, só que para pessoa jurídica. Sua vantagem é a facilidade de uso, pois o recurso fica disponível na conta, e no primeiro dia útil após a utilização do recurso são cobrados os juros sobre o período e o montante de utilização. No momento em que este livro estava sendo editado (Dez/18), o Custo Efetivo Total (CET) dessa linha, para uma pequena empresa de serviços com ótimo passado de crédito, era de absurdos 6,34% ao mês. Esse custo é absolutamente proibitivo e você só deve utilizar por períodos muito curtos de tempo e numa necessidade absoluta.

Crédito rotativo

De mecânica semelhante ao da linha do cheque especial, essa linha pode ter custo menor se forem dadas garantias como títulos de cobrança, por exemplo.

Empréstimo para capital de giro

É regulado por um contrato que explicita prazo, taxas e garantias de acordo com as necessidades do cliente e do emprestador. O prazo pode ser de até 180 dias e, normalmente, é garantido por títulos de cobrança em valores de até 150% do montante emprestado. Pode também ser garantido por aval e, nesse caso, a taxa de juros costuma ser maior do que quando garantido por títulos.

Vendor

Permite que a empresa venda a prazo e receba à vista cedendo o crédito contra o cliente para o banco ou para a instituição financeira que financia o comprador.

Essa operação minimiza impostos que incidem, nesse caso, sobre uma base de cálculo menor do que se o financiamento fosse feito pelo vendedor diretamente ao comprador. De outro lado, a operação é contratada com direito de regresso entre o banco e a empresa vendedora de forma que o vendedor não pode abrir mão de uma análise de crédito rigorosa. Costuma ter uma taxa de juros menor à medida que tanto o crédito do comprador como a garantia do vendedor dão mais segurança ao banco emprestador.

Compror

É a operação reversa do *vendor*: quando uma empresa menor vende para um grande cliente e este funciona como o fiador do contrato. O fornecedor vende e recebe à vista e o cliente negocia com o banco um prazo maior de pagamento. Ao vender pra clientes com nota de crédito melhor do que a da sua empresa, o *compror* viabiliza taxas de juros menores que permitem maior prazo ao cliente.

Empréstimos de longo prazo

Vários motivos históricos, principalmente ligados à alta inflação e à falta de mecanismos de correção monetária, fizeram com que linhas de financiamento de longo prazo no Brasil se tornassem raras. Isso dificulta muito o investimento e o crescimento econômico do país.

Hoje em dia, apenas instituições financeiras governamentais dispõem desse tipo de linha.

O BNDES (Banco Nacional de Desenvolvimento Econômico e Social) é a principal instituição financeira governamental de fomento, e tem como objetivo apoiar financeiramente as empresas sediadas no país com projetos que se enquadrem nas políticas operacionais do seu sistema. O BNDES opera direta ou indiretamente através de uma rede de agentes financeiros públicos e privados credenciados.

Pessoas jurídicas, ou pessoa físicas, podem solicitar financiamento no BNDES num processo que se inicia numa consulta prévia, onde deverão ser descritas as características básicas da empresa solicitante e do projeto a ser financiado para que ele seja enquadrado nas políticas operacionais do banco.

O custo dos financiamentos é normalmente menor do que o dos financiamentos de curto prazo disponíveis no mercado, o que é um contrassenso, visto que quanto maior o prazo maior a incerteza e maior o risco. Risco maior exige taxas de retorno maiores. Isso dá uma amostra da distorção existente no mercado de crédito brasileiro.

O custo das linhas do BNDES é dado por:

> Custo Financeiro + Remuneração do BNDES + Taxa de Risco de Crédito

No caso das operações realizadas indiretamente pelos agentes do BNDES, o custo será dado por:

> Custo Financeiro + Remuneração do BNDES + Taxa de Intermediação* + Remuneração da Inst. Financeira credenciada

A Taxa de Longo Prazo (TLP), desde 1º de janeiro de 2018, é o principal custo financeiro dos financiamentos do BNDES. Ela compõe a taxa de juros final junto com as remunerações (*spreads*) do BNDES e dos bancos repassadores e a taxa de risco de crédito do cliente.

A TLP mensal é composta de uma parcela de juros reais pré-fixados (TLP-Pré) e da inflação (IPCA).

A TLP-Pré a ser utilizada pelo BNDES para os novos contratos será anunciada no início de cada mês pelo Banco Central. A partir da data de início de vigência dos contratos em TLP, a parcela de juros real será fixa ao longo da vida dos contratos, variando apenas o componente da inflação, que é o IPCA.

$$TLP = \begin{array}{|c|} \text{Juros Reais Pré-Fixados (“TLP-Pré”)} \end{array} \times \begin{array}{|c|} \text{Inflação (IPCA)} \end{array}$$

$$TLP = (1 + \text{TLP-Pré}) * (1 + IPCA)$$

---

* Isenta nas operações com micro, pequenas e médias empresas.

Tabela 11.9: Valores da TLP

Mês	TLP-Pré	IPCA	TLP Final
Mês da assinatura do contrato	Definida pelo Banco Central	Projeção do IPCA para 12 meses após o mês correspondente	Valor da TLP projetada para 12 meses após o mês correspondente
Dez/2018	2,98% a.a.	3,44% a.a.	6,52% a.a.
Nov/2018	3,10% a.a.	4,05% a.a.	7,28% a.a.
Out/2018	3,17% a.a.	4,10% a.a.	7,40% a.a.
Set/2018	3,13% a.a.	3,63% a.a.	6,87% a.a.
Ago/2018	3,00% a.a.	3,73% a.a.	6,84% a.a.
Jul/2018	2,78% a.a.	4,70% a.a.	7,61% a.a.
Jun/2018	2,58% a.a.	4,35% a.a.	7,04% a.a.
Mai/2018	2,55% a.a.	4,06% a.a.	6,71% a.a.
Abr/2018	2,62% a.a.	3,84% a.a.	6,56% a.a.
Mar/2018	2,71% a.a.	3,93% a.a.	6,75% a.a.
Fev/2018	2,74% a.a.	3,95% a.a.	6,80% a.a.
Jan/2018	2,70% a.a.	3,77% a.a.	6,57% a.a.

Fonte: Elaborado pelo autores

Em Dez/18, uma linha do BNDES de cinco anos com 12 meses de carência repassada por um agente financeiro para uma empresa com 20 anos de existência com ótimo *rating* de crédito era de:

Custo financeiro: [(1+TLP) x (1+Taxa BNDES) x (1+Taxa Agente Repassador)] - 1 = 11,7% a.a.

O que é no mínimo 50% mais barato do que a empresa conseguiria para empréstimos de capital de giro por prazo de um ano.

Linhas de financiamento disponíveis no BNDES

- **Finem** — Financiamento a empreendimentos com valores superiores a R$20 milhões que inclui máquinas, equipamentos e capital de giro.
- **Automático** — Financiamento de até R$20 milhões a cada período de 12 meses para máquinas, equipamentos e capital de giro.

- **Cartão BNDES** — Crédito rotativo pré-aprovado de até um milhão de reais para aquisição de produtos credenciados junto ao BNDES com índice de nacionalização mínimo.
- **Finame** — Máquinas e equipamentos de fabricação nacional credenciados pelo BNDES.
- **Finame Agrícola** — Máquinas e equipamentos agrícolas de fabricação nacional credenciados pelo BNDES.
- **Finame Leasing** — Financiamento às empresas de *leasing*.
- **Limite de Crédito** — Linha de crédito rotativo para clientes adimplentes com procedimentos de uso mais simples visando acelerar liberação de recursos.
- **Empréstimos Ponte** — Empréstimos temporários "ponte" até que uma operação maior seja liberada.
- **Project Finance** — Ou Financiamento de Projetos é uma operação de financiamento com uma estrutura que permite dividir o risco entre o empreendedor e o financiador. A remuneração dos recursos investidos no projeto será feita pelo fluxo de caixa do empreendimento após o início da operação. Esse fluxo garante a operação. Um project finance normalmente tem a participação de diversos parceiros dado o alto montante de recursos necessários.

Diferencia-se de uma operação de financiamento direto pelas seguintes características:

Project Finance	Financiamento
- Base receita futura do empreendimento	- Base crédito da empresa
- Entidade Legal distinta (SPE)	- Entidade legal com vários projetos
- Garantia específica do projeto financiado	- Garantias genéricas da empresa
- Contrato específico	- Contrato padrão.

- **Fianças e Avais** — Prestação de fianças e avais com o objetivo de diminuir o nível de participação nos projetos.
- **Apoio à Exportação** — Diversas linhas de financiamento à exportação.
- **Plano Inova Empresa** — Programa conjunto com a Finep e outros órgãos que têm como objetivo fomentar projetos de apoio à inovação em diversos setores considerados estratégicos pelo governo federal.
- **Finep** — A financiadora de estudos e projetos vinculada ao ministério da ciência e tecnologia concede financiamentos reembolsáveis ou não reembolsáveis com encargos padrão, reduzidos ou com juro real zero.

Qual É o Custo Efetivo Total de um Empréstimo?

Custo Efetivo Total (CET) é a taxa que engloba todos os encargos e despesas decorrentes das operações de crédito contratadas por pessoas físicas ou empresas.

Quando se contrata um empréstimo, além da taxa de juros paga-se também ao banco as taxas, tributos, seguros e custos operacionais desta operação financeira.

O valor total do contrato e o prazo de pagamento vão gerar o valor da prestação mensal.

Assim, quanto maior o custo efetivo total, maior o valor a ser pago ao banco. Quanto menor o custo efetivo total, melhor.

O CET nada mais é do que o quanto você efetivamente pagará mensalmente.

Essa taxa é dada em valor percentual, representada ao mês ou ao ano.

O CET serve para esclarecer ao tomador de empréstimos, efetivamente, o quanto vai lhe custar a operação. Ou seja, do total pago quanto é relativo ao valor emprestado e o quanto são taxas, impostos e outras tarifas.

Isso porque o mercado financeiro ainda sofre muito com a falta de transparência, especialmente nas operações relativas à oferta de crédito, nas quais o tomador não sabe ao certo o que está contratando e nem o que pagará.

Esse indicador é eficiente quando a comparação é feita para operações com o mesmo prazo médio de vencimento.

As taxas de juros anunciadas dos empréstimos geralmente são as **taxas nominais**. No entanto, ao observar o custo total, o valor pago será maior do que o anunciado, por conta do regime de capitalização e outras despesas. Muitas vezes, essa taxa só é apresentada depois dos contratos fechados e o dinheiro na conta do devedor.

Essa diferença é devida à chamada **taxa efetiva**.

Taxa de juros nominal

É aquela taxa em que o prazo de referência é diferente do período de capitalização.

Exemplo: 12% ao **semestre** com capitalização **mensal**.

Taxa de juros efetiva

É aquela em que o período de referência da taxa é igual ao período de capitalização, e que inclui todas as taxas pagas pelo devedor.

Exemplo: 1% ao **mês** com capitalização **mensal**.

É importante saber que as **taxas nominais são taxas proporcionais**. Por esse motivo, são menores que as taxas equivalentes, pois não consideram juros sobre juros (regime de juros compostos).

Por exemplo, uma taxa de juros nominal de 6% ao ano corresponde a uma taxa efetiva de 0,5% ao mês (= 6/12). Se for feito o cálculo da taxa efetiva anual, o valor será de 6,1678% ao ano pois $(1+0,5\%)^{12}-1 = 6,1678\%$.

Quais taxas estão no custo efetivo total?

No valor total dos empréstimos cobrados pelos bancos, geralmente estão:

- Taxa de juros;
- Taxa de análise de crédito;
- Imposto sobre Operações Financeiras (IOF);
- Taxa de Abertura de Crédito (TAC);
- Taxas administrativas em geral;
- Taxa de manutenção de cadastro;
- Outras tarifas (devem ser discriminadas e detalhadas);
- **Todos os custos devem estar inclusos no valor contratado**, não sendo permitido por lei cobrar tarifas adicionais ou fazer adendo contratuais.

Como calcular o custo efetivo total?

A equação do cálculo do custo efetivo total dos contratos de empréstimo e financiamento é dada por:

$$\sum_{J=1}^{N} \frac{FC_j}{(1 + CET)^{\frac{(d_j - d_0)}{365}}} - FC_0 = 0$$

Onde:

FC_0 = Valor do crédito concedido, deduzido das despesas e tarifas pagas antecipadamente;

FC_j = Valores cobrados, incluindo amortizações, juros, prêmio de seguro e tarifa de cadastro ou de renovação de cadastro, bem como qualquer outro custo ou encargo cobrado;

j = j-ésimo intervalo existente entre a data do pagamento dos valores periódicos e a data do desembolso inicial, expresso em dias corridos;

N = Prazo do contrato, expresso em dias corridos;

d_j = Data do pagamento dos valores cobrados, periódicos ou não (FC_j);

d_0 = Data da liberação do crédito pela instituição (FC_0).

Esse cálculo apresentado pelo Banco Central tem como base o ano de 365 dias corridos. Geralmente o mercado financeiro considera 252 dias úteis.

O cálculo parece complicado, mas não se preocupe com isso. No contrato, o valor já vem expresso em percentual (referente a taxa anual e mensal), o que facilitará sua compreensão.

E o mais importante, nesse caso, na verdade, é saber qual é o CET e não necessariamente como calculá-lo.

Onde e como consultar o CET?

Criada pelo Banco Central em 2007, a Resolução CMN 3.517/2007 **obriga toda instituição financeira a informar o custo efetivo total para qualquer financiamento ou empréstimo**.

Portanto, todas os bancos devem informar qual é o CET antes da efetivação de um contrato e também sempre que solicitado pelo cliente.

A planilha utilizada para o cálculo deve ser fornecida ao tomador, detalhando valores e referências.

Tabela 11.10: Exemplo Disponibilizado pelo Banco Central

Exemplo	R$	%
a) valor total devido do empréstimo ou financiamento ou arrendamento mercantil financeiro no ato da contratação	1.080,00	-
b) valor liberado ao cliente ou vendedor	1.000,00	92,6% (b/a)
c) despesas vinculadas à concessão do crédito	80,00	7,4% (c/a)
c_1) tarifas (especificar), quando houver	30,00	2,8% (c_1/a)
c_2) tributos (especificar), quando houver	10,00	0,9% (c_2/a)
c_3) seguro (especificar), quando houver	-	– (c_3/a)
c_4) outros (especificar), quando houver	40,00	3,7% (c_4/a)

Fonte: Banco Central, Carta-Circular n. 3.593, 2013

Supondo que o emprestador lhe informe que a taxa de juros nominal é de 2% ao mês e que a prestação em 12 meses será de R$102,34, qual é a taxa efetiva total?

Aplicando a fórmula acima, ou utilizando a calculadora HP 12 C, chegaríamos a:

Na HP 12 C

 n = 12

 PV = Mil reais, que foi o que você recebeu efetivamente em sua conta corrente.

 PMT= (-) 102,34 valor da prestação que você vai pagar em 12 vezes.

Aperte (i) e a calculadora mostrará como resultado 3,3, isto é, em vez dos 2% ao

mês informados pelo gerente do banco, a taxa efetiva é de 3,31% ao mês, ou seja 66% a mais do que o informado.

O valor do CET deve constar no contrato e também nos informes publicitários que forem divulgados pelos bancos.

Mesmo diante de todas essas informações, ainda é preciso ter alguns cuidados mínimos antes de assinar um contrato.

Ao receber uma cópia do contrato, é preciso confirmar se o valor final é o mesmo da proposta pretendida.

Confira as taxas e valores mencionados para verificar se não há nenhum serviço adicionado sem autorização. Uma prática abusiva e comum neste momento é a venda casada de produtos e serviços bancários.

Como Gerenciar o Contas a Pagar?

"Não existe almoço de graça."*

O contas a pagar, fruto do prazo de pagamento dado por fornecedores, governo e até pelos funcionários é o valor que reduz o investimento necessário no capital de giro, formando o capital de giro líquido.

Independentemente de segmento de negócio, indústria, serviços ou comércio, você tem fornecedores e estes fornecedores podem receber à vista ou oferecer prazos de pagamento, que neste caso vão formar seu contas a pagar.

Quanto maior o valor e o prazo da compra, maior será seu contas a pagar e consequentemente o alívio, ou a redução de investimento no capital de giro. Alguns autores menos prudentes, costumam afirmar que o contas a pagar representa uma fonte de financiamento não onerosa, ou seja, sem juros. Isso pode ser verdade para os impostos, salários e encargos, mas raramente é verdadeiro no que diz respeito aos fornecedores, principalmente no Brasil, onde as taxas de juros são para lá de salgadas.

Como sabemos, o dinheiro tem valor no tempo e, assim, se alguém te oferece um produto por R$100,00 para pagamento em 30 dias e diz que não está cobrando juros ou está mentindo ou não sabe nada de finanças. Nesse caso, você deve exigir um desconto para pagamento à vista e só depois que obter esse preço na condição "à vista" é que você deve decidir se quer financiar a compra através do crédito de seu fornecedor (também chamado de crédito mercantil) ou pagar à vista com recursos próprios e utilizar outra fonte de financiamento disponível a um custo menor.

---

* Frase atribuída à Milton Friedman — Nobel de Economia em 1976.

Na verdade, o bom comprador discute o preço à exaustão e só depois que obtiver o menor preço, e o fornecedor já estiver nocauteado, é que pergunta: e agora quanto você vai me dar de prazo?

A opção de financiamento dependerá da disponibilidade e dos custos das alternativas de financiamento em relação ao crédito do fornecedor. Lembre-se que ao se financiar com o fornecedor, você pagará ICMS, IPI, PIS/COFINS que podem chegar a 35% sobre o valor do principal e do acréscimo pelo prazo. Ao passo que se você pagar à vista e se financiar com o banco, só pagará de imposto o IOF (+- 1,5% a.a.) sobre o valor financiado.

Descontos por pagamento antecipado: use sempre

Alguns fornecedores ainda oferecem condições de crédito em que há um desconto para pagamento num determinado prazo e a perda desse desconto para pagamento num prazo maior. Podemos dizer que há um período de crédito gratuito e um período de crédito oneroso.

A regra, então, é sempre utilizar o período de crédito gratuito e só utilizar o período de crédito oneroso após calcular o custo desse financiamento e comparar com outras alternativas.

Por exemplo, se seu fornecedor bonzinho te vende um produto a R$100,00 e diz que você tem 2% de desconto para pagamento em até dez dias e nada de desconto para pagamento em 30 dias, a taxa de juros que ele estará te cobrando será:

1. Na verdade, o preço líquido para pagamento em 10 dias é R$98,00 (2% desconto sobre R$100,00);
2. Se quiser se financiar por mais de 20 dias, pagará então R$100,00 = R$98,00 + R$2,00 de juros;
3. Calculando-se o custo efetivo anual de juros, temos:

i. $CET = \dfrac{(\% \ de \ desconto)^{360}}{(1 - \% \ de \ desconto)^{(Dias \ de \ Faturamento \ - \ Período \ de \ Desconto)}}$;

ii. $CET = \dfrac{2\%}{98\%} = 2,04\%$;

iii. Prazo de financiamento de 20 dias. Para se achar o custo anual temos que elevar a 360/20 que é igual a 18;
iv. Assim temos, taxa efetiva anual = $(1+0,024)^{\wedge (18)}$;
v. 43,9% ao ano.

Agora é só comparar os 43,9% ao ano oriundos daqueles 2% a mais por 20 dias, com outras alternativas de financiamento disponíveis no mercado.

Como evitar erros, atrasos no pagamento, pagamentos em duplicidade e até fraudes no contas a pagar?

A falta de sistemas integrados de informação, e a não familiaridade dos funcionários do contas a pagar com os processos, muitas vezes ocasiona erros como pagamentos com atraso e multas, ou em duplicidade, e até a ocorrência de fraudes.

Uma forma bem simples que não requer sistemas sofisticados de informação e tampouco uma estrutura de controle muito sofisticada é o chamado sistema de checagem de três pontos, que os gringos apelidaram de "3 *Way Match*".

Sistemas de Checagem dos 3 Pontos (*3 Way Match*)

Objetivo:

Evitar a ocorrência de erros, pagamentos em duplicidade e fraudes.

Os três documentos:

Consiste em comparar três documentos que necessariamente devem estar presentes no processo e devem ser tratados com a adequada segregação de funções (quem requisita não compra, quem compra não recebe, quem recebe não registra e quem registra não paga). São eles:

- Pedido de compra;
- Relatório de recebimento; e
- Título/duplicata a pagar.

Comparação dos documentos:

Consiste na comparação dos três documentos em termos de quantidade, preço unitário, prazos e especificações. O que solicitamos (pedido de compra) efetivamente foi aquilo que recebemos (relatório de recebimento)? E é aquilo que estão nos cobrando (título a pagar)?

Idealmente, cada um dos documentos deve ser manuseado por pessoas diferentes dentro da organização.

Após a comparação e a confirmação de que todos os itens acima conferem, trabalho realizado por três pessoas diferentes, a duplicata/título poderá seguir o fluxo para pagamento.

Eficiência e eficácia

Para que o processo de contas a pagar seja eficiente e eficaz recomendamos:

- Nada deve ser pago antes do serviço prestado ou da mercadoria ser recebida;
- Estabelecer prazos mínimos de pagamento — Nada pode ser pago com menos de dez dias úteis entre a entrada da nota e o pagamento, evitando correrias e erros daí decorrentes;

- Estabelecer dias específicos para pagamento (uma vez por semana, por quinzena) — Isso disciplina e melhora o processo, e você ainda ganha alguns dias desde que não cobrem mais por isso;

- Prazos negociados com fornecedores devem contar a partir da entrega da mercadoria ou da prestação do serviço ou, se isso for impossível, adicione prazo de entrega ao prazo negociado e, caso a mercadoria/serviço leve mais tempo pra ser entregue do que o combinado, acrescente o atraso ao prazo de pagamento;

- Nas compras em que há crédito de ICMS, IPI, PIS/COFINS, procure fazer com que a mercadoria e consequentemente o crédito entre no final do mês para que o aproveitamento do crédito ocorra imediatamente, diminuindo o valor do pagamento desses impostos no mês subsequente.

Por Quanto Devo Comprar a Prazo? Ou Qual a Taxa Máxima que Devo Pagar pelo Prazo de Pagamento?

Depois de negociar à exaustão e chegar a um preço de compra mínimo, você deve solicitar ao seu fornecedor um prazo para pagar. De preferência, peça 90 dias ou mais para pagar o preço que você negociou, isto é, sem acréscimo nenhum de juros pelo prazo. Quando isso não for possível vá forçando até que seu fornecedor ceda e te dê prazo de 75, 60 ou 45 dias. Caso o fornecedor insista que o preço negociado é o à vista, e você precise fazer a compra de acordo com seu fluxo de caixa projetado de 60 dias de prazo, você deve seguir os passos seguintes para descobrir qual é o preço máximo que você poderá aceitar:

1. Calcule o valor presente da compra à vista:
- Compra realizada no dia 30;
- Valor da mercadoria à vista = R$100,00;
- Alíquota do IPI (10%), crédito pela compra no 10º dia do mês subsequente;
- Alíquota do ICMS (18%), crédito pela compra no 5º dia do mês subsequente;
- Alíquota do PIS/COFINS no lucro real não cumulativo (9,25%), crédito pela compra no 20º dia do mês subsequente;
- Custo efetivo da melhor alternativa de empréstimo disponível: 1% ao mês.

A primeira coisa a fazer é desenhar o fluxo de caixa e calcular o valor presente da compra:

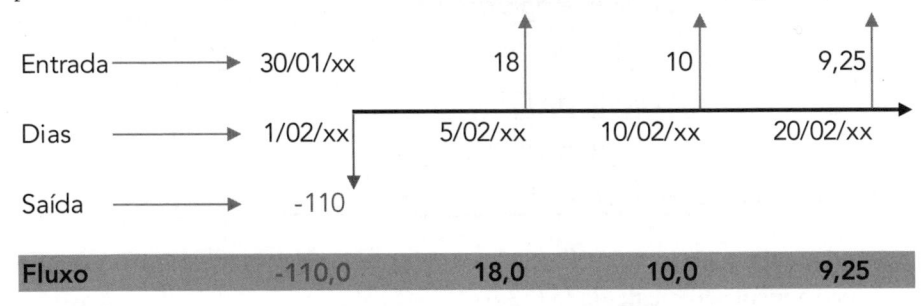

Entrada	30/01/xx	18	10	9,25
Dias	1/02/xx	5/02/xx	10/02/xx	20/02/xx
Saída	-110			
Fluxo	-110,0	18,0	10,0	9,25

Pagamento à vista no valor de R$110,00 (100+10 IPI)

VP = (110)

Crédito de ICMS no valor de R$18,00 no dia 5:

$VP = 18,00/(1,01)^{(5/30)}$

VP = 17,97

Crédito de IPI no valor de R$10,00 no dia 10:

$VP = 10,00/(1,01)^{(10/30)}$

VP = 9,97

Crédito de PIS/COFINS no valor de R$9,25 no dia 20:

$VP = 9,25/(1,01)^{(20/30)}$

VP = 9,19

VP da compra à vista = (110,00)+ 17,97 + 9,97+ 9,19

VP da compra à vista = (72,87)

Taxa - Melhor alternativa disponível	1%
Preço à vista	100
IPI	10%
ICMS	18%
PIS|COFINS	9,25%

Preço à vista com IPI	110,00
Valor da compra	-110,00
Crédito de IPI - 10 dias	10,00
Crédito de ICMS - 5 dias	18,00
Crédito de PIS\COFINS - 20 dias	9,25

Valor Presente da Compra	-110
VP Crédito de IPI	9,97
VP Crédito de ICMS	17,97
VP Crédito de PIS\COFINS	9,19
Valor Presente Líquido da Compra	-72,87

Agora é só igualar a equação do fluxo do valor presente do valor a 60 dias, ao valor presente do preço à vista agora calculado (72,87).

(72,87) = -VP preço a prazo 60 dias + VP ICMS preço a 60 dias + VP IPI preço a 60 dias+ VP PIS/COFINS preço a 60 dias.

(72,87) = -0,9803pp60 + 0,1633pp60+ 0,0906pp60+ 0,0844pp60

(72,87) = -0,642pp60

Pp60 = 113,34

Tabela 11.11: Cálculo do Preço a Prazo

Preço a Prazo com IPI - 60 dias	Fator de VP	Dias
Valor da Compra	0,9803	60 dias
Crédito de IPI	0,9967	10 dias
Crédito de ICMS	0,9983	5 dias
Crédito de PIS\COFINS	0,9934	20 dias
Valor Presente da Compra	Fator Alíquota	Fator Final
VP Crédito de IPI	0,1636	0,163078
VP Crédito de ICMS	0,0909	0,090749
VP Crédito de PIS|COFINS	0,0841	0,083527
Valor Presente Líquido da Compra	-72,87	-0,6429
Preço a Prazo 60 dias (72,87 / 0,6429)	113,35	

Prova dos 9	Valor Corrente	Valor Presente
Preço Prazo 60 dias	-113,35	-111,13
Crédito de IPI	10,3	10,27
Crédito de ICMS	18,55	18,52
Crédito de PIS\COFINS	9,53	9,47
Como queríamos demonstrar	-74,96	-72,87

Fonte: Elaborado pelos autores

Como se nota, podemos aceitar até uma taxa ao mês de 1,5% (113,35/110,00) — Maior em 50% em relação a nossa taxa mínima de dívida disponível, pois os créditos de impostos proporcionados pela compra ocorrerão antes do desembolso ao fornecedor e com isso reduzem a taxa efetiva.

É claro que você vai mostrar ao fornecedor que tem uma alternativa de empréstimo a 1% ao mês e forçá-lo a cobrar menos do que isso.

Supondo que vocês cheguem a um acordo e o fornecedor cobre 2% pelo período de 60 dias, teremos:

Taxa - Melhor alternativa disponível	1%
Preço à Vista	**102,00**
IPI	10,00%
ICMS	18,00%
PIS\COFINS	9,25%
Preço à Vista com IPI - 60 dias	**112,2**
Valor da Compra	**-112,20**
Crédito de IPI - 10 dias	10,20
Crédito de ICMS - 5 dias	18,36
Crédito de PIS\COFINS - 20 dias	9,435
Valor Presente da Compra	**-109,99**
VP Crédito de IPI	10,17
VP Crédito de ICMS	18,33
VP Crédito de PIS\COFINS	9,37
Valor Presente Líquido da Compra	**-72,12**

Nesse caso, a compra a prazo, além de resolver seu problema de caixa, reduz o custo em 1% (R$72,87 à R$72,12) no mesmo conceito e cria mais valor para a empresa e para o acionista.

É por isso que submeter todas as decisões de negócio à régua financeira do valor presente é a chave para o retorno satisfatório.

FINANCIAMENTO COM USO DE RECURSOS INTERNOS

Depreciação, amortização e exaustão

Conceito

Embora o tema pareça complexo, depreciação, amortização e exaustão tratam do mesmo conceito econômico, ou seja, procuram traduzir em números o desgaste econômico de um ativo de acordo com o uso, diminuindo seu valor econômico e a capacidade de gerar benefícios futuros.

Depreciação, amortização e exaustão são despesas que não representam saída de caixa e, portanto, são recursos internos que reduzem em alguns casos os impostos diretos e formam um fundo para reposição de ativos.

Pense em um veículo utilitário que novo vale R$50 mil. Ao final de cinco anos, ele perde valor e vale no mercado R$10 mil, pelo uso e pela capacidade de prestar serviços futuros. Esses R$40 mil de perda de valor geraram uma redução no imposto de renda no regime de lucro real e indiretamente um caixa para você repor o veículo.

- **Depreciação** — Utilizada para registrar o desgaste pelo uso de ativos tangíveis, como: edifícios, carros, máquinas e outros.
- **Amortização** — Utilizada para registrar a perda de um valor contratual de ativos intangíveis, como: reformas em imóveis de terceiros e aquisição de licença de software.
- **Exaustão** — Utilizada para reconhecer a redução de valores devido à extração de ativos com capacidade limitada: mina de ouro, poços de petróleos, florestas e outros da mesma natureza.

Tabela 11.12: Depreciação Fiscal Definida pela Receita Federal

Tipo de bem	Vida útil	Taxa Anual
Edificações	25 anos	4%
Instalações	10 anos	10%
Máquinas e equipamentos	10 anos	10%
Móveis e utensílios	10 anos	10%
Veículos	5 anos	20%
Equipamentos de informática	5 anos	20%

Fonte: Receita Federal

Obs: A lista acima reflete apenas alguns itens a título de ilustração. A lista é extensa e utilizada para fins fiscais. A contabilidade pode utilizar a melhor estimativa de vida útil para depreciar os bens para fins gerenciais. Para fins fiscais, vale a tabela do fisco e é ela que reduzirá o lucro e consequentemente o IR/CS correspondente no regime de lucro real.

Fonte de recursos

A depreciação, a amortização e a exaustão têm a finalidade de criar uma reserva financeira na empresa para que a mesma tenha capacidade no futuro de comprar novos equipamentos para continuar sua atividade fim. Como é uma despesa sem saída de caixa, ela reduz o lucro real e o imposto de renda, gerando mais caixa.

Exemplo: Aquisição de um veículo pelo valor de R$10 mil, sendo que sua vida útil foi estimada em cinco anos, gerando uma depreciação de 20% ao ano, num valor de R$2 mil. Ao final do quinto ano teremos registrado no balanço, R$10 mil de veículos e R$10 mil de depreciação acumulada, deixando o valor líquido do ativo zerado, pois o bem foi totalmente consumido e utilizado, do ponto de vista contábil.

Gráfico 11.4: Valor da Depreciação no Tempo

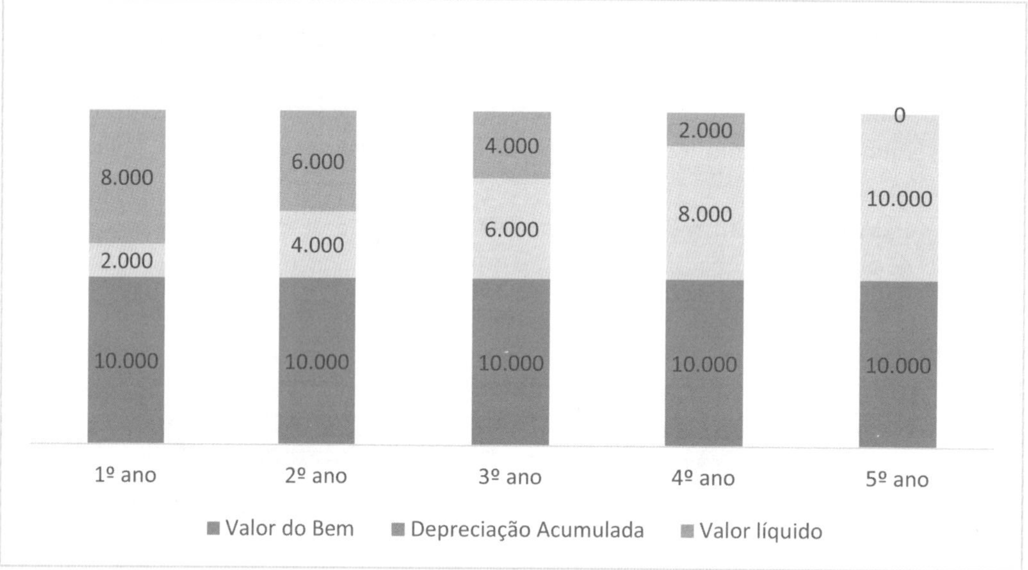

Fonte: Elaborado pelos autores

Finalidade tributária

A depreciação exerce uma função muito importante que não pode deixar de ser considerada, pelo fato de ser uma despesa que pode ser deduzida do lucro para fins de imposto de renda e contribuição social, pois o fisco permite tal dedução, gerando um abatimento de 34% sobre o valor da depreciação anual. No exemplo acima, teremos uma dedução de R$680,00 ao ano (34% sobre R$2 mil) e de R$3.400 (34% sobre R$10 mil) em cinco anos.

Em tempo, para ativos imobilizados que sejam parte integrante da fabricação de produtos, ou da prestação de serviços, o valor da depreciação pode ser considerado como base para o crédito de 9,25% de PIS/COFINS, quando a empresa está no regime não cumulativo. Vale lembrar que o benefício fiscal só é válido para as empresas que optaram pelo regime de lucro real naquele ano.

Ver tópico "Pagando tributos" para maiores detalhes.

CAPÍTULO 12

DECISÃO OPERACIONAL

"O lucro é o subproduto das coisas bem feitas."

— *Philip Kotler*

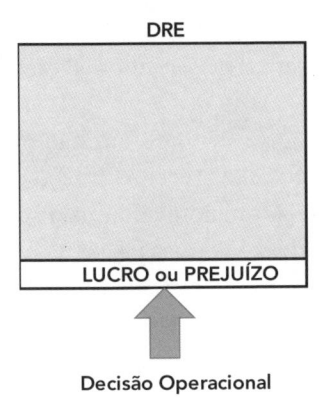

Decisão Operacional

A FUNÇÃO OBJETIVO

O terceiro conjunto de decisões que criam valor diz respeito às decisões operacionais. A função objetivo é criar valor, maximizando o lucro.

Sua empresa deve vender produtos ou prestar serviços desejados pelo mercado com uma relação de custo-benefício maior para seu cliente em relação aos concorrentes e aos produtos/serviços substitutos. A quantidade de produtos/serviços multiplicada pelo preço vai gerar o faturamento ou a receita de vendas e quanto maior o crescimento nas vendas/faturamento melhor, pois sua empresa estará conseguindo mais clientes dispostos a desembolsar um valor em detrimento de produtos da concorrência e/ou de alternativas de consumo e até de não consumo.

A figura seguinte mostra as principais variáveis que afetam o lucro e uma lista não exaustiva de perguntas em cada uma delas. Você deve procurar alternativas que maximizam o lucro, mexendo com cada uma dessas variáveis.

Fonte: Planejamento de Preços e Custos – Reinaldo Guerreiro.

Vender muito é com certeza necessário, porém não é suficiente quando se quer gerar valor. A geração de valor requer que suas receitas (preço unitário de seu produto multiplicado pela quantidade vendida) sejam maiores do que a somatória de seus custos variáveis (matéria-prima, mão de obra, energia) e de suas despesas fixas (salários da equipe de vendas, marketing, finanças, despesas de promoção, aluguel etc.). Chamamos o resultado da equação Receita (-) Custos variáveis (-) Despesas fixas de lucro operacional, que dividido pela Receita líquida gera o que chamamos de Margem operacional, e quanto maior a margem, melhor. A margem (normalmente expressa como um percentual das vendas) é um indicador bastante representativo do valor que a empresa cria ao transformar matéria-prima e outros recursos em produtos desejados pelo mercado.

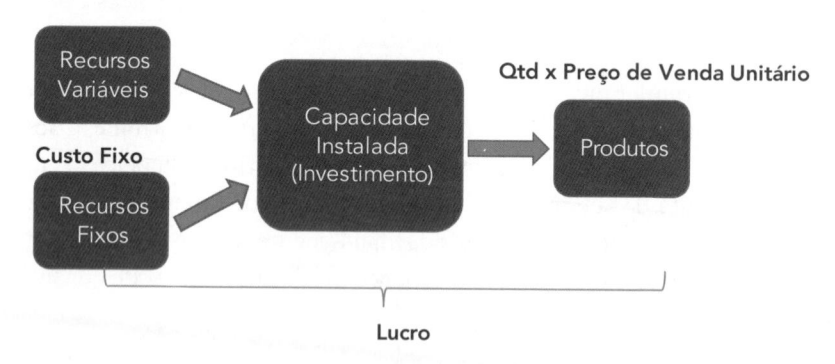

Só isso, então? Criar valor via decisões operacionais envolve crescer as vendas e aumentar a margem operacional? Não:

Como diria Benjamim Franklin: **"Nada é mais certo nesse mundo que a morte e os impostos."**

Pois é, sobre o lucro que obtivermos temos que pagar os impostos e estes têm que ser reduzidos ao máximo para que maximizemos o valor do acionista. Essa redução de forma alguma significa não pagar impostos ou pagar menos que o devido. Significa pagar o menor valor possível dentro da lei ou, em outras palavras, não pagar em excesso.

Assim, crescimento de vendas, aumento de margem via precificação correta e controle de custos, redução de despesas e de impostos, são os desafios das decisões operacionais para criar valor.

AS DECISÕES OPERACIONAIS E SEUS REFLEXOS ECONÔMICOS NA DRE

Como vimos, a Demonstração de Resultado Econômico (DRE) detalha como a empresa está operando em termos econômicos. A DRE é um filme, cujo tema é: A empresa está ganhando dinheiro?

Obviamente, como em todo filme, ela mostra um enredo com começo, meio e fim e todos os percalços no caminho.

O enredo resumido é:

Receita (-) Impostos (-) Despesas = Lucro

Detalhando um pouco mais nosso roteiro temos:

Receita — É fruto da quantidade de produtos/serviços vendidos/prestados (x) o preço unitário

(-) Impostos sobre vendas — Incidentes sobre o valor da receita.

(-) Custo dos produtos vendidos — Quanto custou o produto/serviço que entregamos ao nosso cliente e que gerou a receita?

(-) Despesas — Aqui mostramos qual foi o sacrifício financeiro que a empresa teve para conseguir gerar a receita?

(-) Juros — Como vimos, a empresa se financia com recursos de terceiros e estes cobram juros, um aluguel pelo tempo de uso do dinheiro alheio.

(-) Imposto de renda/CSL — De tudo que a empresa ganha, o governo fica com uma boa parte.

(=) Lucro /Prejuízo líquido — O final feliz (ou não) do filme.

Abaixo, apresentamos a DRE gerencial com a descrição das rubricas:

FIGURA 12.1: Detalhamento da DRE

	ITENS	DESCRIÇÃO
DRE - DEMOSNTRAÇÃO DE RESULTADOS DO EXERCÍCIO	**Receita Bruta de vendas**	Vendas dos produtos e/ou serviços prestados no período (geralmente 1 ano)
	(-) Deduções de vendas	Impostos que incidem sobre as vendas (Pis, Cofins, ICMS, IPI e ISS etc.) também contemplam devoluções e cancelamentos
	= Receita Líquida	= Receita Bruta - Deduções de vendas
	(-) Custo mercadoria / serviço	Gastos variáveis empregados na fabricação ou compra de produtos acabados (matéria-prima, salários, depreciação etc.), ou gastos para prestar serviços (salários, depreciação etc.) desde que variáveis
	= Margem de Contribuição - MC	= Receita Líquida - Custos
	(-) Despesas Operacionais	Gastos fixos de operações + gastos administrativos e comerciais (contador, representantes comerciais, aluguel, depreciação de computadores etc.),desde que fixos.
	= Lucro Operacional Antes dos Juros IR e CS - LAJIR	= Margem de Contribuição - Despesas operacionais
	(-) Juros de financiamento	Juros correspondentes aos empréstimos para compra de ativos e também de capital de giro
	= Lucro Antes do IR e CS - LAIR	= LAJIR - Juros sobre financiamento
	(-) Impostos sobre o Lucro Operacional	Tributos que incidem sobre o lucro da operação
	= Lucro Líquido Depois do IR - LDIR	= Lucro depois do Ir e CS

Fonte: Elaborado pelos autores

Equação do Lucro

RT	-	CT	=	LT						
RT	-	CVT	-	CFT	=	LT				
PVu	x	Q	-	CVu	x	Q	-	CFT	=	LT
PVu	x	Q	-	CVu	x	Q	=	LT	+	CFT
Q	x	(PVu	-	Cvu)	=	LT	+	CFT		
Q	x	MCu	=	LT	+	CFT				
MCT	=	LT	+	CFT						

Legenda

RT = Receita Total
CT = Custo Total
CVT = Custo Variável Total
CFT = Custo Fixo Total
LT = Lucro Total
PVu = Preço de Venda Unitário
CVu = Custo Variável Unitário
MCu= Margem de Contribuição Unitária
Q = Quantidade
MCT= Margem de Contribuição Total

CAPÍTULO 13

DECISÕES OPERACIONAIS

1. Como Crescer as Vendas?

2. Quanto devo vender/faturar de forma a não ter prejuízo?

3. Qual o melhor MIX de produtos para venda?

4. Como pagar os impostos corretamente?

5. Quais são os custos reais de um funcionário CLT?

> "Não há problema de negócios que um maior crescimento de vendas não resolva."
>
> — *Anônimo*

É claro que uma boa estratégia (já discutida em seção anterior) estabelecerá as bases para um bom plano de marketing que, por sua vez, é a base para um perene crescimento de vendas.

Numa visão financeira, o crescimento de vendas proporcionará uma maior **alavancagem operacional**, que é o efeito proporcionado por um montante maior de margem absoluta, [Vendas (-) Custos variáveis], dado um nível de custos fixos. Tendo todas as demais condições mantidas constantes, esse fato aumenta o lucro e o caixa, que é o que no fundo nos importa.

Numa visão de marketing, crescimento de vendas é a prova principal de que nosso composto de marketing está funcionando com produto, distribuição, promoção e preço adequados.

Mas como podemos crescer as vendas?

Comecemos pesquisando o **tamanho do mercado** para nosso produto e **nossa parcela** (*market share*) desse mercado.

- Dá para aumentar?
- O problema é força de vendas?
- Distribuição?
- Adequação do produto?
- Crédito?
- Mix de produtos?

- Como nos posicionamos em relação à concorrência?
- O que o cliente quer?
- O que nós oferecemos e o que a concorrência oferece?
- Existem lacunas que podem ser aproveitadas?

E que tal utilizar a valiosa e conhecida matriz de Ansoff para priorizar a estratégia de atuação?

Tabela 13.1: Matriz de Ansoff

Matriz Ansoff	Produtos Existentes	Novos Produtos
Mercados Atuais	Penetração de Mercado	Desenvolvimento de Produtos
Novos Mercados	Desenvolvimento de Mercado	Diversificação

Fonte: Estratégia Empresarial – Ansoff H. Igor

Para os produtos existentes, primeiro explore o mercado em que sua empresa já atua (Dá pra vender mais? Existem clientes ou regiões não penetradas?). Depois de explorar o quadrante de penetração de mercado, pule para o quadrante de desenvolvimento de mercado, onde os produtos existentes poderiam ser adaptados para os novos mercados. Depois de explorar alternativas usando os produtos atuais /existentes, passe para a segunda coluna, de exploração de novos produtos que podem ser lançados nos mercados atuais (desenvolvimento de produtos) ou em mercados novos (diversificação).

Os "7 Os do Marketing"

Menos famosos que os "4 Ps do Marketing", gostamos muito dos "7 Os", ou as "7 *Golden Questions*", que aprendemos com o excelente Prof. Busarello na ESPM e que recomendo sejam utilizados numa análise do seu negócio, visando crescer vendas. São eles:

Ocupantes — Quem constitui o mercado?

Se você é gerente do Hopi-Hari e pensa que seu público são crianças e adolescentes, que tal abordar também gerentes de RH de empresas, diretores de escola e até agências de turismo?

Objetos — O que o mercado compra?

O mercado quer bens tangíveis ou serviços ou os dois juntos? Se você vende um estofado, por que não oferece um serviço de impermeabilização?

Objetivo — Por que o mercado compra?

Há sempre um objetivo explícito numa compra e podem haver outros, por que não atendê-los ou prestar atenção nisso para vender mais? Responda rápido, da última vez que você entrou no Boticário foi pra comprar um perfume para você ou foi para comprar um presente? Aposto que foi a segunda alternativa. Nesse caso, não dá para o Boticário não ter uma boa embalagem para presente.

Organizações — Quem participa da compra?

Quem compra tinta é o marido, mas quem define cor é a mulher. Quem paga a TV a cabo é a/o chefe de família, mas quem decide é a família inteira. Na OLX, clube de compras, encontramos compradores profissionais, por impulso, compra técnica etc.

Operações — Como o mercado compra?

Cartão de crédito, cartão de débito, dinheiro, cheque, vale-refeição, vale-transporte, vale-presente, internet etc.

Ocasiões — Quando o mercado compra?

Natal, dia das mães, flores e chocolates no dia dos namorados e das secretárias. Dá para ficar de fora dessas ocasiões se você está em algum desses negócios?

Onde — Em quais locais o mercado compra?

Inscrição para vestibular no shopping e no metrô, as listas de casamento na internet etc., não dá para abrir mão desses canais.

Crescer vendas é um trabalho árduo e de todos dentro da empresa. Bons produtos, boa distribuição e uma comunicação de marketing adequada, além de excelência operacional, são pré-requisitos fundamentais para um crescimento saudável e isso cria valor. Fácil? Definitivamente não. Encare isso como uma jornada e o resultado virá!

Quais São Meus Custos?

Custos — "Decifra-me ou te devoro"*

Antes de discutirmos custos, vamos ter certeza de que você sabe a diferença entre despesa, custo, gasto, investimento etc.

Em primeiro lugar, tenha em mente que tudo começa sendo um **gasto** — sacrifício financeiro — que implica na entrega ou promessa de entrega de ativos (caixa, bens e direitos).

---

* Frase atribuída à Esfinge que desafiou Édipo na obra de Homero, a expressão "Decifra-me ou te devoro" é um dos desafios para não cometer equívocos em associações e/ou interpretações de textos literários.

O gasto pode virar um **investimento** ou ser consumido como uma **despesa**, um **custo** ou uma **perda.**

Investimento — É um gasto que gerará benefícios durante certa vida útil e se tornará um ativo no balanço da empresa. Depois vai virar despesa ou custo à medida que for sendo usado (depreciação).

Custo — É um gasto relativo ao bem ou ao serviço utilizado na produção de outros bens e serviços.

Despesa — É um bem ou serviço consumido para obtenção de receita e a **perda** é um bem ou serviço consumido de forma anormal e involuntária.

Assim, esquematicamente temos:

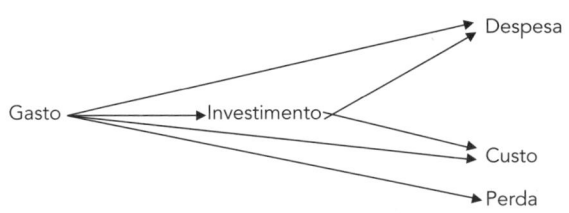

Custos

O sucesso nos negócios requer a compreensão e o uso correto da informação de custos. Os custos proporcionam a informação básica para que os gestores possam custear um produto, um item ou um serviço, planejar e controlar, formar preços e reportar resultados.

A contabilidade de custos fornece informação relativa à aquisição e ao consumo de recursos, subsidiando o gestor na gestão de custos e no seu processo de tomada de decisão.

Os custos se constituem na principal ferramenta de mensuração e controle da eficiência econômica, ou seja, fazer mais com menos, imprescindível em uma economia de recursos escassos.

Custo é um recurso sacrificado ou consumido para se atingir um objetivo específico ou, em outras palavras, é o montante de recursos monetários consumido para se adquirir ou produzir um objeto de custo.

Um objeto de custo é qualquer coisa para a qual uma medição separada de custo é desejada. Um produto tangível, serviço, projeto, cliente, marca, atividade e departamento são exemplos de objetos de custo.

Diferentemente do senso comum, um produto/serviço pode ter diferentes custos para diferentes propósitos. A informação de custos para formar preços deve ser diferente da informação de custos para fins de apuração de resultado fiscal, ou para subsidiar o processo de decisão de terceirizar uma atividade (*make-or-buy*). Cada decisão requer um modelo de mensuração específico, isto é, um modelo de atribuição de números para representar alguns atributos de um objeto ou evento de interesse. Por exemplo, se estivermos formando preço, os custos relevantes para a decisão são os custos futuros ou de reposição, incrementais e evitáveis, quando se analisa o produto individualmente. Ainda na decisão de preços, quando se olha a empresa como um todo, o custo de se estar no negócio e o custo de oportunidade do investimento realizado na empresa precisam ser cobertos e remunerados, determinando o valor da margem que deve ser gerada para atingir o lucro desejado.

Já os custos para apuração de lucro para fins de pagamento de imposto de renda, por exemplo, têm um modelo de mensuração diferente, com custos históricos, pois aí a objetividade e possibilidade de verificação factual (nota fiscal) são os atributos mais importantes para se evitar a subjetividade na apuração do imposto de renda.

Custos fiscais

Os custos fiscais utilizados na contabilidade financeira ou fiscal têm modelos de mensuração obrigatórios que priorizam a objetividade (documentos históricos comprobatórios que demonstrem que o custo foi incorrido — verificabilidade). Por diversos motivos (inflação, valorização do bem, obsolescência), os custos ficais não demonstram o valor corrente ou de reposição do objeto de custo e, portanto, não fornecem a informação de custo correta para a maioria das decisões de negócio.

Custos gerenciais

Convencionou-se denominar de gerenciais os custos calculados de acordo com critérios úteis às decisões de negócio que não relacionadas aos aspectos fiscais e da contabilidade financeira.

Essa convenção, compreensível para distingui-la do custo fiscal como "único", é ao nosso ver incorreta à medida que as decisões de negócio devem abarcar todos os aspectos, inclusive o fiscal.

Assim, ao calcular o preço baseado em um custo gerencial o empreendedor/empresário deve considerar o impacto fiscal (impostos) no preço. Nesse sentido, os custos fiscais fazem parte dos custos gerenciais para tomada de decisão e não devem ser tratados de forma apartada.

Classificação de custos e despesas

Diretos e indiretos

Um custo pode ser classificado como direto ou indireto em relação ao objeto de custo. Um custo é direto se você vê e tem certeza que ele compõe o produto ou serviço. (O polvilho no pão de queijo é um custo direto).

De outro lado, um custo é indireto quando, apesar de sabermos que o produto consumiu determinado insumo, temos dificuldade em mensurar corretamente a quantidade/valor de custo indireto presente naquele produto. No pão de queijo, a energia consumida no escaldador é um exemplo de custo indireto.

Um sistema de custos "contabiliza" os custos em dois estágios: no primeiro, ele **acumula** custos baseado em uma classificação natural (matéria-prima, energia elétrica, mão de obra etc.) e, num segundo estágio, **designa** os custos acumulados aos produtos/serviços/processos.

Tabela 13.2: Classificação de Custos e Despesas (Direto e Indireto)

		Indústria	Comércio	Serviços
C U S T O S	**Diretos**	Matéria-Prima Mão de Obra Direta Embalagem	Custo Mercadoria Embalagem	Material Direto Mão de Obra Direta
	Indiretos	Mão de obra Indireta Energia Elétrica Prod. Lubrificantes	Mão de obra Indireta Energia Elétrica	Mão de obra Indireta Energia Elétrica

		Indústria	Comércio	Serviços
D E S P E S A S	**Diretos**	Impostos s/ Vendas Comissão s/Vendas Fretes	Impostos s/ Vendas Comissão s/ vendas Fretes	Impostos s/ Vendas Comissão s/ vendas
	Indiretos	Aluguel Despesas Gerais	Aluguel Despesas Gerais	Aluguel Despesas Gerais

Fonte: Elaborado pelos autores

Fixos e variáveis

Outra classificação importante e imprescindível é quanto ao comportamento dos custos em relação ao volume de produção do bem ou serviço objeto de custo.

Custos ou despesas fixas independem do volume de produção ou de venda do bem ou serviço. O exemplo clássico aqui é o salário fixo e respectivos encargos e benefícios do pessoal de produção da fábrica, que independentemente do volume de produção é fixo. Nas despesas, o valor do aluguel do galpão/escritório é fixo independentemente do volume produzido ou vendido.

Custos, e despesas variáveis, oscilam de acordo com o volume produzido, o nível da atividade ou a quantidade vendida. Na maioria das vezes, os custos diretos são variáveis.

A classificação direto/indireto é imprescindível para a apuração de resultados de produtos, projetos, serviços etc., e a recomendação aqui é contrária ao que a maioria pratica em relação aos custos indiretos. Parafraseando nosso querido e saudoso mestre Armando Catelli **"não ratearás jamais"**, pois normalmente os critérios de rateio se mostram pouco objetivos e inúteis para a maioria das decisões e acabam imputando custos aos objetos sem que esses "tenham como se defender".

Já a classificação variável/fixo é imprescindível para a maioria das decisões econômicas dentro da empresa, pois ela reflete a realidade dos fatos econômicos. Entendemos que podemos dividir os custos dentro da empresa entre "custos de se fazer negócios", que se referem aos custos variáveis, e aos custos "de se estar no negócio", que são os fixos, e isso facilita a tomada de decisões de preços, de eliminação de produto, *make-or-buy*, de investimento e muitas outras.

Tabela 13.3: Classificação de Custos e Despesas (Fixos ou Variáveis)

		Indústria	Comércio	Serviços
C U S T O S	Fixos	Aluguel Galpão Mão de obra Direta Mão de obra Supervisão	Aluguel Loja Energia Elétrica	Aluguel Sede Energia Elétrica Licenças
	Variáveis	Insumos/Matéria-prima Combustível Lubrificantes	Custo Mercadoria Embalagem	Material Direto Mão de obra Direta

		Indústria	Comércio	Serviços
D E S P E S A S	Fixos	Mão de Obra Indireta Administração	Salário Fixo Vendas Sistemas Administração Energia Elétrica	Administração SAC
	Variáveis	Comissão s/Vendas Impostos Fretes	Comissão s/Vendas Impostos Fretes	Comissão s/Vendas Impostos

Fonte: Elaborado pelos autores

Sistema de valorização do custo/ativo

Um ativo pode ser definido com um recurso econômico de propriedade de uma empresa que, como tal, possui um valor econômico representado pelos benefícios futuros que o bem, tangível ou não, trará para a entidade.

Essa definição consolida três conceitos sobre o ativo:

- Propriedade da empresa;
- Potencialidade de serviços do ativo;
- Valor econômico para a empresa.

O custo de determinado produto nada mais é que um ativo, e como tal tem que ser valorizado de forma a representar o valor econômico para a empresa. Errar para baixo na valorização correta do custo do ativo pode levar a decisões errôneas de preço. Neste caso, estaríamos entregando um ativo da empresa por valor menor do que ele vale e isso seria prejuízo na certa. De outro lado, valorizar o bem acima do valor econômico real pode levar a baixo volume de vendas, o que também vai gerar prejuízo por não realizar receitas.

Valorização do ativo/custo

Segundo o Instituto Americano de Contadores Certificados (AICPA — American Institute of Certified Public Accountants, no original), um ativo é a soma dos preços futuros de mercado dos fluxos de serviços a serem obtidos através do ativo, descontados pela probabilidade de ocorrência e pelo fator juros, a seus valores atuais líquidos (VPL).

Idealmente, devemos perseguir, entre as alternativas de valorização disponibilizadas pela contabilidade, aquela que mais se aproxima do conceito de ativo descrito acima.

Existem ativos monetários (caixa e ativos assemelhados) e ativos não monetários (estoques, máquinas, imóveis, investimentos de longo prazo).

Os ativos monetários devem ser avaliados pelas entradas esperadas de caixa ajustadas pelo prazo de espera de recebimento (é o conceito de valor presente líquido já discutido).

Os ativos não monetários (estoque por exemplo) devem ser valorizados de forma a traduzir em caixa o potencial de serviços do ativo.

A contabilidade disponibiliza os seguintes conceitos para a valorização de ativos não monetários.

Valores de entrada

Referem-se ao valor que o bem ingressou na empresa e foi disponibilizado às operações. São mais objetivos, porém não refletem as mudanças de valor ocorridas entre a entrada e o momento de avaliação. Os principais sistemas de avaliação/valorização a valores de entrada são os seguintes:

Custo histórico

Refere-se ao custo de aquisição de determinado bem. Falha ao não considerar após a entrada no ativo a variação do poder aquisitivo da moeda, a variação do preço do bem, para cima ou para baixo, por obsolescência ou perda do potencial de serviços que o ativo pode sofrer no futuro.

Custo histórico corrigido

É o custo histórico corrigido por um índice inflacionário para restaurar a capacidade de compra da moeda. Falha ao não considerar a variação específica do bem para cima ou para baixo por obsolescência ou perda do potencial de serviços.

Custo corrente

Segundo Sérgio de Iudicibus, o custo corrente é a somatória dos custos correntes (atuais) dos insumos contidos em um bem igual ao originalmente adquirido menos sua depreciação. Apesar da perda de objetividade, apresenta vantagens em relação aos demais sistemas pois reconhece ganhos ou perdas pela manutenção do estoque e representa uma aproximação bastante boa em termos de valor, ao que o mercado pagaria por esses bens.

Custo reposição

Enquanto o custo corrente é o custo de se obter o bem exatamente igual ao bem antigo, o custo de reposição representa o custo de se obter ou produzir um elemento do ativo que garanta um fluxo de serviços equivalente ao bem antigo.

Valores de saída

Baseiam-se no valor que a empresa receberá quando o bem for trocado e deixar a empresa. É o valor de troca que a empresa conseguiria no mercado pelo ativo que está sendo avaliado. É, segundo os especialistas, o mais correto sistema de avaliação/valorização do ativo, à medida que representa o valor que o mercado atribui ao ativo e deve representar a melhor estimativa da soma dos benefícios futuros esperados proporcionados pelo ativo naquele momento.

Entre os sistemas de avaliação/valorização de valores de saídas temos:

- **Valor de realização líquido** — É o preço de venda do bem menos as despesas para concretizar a venda (fretes, impostos etc.);
- **Valores de liquidação** — Valores de liquidação forçada do ativo;
- **Equivalentes correntes de caixa** — Valores de liquidação coordenada;
- **Valores descontados** — Benefícios futuros descontados a uma taxa pela espera. É o conceito de valor presente líquido já discutido em capítulo anterior.

Métodos de custeio

Um método de custeio é o método pelo qual alocamos custos e despesas a produtos, serviços e processos. Os métodos de custeio se diferem pela forma como alocam os custos e despesas indiretas e fixas aos objetos de custo

Custeio por absorção

O método de custeio por absorção é, segundo o mestre Eliseu Martins, aquele em que se apropriam todos os custos de produção, quer fixos, variáveis, diretos ou indiretos e tão somente os custos de produção aos produtos elaborados.

A grande crítica ao método está no fato de alocar custos fixos que independentemente do volume de produção acontecerão de qualquer forma. Além disso, os critérios de rateio utilizados para ratear os custos fixos aos produtos nem sempre são criteriosos ou justos.

Apesar dessa deficiência, o método de custos por absorção é exigido pelo fisco para fins de pagamento de impostos e para as demonstrações financeiras oficiais. Assim, conhecê-lo é fundamental para o empreendedor e o empresário.

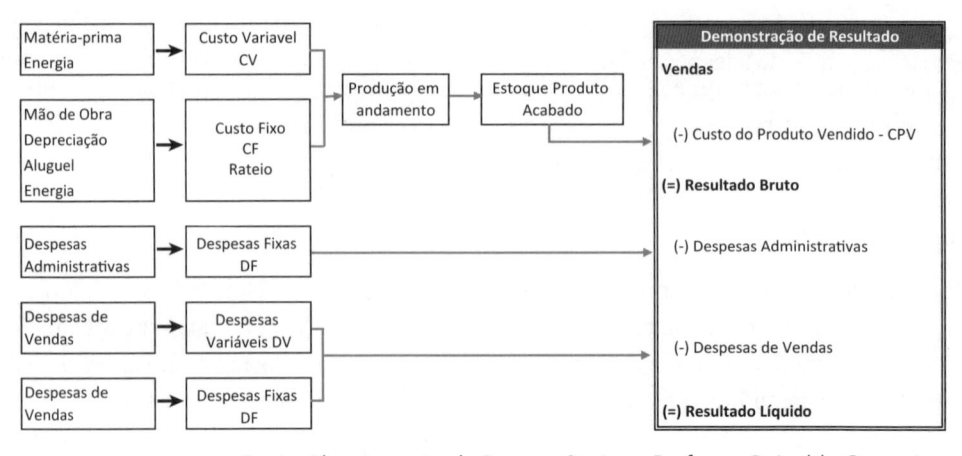

Fonte: Planejamento de Preço e Custos – Professor Reinaldo Guerreiro

Custeio variável

No método de custeio variável, somente os custos variáveis são alocados ao produto. Materiais diretos, mão de obra direta, desde que variável, e os custos indiretos variáveis são os que vão compor o custo total variável do produto. Os custos e despesas fixas são apropriados como despesas de período, sem nenhum tipo de rateio aos produtos, indo direto para o resultado econômico na DRE.

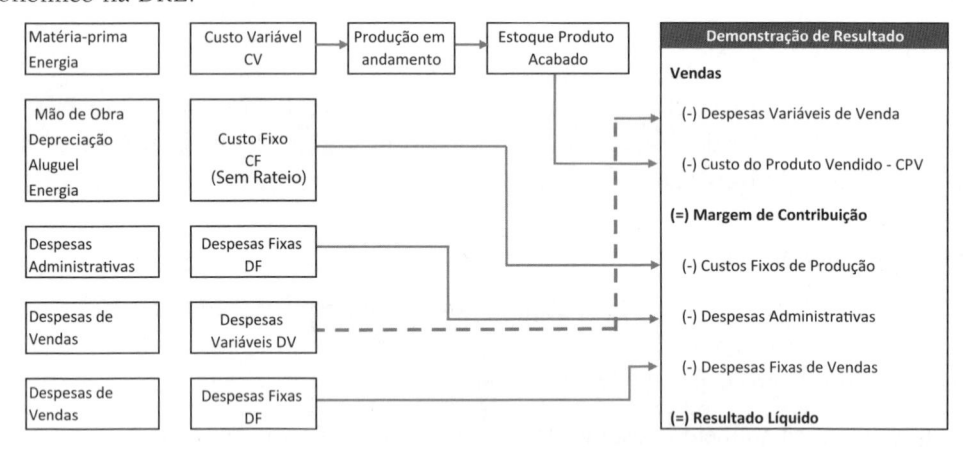

Fonte: Planejamento de Preço e Custos – Professor Reinaldo Guerreiro

Margem de contribuição

A partir do método de custeio variável surge o conceito de margem de contribuição, definido como sendo a diferença entre a receita gerada pelo produto e o seu custo variável.

Margem de contribuição = Receita líquida (-) Custos variáveis.

Em outras palavras, é o que sobra da receita depois do abatimento dos custos variáveis para a cobertura das despesas fixas e geração de lucro, após deduzidos os custos efetivamente provocados pela venda da unidade e que pode ser apropriada de forma objetiva.

Sistema de avaliação de custos

Os custos podem ser apurados com base nos custos reais ou em custos predeterminados.

Os custos reais mostram o quanto custou o produto, ao passo que no sistema de avaliação baseado em custos predeterminados o enfoque recai sobre o quanto ele deveria custar.

Tabela 13.4: Sistema de Avaliação de Custos

	Valores de Entrada	Valores de Saída
VALORIZAÇÃO DO ATIVO	Custo Histórico Custo Hist. Corrigido Custo Corrente Custo Corrente Corrigido	Valor de Realização Valor Descontado Equivalentes Correntes de Caixa Valor de Liquidação
MÉTODOS DE CUSTEIO	Absorção	Direto/Variável
SISTEMA DE AVALIAÇÃO DE CUSTOS	Valores Reais	Valores Predeterminados - Custo Estimado - Custo Padrão ideal - Custo Padrão Corrente

Fonte: Elaborado pelos autores

Processo de custeio

No processo de designação existem os **custos diretos** (facilmente identificáveis no objeto de custo, como a borracha no pneu, por exemplo) e os **custos indiretos,** que você não vê no produto, mas sabe que eles foram consumidos (a mão de obra ou a energia para se produzir o pneu, por exemplo).

A nosso ver, o mais importante na gestão de custos diz respeito ao entendimento do comportamento dos custos em relação ao que se quer analisar. As várias classificações de custos procuram, por questões de simplificação, estabelecer padrões de comportamento dos custos para facilitar seu entendimento e subsidiar o processo de decisão.

Além dos custos diretos e indiretos, outra importante distinção é aquela entre **custos variáveis** (variam proporcionalmente a um direcionador de custos — volume, por exemplo) e **custos fixos** que, por um determinado período ou intervalo de volume, não variam proporcionalmente ao direcionador de custo.

Figura 13.1: Quadro de Classificação de Custos

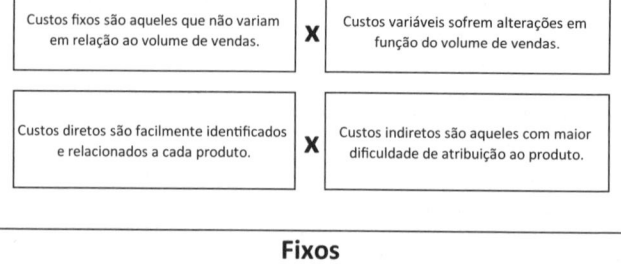

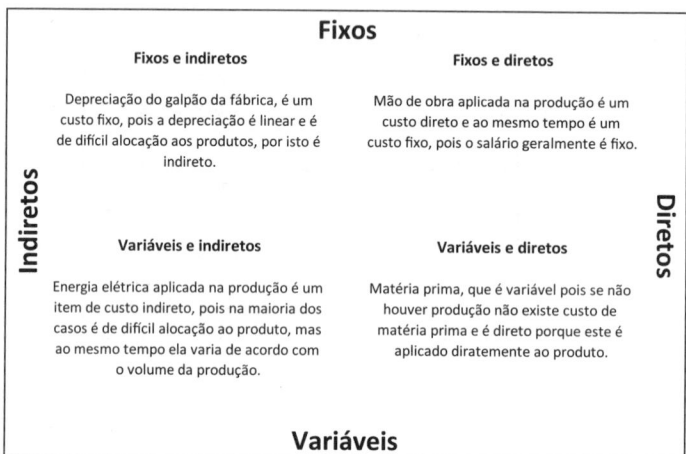

*Fonte: Adaptado de https://www.nomus.com.br/blog-industrial/voce-sabe-o-que-sao-custos
-fixos-variaveis-diretos-e-indiretos/*

Qual É o Nível Ótimo de Despesas Fixas?

"Despesas fixas e unhas... corte sempre."

— *Anônimo*

Num primeiro momento, a frase acima soa cruel. A nosso ver, o maior tempo dos gestores deve ser investido nas decisões que envolvem qualidade do produto, eficiência operacional e crescimento de vendas. São essas variáveis que definirão a conquista dos clientes, a capacidade de competitividade e a criação de valor para o acionista. Porém, olhar os custos e as despesas é uma condição necessária para o sucesso nos negócios.

As despesas dizem respeito ao sacrifício que a empresa faz para a obtenção de receitas. As despesas variáveis correspondem ao sacrifício de se fazer negócios (vendas de produtos, prestação de serviços), enquanto as despesas fixas dizem respeito ao custo de se estar no negócio, ou seja, seu montante não se altera em um mês com vendas e produção recordes, ou muito baixas. As despesas fixas normalmente incluem todas as despesas necessárias para a gestão da empresa, incluindo salários e encargos sociais, benefícios, despesas de aluguel, comunicação, utilidades, seguros, depreciação e serviços prestados por terceiros, por exemplo.

Por serem fixas durante um intervalo de tempo, as despesas acabam por impor um mínimo de margem (receita menos custo e despesas variáveis) necessária para que as despesas fixas e ainda se gere um lucro necessário para que o investimento seja remunerado.

É claro que, quanto menor o nível de despesas fixas, desde que as funções de gestão sejam adequadamente desempenhadas, melhor para o negócio, pois, com menor necessidade de margem para cobrir as despesas fixas, maior é a margem de segurança para aguentar quedas de volumes oriundos de crises econômicas, problemas de qualidade momentâneos, escassez de insumos, superestocagem do canal de vendas e até guerra de preços.

Despesas fixas menores fazem com que o ponto de equilíbrio (PE) — isto é o volume de vendas onde o lucro é zero — seja mais baixo, e você não precise vender tanto para chegar ao equilíbrio.

De outro lado, nas empresas com nível de despesas fixas alto e consequentemente ponto de equilíbrio alto, após o PE, variações nas vendas provocam variação positiva desproporcional no lucro. A teoria de finanças dá o nome de alavancagem operacional ao grau em que as despesas fixas são utilizadas nas operações de uma empresa. Se a proporção de custos fixos é alta em relação aos custos totais, esta empresa apresenta um alto grau de alavancagem operacional, isto é, tudo o mais mantido constante, uma variação pequena nas vendas resultará em uma grande variação no lucro operacional.

FIGURA 13.2: Ponto de Equilíbrio

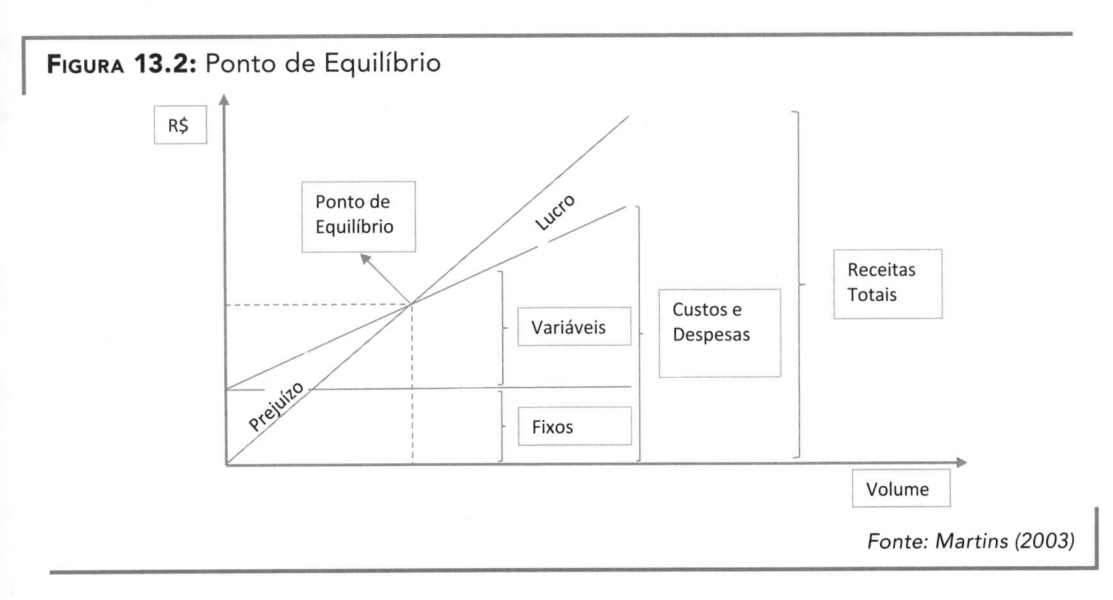

Fonte: Martins (2003)

Apesar dos benefícios da alavancagem operacional, é sempre melhor ter a flexibilidade e a segurança de operar com despesas fixas mais baixas, principalmente no Brasil, cuja economia é famosa pelos "voos de galinha" (baixo, curto e pouco eficiente).

Uma redução de despesas só pode ocorrer de quatro formas:

1. Não gastando;
2. Pagando mais barato;
3. Mudando a forma que você gasta; e
4. Usando menos, aumentando a produtividade.

A melhor forma de manter as despesas fixas baixas é não aumentá-las ou contratar novas despesas, pois reduzi-las posteriormente é sempre mais difícil e doloroso. Como a maior parte das despesas fixas diz respeito a pessoas e tudo aquilo que vem com elas, como salários, encargos, benefícios, infraestrutura, viagens e comunicação, resista sempre à pressão por mais pessoas. Tenha gente mais capacitada e motivada e é claro bem paga, se possível com uma parcela do salário variável com base nos resultados da empresa, pois assim você terá pessoas dispostas e capazes de fazer o trabalho com mais produtividade e entusiasmo, sendo recompensadas por isso e evitando que você precise de mais gente. Aqui, menos é mais.

Uma segunda forma de reduzir as despesas fixas é sempre ter mecanismos periódicos de revisão e negociação com os fornecedores de serviços (alimentação, segurança, transporte, aluguel, energia elétrica, telecomunicação etc.). Divida suas despesas por tipo e eleja líderes para cada uma delas. O líder é o responsável por, juntamente com a equipe de finanças, levantar tudo que se gasta naquela conta específica em toda a empresa, dividindo por usuário, centro de custo, fornecedor etc. Em seguida, junto com os principais usuários, ele deve promover um brainstorming visando reduzir as despesas do item em pauta com:

- Menor uso (de papel de embalagem, por exemplo);
- Padronização de itens ou de fornecedor (material de escritório, utilidades etc.);
- Formas alternativas para a solução do problema (terceirização);
- Renegociar preços com os fornecedores atuais e reduções de preço com ajuda do pessoal de compras.

A utilização do líder, além de proporcionar uma visão abrangente de quanto e onde se gasta naquele item, evita os vícios eventualmente existentes no negociador tradicional e as acomodações no usuário do serviço que tem verdadeira aversão às mudanças e aos riscos em termos da qualidade da prestação de serviço de seu departamento. Como subproduto, o processo dá visibilidade aos líderes, pois suas sugestões e ações devem ser aprovadas pela diretoria para que sejam implementadas. Após a primeira rodada desse processo tanto negociadores como principais usuários dos itens que causam as despesas ficam mais vigilantes e em busca de soluções mais eficientes, pois o trabalho dos líderes provoca aquela sensação que todos nós já tivemos: "Por que eu não pensei nisso antes?"

Reuniões de revisão orçamentária com cada um dos responsáveis pelo centro de custo onde se questiona cada item também dão bons resultados.

O orçamento base zero, técnica onde se esquece o que vem se gastando e se inicia do zero questionando a necessidade de cada despesa para se realizar cada atividade, é um excelente exercício para redução de despesas, apesar de ser mais difícil de ser implementado.

Prolabore — O termo prolabore, que em latim significa "pelo trabalho", corresponde à remuneração do dono, ou acionista, por seu trabalho na empresa. Dessa forma, se você como dono ou acionista está efetivamente trabalhando na empresa, você precisa ser remunerado de forma justa. Não importa se você recebe lucros ou dividendos, você precisa ser remunerado pelo seu trabalho e essa despesa precisa estar na DRE.

Aluguel do imóvel próprio — Não importa se o imóvel é seu e você deixa a empresa utilizá-lo sem ônus. Na DRE da empresa e no fluxo de caixa você deve lançar o valor do aluguel, que em condições normais deveria ser pago, para medirmos efetivamente o lucro depois de todas as despesas.

Qual Preço Devo Cobrar?

> "Pênalti é tão importante que quem deveria bater é o presidente."
>
> — Nene Prancha

> "Pênalti e preço são tão importantes que quem deveria decidir é o presidente."
>
> — Clayton Nogueira

Definição

Decidir sobre preços, do ponto de vista da empresa, envolve a escolha de uma alternativa, entre várias, que estabeleça um padrão de troca monetário em relação ao bem ou serviço produzido. O preço é a quantidade de dinheiro que o cliente desembolsa para adquirir um produto ou serviço. Enquanto o cliente paga o valor monetário pelo produto para satisfazer uma necessidade, o vendedor visa obter lucro, que se transformará em caixa e deverá gerar um retorno sobre o investimento almejado para o empresário/empreendedor.

Importância

Poucas decisões são tão importantes nos negócios e afetam tanto os resultados como a decisão de preços. O preço do produto deve remunerar todos os esforços da organização na busca da satisfação da necessidade do cliente, desde a pesquisa, desenvolvimento, produção, venda, entrega e pós-venda do produto. Sob o ponto de vista econômico-financeiro, os recursos (ativos) utilizados devem ser repostos, isto é, o preço deve repor o ativo consumido, e ainda gerar um lucro que remunere adequadamente os credores e acionistas da empresa.

Fatores determinantes na decisão de preços

A decisão de preços deve, necessariamente, levar em conta fatores, que se não forem adequadamente considerados, poderão levar ao insucesso no estabelecimento do preço. São eles: custo, demanda e condições competitivas.

Custos

Os custos corretamente mensurados se constituem na base mínima para o preço, abaixo do qual haverá prejuízo econômico, ou seja, ao vender por um preço que proporcione uma receita econômica inferior aos custos, estaremos diminuindo o valor da empresa do ponto de vista econômico e destruindo valor. Os custos individuais relevantes na decisão de preços devem ter características específicas (futuros, reposição, incrementais, evitáveis, normalidade).

Quando se olha a empresa como um todo, o custo de se estar no negócio (estrutura) e o custo de oportunidade do investimento realizado também são relevantes à medida que esses devem compor o valor da margem de contribuição gerada pela receita total menos os custos variáveis totais e necessária ao atingimento do lucro objetivado.

Demanda

A demanda é um fator externo à organização e refere-se ao conhecimento do mercado, dos intermediários, dos clientes e dos consumidores finais do produto ou serviço. Quais são os produtos que concorrem com o nosso? Quem são os compradores e quais os fatores influenciam na decisão de compra?

Competição

Quais são os concorrentes que competem no nosso segmento?

Como dificilmente a empresa está sozinha no mercado, é necessário que o gestor conheça o comportamento dos competidores em relação à variável preço. Esse comportamento dependerá das condições de estrutura de mercado (monopólio, oligopólio, competição pura), número e tamanho dos competidores, grau de diferenciação do produto, barreiras à entrada, situação econômico-financeira dos concorrentes etc. Pesquisas demonstram que o comportamento dos competidores é, na maioria das vezes, bem previsível e reage a estímulos específicos. O bom gestor analisa este comportamento e o leva em conta na hora de formar seu preço.

A partir dos três fatores (demanda, concorrência e custos) chega-se ao preço tendo como piso os custos corretamente mensurados e ajustados às características da demanda e ao comportamento da concorrência. Aqui, o objetivo é maximizar a equação:

Receita = Volume vendido de cada produto (x) Preço

Que deve proporcionar o atingimento do lucro objetivado.

Para que se tenha uma ideia, para uma dada margem de lucro operacional de 10%, um preço mal definido, e digamos 5% abaixo do ideal, vai requerer em média absurdos 15% a mais de volume físico de vendas para se chegar ao mesmo resultado. De outro lado, 1% a mais de preço, mantidas as demais variáveis, gera em média 10% a mais de lucro (base Melhores e Maiores — *Exame* 2009).

Metodologia de formação de preços

Aqui, como em todas as demais decisões, partimos da estrutura de criação de valor/retorno e nos basearemos no balanço e na DRE como fonte de informação para determinarmos o preço.

O preço deve remunerar **o custo de se estar no negócio** (estrutura fixa de recursos humanos, físicos e de capital), **os custos de se fazer negócio** (matéria-prima, impostos sobre vendas, despesas variáveis etc.) e ainda gerar o lucro objetivado necessário para a geração do retorno desejado.

Dessa forma, partimos da estrutura da DRE, nos baseamos no diagrama de criação de valor/retorno e construímos o seguinte modelo de decisão de preços:

TABELA 13.5: Formação de Preços

Modelo de Decisão de Preços   Em reais

(10)	(13)	(18)	(11)	(17)	(20)	(19)	(16)	(12)	(14)
Mix	Estimativa	(11) + (17)	Informações Custos	(16) / (13)	(17) / (18)	(18) * (13)	(14) + (12)	Informações Custos	Premissa/ Estimativa
Linha de Produto	Volume	Preço Líquido Unitário	Custo Variável Unitário	Margem Contribuição Unitária	Margem Contrib. %	Receita Líq. Total	Margem Cont. Total	Despesas Diretas Fixas do Produto	Margem Direta do Produto
A	100.000	1,60	-1,10	0,50	31%	160.087	50.087	-10.000	40.087
B	150.000	1,70	-1,20	0,50	29%	255.130	75.130	-15.000	60.130
C	100.000	1,40	-0,80	0,60	43%	140.087	60.087	-20.000	40.087
Totais	350.000					555.303	185.303	-45.000	140.303

(15) Delta para o Obejtivo   0

(9)	**(=) MARGEM DIRETA TOTAL OBJETIVO**	**140.303**
(8)	(+) Despesas Operacionais Fixas indiretas de período (custo de se estar no negócio)	-100.000
(7)	**(=) Lucro Operacional**	**40.303**
(6)	(+) Despesas Financeiras	-10.000
(5)	**(=) Lucro Antes do IR/CSSL**	**30.303**
(4)	(+) Imposto de Renda /Cont. Social sobre o Lucro 34,0%	-10.303
(3)	**(=) Lucro Líquido Depois do IR**	**20.000**
(2)	(x) Retorno Requerido pelo acionista	20%
(1)	**Patrimônio Líquido Inicial**	**100.000**

Fonte: Elaborado pelos autores

O referencial teórico do modelo

O modelo trabalha com preços líquidos e à vista (Coluna 18), isto é, impostos sobre vendas e outras deduções de venda, bem como os cálculos para preço a prazo serão incluídos após chegarmos aos preços à vista líquidos de impostos e deduções de venda.

O modelo utiliza custos variáveis correntes de reposição à vista (Coluna 11), conforme a teoria indica.

Custos/Despesas fixas diretas identificáveis são atribuídos à linha de produto, sem rateio de nenhuma espécie (Coluna 12).

Despesas fixas indiretas (custos de se estar no negócio) e que não variam com volume/ atividade são alocados como custos/despesas de período, sem rateio (Linha 8).

A lógica do modelo

O modelo parte do fim para o começo, isto é, ao patrimônio líquido investido aplicamos o retorno requerido pelos acionistas (20% — Linha 2) e aí chegamos no Lucro Líquido depois do Imposto de Renda (LLDIR) (R$20 mil — Linha 3).

A partir do LLDIR (Linha 3) R$20 mil, somamos o IR/CSSL que teremos que pagar de forma a sobrar o LLDIR objetivado. Para calcular o IR (Linha 4), dividimos o LLDIR por (1-Tx de IR%) no caso exemplo, 34%. O resultado dessa equação é somado ao LLDIR para chegarmos ao Lucro Antes do IR (LAIR) (Linha 5) — R$30.303,00.

As despesas financeiras (Linha 6) referem-se aos juros pagos aos emprestadores de recursos necessários à operação da empresa. Os juros funcionam como um compromisso fixo e nem sempre é possível associá-los diretamente a uma linha específica de produto. Caso isso seja possível eles devem ser alocados a linha de produto/serviço específica.

As despesas financeiras (Linha 6) devem ser somadas ao LAIR para chegarmos ao lucro operacional da empresa — (Linha 7) R$40.303,00.

As despesas operacionais fixas e indiretas (Linha 8) devem ser somadas ao lucro operacional (Linha 7) para chegarmos à margem de contribuição direta total dos produtos (Linha 9) depois de deduzidos os custos variáveis e as despesas fixas identificáveis de cada linha de produto.

A somatória da margem direta projetada dos produtos (coluna 14) deve atingir a margem direta total objetivo R$140.303,00 (Linha 9), de forma a alcançar o LLDIR (Linha 3) requerido pelos acionistas.

Na tabela com os produtos, inicialmente incluímos o mix linha de produtos na Coluna 10, seus custos unitários variáveis na Coluna 11 e os custos fixos diretos totais de cada linha de produto na Coluna 12.

Na Coluna 13, vemos o volume de vendas projetado — aqui precisamos estimar o volume de vendas de cada produto. Para empresas que já operam, essa estimativa é mais fácil e se baseia normalmente nos números de anos anteriores ajustados para ações de marketing e movimentos esperados no mercado. Para empresas iniciantes, essa é uma tarefa mais difícil. Caso haja concorrentes, podemos estimar/pesquisar as vendas dos produtos similares e estimar as nossas vendas. Outra forma é partir do mercado total, estabelecer um objetivo de participação de mercado e, a partir daí, estimar os volumes pra se atingir esse objetivo. É claro que nosso limite de capacidade produtiva funciona como o limite para o volume de vendas.

Na Coluna 14, precisamos incluir a margem direta de cada produto e uma forma inicial para essa estimativa. Na falta de mais informações históricas deve-se distribuir, proporcionalmente, a margem direta total objetivo entre os produtos do mix, baseado no volume de vendas, por exemplo.

A Linha 15 apenas calcula a variação entre a margem direta total objetivo e a soma da margem direta de cada produto de forma a garantir que ela atinja a meta objetivo.

A Coluna 16, Margem de Contribuição por Produto, é a soma, em módulo, da margem direta de cada produto com a despesa direta fixa do produto (12) de maneira que informe qual deve ser a margem de contribuição total do produto, de forma a cobrir sua despesa fixa direta e gerar a margem direta necessária para o atingimento do LLDIR.

Na Coluna 17, Margem de Contribuição Unitária, como temos a margem de contribuição total do produto (16), basta dividi-la pelo volume (Coluna 13) para obtermos a margem de contribuição unitária por produto.

Coluna 18, Preço. De posse do custo unitário por produto (Coluna 11) e da margem de contribuição unitária (Coluna 17), basta somá-las para chegarmos à definição de nosso preço líquido por produto.

A Coluna 19, Receita Líquida Total, é fruto da multiplicação do preço líquido unitário pelo volume para se chegar ao faturamento líquido gerado por cada produto.

Simulando e até testando o mercado com as variáveis de preço e a respectiva resposta em volume de vendas, podemos até estimar a elasticidade preço da demanda e chegar ao melhor Mix de volume (x) Preço, que maximiza a margem direta total objetivo.

Após a definição do preço líquido de cada produto, aplicamos a fórmula abaixo para chegarmos ao preço bruto com impostos e antes das deduções de venda.

$$\text{Preço de venda bruto } = \frac{\text{R\$ Preço Líquido de Venda}}{1 - (\%isv + \%dv)}$$

ISV = Impostos Sobre Vendas (ICMS, PIS/COFINS)

DV = Despesas variáveis de venda (comissões, fretes)

TABELA 13.6: Inclusão de impostos no preço

Produto	Preço Liq.	ICMS	Pis	Cofins	Fretes	Comissão Vendas	Total Imp. e Ded. Venda %	Preço Bruto sem IPI
A	1,60	18%	0,65%	3%	5%	4%	31%	2,31
B	1,70	18%	0,65%	3%	5%	2%	29%	2,38
C	1,40	18%	0,65%	3%	3%	2%	27%	1,91

Fonte: Elaborado pelos autores

Para provarmos que nosso modelo precifica os impostos e deduções de vendas corretamente, vejamos o quadro ao lado:

Tabela 13.7: Validação do Preço

Prova dos 9	Prod. A	Prod. B	Prod. C	TOTAL
Preço de Venda Bruto	2,31	2,38	1,91	2,23
Volume	100.000	150.000	100.000	350.000
Receita Bruta	230.839	357.575	190.984	779.398
(-) ICMS	-41.551	-64.364	-34.377	-140.292
(-) Pis	-1.500	-2.324	-1.241	-5.066
(-) Cofins	-6.925	-10.727	-5.730	-23.382
(-) Fretes	-11.542	-17.879	-5.730	-35.150
(-) Comissão	-9.234	-7.152	-3.820	-20.205
(=) Receita Líquida	160.087	255.130	140.087	555.303

Fonte: Elaborado pelos autores

Como queríamos demonstrar, chegamos aos R$555.303,00 de receita líquida do modelo de precificação (vide total Coluna 19 — Tabela 13.5).

Quanto Devo Vender/Faturar de Forma a Não Ter Prejuízo?

Análise de custo–volume–lucro ou análise do ponto de equilíbrio

Uma análise importante, que deve ser feita sempre pelo gestor financeiro, é a de custo––volume–lucro, conhecida também como análise do ponto de equilíbrio.

O ponto de equilíbrio é o nível de vendas ou atividade no qual o lucro é igual a zero, e é função direta do comportamento das receitas, dos custos e das despesas diante do volume de atividade da empresa. Na verdade, ele é uma simplificação, pois os custos, despesas e receitas não se comportam necessariamente de maneira linear e constante, tal como concebido no cálculo do ponto de equilíbrio.

Para se calcular o PE fazemos uso do importante conceito de margem de contribuição, ou seja, aquilo que sobra depois de abatermos os custos e despesas variáveis da receita.

Como o próprio nome diz, no ponto de equilíbrio, o nível de vendas (pressuposto produção = vendas) gera uma margem de contribuição tal que os custos e despesas fixas são cobertos e o lucro é zero.

Calcula-se o ponto de equilíbrio aplicando-se a seguinte fórmula:

Ponto de equilíbrio da receita (R$) = Despesas fixas (R$) / (dividido) pela Margem de contribuição (%)

Ponto de equilíbrio da receita (R$) = Receita líquida (R$) no ponto de equilíbrio

Margem de contribuição (%) = [Receita líquida (R$) (-) Custo e despesas variáveis totais) / Receita líquida (R$)

Caso se queira acrescentar aos custos fixos outros fatores de custo, tais como o de oportunidade, ou financeiros (juros) decorrentes de obrigações fixas por empréstimo, basta acrescentar e recalcular o ponto de equilíbrio. No primeiro caso, o ponto de equilíbrio pode ser classificado como econômico e, no segundo, como financeiro.

O PE é uma ferramenta de análise que permite planejar o nível de capacidade, estabelecer preços, tomar decisões de eliminação de produto e, é claro, analisar os custos e despesas de cada linha de produto.

Qual É o Melhor Mix de Produtos para Venda?

Decisões de mix de produto (quanto e por quanto vender cada produto de sua empresa), precedem decisões de manutenção ou eliminação de linhas de produtos, aumento de preços de produtos ou de preços específicos para determinado cliente. Todas essas decisões são constantes e importantíssimas para a saúde financeira do seu negócio e o alcance do retorno financeiro objetivado.

Para que possamos decidir econômica e financeiramente de forma correta, temos que usar um modelo de referência de DRE, que é onde o lucro se forma.

Esse modelo obedece a equação do lucro:

RT - CT = LT

Q(x)PVu (-) Q(x)CVu(-) CFmês = Lucro (mês)

Q = Quantidade vendida

PVu = Preço de venda unitário

CVu = Custo variável unitário

CFmês = Custo fixo mensal

RT = Receita Total

CT = Curto Total

LT = Lucro Total (Mês)

Tabela 13.8: Modelo de DRE Gerencial por Produto

	DEMONSTRAÇÃO DO RESULTADO ECONÔMICO			Período	
	Produto A	Produto B	Produto C	TOTAL	
Quantidade					
Preço Médio					
Receita Bruta de Vendas					
% Receita Líquida de Vendas					
(-) Impostos sobre Vendas					
(-) Deduções de Vendas					
(-) Receita Líquida de Vendas					
(-) Custo Variável de Vendas					
(=) Margem de Contribuição					
% Margem de Contribuição					
(-) Despesas Fixas Diretas					
(=) Margem Direta					
% Margem Direta					
(-) Despesas Fixas Gerais Indiretas					
(=) Lucro Operacional					
% Margem de Lucro Operacional					
(-) IR/CSSL sobre Lucro Operacional					
(=) Lucro Operacional Depois do IR/CSSL					
% Margem de Lucro Op. Depois IR/CSSL					

Fonte: Elaborado pelos autores

Quantidade = É o volume físico em unidades.

Preço = É o preço médio do produto.

Receita bruta de vendas = É a receita nominal proporcionada pela venda, proveniente da combinação preço (x) quantidade vendida de cada produto. A coluna total contempla a somatória da receita bruta de todos os produtos.

(-) Impostos sobre vendas — É o valor da despesa nominal de impostos, cujo fato gerador é a receita operacional bruta.

(-) Deduções de vendas — Deduções sobre vendas geradas pela venda de cada produto ou da receita gerada (fretes, comissão sobre vendas, devoluções, abatimentos etc.).

(=) Receita líquida de vendas — Resultado da receita bruta de vendas deduzida dos impostos e das deduções sobre vendas.

Receita líquida de vendas (%) — É o valor da receita líquida dividido pela receita bruta de vendas demonstrado em percentual.

(-) Custo variável de vendas — Refere-se ao custo unitário variável dos produtos vendidos multiplicado pela quantidade vendida. Importante ressaltar, conforme definido na seção de custos, que somente custos variáveis devem ser considerados.

(-) Margem de contribuição — É o resultado da diferença entre a receita líquida de vendas do produto e o seu custo variável.

Margem de contribuição (%) — É o valor da margem de contribuição dividido pela receita líquida de vendas demonstrado em percentual.

(-) Despesas diretas — São as despesas (variáveis ou fixas) de se fazer negócios diretamente identificadas ao produto.

(=) Margem direta — É o fruto da margem de contribuição deduzida das despesas diretas de cada produto.

Margem direta (%) — É o valor da margem direta dividida pela receita líquida de vendas demonstrado em percentual.

(-) Despesas fixas indiretas — São as despesas de se estar no negócio, (operacionais, administrativas e de marketing) e que não se identificam com qualquer produto específico, volume de negócio e sim com o negócio como um todo. Dessa maneira, o valor é colocado na coluna total da DRE.

(=) Lucro operacional — Refere-se ao lucro proveniente da operação da empresa. É o resultado da margem direta deduzida das despesas fixas indiretas.

Margem de lucro operacional (%) — É o valor do lucro operacional dividido pela receita líquida de vendas demonstrado em percentual.

(-) IR/CSSL sobre lucro operacional — É o valor da alíquota de IR/CSSL aplicado ao lucro operacional.

(=) Lucro operacional depois do IR/CS — É o lucro depois do IR/CSSL gerado pela operação da empresa, ou seja, o lucro operacional menos o IR/CSSL.

Margem de lucro operacional depois do IR/CS (%) — É o valor do lucro operacional depois do IR/CSSL dividido pela receita líquida de vendas demonstrado em percentual.

Para exemplificar, segue nosso modelo referencial com números hipotéticos e algumas conclusões oriundas da análise que deve subsidiar as decisões.

Tabela 13.9: DRE por Produto

EMPRESA EXEMPLO	DEMOSTRAÇÃO DO RESULTADO ECONÔMICO							
	Produto A		Produto B		Produto C		TOTAL	
Quantidade	30	38%	40	51%	8	10%	78	100%
Preço Médio	3,33		5,00		6,25		4,49	
Receita Bruta de Vendas	**100**	**29%**	**200**	**57%**	**50**	**14%**	**350**	**100%**
% Receita Líquida de Vendas	*118%*		*114%*		*114%*		*115%*	
(-) Impostos sobre Vendas	-10		-20		-5		-35	
(-) Deduções de Vendas	-5		-5		-1		-11	
(-) Receita Líquida de Vendas	**85**	**28%**	**175**	**58%**	**44**	**14%**	**304**	**100%**
(-) Custo Variável de Vendas	-40	26%	-100	65%	-15	10%	-155	100%
(=) Margem de Contribuição	**45**	**30%**	**75**	**50%**	**29**	**19%**	**149**	**100%**
% Margem de Contribuição	*53%*		*43%*		*66%*		*49%*	
(-) Despesas Fixas Diretas	-10	17%	-25	42%	-25	42%	-60	100%
(=) Margem Direta	**35**	**39%**	**50**	**56%**	**4**	**4%**	**89**	**100%**
% Margem Direta	*41%*		*29%*		*9%*		*29%*	
(-) Despesas Fixas Gerais Indiretas							-50	100%
(=) Lucro Operacional							**39**	**100%**
% Margem de Lucro Operacional							*13%*	
(-) IR/CSSL sobre Lucro Operacional							-13	100%
(=)Lucro Operacional Depois do IR/CSSL							**26**	**100%**
%Margem de Lucro Op. Depois IR/CSSL							*8%*	

Fonte: Elaborado pelos autores

A empresa exemplo tem um portfólio de três produtos (A, B e C).

Em termos de volume, as vendas alcançaram 78 unidades divididas entre o Produto A com 30 unidades e 38% do total, o Produto B com 40 unidades e 51% do total e o Produto C, com volume de apenas 8 unidades e representando aproximadamente 10% do total.

Em termos de receita bruta de vendas, por ter preço unitário menor, o Produto A, que representava 38% do volume, só representa 29% da receita bruta total. O Produto B aumenta sua participação no faturamento, pois, com o preço de R$5,00 por unidade, alavanca a participação de 51% do volume para 57% da receita. O Produto C, pouco representativo em termos de volume (10%) por conta do maior preço entre todos os produtos, alcança 14% do total da receita bruta da empresa exemplo.

Em termos de deduções de venda (impostos e dedução de vendas) os três produtos têm comportamento semelhante em termos da porcentagem da receita bruta de vendas.

A receita líquida de vendas alcançou R$304, com 28% para o Produto A, 58% para o Produto B e 14% para o Produto C.

O custo variável de venda é de R$155,00, com destaque para o Produto B, que sozinho responde por 65% do total dos custos variáveis da empresa, apesar de responder por 51% do volume e 57% da receita bruta.

A margem de contribuição é de R$149,00, correspondente a 49% sobre a receita líquida de vendas. O Produto A contribui com R$45,00 (30% do total), o Produto B com R$75 (50%) e o Produto C com R$29,00 (19%). Em termos de margem percentual, o Produto C tem a melhor margem sobre a receita líquida (66%), seguido pelo Produto A, com 53%, e por último o Produto B com 43%, apesar de este ser o maior contribuidor para a margem de contribuição total em termos absolutos.

As despesas fixas diretas — salário fixo da equipe de vendas de cada produto ou um laboratório de controle de qualidade exclusivo para um dos produtos, por exemplo — alcançaram R$60,00, com destaque para os produtos B e C que requerem R$25,00 cada e o Produto A que requer apenas R$10,00.

Chegamos, finalmente, à margem direta, a última rubrica que apresentamos por Produto. A margem direta total de R$89,00 equivale a 29% da receita líquida. Em termos de margem direta, percebe-se que a maior margem absoluta é a do Produto B, com R$50,00 (56%), seguida do Produto A, com R$35,00 (39%), e do Produto C com apenas R$4,00 (4%). Em termos de lucratividade — nesse caso margem direta dividida pela receita líquida —, o produto mais lucrativo é o A, com 41%, o B, com 29% e o C, com apenas 9%. Esses números significam que a cada R$1,00 vendido, sobra de margem de contribuição direta R$0,41 no Produto A, R$0,29 no Produto B, e R$0,09 no Produto C.

O Produto B é o que tem a maior contribuição direta, com R$5, seguido do Produto A, com R$35, e depois o Produto C, com apenas R$4. Percentualmente, o Produto A é o de maior margem (41%) e, portanto, sua venda tem que ser estimulada.

Despesas fixas indiretas — São despesas de se estar no negócio e beneficiam todos os produtos. São despesas de período e normalmente dizem respeito à administração, à gerência de operações, ao marketing, e à parcela fixa das despesas comerciais inclusive gerência. Por não estarem diretamente associadas aos produtos, e serem de natureza fixa, elas não devem ser rateadas aos produtos, e devem ser registradas na coluna total.

Lucro operacional — Aqui o lucro operacional é calculado apenas para o total da empresa, ao subtrairmos as despesas fixas indiretas do total da margem direta. A margem de lucro operacional para a empresa alcançou R$39,00, com uma margem de lucratividade de 13%.

IR/CSSL sobre lucro operacional — Aplicamos aqui a alíquota de IR/CSSL de 34%[*] sobre o lucro operacional da empresa.

Lucro operacional depois do IR/CSSL (R$26,00) — É o lucro gerado pela operação do negócio depois do IR/CSSL. Como já vimos, é daqui que a maior parte do lucro que vai gerar o retorno da empresa e do acionista deve vir e é ele que deve ser priorizado no trabalho de maximização.

---

[*] - 15% + Adicional 10% + 9% CSSL, nas empresas sob o regime de lucro real

Margem de lucro operacional depois do IR/CSSL (8%) — É o lucro operacional depois do IR/CSSL dividido pela receita líquida de vendas, e demonstra para cada real vendido quanto a empresa ganha.

A partir do modelo de referência da DRE acima, cabe ao empreendedor/empresário questionar procurando entender em detalhe os direcionadores dos números da DRE de forma a tomar decisões que visem aumentar o lucro e a lucratividade como um todo, passando é claro pela margem de contribuição direta de cada produto.

No caso acima, poderia se questionar:

Por que a margem direta absoluta e o percentual do Produto C é tão baixa?

- Por que a receita líquida de vendas é baixa?
- Por que o volume é baixo?
- Qual é o tamanho do mercado?
- Qual é a nossa participação no mercado?
- Quais são e como atuam nossos concorrentes?
- Nosso Produto C comparado aos produtos concorrentes é melhor ou pior?
- Em quais requisitos preferidos pelo consumidor/cliente nosso Produto C é melhor e em quais requisitos é pior?
- Quais estratégias da matriz de Ansoff podemos estabelecer visando maiores vendas?
- Quem são nossos clientes? Eles compram outros produtos?
- Qual é a lucratividade desses clientes?
- O preço do Produto C está adequado?
- Conhecemos o preço do concorrente?
- Temos como estimar uma curva de elasticidade–preço da demanda?
- Os impostos sobre vendas estão corretamente recolhidos? Podem ser reduzidos? Existem localidades em que podemos vender com menor incidência de impostos sobre vendas ou com incentivos?
- As deduções de vendas (fretes) estão adequadas? Existe uma forma de entrega que minimiza o frete? Podemos alongar as entregas para um frete menor sem prejuízo das vendas?
- As deduções de vendas — A comissão sobre vendas está adequada? Podemos criar uma venda direta (site) e economizar a comissão sobre vendas? Qual é o impacto nas vendas?
- Qual é o portfólio na mão do vendedor? Ele tem material e apoio para dar a devida atenção ao Produto C?

- Margem de contribuição — A margem de contribuição [Receita (-) Custos variáveis de venda do Produto C] é a maior entre os três produtos (66%). Dá para melhorar mais com os melhores insumos, mais produtividade ou negociação com os fornecedores?

- Margem direta — Se a margem de contribuição do Produto C é a maior, a margem direta cai drasticamente e o Produto C é o de menor margem direta absoluta e percentual. O principal problema do Produto C parece ser as despesas diretas associadas ao produto. Do que se trata? Dá para eliminar? Fazer diferente, reduzir equipe e despesas? Juntar operações/atividades?

Esse é o tipo de análise e questionamento proporcionado pelo modelo de referência da DRE acima, e deve ser feito para todos os produtos e as despesas fixas indiretas não associadas a nenhum produto diretamente, mas que afetam o lucro operacional.

São mais de 20 perguntas que, ao respondê-las, você poderá gerar ações visando melhorar a lucratividade do Produto C e da empresa como um todo.

Essas mesmas perguntas podem ser feitas para o Produto A e B e também outras perguntas devem ser feitas para as despesas fixas, impostos, etc.

Meus Clientes Dão Lucro? Análise da Lucratividade de Clientes

Para analisar a lucratividade de clientes, vale o mesmo raciocínio que fizemos para a análise da lucratividade de produtos.

Até a margem de contribuição por cliente, o conceito é o mesmo, isto é, a somatória da margem de contribuição dos produtos vendidos ao cliente forma a margem de contribuição do cliente.

Depois disso, deduz-se as despesas diretas existentes exclusivamente por conta do cliente e chegamos à contribuição direta do cliente.

Tabela 13.10: Modelo de DRE por Produto e Cliente

DEMONSTRAÇÃO DO RESULTADO ECONÔMICO												Período	
	Cliente 1				Cliente 2		Cliente 3					TOTAL	%
	Prod.A	Prod.B	Total	%	Prod.B	%	Prod. A	Prod.B	Prod.C	Total	%		
Quantidade													
Preço Médio													
Receita Bruta de Vendas													
% Receita Líquida de Vendas													
(-) Impostos sobre Vendas													
(-) Deduções de Vendas													
(=) Receita Líquida de Vendas													
(-) Custo Variável de Vendas													
(=) Margem de Contribuição													
% Margem de Contribuição													
(-) Despesas Fixas Diretas Cliente													
(=) Margem Direta Cliente													
% Margem Direta do Cliente													

Fonte: Elaborado pelos autores

Tabela 13.11: Exemplo de DRE por Produto e Cliente

DEMOSTRAÇÃO DO RESULTADO ECONÔMICO	Cliente 1				Cliente 2		Cliente 3					Período	
												TOTAL	%
	Prod.A	Prod.B	Total	%	Prod.B	%	Prod. A	Prod.B	Prod.C	Total	%		
Quantidade	15	15	30	38%	20	26%	15	5	8	28	36%	78	100%
Preço Médio	3,3	5,0	4,2		5,0		3,3	5,0	6,3	4,5		4,5	
Receita Bruta de Vendas	**50**	**75**	**125**	**36%**	**100**	**29%**	**50**	**25**	**50**	**125**	**36%**	**350**	**100%**
% Receita Líquida de Vendas	*118%*	*114%*	*116%*		*114%*		*118%*	*114%*	*114%*	*115%*		*115%*	
(-) Impostos sobre Vendas	-5	-8	-12		-10		-5	-3	-5	-12		-35	
(-) Deduções de Vendas	-2	-2	-4		-3		-2	-1	-1	-4		-11	
(=) Receita Líquida de Vendas	**42**	**66**	**108**	**36%**	**88**	**29%**	**42**	**22**	**44**	**108**	**36%**	**304**	**100%**
(-) Custo Variável de Vendas	-20	-38	-58		-50		-20	-13	-15	-48		-155	
(=) Margem de Contribuição	**22**	**28**	**51**	**34%**	**38**	**25%**	**22**	**9,38**	**29**	**61**	**41%**	**149**	**100%**
% Margem de Contribuição	*53%*	*43%*	*47%*		*43%*		*53%*	*43%*	*66%*	*56%*		*49%*	
(-) Despesas Fixas Diretas Cliente			-15		-20					-8		-43	
(=) Margem Direta Cliente			**36**	**34%**	**18**	**17%**				**53**	**50%**	**106**	**100%**
% Margem Direta do Cliente			*33%*		*20%*					*49%*		*35%*	

Fonte: Elaborado pelos autores

O Cliente 3 é o de maior margem direta, com R$53,00, ou 50% de margem direta, apesar de representar só 36% do faturamento. Isso acontece por causa do mix de faturamento (produto A, B e C) no cliente e pelo baixo valor das despesas fixas diretas requeridas pelo Cliente 3.

O Cliente 2 contribui com 17% da margem direta, 29% da receita, porém só compra o produto B de menor margem de contribuição. Além disso, requer despesa direta muito alta, no valor de R$20,00.

Aqui cabe também um questionamento detalhado, a exemplo daquele feito na análise de lucratividade por produto. A ênfase nesse caso deve recair sobre o mix de compra do cliente, as deduções de venda e é claro nas despesas fixas requeridas por cada cliente, já que, ao nível do produto, a essa altura já tenhamos feito todos os questionamentos.

Como Pagar os Impostos Corretamente?

"Nada é mais certo neste mundo do que a morte e os impostos."

— *Benjamim Franklin*

Benjamim Franklin estava certo. Não dá para fugir da morte e dos impostos, porém, dá para adiar um pouco a morte e tentar pagar menos impostos até para poder usufruir um pouco mais da sobrevida, não é?

Na sua empresa, sua missão como proprietário é criar valor, e uma das formas de criar valor é pagar o menor valor possível de impostos ao sócio de todos nós — o governo. Para ser claro, não estamos pregando, muito menos defendendo, a evasão ou sonegação de impostos, e sim o pagamento de todos os impostos devidos, nem menos e nem mais (principalmente). O nome técnico para isso, pagamento de menos impostos de forma legal, é elisão fiscal, com fonética muito próxima de evasão, que significa sonegação (ilegalidade) e aí sim não deve fazer parte de nosso vocabulário e prática.

O que queremos nesse espaço é discutir o conceito e as características dos principais impostos incidentes sobre as pessoas jurídicas no Brasil.

De acordo com o Instituto Brasileiro de Planejamento Tributário* (IBPT): "O contribuinte brasileiro **trabalha até o dia 01 de junho** somente para pagar os tributos (impostos, taxas e contribuições) exigidos pelos governos federal, estadual e municipal." Ou seja, trabalhamos cinco meses para pagar nossos tributos.

Afinal o que é um tributo?

Segundo definição do , 3 do Código Tributário Nacional:

"Tributo é toda prestação pecuniária compulsória, em moeda ou cujo valor nela se possa exprimir, que não constitua sanção de ato ilícito, instituída em lei e cobrada mediante atividade administrativa plenamente vinculada."

Indo direto ao ponto, é a obrigação de pagar, de acordo com a lei, uma fatia dos rendimentos e do patrimônio do indivíduo ou empresa para a gestão pública de uma nação.

O tributo exerce uma função vital em uma economia, pois ele tem como objetivo principal proporcionar aos seus contribuintes benefícios como segurança, saúde, educação e manutenção dos espaços públicos. Não falaremos sobre a correta distribuição e retorno dos impostos pagos por nós contribuintes. Nosso escopo se limita na forma e na complexidade dos impostos brasileiros.

Os tributos se identificam como segue†:

1. **Impostos** — Incidem, por exemplo, sobre a propriedade de imóvel urbano (IPTU), a disponibilidade de renda (imposto sobre a renda), a propriedade de veículo automotor (IPVA), entre outros.
2. **Taxas** — Decorrem de atividades estatais, tais como os serviços públicos ou do exercício do poder de polícia. Exemplos: custas judiciais e a taxa de licenciamento de veículos.
3. **Contribuições de melhoria** — Originam-se da realização de obra pública que implique valorização de imóvel do contribuinte. Por exemplo: benfeitorias no entorno do imóvel residencial.
4. **Empréstimos compulsórios** — Têm por finalidade buscar receitas para o estado a fim de promover o financiamento de despesas extraordinárias ou urgentes, quando o interesse nacional esteja presente.

---

* Disponível em: <https://ibpt.com.br/img/uploads/novelty/estudo/2465/DIASTRABALHADOS2016.pdf>.

† "Saiba o Que é Tributo e Quais Suas Espécies". Disponível em: https://www.contabeis.com.br/noticias/31063/saiba-o-que-e-tributo-e-quais-suas-especies/.

5. **Contribuições parafiscais** — São tributos instituídos para promover o financiamento de atividades públicas. São, portanto, tributos finalísticos, ou seja, a sua essência pode ser encontrada no destino dado, pela lei, ao que foi arrecadado.

Regimes tributários

O que define o percentual dos tributos acima mencionados é o regime de tributação, que, em sua concepção, visa cobrar dos contribuintes de acordo com sua capacidade financeira. Anualmente, o contribuinte é obrigado e informar à Receita Federal a sua opção de regime de tributação.

Os **regimes tributários** para pessoas jurídicas existentes no Brasil são:

- MEI — Microempreendedor Individual
- Simples Nacional
- Lucro Presumido
- Lucro Real
- Lucro Arbitrado

Microempreendedor Individual (MEI)

É a pessoa que trabalha por conta própria e que se legaliza como pequeno empresário.

Para ser um microempreendedor individual, é necessário faturar no máximo até R$81.000,00 por ano e não ter participação em outra empresa como sócio ou titular.

O MEI será enquadrado no Simples Nacional e ficará isento dos tributos federais (IR, CSLL, PIS, Cofins e IPI), pagando o valor fixo mensal de R$47,85 (comércio ou indústria), R$51,85 (prestação de serviços) ou R$52,85 (comércio e serviços), que será destinado à previdência social e ao ICMS ou ao ISS. Essas quantias serão atualizadas anualmente, de acordo com o salário mínimo.

Lucro presumido

Nos países em desenvolvimento, como o Brasil, normalmente se utiliza métodos de **presunção do lucro** em vez do lucro real. Os principais motivos para isso são as dificuldades de apuração do lucro real, a simplificação administrativa, as razões de eficiência e equidade, e principalmente para reduzir a evasão e a informalidade dos setores tradicionalmente difíceis de tributar, como, por exemplo, os pequenos negócios, a agricultura e os prestadores de serviços.

No Brasil, 93% das empresas declarantes estão sujeitas a um dos regimes de tributação presumida: o lucro presumido ou o simples. Podem optar pelo regime de lucro presumido, as empresas que não estejam obrigadas à tributação com base no lucro real.

Simples nacional

Tivemos um chefe que tinha sobre sua mesa um pequeno objeto retangular de metal com as letras K.I.S.S. (que em inglês significa "beijo"). Quando seus interlocutores se deparavam pela primeira vez com o objeto, a curiosidade natural os levava a perguntar o significado e a resposta vinha imediatamente: **Keep It Simple Stupid**, no original. Ou **Faça As Coisas Simples**, evitando educadamente pronunciar o significado do último "s", de estúpido. Acho que, por essa e por outras razões, na gestão dele, sua equipe levou a empresa a resultados econômicos e mercadológicos nunca antes conquistados.

O **Simples (Sistema Integrado de Pagamento de Impostos e Contribuição das Microempresas e Empresas de Pequeno Porte)** é um dos regimes de tributação presumida e foi uma das poucas boas notícias ultimamente em termos de tributos no Brasil.

O **Simples** foi criado pela Lei Complementar 123, de 2006 e modificada posteriormente (LC 128 de 2008 e LC 139 de 2011), **unificando** a cobrança dos tributos abaixo:[*]

TABELA 13.12: Tributos Abrangidos pelo Simples Nacional

I	IRPJ	Imposto sobre a Renda da Pessoa Jurídica
II	IPI	Imposto sobre Produtos Industrializados, exceto o incidente na importação
III	CSLL	Contribuição Social sobre o Lucro Líquido
IV	Cofins	Contribuição para o Financiamento da Seguridade Social, exceto a incidente na importação
V	PIS/Pasep	Contribuição para o Programa de Integração Social e de Formação do Patrimônio do Servidor Público, exceto a incidente na importação
VI	INSS/CPP	Contribuição Patronal Previdenciária (CPP) para a Seguridade Social, a cargo da pessoa jurídica (patronal), exceto as receitas do Anexo IV
VII	ICMS	Imposto sobre operações relativas à circulação de mercadorias e sobre prestações de serviços de transporte interestadual e intermunicipal e de comunicação
VIII	ISS	Imposto sobre serviços de qualquer natureza

Fonte: Receita Federal

O FGTS (Fundo de Garantia por Tempo de Serviço) não está incluído no sistema do Simples, portanto, o mesmo não pode ser desconsiderado no planejamento financeiro da empresa. A alíquota de 8% do FGTS é a mesma das empresas com regime de tributação fora do Simples.

Infelizmente, o Simples só se aplica à Microempresa (ME) e à Empresa de Pequeno Porte (EPP), com algumas exceções, desde que tenham tido nos últimos 12 meses receita bruta anual de até R$4.800.000,00/ano (Outubro/20).

O Simples incide sobre a receita bruta mensal da empresa, e as alíquotas variam de acordo com o tipo de atividade econômica (comércio, indústria ou serviços), variando de 4% para empresas **comerciais** com receita bruta anual de até R$180.000,00 até 33% para empresas de serviço com receita bruta anual até R$4.800.000,00. Existe uma tabela específica para a **indústria**, o **comércio** e os **serviços**.

---

[*] Disponível em: <http://www8.receita.fazenda.gov.br/SimplesNacional/Arquivos/manual/MANUAL_PG-DAS-D_2018_V4.pdf>

Principais tabelas simples nacional:

Anexo 1 - Empresas de comércio (lojas em geral)

Receita bruta total em 12 meses	Alíquota	Parcela a deduzir
Até R$ 180.000,00	4,0%	0
De R$ 180.000,01 a 360.000,00	7,3%	R$ 5.940,00
De R$ 360.000,01 a 720.000,00	9,5%	R$ 13.860,00
De R$ 720.000,01 a 1.800.000,00	10,7%	R$ 22.500,00
De 1.800.000,01 a 3.600.000,00	14,3%	R$ 87.300,00
De 3.600.000,01 a 4.800.000,00	19,0%	R$ 378.000,00

Anexo 2 - Fábricas/indústrias e empresas industriais

Receita bruta total em 12 meses	Alíquota	Parcela a deduzir
Até R$ 180.000,00	4,0%	0
De R$ 180.000,01 a 360.000,00	7,9%	R$ 5.940,00
De R$ 360.000,01 a 720.000,00	10,0%	R$ 13.860,00
De R$ 720.000,01 a 1.800.000,00	11,2%	R$ 22.500,00
De 1.800.000,01 a 3.600.000,00	14,7%	R$ 85.000,00
De 3.600.000,01 a 4.800.000,00	30,0%	R$ 720.000,00

Anexo 3 - Empresas que oferecem serviços de instalação, de reparos e de manutenção. Entram neste grupo também agências de viagens, escritórios de contabilidade, academias, laboratórios, serviços advocatícios, empresas de medicina e odontologia

Receita bruta total em 12 meses	Alíquota	Parcela a deduzir
Até R$ 180.000,00	6,0%	0
De R$ 180.000,01 a 360.000,00	11,2%	R$ 9.360,00
De R$ 360.000,01 a 720.000,00	13,5%	R$ 17.640,00
De R$ 720.000,01 a 1.800.000,00	16,0%	R$ 35.640,00
De 1.800.000,01 a 3.600.000,00	21,0%	R$ 125.640,00
De 3.600.000,01 a 4.800.000,00	33,0%	R$ 648.000,00

A lista completa de empresas está no § 5º- I do Artigo 18 da Lei Complementar 123.

O Simples tornou bem mais fácil a apuração para os empresários, facilitou a fiscalização por parte do governo e, pasmem... aumentou a arrecadação!

Tabela 13.13: Presunção de Lucro para o IRPJ e a CSLL

ESPÉCIES DE ATIVIDADES:	Percentuais sobre a receita para IRPJ	Percentuais sobre a receita para CSLL
• Venda de mercadorias ou produtos • Transporte de cargas • Atividades imobiliárias (compra, venda, loteamento, incorporação e construção de imóveis) • Serviços hospitalares • Atividade Rural • Industrialização com materiais fornecidos pelo encomendante • Outras atividades não especificadas (exceto prestação de serviços)		12%
• Serviços de transporte (exceto o de cargas) • Serviços gerais com receita bruta até R$ 120.000/ano • Serviços gerais com receita bruta acima de R$ 120.001/ano	16% 16% 32%	12% 32% 32%
• Serviços profissionais (Sociedades Simples - SS, médicos, dentistas, advogados, contadores, auditores, engenheiros, consultores, economistas, etc.) • Intermediação de negócios • Administração, locação ou cessão de bens móveis/imóveis ou direitos • Serviços de construção civil, quando a prestadora não empregar materiais de sua propriedade nem se responsabilizar pela execução da obra (ADN Cosit 6/97). • Serviços em geral, para os quais não haja previsão de percentual específico	32%	32%
No caso de exploração de atividades diversificadas, será aplicado sobre a receita bruta de cada atividade o respectivo percentual	1,6 a 32%	32%

Fonte: Receita Federal do Brasil

Nesse sentido, basta multiplicar a receita bruta (com poucas deduções como: devolução de vendas e IPI e ICMS na modalidade de substituição tributária) pela alíquota de presunção de lucro e depois pela alíquota do IR.

Lucro real

Estão obrigadas à apuração do lucro real as pessoas jurídicas cuja receita bruta total, no ano–calendário anterior, tenha sido **superior** a R$78.000.000,00 (setenta e oito milhões de reais), ou a R$6.500.000,00 (seis milhões e quinhentos mil reais) multiplicado pelo número de meses de atividade do ano-calendário anterior, quando inferior a 12 meses.

Existem ainda pessoas jurídicas que, independentemente do tamanho, são obrigadas a apurar o imposto de renda com base no lucro real (bancos e semelhantes, seguradoras, empresas com lucros no exterior).

O lucro real é o resultado do período (lucro ou prejuízo) apurado de acordo com os princípios contábeis da nossa legislação comercial (BR GAAP), ajustado pelas adições, exclusões e compensações determinadas pela legislação do imposto de renda. Com esses ajustes, chega-se ao famoso LALUR (Livro de Apuração do Lucro Real).

Como exemplo de adição ao lucro tributável, temos as doações que, apesar de contabilmente se constituírem numa despesa, para efeito de imposto de renda, são não dedutíveis e, portanto, aumentarão o lucro tributável.

As empresas que optarem pelo lucro real anual terão que recolher mensalmente o imposto de renda sobre o lucro calculado por estimativa e apresentar a declaração com base no lucro real anual (isso, ao nosso ver, ainda é um resquício dos tempos de inflação alta, onde o próprio governo, gestor da moeda, não confiava nela).

Quando ocorrer prejuízo (despesas e custos maiores que as receitas), é claro, não se paga imposto de renda, e esse prejuízo é compensável no futuro, porém só poderá reduzir o lucro futuro em, no máximo, 30% para as todas atividades exceto a atividade rural na qual é permitida a compensação de 100%.

Supondo que no ano seguinte ao do prejuízo sua empresa tenha um lucro real tributável de R$100 mil, você só poderá abater o prejuízo do ano anterior em até 30%, ou seja, seu lucro tributável será no mínimo de R$70 mil.

- **IMPOSTOS SOBRE RENDA**
- **BASE DE CÁLCULO**

É a base sobre a qual incide o imposto, que pode ser o lucro real, presumido ou arbitrado, correspondente ao período de apuração e formas de cálculo.

Alíquotas e adicional

A pessoa jurídica paga o imposto à alíquota de 15% sobre o lucro real, presumido ou arbitrado, apurado de conformidade com o regulamento do imposto de renda. Se a empresa optar pelo lucro presumido, pagará o IRPJ sobre um percentual sobre a receita bruta. Por exemplo, se for uma empresa prestadora de serviços, aplica-se 32% (presume-se que o lucro é de 32% do faturamento) sobre a receita total de serviços e sobre esse valor a alíquota de 15%, perfazendo, nesse caso, 4,80% de IRPJ sobre a receita bruta.

A parcela do lucro real, presumido (mesma base mencionada no exemplo acima, ou seja, receita bruta vezes 32%) ou arbitrado, que exceder ao valor resultante da multiplicação de R$20 mil pelo número de meses do respectivo período de apuração, se sujeita à incidência de adicional de imposto à alíquota de 10%. Assim, empresas que tenham lucro de até R$240 mil anuais pagarão somente os 15% de imposto de renda e sobre o valor que exceder os R$240 mil, além do 15%, pagarão mais 10% de imposto sobre o excedente.

Exemplo:

Para um lucro de R$1 milhão haverá um IRPJ de 15% = R$150 mil + um adicional de R$76 mil [(R$1 milhão – R$240 mil = R$760 mil) x 10%].

Portanto, o IRPJ a ser pago será de R$226 mil (R$150 mil + R$76 mil), com uma alíquota final de 22,6% (R$226 mil/R$1 milhão).

Contribuição Social sobre o Lucro Líquido (CSLL)

Do ponto de vista fiscal (fato gerador, base de cálculo etc.), no fundo no fundo a CSLL é uma extensão do IRPJ.

Se optar, ou estiver obrigada a apurar pelo lucro real, a empresa apurará a CSLL, que tem alíquota de 9% sobre o lucro após as mesmas deduções autorizadas na legislação do imposto de renda. Se a empresa optar pelo lucro presumido, pagará a CSLL sobre um percentual sobre a receita bruta. Por exemplo, se for uma empresa prestadora de serviços, aplica-se 32% sobre a receita total de serviços e sobre esse valor a alíquota de 9%, perfazendo, nesse caso, 2,88% de contribuição social sobre a receita bruta.

Regime de lucro arbitrado

Nesse regime, o lucro e o imposto são determinados de forma coercitiva pelas autoridades para contribuintes que descumprem as disposições legais relativas ao lucro real e ao lucro presumido.

Incidência de tributos — Regime de lucro real

Elaboramos um quadro ilustrativo de incidência dos impostos e seus reflexos na DRE e no balanço:

Figura 13.3: Incidência dos Impostos na DRE e reflexos no Balanço

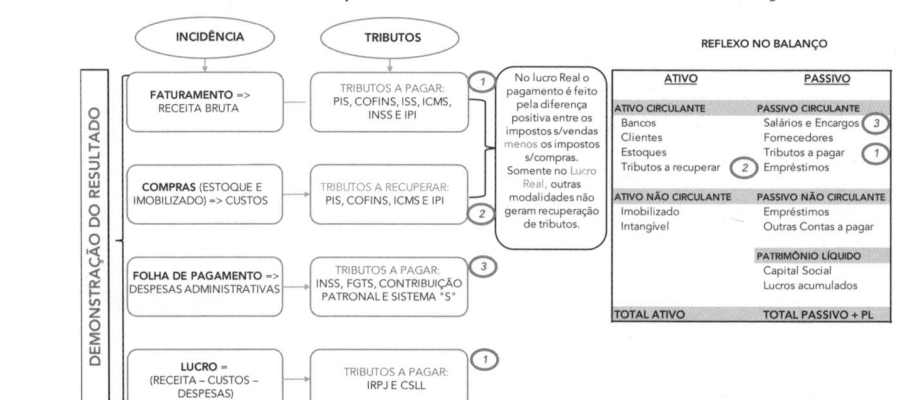

Fonte: Elaborado pelos autores

Obs: existem tributos que incidem sobre o patrimônio (IPVA, IPTU, ITBI, ITCMD etc.), sobre importação/exportação e outros que não estão no escopo deste livro.

- **Programada de Integração Social (Pis);**

- **Base de cálculo: venda de mercadorias ou de serviços prestados;**

- **Alíquotas de 1,65% para empresas que optarem, ou que estão enquadradas, pelo lucro real.**

O PIS é uma contribuição e incide com taxa de 1,65% sobre o faturamento. A partir de 2002, foram alteradas as regras das contribuições ao PIS de forma a eliminar parcialmente a cumulatividade (efeito cascata de impostos) nas atividades industriais e comerciais. Assim, uma indústria ou uma revenda, pode hoje se creditar do valor do PIS pago na compra de matérias-primas ou mercadorias que vão compor o produto acabado, aplicando-se 1,65% sobre o valor das mercadorias para revenda dos insumos utilizados na produção, da energia elétrica consumida e dos aluguéis referentes às áreas utilizadas nas atividades da empresa. Dessa forma, recolhe-se aos cofres federais 1,65% sobre o faturamento, deduzido dos créditos a base de 1,65% sobre os itens acima mencionados. Ainda se aplica 1,65% sobre as receitas financeiras sem a possibilidade de tomada de créditos sobre as despesas financeiras.

Na exportação, não há incidência do PIS e o contribuinte poderá ainda assim se creditar em relação às etapas anteriores da produção.

Essa sistemática, denominada não cumulativa, não se aplica às pessoas jurídicas que optaram pelo regime de apuração de lucro presumido, pelo Simples ou que pertençam a alguns setores específicos. Nesses casos, a alíquota continua sendo de 0,65% sem direito aos créditos sobre insumos.

Contribuição para o Financiamento da Seguridade Social (COFINS)

A exemplo do PIS, a Cofins incide sobre o faturamento de mercadorias e serviços com uma alíquota de 7,6% sobre a receita bruta mensal. Também a exemplo do PIS, a partir de 2003 o governo alterou as regras das contribuições da Cofins, eliminando parcialmente a cumulatividade nas atividades industriais e comerciais através da possibilidade do crédito da contribuição pago na etapa anterior da produção ou comercialização.

Dessa forma, recolhe-se aos cofres federais 7,6% sobre o faturamento deduzido dos créditos a base de 7,6% sobre os insumos.

Ainda se aplica 3% sobre as receitas financeiras sem a possibilidade de tomada de créditos sobre as despesas financeiras.

Na exportação, não há incidência da Cofins e o contribuinte poderá ainda sim se creditar em relação às etapas anteriores da produção.

Essa sistemática, denominada não cumulativa, não se aplica às pessoas jurídicas que optaram pelo regime de lucro presumido, pelo Simples ou que pertençam a alguns setores específicos. Nesses casos, a alíquota continua sendo de 3% sem direito aos créditos sobre insumos.

O governo vem estudando transformar o PIS e COFINS numa contribuição única, porém já deixou claro que, caso essa junção implique em queda de arrecadação, aumentará a alíquota da nova contribuição. Isto significa que eliminaríamos uma contribuição, mas continuaríamos a pagar o mesmo valor.

Imposto sobre a Circulação de Mercadorias e Prestação de Serviços de Transporte Interestadual e Intermunicipal e de Comunicação (ICMS)

O ICMS, como você provavelmente vai notar, pelo título, incide sobre tudo que passa de um contribuinte a outro. É o principal imposto em termos de arrecadação dos estados e o maior causador da chamada guerra fiscal, onde cada estado procura atrair empresas para seus domínios oferecendo subsídios e vantagens para no futuro arrecadar mais ICMS.

O ICMS incide sobre a venda de mercadorias, a entrada de mercadoria importada, a prestação de serviços de transporte, o fornecimento de alimentação, bebidas, a entrada de bens do ativo imobilizado oriundos de outros estados e a entrada de bens de consumo.

O ICMS incide por dentro, isto é, na lista de preço de seu fornecedor de insumos ou no supermercado o ICMS já está incluído no preço do produto. Um produto cujo preço seja de R$100,00, e o ICMS tenha alíquota de 18%, tem um ICMS embutido de R$18,00.

No ICMS, o contribuinte pode descontar do valor a recolher sobre a venda o valor do ICMS já incluído no preço dos insumos ou nos produtos adquiridos para revenda, no caso de um supermercado, por exemplo.

As alíquotas de ICMS são diferenciadas de acordo com a essencialidade dos produtos, podendo ir de zero para itens da cesta básica até 35% para comunicação e energia elétrica, por exemplo. Dependendo do estado de origem da mercadoria, a alíquota também varia. Compras com origem e destino no estado de São Paulo pagarão 18% ou 17% de ICMS, enquanto mercadorias oriundas dos estados do Sul e do Sudeste e destino para o Nordeste, por exemplo, pagarão 7% de ICMS.

A regulamentação do ICMS determina que o valor do IPI deve integrar a base de cálculo do ICMS quando o produto é destinado ao uso ou consumo, não compondo a base de cálculo quando o produto for destinado à industrialização ou à comercialização.

No ICMS há também a figura da substituição tributária, onde uma empresa, normalmente uma indústria, se responsabiliza, por determinação do estado, a recolher o ICMS de toda uma cadeia produtiva arcando com os riscos de inadimplência, facilitando em muito a fiscalização pelo Estado e principalmente diminuindo a sonegação: bom para o governo e mais ônus para a empresa privada.)

Imposto sobre Produtos Industrializados (IPI)

O IPI é um imposto da esfera federal, cujo valor arrecadado vai para o governo federal e na sua origem tem como fato gerador a industrialização de produtos. Por industrialização aqui devemos entender qualquer operação que modifique o produto em termos de sua natureza, funcionamento e apresentação do produto. Assim, só empresas industriais são contribuintes do IPI.

O IPI tem alíquotas variáveis por produto, dependendo de quão essencial ele seja, e incide sobre o preço de venda total do produto. Desta forma, se sua empresa compra um insumo industrializado como, por exemplo, tinta para uma máquina industrial e na lista de preço do vendedor aparece um preço de venda de R$100,00, no final, quando a mercadoria chegar em sua empresa, o valor total da nota será de R$110,00 (R$100,00 + R$10,00 = R$110,00) supondo 10% de alíquota de IPI.

O IPI é um imposto não cumulativo, isto é, usando o exemplo acima, os R$10,00 que você pagou ao governo, via fornecedor, vai gerar um crédito que você pode descontar do valor do IPI que cobrará de seu cliente (desde que seu cliente utilize seu produto como insumo na fabricação de outro produto industrial). Supondo que você incorpore/use a tinta para revestir a máquina que você vai vender por R$500,00 com alíquota de 10% de IPI, você receberá de seu cliente R$550,00 (R$500,00 + R$50,00) e depois recolherá aos cofres federais a diferença entre os R$50,00 de IPI que seu cliente pagou e os R$10,00 que você pagou de IPI quando comprou a tinta, isto é, R$40,00.

Imposto Sobre Serviços (ISS)

O ISS é um imposto municipal que tem como fato gerador a prestação de serviços de qualquer natureza e incide sobre o valor dos serviços por dentro ou por fora, dependendo da lei municipal onde a empresa está situada ou onde ela presta serviços.

O ISS é um imposto controverso, pois cada município tem uma legislação diferente que nem sempre está em consonância com a Emenda Constitucional nº 37 de 12/06/2002 e a Lei Complementar nº 116, de 31/07/2003.

Incidentes sobre a Compra (Compensação de Tributos)

Existe um sistema de compensação de tributos que visa tributar apenas o valor agregado que a empresa atribuiu ao seu produto ou serviço.

Esse sistema é chamado de regime não cumulativo, que pode ser utilizado para empresas optantes/enquadradas no lucro real.

Em essência, todo tributo pago na compra de materiais que são empregados no processo fabril ou na prestação de serviços gera direito ao crédito do respectivo tributo incidente sobre o faturamento, os quais são: IPI, ICMS, PIS/COFINS. Conforme exemplo utilizado na descrição do IPI acima.

Incidentes sobre a folha de pagamento (INSS, FGTS e demais contribuições)

Por sua relevância, trataremos os impostos sobre a folha em um item específico.

Penalidades fiscais

"Dura lex, sed lex" — "A lei é dura, porém é a lei." Se uma lei foi aprovada e não fere nenhum princípio constitucional, tal lei deve ser cumprida na íntegra.

"Ignorantia legis non excusat" — "Não se pode alegar desconhecimento da lei como justificativa para sua infração."

Essas duas expressões no latim refletem bem a realidade do dia a dia fiscal e não podemos desprezar os impactos das penalidades fiscais. Costumamos dizer que a fiscalização é silenciosa e se manifesta próximo ao prazo de prescrição do tributo, o que em média é de cinco anos. Além de pagar o tributo devido, temos que pagar os juros acumulados de cinco anos mais as multas de mora de 20% e por infração.

A pena de ilícitos tributários caracterizados como sonegação pode variar de reclusão de dois a cinco anos, além da multa que pode atingir até 225%, conforme Artigo 1 da Lei 8.137/1990 e Artigo 44 da Lei 9.430/1996.*

As penalidades fiscais são pesadas e podem levar uma empresa a decretar falência, por este motivo o empresário brasileiro deve estar atento quanto à correta aplicação da lei em sua empresa. Recomendamos fazer uma revisão fiscal do seu negócio de tempos em tempos. Como a expressão diz: "não podemos nos valer do desconhecimento da lei."

Prestando contas ao governo

As pessoas jurídicas e equiparadas, perante a Legislação Comercial, Fisco Federal, Ministério do Trabalho e Previdência Social, independentemente do seu enquadramento jurídico ou da forma de tributação perante o imposto de renda, estão obrigadas a cumprir com várias obrigações ou normas legais.

TABELA 13.14: Principais Obrigações Acessórias

JUNTA COMERCIAL	RECEITA FEDERAL	PREVIDÊNCIA SOCIAL	MINISTÉRIO DO TRABALHO
Balanço	Sped Fiscal/EFD	GFIP	Livro de Inspeção do Trabalho
Livro Diário	Sped Contábil/ECD	GRFC	Livro Registro de Empregados
Livro Razão	Sped Imposto de Renda/ECF	CAGED	Folha de Pagamento
Livro de Registro Ações	DIRF	RAIS	Norma Regulamentadora 7
Livro de Atas	DCTF	E-Social	Norma Regulamentadora 9
Publicações Gerais	REINF		
Contrato Social / Estatuto	SISCOSERV		
	Informe de Rendimentos		

Fonte: http://www.portaldecontabilidade.com.br/tematicas/obrigacoes.htm

Planejamento tributário

Como vimos, a carga tributária no Brasil é extremamente alta e lidar com suas obrigações acessórias é trabalhoso e complexo. Um bom planejamento tributário pode ser a linha tênue entre lucro e prejuízo. Antes de entrar no tópico propriamente dito, precisamos entender e diferenciar evasão e elisão fiscal, conforme explicado no início deste capítulo.

---

* Infração tributária.

Tópicos de um bom planejamento tributário:

- Conhecer bem o tipo de produto ou serviço prestado e o modelo de negócios da empresa;
- Verificar a existência de benefício/incentivo fiscal para o segmento escolhido;
- Buscar áreas/regiões incentivadas para produzir, prestar serviço e vender;
- Sempre verificar se a empresa está se aproveitando de todos os créditos permitidos por lei. Esse tema é importante e recomendamos procurar especialistas para este tópico devido ao fato de que novas leis são emitidas diariamente e a carga tributária pode ser reduzida ou elevada;
- Analisar cuidadosamente o regime de tributação escolhido.

A opção pelo regime tributário é feita anualmente, portanto, deve fazer parte da agenda do empreendedor.

TABELA 13.15: Exemplo de Planejamento Tributário na Escolha do Regime Tributário

DEMONSTRAÇÃO DE RESULTADO	SIMPLES %	SIMPLES R$	LUCRO PRESUMIDO %	LUCRO PRESUMIDO R$	LUCRO REAL %	LUCRO REAL R$
Receita Bruta de vendas - (Comércio)		4.000.000		4.000.000		4.000.000
(-) PIS			0,65%	-26.000	1,65%	-66.000
(-) COFINS			3,00%	-120.000	7,60%	-304.000
(-) ICMS			12,00%	-480.000	12,00%	-480.000
(-) Simples (PIS, COFINS, INSS, ICMS, IRPJ e CSLL)	19,00%	-760.000				
(+) Parcela a deduzir do simples até 4.8000.000		378.000				
Total de deduções de vendas		-382.000		-626.000		-850.000
= Receita Líquida		3.618.000		3.374.000		3.150.000
(-) Custo mercadoria revendida (50% receita)		-2.000.000		-2.000.000		-2.000.000
(+) PIS a recuperar					1,65%	33.000
(+) COFINS a recuperar					7,60%	152.000
(+) ICMS a recuperar					12,00%	240.000
= Margem de Contribuição - MC		1.618.000		1.374.000		1.575.000
MC% - (MC/Receita Líquida)		44,7%		40,7%		50,0%
(-) Salários		-100.000		-100.000		-100.000
(-) INSS s/Salários			20,00%	-20.000	20,00%	-20.000
(-) Demais Despesas Fixas		-100.000		-100.000		-100.000
=Lucro Operacional Antes dos Juros IR e CS - LAJIR		1.418.000		1.154.000		1.355.000
Impostos sobre o lucro						
Lucro presumido - Base IRPJ = (4.000.000 x 8%)			8,00%	320.000		
(-) IRPJ			15,00%	-48.000	15,00%	-203.250
Base do adicional (Lucro Presumido ou Real - 240.000)			240.000	80.000	240.000	1.115.000
(-) Adicional do IRPJ			10,00%	-8.000	10,00%	-111.500
Lucro presumido - Base CSLL = (4.000.000 x 12%)			12,00%	480.000		
(-) CSLL			9,00%	-43.200	9,00%	-121.950
Total do Imposto sobre o lucro				-99.200		-436.700
=Lucro Operacional Depois dos Juros IR e CS - LODIR		1.418.000		1.054.800		918.300
Margem lucro operacional% (LODIR /Receita Líquida)		39,19%		31,26%		29,15%
(-) Juros de Financiamento		-500.000		-500.000		-500.000
(+) Benefício dos Impostos sobre os Juros					34,00%	170.000
=Lucro Líquido Depois do IR/CS - LDIR		918.000		554.800		588.300
Margem lucro % (LDIR /Receita Líquida)		25,37%		16,44%		18,68%
TOTAL TRIBUTOS PAGOS (Sobre Faturamento - Créditos de compras + Impostos sobre o salário e sobre o lucro)		-382.000		-745.200		-711.700

Fonte: Elaborado pelos autores

Podemos extrair diversas análises sobre este comparativo, destacamos algumas:

O Simples é sempre mais vantajoso, onde aplicável;

Quanto maior for a margem de contribuição do produto maior a chance de o lucro presumido ser a melhor opção, comparando com o lucro real, sem analisar as despesas;

O lucro real permite a recuperação de impostos pagos na compra de estoques e imobilizado e permite a compensação de prejuízos de anos anteriores.

Embora a maior Margem de Contribuição (MC) no exemplo seja a do lucro real, o lucro presumido se mostra mais vantajoso quando olhamos o lucro operacional depois do IR (LODIR), ou seja, mais caixa para a empresa se não houvesse despesas financeiras.

Como a modalidade de lucro real permite a dedução as despesas de juros, depreciação e todas as demais permitidas pelo regulamento do IR, a opção pelo lucro real é a 2ª mais vantajosa na simulação, caso haja impedimento pela opção pelo Simples.

Essa análise deve ser feita anualmente.

Quais São os Custos Reais de um Funcionário CLT?

Folha de pagamento

A folha de pagamento é um componente importante da gestão financeira de qualquer empresa. Existem muitas variáveis e seu peso nas despesas normalmente é alto, portanto, seu planejamento e controle não podem ser desprezados.

Os três elementos principais de uma folha de pagamento são:

- Política de remuneração;
- Política de benefícios;
- Encargos sobre a folha de pagamento.

Política de remuneração

Remuneração é o conjunto de salários, 13º salários, férias e 1/3 de férias, horas extras, comissões, prêmios e outros adicionais. Por esta razão, a empresa deve controlar muito bem as rubricas adicionais ao salário.

Regras básicas

A Consolidação das Leis do Trabalho (CLT) prevê uma jornada de trabalho de 8 horas diárias (entre outras) não podendo ultrapassar 44 horas semanais ou 220 mensais. A lei também prevê um limite de duas horas extras por dia de trabalho. Com vistas ao planejamento financeiro de uma empresa, recomendamos sempre a utilização de um banco de horas (evitando assim o pagamento de horas extras) que ainda hoje deve ser aprovado pelo sindicato da categoria.

Os salários devem se pautar pelo mercado e pelo desempenho individual visando motivar o colaborador a melhorar seu desempenho e crescer profissionalmente.

Uma política de remuneração deve estabelecer as faixas para cada cargo, e para cada cargo deve-se administrar os salários de acordo com a performance do ocupante.

Figura 13.4: Política de Enquadramento Salarial

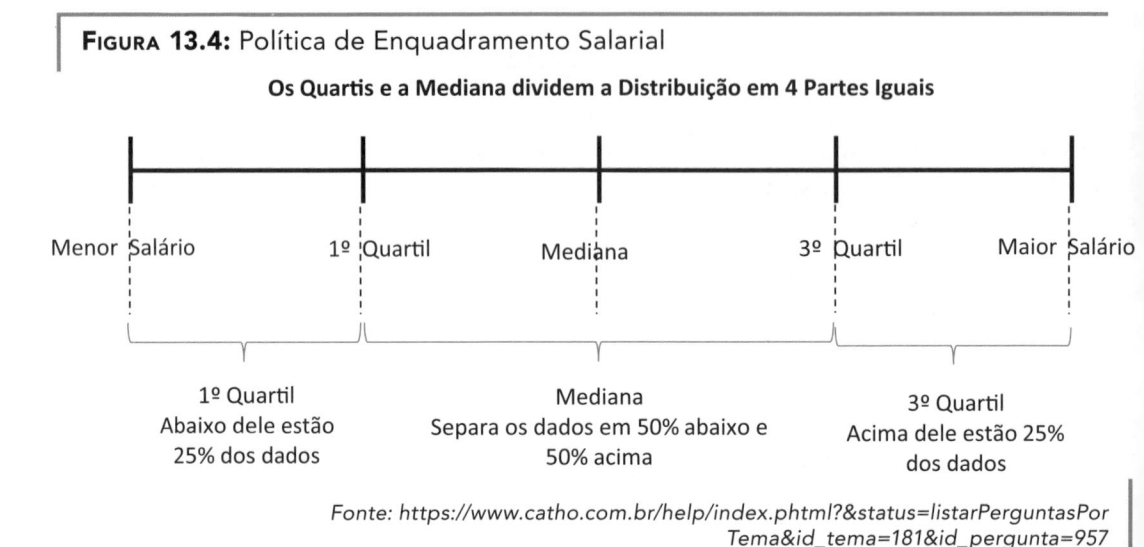

Os Quartis e a Mediana dividem a Distribuição em 4 Partes Iguais

Fonte: https://www.catho.com.br/help/index.phtml?&status=listarPerguntasPor Tema&id_tema=181&id_pergunta=957

O 1º Quartil começa com um salário bem inferior, ficando abaixo em 75% do mercado.

Já o 2º Quartil fica um pouco abaixo ou na mediana.

O 3º começa na mediana e fica um pouco acima.

Por último, o 4º Quartil é para aqueles que superam a expectativa nas entregas e são talentos que a empresa deve reter, por isso seus salários são acima do mercado.

Para que um colaborador possa alcançar o último quartil salarial é preciso estabelecer uma Descrição de Resultados de Cargos (DRC), contendo claramente as atribuições e resultados esperados. A DRC deve estar acessível para todos dentro da organização.

A política de remuneração estabelecerá o salário inicial de um cargo, níveis máximos de percentuais de aumento salarial por méritos e promoções, bem como períodos de avaliação e reajustes.

Para acompanhar o desempenho e os resultados/metas do cargo, deve-se formalizar uma avaliação de desempenho/resultados. Nossa orientação é que seja feita, no mínimo, duas vezes ao ano sempre com muita transparência baseada em fatos, evitando avaliações subjetivas e superficiais.

Pontos de atenção

Recomenda-se a correta classificação do CNAE, que determina o sindicato que a empresa será filiada.

Conhecer cada vírgula do acordo coletivo da empresa, porque ele regula uma série de obrigações entre as partes.

Elaborar um bom contrato de trabalho com o intuito de resguardar a empresa e regular os direitos e obrigações entre as partes.

Política de benefícios

Existem uma série de benefícios, alguns compulsórios e outros não. Deve-se se analisar cada um deles sob os aspectos tributários e é claro do ponto de vista do interesse da empresa e do funcionário em relação ao benefício.

Abaixo destacamos os benefícios clássicos:

- Vale-transporte;
- Vale-refeição;
- Vale-alimentação (compras em supermercado);
- Assistência médica;
- Assistência odontológica;
- Seguro de vida;
- Participação nos lucros e resultados;
- Carro para usar no trabalho;
- Previdência privada complementar;
- Celular e notebook corporativo.

Escolher os benefícios requer conhecimento dos planos que o mercado oferece e das necessidades específicas da empresa e do funcionário.

Por essa razão você, como empreendedor, deve selecioná-los com critério.

Há alguns benefícios que fazem parte do acordo coletivo e alterá-los requer negociação prévia.

Via de regra o empreendedor tem o direito de descontar do funcionário uma parcela do benefício, como é o caso do vale-transporte, no qual a empresa pode descontar até 6% do salário limitado ao valor do VT. No caso do plano de saúde, a empresa pode ter coparticipação de planos de saúde, o que ajuda a controlar as despesas em um item que vem se tornando muito importante nos custos de pessoal.

A lei proíbe o pagamento de benefícios em dinheiro (a não ser raras exceções estabelecidas no acordo coletivo com o sindicato), pois o mesmo caracteriza salário, devendo, nesse caso, sofrer o impacto dos respectivos impostos.

Encargos sobre a folha de pagamento

A incidência de impostos sobre a remuneração e benefícios é complexa e requer profissionais qualificados para o cálculo correto, pois para cada rubrica da folha de pagamento existe uma forma de cálculo diferenciada. Os encargos sobre a folha são:

- INSS;
- FGTS;
- Sistema S (Sest, Senat, Sesi);
- PIS/Pasep.

As alíquotas e incidências variam de acordo com a atividade e o risco da empresa. No exemplo abaixo simularemos dois cargos para verificarmos a relação entre salários, benefícios e encargos.

TABELA 13.16: Custo total de um funcionário para a empresa

Cálculo simples do custo mensal

	R$ ou %	Valores	% sobre total	Fórmula
Remuneração				
Salários	10.000,00	10.000,00	100,0%	
13º Salário		833,33	8,3%	=(10.000 / 12)
1/3 Férias		277,78	2,8%	=(10.000 / 3 / 12)
Total remuneração		**11.111,11**	**111,1%**	
Benefícios				
Vale transporte (VT)	180,00	180,00		
(-) Desconto VT	6%	-180,00		6% salário limitado ao valor do VT
Vale refeição (VR)	500,00	500,00		
(-) Desconto VR	-50,00	-50,00		
Assistência Médica (AM)	400,00	400,00		
(-) Desconto AM	-100,00	-100,00		
Total Benefícios		**750,00**	**7,5%**	
Encargos				
INSS + Sistema S	23%	2.300,00		= (10.000) * 23%
INSS sobre Férias	23%	0,00		Sem incidência de INSS
INSS sobre 13º	23%	191,67		= (833,33) * 23%
FGTS	8%	800,00		= (10.000) * 8%
FGTS sobre Férias e 13º	8%	88,89		= (833,33 + 277,78) * 8%
Total Encargos		**3.380,56**	**33,8%**	
Total Folha de Pagamento		**15.241,67**	**152,4%**	

Fonte: Elaborado pelos autores

No exemplo ao lado, para um salário de R$10 mil, o custo total do funcionário atinge R$15.241,67, ou seja, 52,4% a mais do que o valor do salário.

Os custos totais de um funcionário que tem salário de R$2 mil estão demonstrados abaixo:

Tabela 13.17: Custo total de um funcionário para a empresa

Cálculo simples do custo mensal

	R$ ou %	Valores	% sobre total	Fórmula
Remuneração				
Salários	2.000,00	2.000,00	100,0%	
13° Salário		166,67	8,3%	=(2.000 / 12)
1/3 Férias		55,56	2,8%	=(2.000 / 3 / 12)
Total remuneração		**2.222,22**	**111,1%**	
Benefícios				
Vale transporte (VT)	180,00	180,00		
(-) Desconto VT	6%	-120,00		6% salário limitado ao valor do VT
Vale refeição (VR)	500,00	500,00		
(-) Desconto VR	-50,00	-50,00		
Assistência Médica (AM)	400,00	400,00		
(-) Desconto AM	-100,00	-100,00		
Total Benefícios		**810,00**	**40,5%**	
Encargos				
INSS + Sistema S	23%	460,00		= (2.000) * 23%
INSS sobre Férias	23%	0,00		Sem incidência de INSS
INSS sobre 13°	23%	38,33		= (166,67) * 23%
FGTS	8%	160,00		= (2.000) * 8%
FGTS sobre Férias e 13°	8%	17,78		= (166,67 + 55,56) * 8%
Total Encargos		**676,11**	**33,8%**	
Total Folha de Pagamento		**3.708,33**	**185,4%**	

Fonte: Elaborado pelos autores

Nesse caso, um salário de R$2 mil custaria à empresa R$3.708,33, ou seja 85,4% a mais do que o salário-base.

Treinamento

Por último, mas não menos importante, é preciso manter o quadro de pessoal bem treinado e atualizado, por isto a questão do treinamento é muito importante e deve ter um espaço no orçamento

Como dizem: "Se você acha que educação custa caro, experimente o custo da ignorância."

FIGURA 13.5: Mapa de Decisões Financeiras

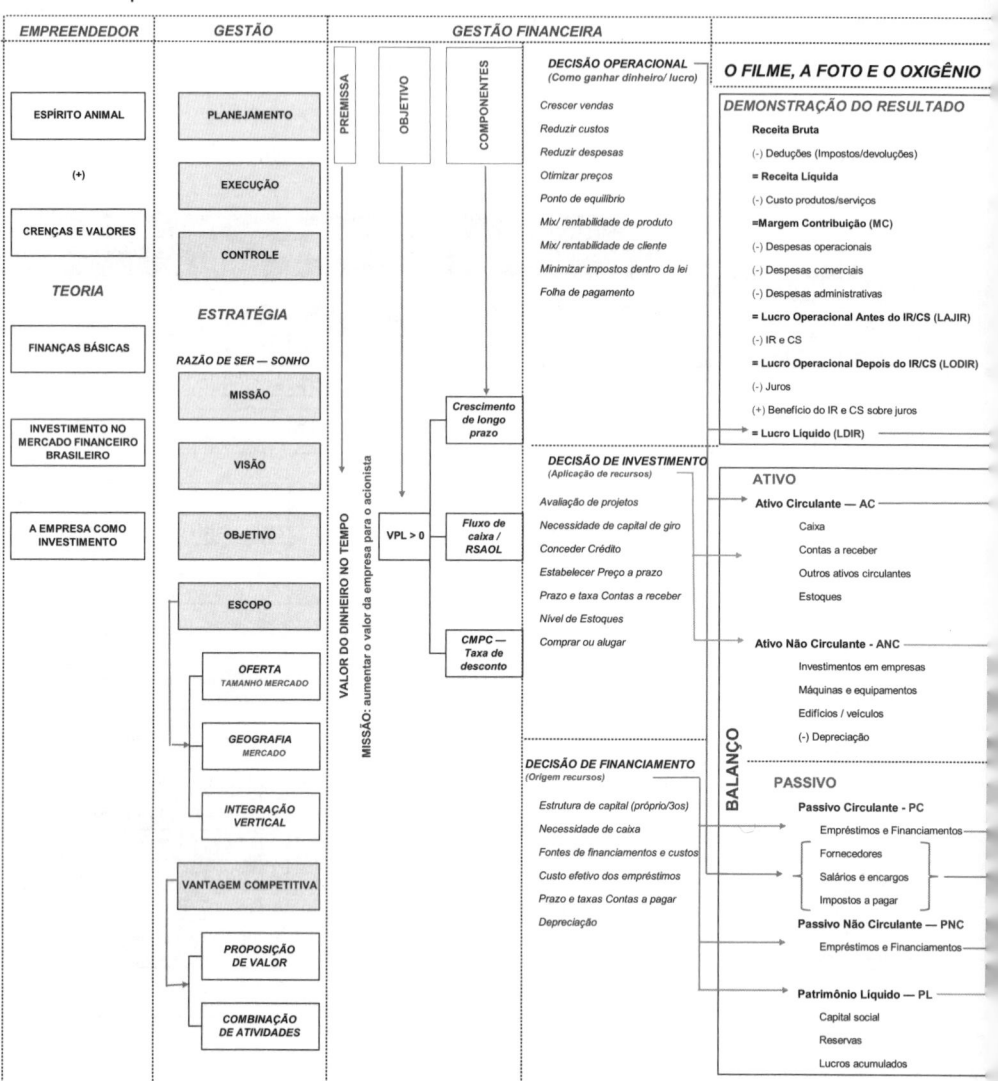

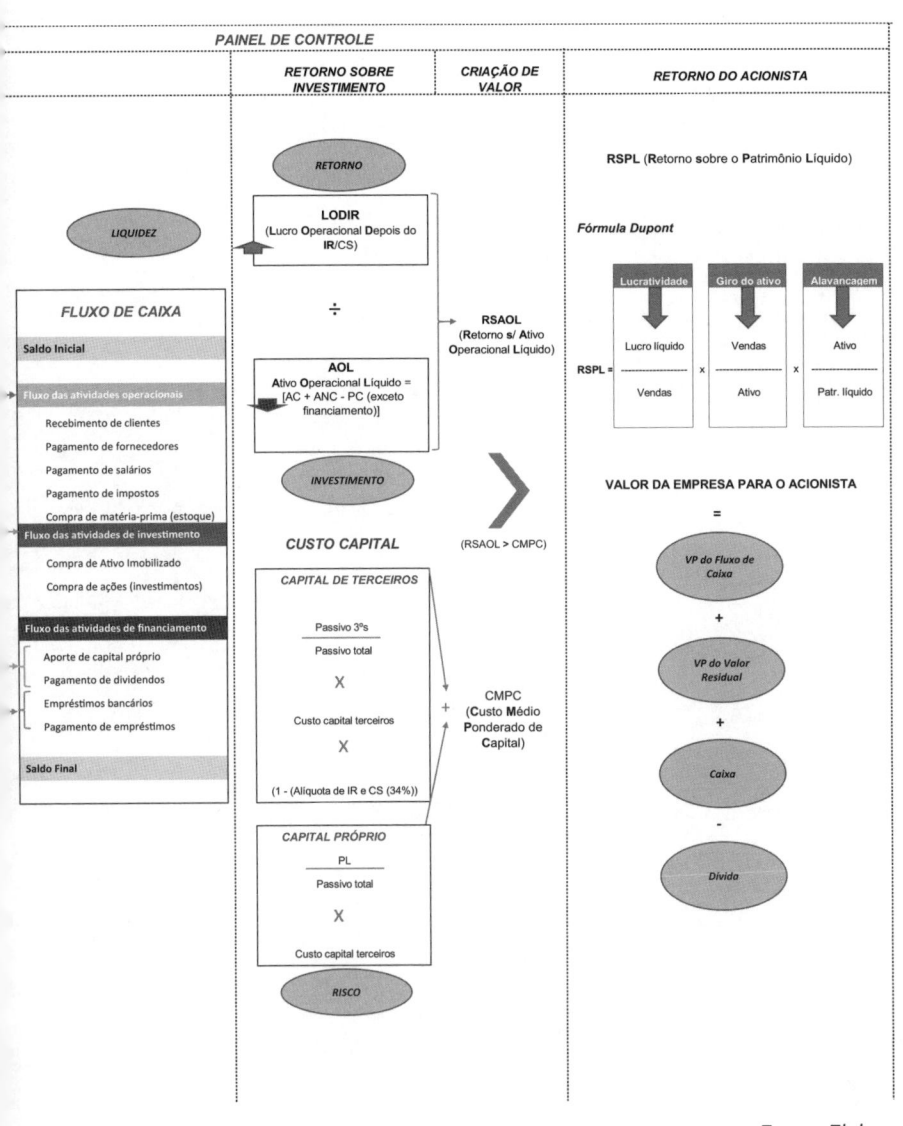

Fonte: Elaborado pelos autores

Capítulo 14

ESTUDO DE CASO

"Estou convencido de que pelo menos metade do que separa os empreendedores de sucesso daqueles que não são é mera perseverança."

— *Steve Jobs*

Plano de Negócio

Como forma de aplicar a teoria apresentada neste livro, vamos expor um exemplo a fim de demonstrar, de forma objetiva, como as finanças interagem desde o início com o dia a dia do empreendedor e como ela ajuda na tomada de decisão empresarial.

Segundo o livro *How Business Work**, elaborar um plano de negócios é fundamental para o sucesso de um novo empreendimento. Empresas que elaboram um plano de negócios tem 2,5 vezes mais chances de sobreviver em comparação com uma empresa que não possui um bom plano de negócios.

Principais razões para se elaborar um plano de negócios:

- **Processo**

  Ao se elaborar um plano de negócios, você acaba sendo forçado a pensar em todas as variáveis e cenários, garantindo um maior fator de êxito para o negócio. Ao se analisar todo o processo, fica claro onde será necessário dedicar os esforços e onde terceirizar tarefas que não estão ligadas à atividade fim da empresa.

- **Custo / Despesas**

  Componente principal para se entender o negócio, somente através de um plano de negócio bem elaborado é possível se conhecer quais serão os custos e despesas envolvidas e assim estabelecer o preço correto, um volume viável para se chegar na margem gerada será suficiente para cobrir todos os custos e remunerar os investidores.

- **Financiamento**

  O plano de negócio proporciona uma visibilidade de quanto e quando o dinheiro será necessário para se operar o negócio, respondendo a uma das questões básicas de finanças sobre a participação de capital próprio e capital de terceiros. Um bom plano de negócios ajuda e muito na obtenção de recursos financeiros externos, pois demonstra que o negócio foi pensado e planejado, auxiliando o investidor na concessão de crédito ou capital próprio.

---

* PALFFY, Georgina. *How Business Work*, 2015.

Fórmula 2 + 2 = 1/2

Antes de iniciarmos o plano de negócio, gostaríamos de ilustrar o grande risco que um empreendedor/empresário corre ao elaborar um plano de negócios achando que tudo será conforme o planejado, pois há grande probabilidade de incorrer no que chamamos de: fórmula **2 + 2 = 1/2**.

É isso mesmo! Dois mais dois é igual a meio. O primeiro dois está relacionado ao tempo, porque geralmente se gasta duas vezes mais tempo do que o projetado para tocar o negócio, e o segundo dois está relacionado ao dinheiro, se consome duas vezes mais dinheiro do que o orçado, o ½ está relacionado ao resultado, que geralmente é a metade do esperado. Para que o esforço e os recursos sejam suficientes e o resultado ultrapasse o esperado, algo como 2+2=22, só com um planejamento adequado.

Processo de planejamento estratégico do negócio

Elaboramos uma estrutura lógica (modelo) para que o empreendedor compreenda todos os ângulos e sequências de um plano de negócios. Fizemos a inserção dos conceitos essenciais, suas definições e as questões-chave de cada etapa.

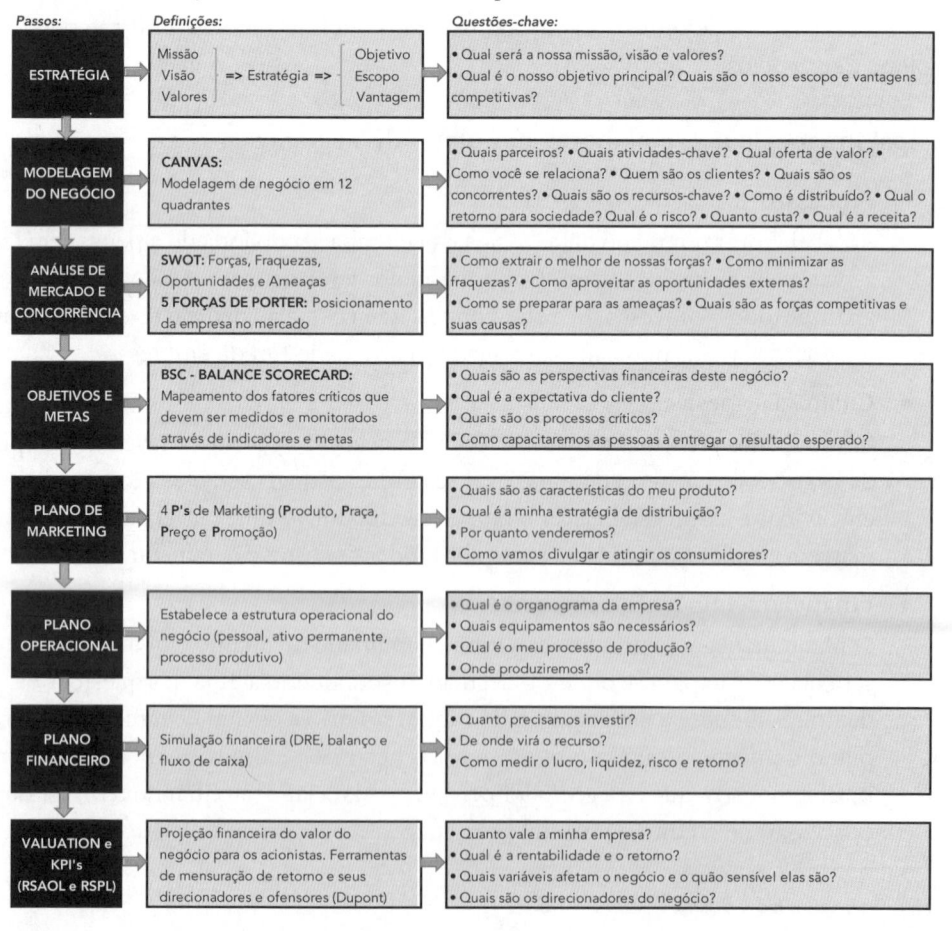

Plano de negócios

O presente exemplo de plano de negócios visa ilustrar os principais elementos e passos a serem seguidos para levar uma empresa ao sucesso.

Sumário executivo

Nosso negócio é a fabricação de **pães de queijo prontos para assar**, tendo como alvo o consumidor final. Ele deverá ser vendido em todos os **canais do varejo no estado de São Paulo**. O produto utiliza receitas caseiras tradicionais com matérias-primas de qualidade que atendam às especificações do consumidor paulista.

Esse é o sonho de Dona Rita e Dona Iara, duas cozinheiras de mão cheia que têm receitas que atravessaram gerações e agora decidiram as compartilhar com o mundo e criar uma grande empresa para as próximas gerações.

A oportunidade

Como cozinheiras experientes, elas enxergaram uma oportunidade no mercado paulista, que é muito grande e tem alto potencial. A qualidade dos produtos existentes atualmente não é satisfatória e uniforme entre os produtores, além do fato de a maioria dos consumidores não serem fiéis a marcas existentes.

O desafio

Como a maioria dos empreendedores, as futuras sócias têm um ótimo produto e uma ótima ideia, entretanto não fazem ideia de como montar e administrar uma empresa.

Juntas, elas possuem R$500 mil para investir neste sonho, a empresa **Pão de Queijo da Vó**. A primeira pergunta com a qual se deparam é: Esse montante é suficiente para abrir e tocar o negócio e obter o retorno desejado? Afinal, este dinheiro bem investido, com risco muito menor e liquidez muito maior, renderia em torno de 4,5% ao ano.

A 1º decisão

Elaborar um plano de negócios robusto, que responda às suas dúvidas.

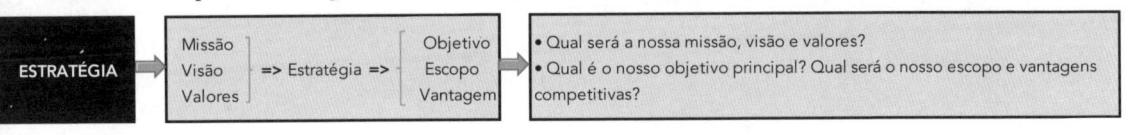

FIGURA 14.1: Hierarquia dos Propósitos das Empresas

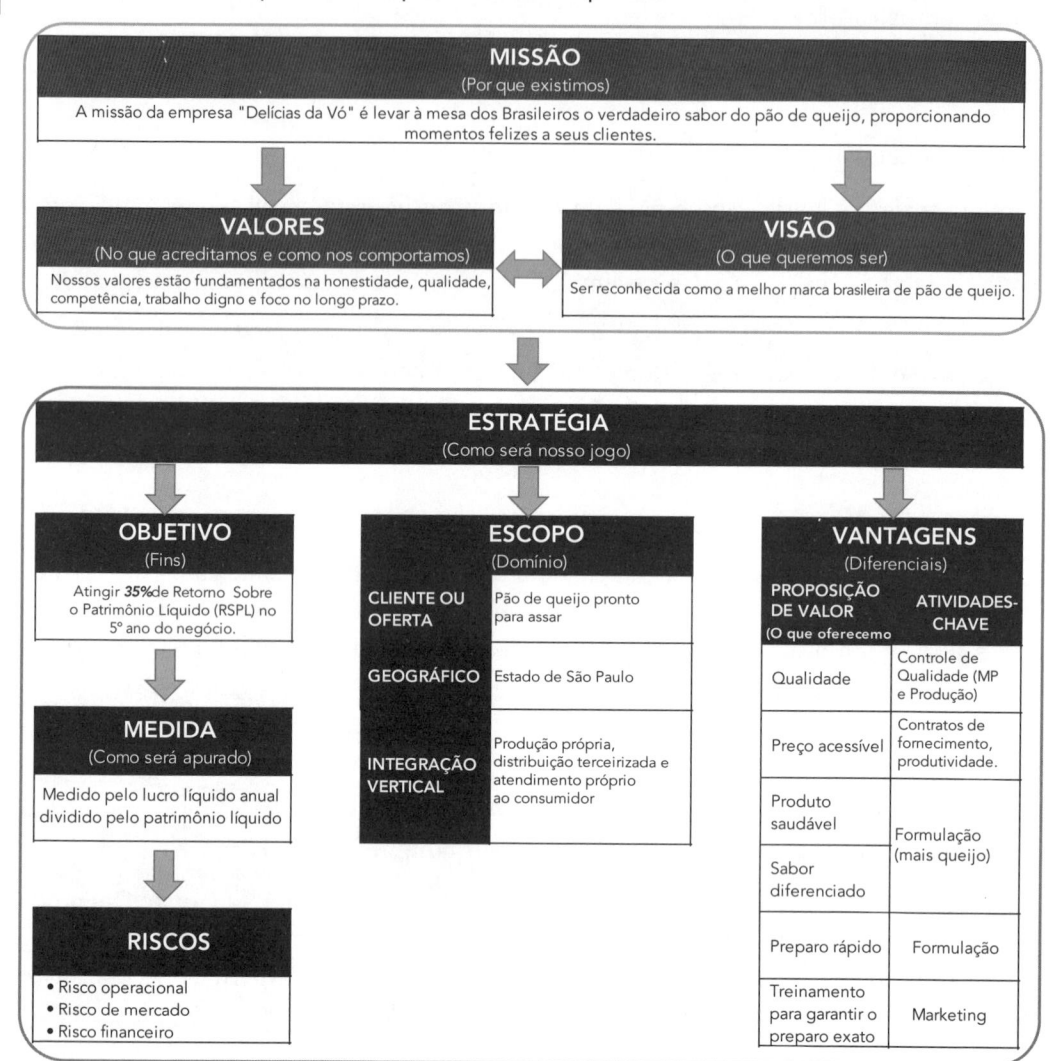

Fonte: Elaborado pelos autores

Tabela 14.1: Curva de Valor entre o Pão de Queijo da Vó e seus Concorrentes Diretos

		O que o cliente quer?						
		Qualidade	Preço acessível	Produto saudável	Sabor diferenciado	Preparo rápido	Treinamento para garantir o preparo exato	Média Total
	Peso (0 a 10)	10	8	7	6	5	4	6,67
A oferta	Delícias da Vó	5	4	4	4	5	3	5,70
	Concorrente 1	5	3	4	5	4	1	5,20
	Concorrente 2	3	5	3	3	2	1	4,10
	Concorrente 3	4	3	4	3	3	1	4,30

Visualização Gráfica

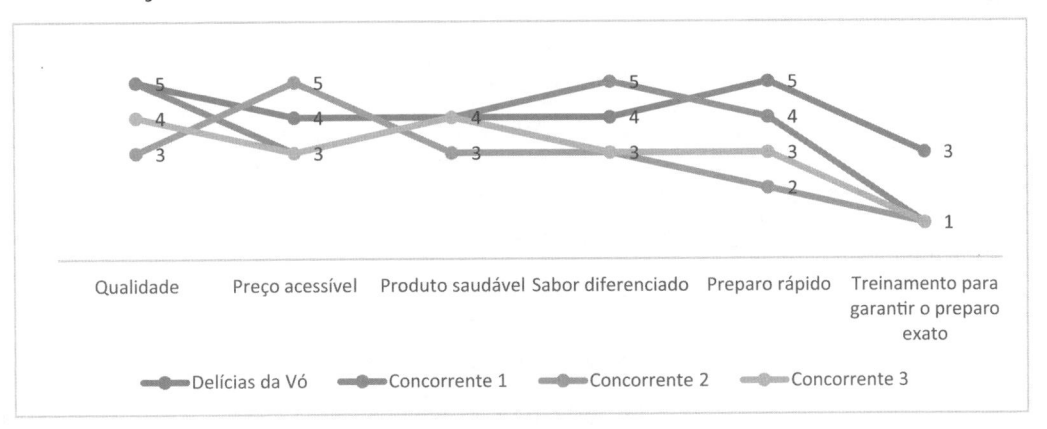

Fonte: Planilhas elaboradas pela do Blog LUZ — Planilhas Empresariais.
Disponível em: https://blog.luz.vc/

Análise

Conforme o gráfico anterior, o item de maior relevância para o consumidor de pão de queijo é a qualidade seguido de preço. Com base nos pesos atribuídos para a proposição de valor, as sócias pretendem atingir o "Ponto Certo" (*sweet-spot*), pois oferecendo o produto de alta qualidade com preço mais acessível esperasse ganhar a preferência do consumidor, já que esses são os atributos mais valorizados por este.

Essa foi a estratégia de Alexandre Rocha, da Cacau Show: oferecer produtos de alta qualidade com preço acessível e, hoje, a Cacau Show é uma das maiores franquias do mundo com mais de duas mil lojas.

A tabela 14.1 nos faz olhar para o concorrente não somente para fazer melhor do que ele, mas principalmente para fazer melhor naquilo que o consumidor valoriza. Aqui, o objetivo é focar o cliente. O empreendedor deve olhar para onde todos olham e ver o que poucos veem.

Figura 14.2: Conceito do Ponto Certo

Fonte: COLLIS, David; RUKSTAD, Michael. "Você sabe qual é a sua estratégia" (2008).

Mapa de atividades-chave

Demonstra quais as principais atividades/processos que devem ser conduzidos com foco e excelência, para que a **Proposição de Valor** da empresa seja alcançada e atenda ao desejo do cliente.

Figura 14.3: Mapa de Atividades-Chave

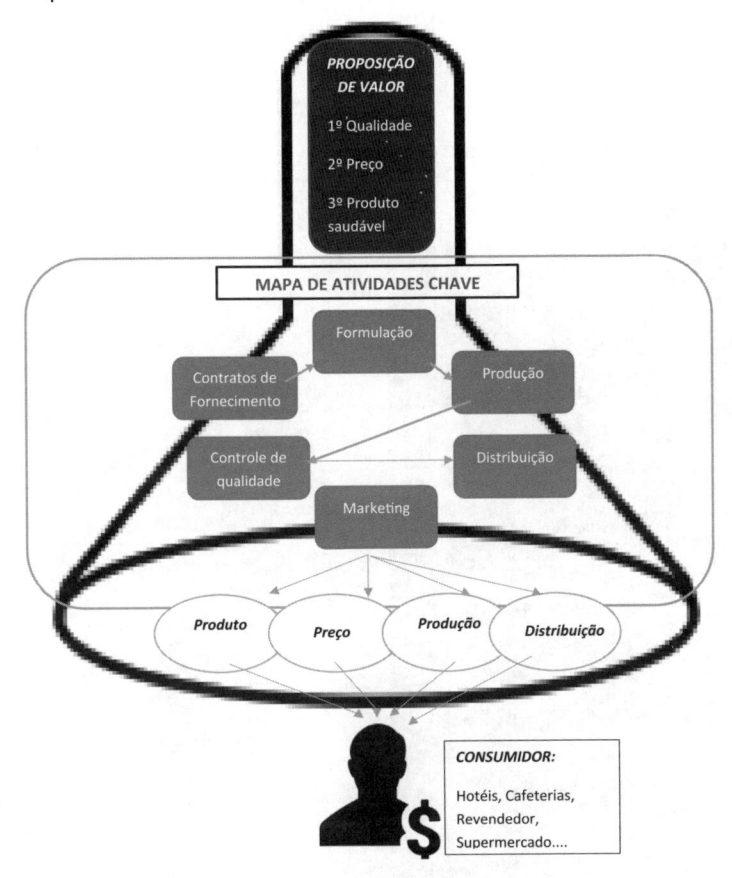

Fonte: Elaborado pelos autores

Após estabelecidas as atividades-chave, os indicadores de performance devem ser definidos para monitorar e medir se o nível desejado destas atividades está sendo atingido.

Modelagem de negócio — Canvas

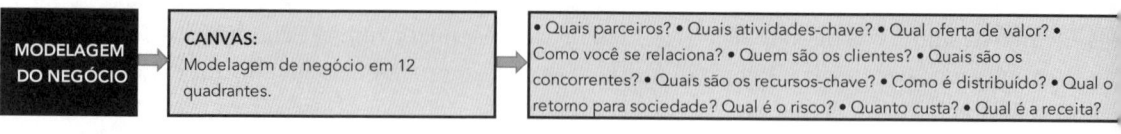

Uma outra abordagem, muito útil na estratégia é o Canvas. Esta ferramenta permite uma visão holística do negócio, e é uma técnica muito utilizada para a modelagem de negócios e o modelo contém nove quadrantes. Incluímos pretensiosamente mais três quadrantes: um para risco, um para concorrentes e outro para relacionamento com a sociedade.

FIGURA 14.4: Os 12 (9) Quadrantes do Canvas

Quadrantes	Questão
Oferta de Valor	O que você entrega?
Atividades-chave	O que você faz?
Segmento de Clientes	Quem você ajuda?
Recursos-chave	Quem você é e o que você tem?
Relacionamento	Como você interage?
Canais de Distribuição	Como você entrega e recebe?
Relação com a Sociedade	Como retribuímos à sociedade?
Parcerias	Quem te ajuda?
Concorrentes	Com quem dividimos o mercado?
Fontes de Receitas	O que você ganha?
Estrutura de Custos	Como você paga?
Riscos	Qual é o risco envolvido?

Fonte : Elaborado pelos autores

Parcerias Quem te ajuda	**Atividades-Chave** O que você faz	**Oferta de Valor** O que você entrega	**Relacionamento** Como você interage	**Segmento de Clientes** Quem você ajuda
Fornecedores de insumos	Processo fabril rigoroso	Qualidade do produto	Canal exclusivo com o clientes (telefone, WhatsApp e e-mail)	Redes varejistas e atacado
Empresas logísticas	Contratos de fornecimento	Preparo rápido	Visitas aos pontos de venda	Lanchonetes, cafeterias e restaurantes
Redes hoteleiras	Processo de inspeção de qualidade	Entrega rápida		Redes de cafeterias sem marca própria de pão de queijo.
	Logística de entrega	Preço acessível		Hotéis e empresas de eventos
		Produto saudável		

Concorrentes Com quem dividimos o mercado	**Recursos-Chave** Quem você é e o que tem	Acompanhamento no ponto de venda para treinamento e para garantir o preparo correto	**Canais de Distribuição** Como você entrega e recebe	**Relação com a sociedade** Como retribuímos com a sociedade
Forno de Minas	Experiência na fabricação de pão de queijo		Empresas logísticas terceirizadas para entrega dos produtos	Empregos para comunidade local
Casa do pão de queijo	Funcionários bem treinados			Fornecedores locais
Massa leve	Ingradientes bem selecionados			Doação de parte dos impostos através de incentivos fiscais à cultura e crianças carentes.
				Doação de pães de queijo a orfanatos carentes

Estrutura de Custos Como você paga	**Fontes de Receitas** O que você ganha	**Riscos** Qual o risco envolvido
Aluguel	Venda de pão de queijo:	Risco de fornecimento
Pessoal	*Tradicional*	Risco de acidentes na fábrica
Insumos	*Com Fibras*	Risco de contaminação alimentícia
Impostos/taxas		Risco de concorrência de preços
Marketing		Risco de falta de crédito
Despesas com frete		

Mercado e competidores

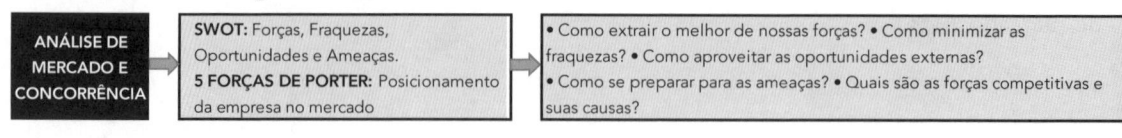

Dados da indústria de fabricação de pão de queijo

Segundo pesquisa publicada no *Valor Econômico* em 14/01/17 (Página B7), o tamanho do mercado brasileiro de pão de queijo é de 46.000.000 quilos ao ano e o mercado de São Paulo representa 45% desse total, ou seja, 20.700.000 de quilos ao ano.

Para se fazer um diagnóstico da empresa, é necessário entender internamente os pontos fortes e fracos e externamente as ameaças e oportunidades que o mercado oferece. A matriz SWOT expõe as Forças (**S**trengths) e Fraquezas (**W**eaknesses) internas da empresa, e o ponto-chave aqui é mitigar tais fraquezas e aproveitar os pontos fortes. De outro lado, ao analisarmos o âmbito externo, as Oportunidades (**O**pportunities) e Ameaças (**T**hreats) devem ser identificadas de forma a mitigar as ameaças externas e aproveitar ao máximo as oportunidades.

TABELA 14.3: Matriz SWOT

MATRIZ SWOT	
Forças (Strengths)	**Fraquezas (Weaknesses)**
Qualidade x Preço	Inexperiência das sócias em gestão
Eficiência produtiva	Marca desconhecida
Conhecimento das sócias sobre o produto	Custo de distribuição
Oportunidades (Opportunities)	**Ameaças (Threats)**
Mercado pulverizado	Guerra de preços
Público-alvo voltado para preço	Produtos fáceis de copiar
Mercado ativo e estável	Competidores muito bem posicionados
POSITIVO	NEGATIVO

Fonte: Elaborado pelos autores

Análise das Cinco Forças de Porter

Michael Porter definiu em seu livro *Estratégia Competitiva* que existem cinco forças que impactam diretamente na vida de qualquer empresa. Segundo Porter: "Compreender as forças competitivas, e suas causas subjacentes, revela as raízes da rentabilidade atual de uma indústria."

Portanto, uma análise dessas cinco forças é importante para colocar a empresa à frente do mercado.

1. Rivalidade entre concorrentes na indústria;
2. O poder de barganha dos compradores;
3. O poder de barganha dos fornecedores;
4. O potencial de entrada de outros concorrentes; e
5. O poder de empresas com produtos substitutos.

Figura 14.5: As cinco forças de Porter

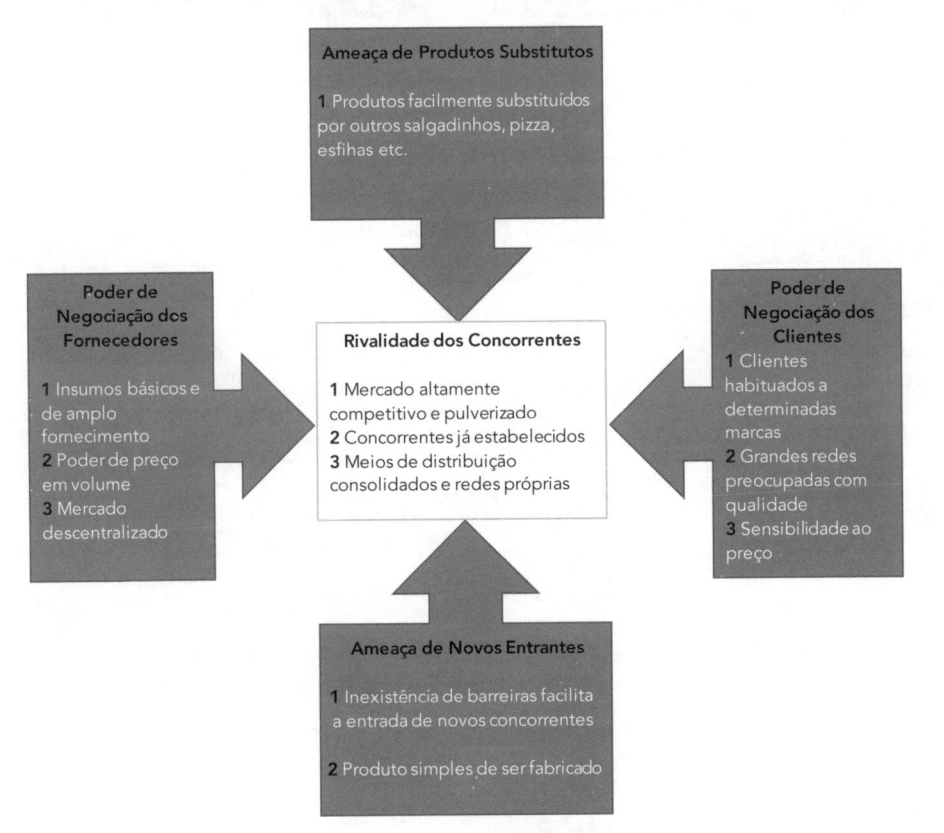

Fonte: PORTER, Michael. Estratégia Competitiva, 1998.

Resumidamente, a empresa não terá problema de fornecimento de insumos, contudo, devido ao fato de o mercado ser altamente fragmentado, novos entrantes podem se arriscar e ocupar um espaço que a empresa pretende conquistar. A ameaça de produtos substitutos é grande.

Objetivos e metas

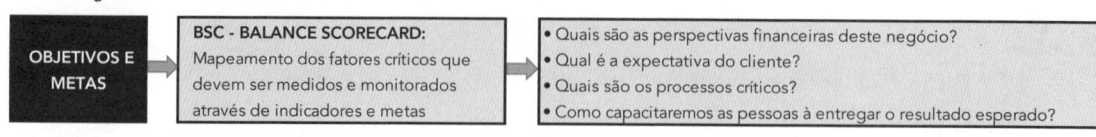

Um método amplamente utilizado e muito eficaz é o Balanced Scorecard, que foi criado por Robert Kaplan e David Norton e traduz em quatro perspectivas as metas a serem implantadas.

TABELA 14.4: Quadrantes do Balanced Scorecard

Perspectivas	Definição
Perspectivas Financeiras	Quais são as expectativas de nossos acionistas, em termos de desempenho financeiro?
Perspectivas do Cliente	Para atingir nossos objetivos financeiros, como criamos valor para os clientes?
Perspectiva dos Processos Internos	Em que processos devemos ser excelentes para satisfazer nossos clientes e acionistas?
Perspectiva de Aprendizado e Crescimento	Como alinhamos nossos ativos intangíveis — pessoas, sistemas e cultura — para melhorar os processos críticos?

Fonte: KAPLAN, Robert; NORTON, David P. Alignment: *Using the Balanced Scorecard to Create Corporate Synergies Alignment, 2015*

Os indicadores devem estar diretamente relacionados às metas e deve existir um alinhamento entre todos os níveis, desde o auxiliar até o diretor, todos devem buscar os mesmos objetivos e somar forças em vez de dividi-las.

Definição das metas

Tabela 14.5: Definições de Metas no Balanced Scorecard

Cadastro das metas			Ano 1		Ano 2	Ano 3	Ano 4	Ano 5
	Objetivo	Meta	Previsto	Realizado	Previsto	Previsto	Previsto	Previsto
Financeiro	Retorno sobre o patrimônio líquido	Lucro Líquido / Patrimônio Líquido	6,00%		30,00%	35,00%	35,00%	35,00%
Financeiro	Ganhar 1% ao ano de Market Share	% Market Share	1,00%		2,00%	3,00%	4,00%	5,00%
Financeiro	Retorno sobre o Ativo Operacional Líquido (RSAOL)	Lucro Operacional depois do Imposto / Ativo Op. Líquido	15,00%		15,00%	18,00%	20,00%	26,00%
Clientes	Desenvolver relacionamentos duradouros com clientes	Nº de Contratos de fornecimentos de longo prazo	10		20	30	40	50
Clientes	Satisfação dos clientes	Nota da pesquisa de satisfação	85,00%		85,00%	90,00%	90,00%	95,00%
Processos	Qualidade dos produtos	% Produção dentro das especificações	95,00%		96,00%	97,00%	98,00%	99,00%
Processos	Nível de produção diária	Média de quilos produzidos em dias úteis	1000		2000	3000	4000	5000
Processos	Padrão de higienização da fábrica	Nº de não conformidades /mês	12		12	12	12	12
Processos	Eficiência de Marketing	Gastos com Marketing / Receita Líquida	2,00%		2,00%	2,00%	2,00%	2,00%
Aprendizado e Crescimento	Capacitar os colaboradores da produção (Formulação)	Quantidade de treinamentos ministrados/mês	12		12	12	12	12
Aprendizado e Crescimento	Satisfação dos colaboradores	Nota da pesquisa de clima organizacional	85,00%		85,00%	90,00%	90,00%	95,00%
Aprendizado e Crescimento	Padronização do processos	Quantidade de processos padronizados	5		5	5	5	5

Fonte: Autores

Recomendamos que sejam criados planos de ação para cada meta estabelecida e uma reunião mensal para o acompanhamento dos atingimentos mensais, com o intuito de implantar ações preventivas e corretivas a fim de que as metas sejam alcançadas.

Plano de marketing

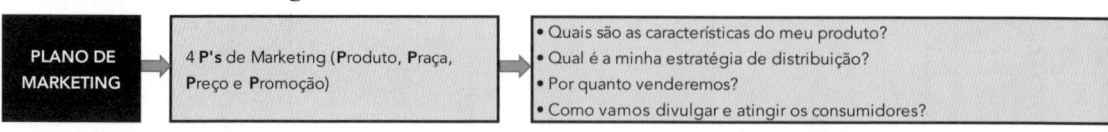

O plano de marketing é uma das peças mais importantes porque contém os aspectos primordiais pelos quais vamos satisfazer a necessidade/desejo do consumidor. Satisfazer a necessidade de seus clientes é a base da existência de qualquer empresa. O processo de marketing é uma função circular conforme exposto na figura abaixo.

FIGURA 14.6: Ciclo de Marketing

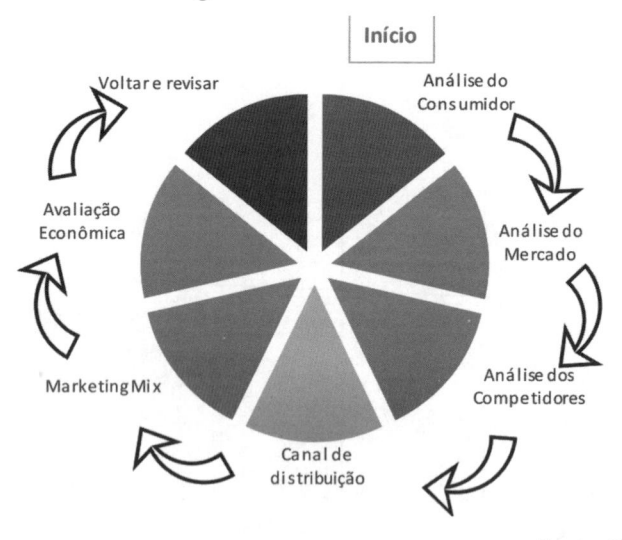

Fonte: Elaborado pelos autores

Como o foco deste livro é finanças, abordaremos os principais tópicos, devendo o leitor se aprofundar mais sobre o tema em livros e materiais voltados para o marketing.

O **plano de marketing** atua com base na estratégia da empresa, estabelecendo a maneira através da qual a empresa facilitará a venda de seus produtos aos seus clientes.

Composto de marketing

Estabeleceremos nosso composto de marketing utilizando os famosos "4 Ps de Marketing", uma das ferramentas mais importantes da área.

Figura 14.7: "4 Ps de Marketing"

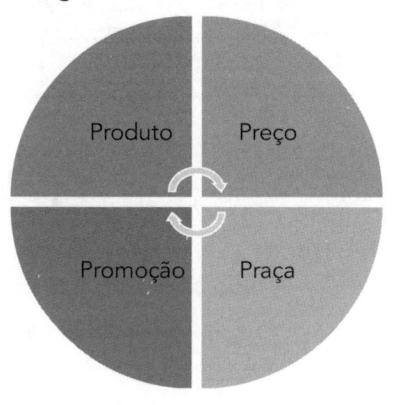

Fonte: Elaborado pelos autores

Tabela 14.6: Descrição do Produto

PRODUTO	DESCRIÇÃO
Variedade	Pão de queijo Tradicional
	Pão de queijo com Fibras
Qualidade	Valor proteico
	Preparo rápido - 20 a 30 minutos no forno de 180 graus
	Sabor caseiro
	Não precisa de descongelamento
Nome da Marca	Pão de queijo da Vó
Embalagem	Embalagem plástica transparente para 1 quilo
	Moderna
	Zip lock, para facilitar o consumo parcial
	Valores de família impressos na embalagem
Tamanho	Formatado e congelado em unidades de 40 gramas

Fonte: Elaborado pelos autores

De acordo com a pesquisa de mercado, deveríamos produzir **70% do tradicional** e **30% com fibras**, especialidades de Dona Rita e Dona Iara.

O objetivo do pão de queijo tradicional é ocupar uma fatia do mercado na qual a aceitação é quase universal entre os brasileiros, já o pão de queijo com fibras visa atender às pessoas que estão buscando cada vez mais produtos saudáveis e com alto teor nutritivo.

Tabela 14.7: Descrição da Praça (Distribuição)

PRAÇA (Distribuição)	DESCRIÇÃO
Canais	Revenda através de varejistas e atacadistas
	Estabelecimentos comercias e redes de hotéis
Região	Estado de São Paulo
Transporte	Logística terceirizada especializada em produtos congelados
Estoques	Estoque mínimo de 40 dias para matéria-prima e produto acabado
	Prazo de entrega dois dias úteis
	Armazenamento na fábrica e depósitos regionais

Fonte: Elaborado pelos autores

Preço

> "Não existe nenhuma lealdade da marca que um
> abatimento de dois centavos não possa derrubar."
>
> — *Autor anônimo*

Posicionamento de preço

Abaixo, transcrevemos os principais posicionamentos de preço. Como o Pão de Queijo da Vó tem a vantagem competitiva da qualidade superior, será adotado o modelo de precificação de penetração de mercado para conquistar os clientes e, ao longo do tempo, subir o preço gradativamente, até atingir o nível de preços que proporciona o retorno desejado.

Matriz de posicionamento de preço

Gráfico 14.1: Matriz de Posicionamento de Preço

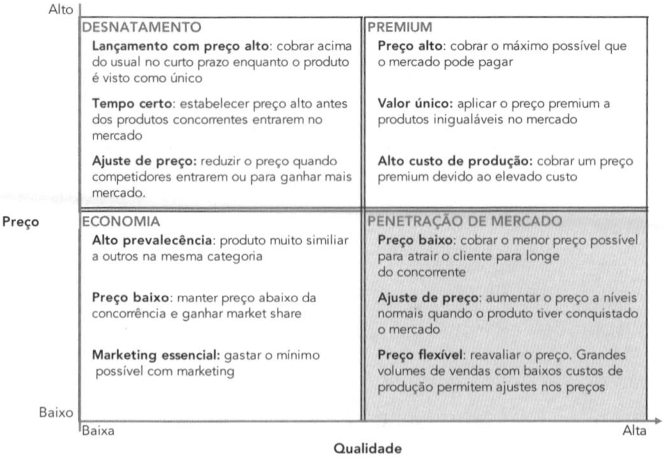

Fonte: PALFFY, Georgina. How Business Work, 2015

Promoção

A promoção é composta por uma série de ações para incentivar o consumidor a comprar mais e mais rápido. Algumas ações de promoção são: propaganda, publicidade, promoções e outras.

Um plano de promoção é muito importante, pois é através dele que viabilizaremos o alcance dos nossos objetivos.

Para a elaboração de um plano consistente é preciso estabelecer o público-alvo, a verba disponível, o conteúdo de comunicação e os canais que serão utilizados.

Tabela 14.8: Descrição da Promoção

PROMOÇÃO	DESCRIÇÃO
Verba destinada	2% do Faturamento
Público-alvo	Redes varejistas e atacado
	Lanchonetes, cafeterias, restaurantes e consumidor final
	Redes de cafeterias sem marca própria de pão de queijo
	Hotéis e empresas de eventos
Ferramentas	Representantes comerciais
	Amostras grátis para o público-alvo
	Propaganda veiculada em mídias sociais e televisão
	Promoção de vendas em programas culinários

Fonte: Elaborado pelos autores

Plano operacional

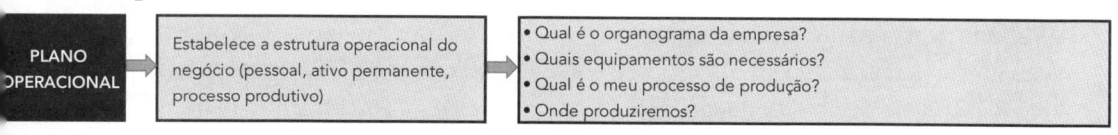

Do ponto de vista financeiro, a finalidade da elaboração de um plano operacional é de dimensionar os principais custos e despesas envolvidos na fabricação do pão de queijo tradicional e com fibras. Dentro do plano operacional os seguintes itens serão abordados:

- Dados da empresa;
- Licença e permissões;
- Sistemas operacionais;
- Processos;
- Ativo permanente — não circulante;
- Mão de obra/pessoal requerido; e
- Custos de fabricação.

Dados da empresa

- **Estrutura Jurídica:** Sociedade de Quotas de Responsabilidade Limitada
- **Nome da Empresa:** Sonhos de Avós Fabricação e Comércio Ltda.
- **Nome Fantasia:** Pão de Queijo da Vó.
- **Local:** Rua das Avós nº 10 CEP 01010-010
- **CNPJ:** 10.100.100/0001-10

Licenças e permissões requeridas

Toda empresa precisa estar legalmente constituída e habilitada para operar, por isso relacionamos abaixo a lista de licenças e permissões necessárias para se fabricar pão de queijo. Pode parecer uma coisa simples e trivial, mas é primordial para seu funcionamento e imagem, pois e a falta destas licenças pode levar uma empresa a fechar as portas.

- Contrato Social registrado na Junta Comercial;
- Cadastro Nacional de Pessoa Jurídica (CNPJ);
- Licença Sanitária;
- Alvará do Corpo de Bombeiros;
- Inscrição Estadual na Secretaria da Fazenda;
- Registro de produtos alimentícios;
- Registro da marca "Pão de Queijo da Vó" no Instituto Nacional da Propriedade Intelectual (INPI);
- Registro de domínio (internet);
- Alvará de funcionamento municipal.

Sistema operacional/gestão:

As sócias elegeram um software de mercado que controlará a produção, estoque, faturamento e tesouraria (contas a pagar e receber, e conciliação bancária). Esse sistema será integrado com o escritório de contabilidade terceirizado para envio e recebimento de informações. O fluxo de documentos para a contabilidade é muito importante, porque é de responsabilidade dela apurar os impostos a pagar e a folha de pagamento, assim como enviar os relatórios mensais de desempenho (balancete, DRE e DFC).

Investimentos em ativos permanentes (ativo imobilizado)

Ativos permanentes ou fixos são compostos por máquinas e equipamentos necessários para a fabricação do pão de queijo. Observação: o ativo permanente é registrado dentro do ativo não circulante.

Após uma pesquisa sobre quais equipamentos são necessários para uma fábrica de pão de queijo, listamos na tabela ao lado os itens do ativo permanente requeridos para a operação do negócio.

Tabela 14.9: Componentes do Ativo Permanente

ATIVO PERMANENTE	ANO 1				
(Em Reais)	Qtde	Unitário	TOTAL	Taxa Depreciação Ano	Depreciação Ano
Máquinas e Equipamentos		167.305	202.965		40.593
Escaldador	1	20.000	20.000	20,0%	4.000
Amassadeira	1	30.000	30.000	20,0%	6.000
Dosador	1	40.000	40.000	20,0%	8.000
Seladora	1	200	200	20,0%	40
Câmara fria (ultracongelamento)	1	25.000	25.000	20,0%	5.000
Câmara fria (armazenagem)	1	35.000	35.000	20,0%	7.000
Ralador de queijo	1	2.700	2.700	20,0%	540
Balança	1	100	100	20,0%	20
Forno 4 Bocas	1	1.000	1.000	20,0%	200
Freezer Horizontal	1	1.500	1.500	20,0%	300
Pia em Inox	1	1.600	1.600	20,0%	320
Gerador Eletrico	1	6.500	6.500	20,0%	1.300
Balcões de Inox	2	1.500	3.000	20,0%	600
Carrinho separador - 75 peças	14	2.000	28.000	20,0%	5.600
Tabuleiros em aluminio MDA 200	378	20	7.560	20,0%	1.512
Caçarolas - 12 litros	2	50	100	20,0%	20
Cubas Brancas para massa	4	10	40	20,0%	8
Bandejas para ingredientes	7	5,00	35	20,0%	7
Espátulas	3	10,00	30	20,0%	6
Facas (3) e colheres (3)	6	5,00	30	20,0%	6
Pallets (4) e Prateleiras (2)	6	50	300	20,0%	60
Peneiras para farinha	2	10	20	20,0%	4
Lixeiras com pedal - 13 litros	2	25	50	20,0%	10
Caixas Plásticas	10	20	200	20,0%	40

ATIVO PERMANENTE	ANO 1				
(Em Reais)	Qtde	Unitário	TOTAL	Taxa Depreciação Ano	Depreciação Ano
Equipamentos Administrativos		6.205	14.915		1.492
Mesas com gavetas	3	950	2.850	10,0%	285
Mesa para reunião	1	180	180	10,0%	18
Cadeiras giratórias	7	150	1.050	10,0%	105
Cadeiras estofadas	6	120	720	10,0%	72
Arquivo em aço com 4 gavetas	2	200	400	10,0%	40
Armário Baixo	3	200	600	10,0%	60
Armário Alto	3	320	960	10,0%	96
Computadores	3	2.000	6.000	10,0%	600
Software de gestão	1	1.650	1.650	10,0%	165
Impressora multifuncional	1	400	400	10,0%	40
Aparelhos telefônicos	3	35	105	10,0%	11
Vestiários		210	420		42
Armários	2	160	320	10,0%	32
Bancos	2	50	100	10,0%	10
Infra-estrutura		592	1.184		118
Extintores (Co2)	2	85	170	10,0%	17
Extintores (Pó quimico)	2	85	170	10,0%	17
Bebedouros	2	422	844	10,0%	84

ATIVO PERMANENTE			
(Em Reais)	Qtde	Unitário	TOTAL
Equipamento de proteção individual			2.910
Calça branca	5	300	1.500
Camisas manga longa	5	160	800
Jaleco Manga curta	5	19	95
Máscaras descartáveis	120	1	60
Bota em PVC cor branca	5	37	185
Luvas em latéx	40	7	270

Fonte: Elaborado pelos autores

O valor de investimento em máquinas e equipamentos de R$202.965 é o suficiente para atender a demanda de 1% do mercado conforme definido no plano de produção do 1º ano. Futuramente será necessário investir em máquinas e equipamentos para fazer frente à expansão da demanda.

O valor total do ativo imobilizado é de **R$219.484 (R$202.965 + 14.915 + 2.910)**, que serão depreciados pelo seu desgaste conforme a taxa estabelecida na Tabela 14.9. Os itens administrativos serão depreciados em dez anos devido ao seu desgaste ser menor do que os itens fabris, cujo período se dará em cinco anos, uma vez que o processo de fabricação é mais intenso. Todos os equipamentos possuem vida útil e devem ser substituídos ao longo do tempo. A depreciação é considerada na DRE para reter uma parcela do lucro no caixa para substituição do ativo no término de sua vida útil, além do benefício fiscal de redução do lucro tributável para fins de imposto sobre a renda, quando sob o regime de lucro real.

Pessoal

> "O mais importante não são as pessoas e sim as pessoas certas."
>
> — *Jim Collins*

Alguns pontos que devem ser cobertos neste tópico:

- Qual é a estrutura mínima para operar?
- Qual é a política de salários e benefícios?
- Qual é a política de capacitação e treinamento?
- Quais são os mecanismos de gestão de pessoas?

FIGURA 14.8: Estrutura de Pessoas para o 1º ano

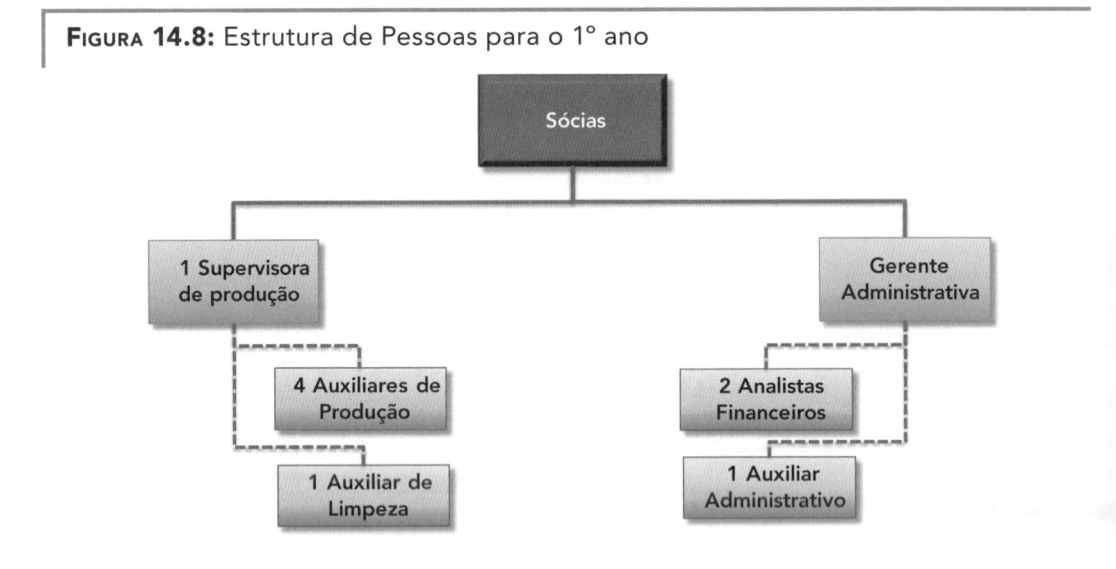

Fonte: Elaborado pelos autores

Política de salários e benefícios

No quadro abaixo estabelecemos a quantidade de pessoal e seus respectivos custos necessários para produção das toneladas de pão de queijo demandadas pelo plano operacional.

As sócias decidiram que efetuarão uma retirada mensal de pró-labore de R$2.243.00 cada.

Tabela 14.10: Quadro Pessoal Produtivo

PESSOAL PRODUÇÃO	Salários	Ano 1 Qtde	Ano 1 Mensal	Ano 1 Anual	Ano 2 Qtde	Ano 2 Anual	Ano 3 Qtde	Ano 3 Anual	Ano 4 Qtde	Ano 4 Anual	Ano 5 Qtde	Ano 5 Anual
Cargos												
Supervisor produção	2.000	1	2.000	24.000	1	24.000	2	48.000	2	48.000	2	26.000
Auxiliar produção	1.000	4	4.000	48.000	8	96.000	12	144.000	15	180.000	17	105.000
Auxiliar de limpeza	800	1	800	9.600	2	19.200	3	28.800	3	28.800	3	20.000
TOTAL	3.800	6	6.800	81.600	11	139.200	17	220.800	20	256.800	22	151.000
Encargos e Benefícios	% e $	$										
INSS	20,0%		1.360	16.320		27.840		44.160		51.360		56.160
FGTS	8,0%		544	6.528		11.136		17.664		20.544		22.464
13° Salário + 1/3 Férias	133,3%		756	9.066		15.466		24.533		28.533		16.777
INSS e FGTS de Férias e 13°	28,0%		212	2.539		4.331		6.869		7.989		8.736
Transporte	200		1.200	14.400		26.400		40.800		48.000		52.800
Ticket Refeição	500		3.000	36.000		66.000		102.000		120.000		132.000
TOTAL			7.071	84.853		151.173		236.026		276.426		288.937
TOTAL (Salários+Encargos+Benefícios)		6	13.871	166.453	11	290.373	17	456.826	20	533.226	22	439.937

Fonte: Elaborado pelos autores

Tabela 14.11: Quadro Pessoal Administrativo

PESSOAL ADMINISTRATIVO	Salários	Ano 1 Qtde Fun	Ano 1 Mensal	Ano 1 Anual	Ano 2 Qtde Fun	Ano 2 Anual	Ano 3 Qtde Fun	Ano 3 Anual	Ano 4 Qtde Fun	Ano 4 Anual	Ano 5 Qtde Fun	Ano 5 Anual
Cargos												
Gerente administrativo	3.000,0	1	3.000	36.000	1	36.000	1	36.000	1	36.000	2	72.000
Analista administrativo	1.000,0	2	2.000	24.000	3	36.000	3	36.000	4	48.000	5	60.000
Auxiliar	800,0	1	800	9.600	1	9.600	2	19.200	4	38.400	4	38.400
TOTAL	4.800,0	4	5.800	69.600	5	81.600	6	91.200	9	122.400	11	170.400
Encargos e Benefícios	% or $	$			$		$		$		$	
INSS	20,0%		1.160	13.920		16.320		18.240		24.480		34.080
FGTS	8,0%		464	5.568		6.528		7.296		9.792		13.632
13° Salário + 1/3 Férias	133,0%		643	7.714		9.044		10.108		13.566		18.886
INSS e FGTS de Férias e 13°	28,0%		180	2.160		2.532		2.830		3.798		5.288
Transporte	180		720	8.640		10.800		12.960		19.440		23.760
Ticket Refeição	500		2.000	24.000		30.000		36.000		54.000		66.000
TOTAL			5.167	62.002		75.224		87.434		125.076		161.646
TOTAL (Salários+Encargos+Benefícios)		4	10.967	131.602	5	156.824	6	178.634	9	247.476	11	332.046

Fonte: Elaborado pelos autores

Observe que em ambos os quadros a quantidade de pessoas cresce de acordo com a quantidade a ser produzida a cada ano, saindo de seis funcionários produtivos mais quatro administrativos, para 22 produtivos mais 11 administrativos, acompanhando o crescimento planejado ano a ano.

Uma parte importante em toda a construção orçamentária de pessoas é a definição salarial, recomenda-se que uma pesquisa salarial do segmento de atuação e localidade seja feita. O mercado é soberano e se encarrega de balizar e acomodar o nível de salário das funções a serem contratadas. Um segundo ponto a ser levado em consideração são os encargos trabalhistas e os benefícios que incidem sobre a folha de pagamento, pois, em média, os encargos e benefícios representam entre 70 a 110% sobre o salário.

Política de capacitação e treinamento

As sócias entendem que os funcionários certos e bem qualificados são essenciais para manter a qualidade e a proposição de valor da empresa. Para tanto, as sócias elaboram manuais de preparo do pão de queijo, manutenção de máquinas, e treinamento em vendas. Também haverá um plano trimestral de treinamento interno para reforçar a correta execução das tarefas.

Mecanismos de gestão de pessoas

Visando regrar e disciplinar a forma que todos os colaboradores devem atuar dentro da empresa, um **código de ética e conduta** foi criado elencando as crenças e valores da companhia.

O código aplica-se aos trabalhadores, fornecedores, clientes e todos os públicos que a empresa se relaciona.

Plano financeiro

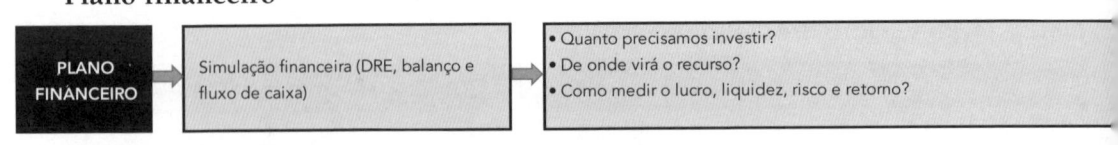

PLANO FINANCEIRO → Simulação financeira (DRE, balanço e fluxo de caixa) →
- Quanto precisamos investir?
- De onde virá o recurso?
- Como medir o lucro, liquidez, risco e retorno?

Premissas básicas

Um bom plano financeiro sempre é pautado por boas premissas, e aqui vão elas:

- **Moeda utilizada:** Real
- **Período de projeção:** 5 anos
- **Vida útil média dos ativos:** 5 a 10 anos
- **Regime de tributação:** lucro real para os 5 anos
- **Excesso de caixa não está sendo aplicado**
- **Custo de Capital Próprio (CCP):** 15%

Tributação

E empresa foi enquadrada no regime de tributação de lucro real, pois acredita-se que o 1º ano deva ser de prejuízo, favorecendo o regime de lucro real, porque não se paga imposto de renda sobre prejuízo. Além disso, no lucro real é possível absorver prejuízos de anos anteriores, limitado a 30% do lucro do ano.

Impostos Incidentes sobre o faturamento

- **PIS** e **COFINS:** 9,25%
- **ICMS:** 12%

Impostos Incidentes sobre o lucro

- **Imposto de renda:** 15% + 10% sobre o que exceder a R$20 mil no mês
- **Contribuição social:** 9%

Previsão de investimentos

"Quanto de recursos são necessários para abrir e manter este negócio?" Vamos responder esta pergunta que é a primeira dúvida do empreendedor, por etapas.

A primeira diz respeito ao plano de investimentos e suas premissas. Usualmente o plano contempla três grandes grupos:

1. **Investimentos pré-operacionais** necessários para a abertura;
2. **Investimentos fixos** que serão utilizados na fabricação de produtos ou prestação de serviços; e
3. **Investimento em capital de giro** nas contas do ativo circulante

Tabela 14.12: Plano de Investimentos para Cinco Anos

PLANO DE INVESTIMENTOS

(Em reais)	Ano 1	Ano 2	Ano 3	Ano 4	Ano 5	Quadro
Investimentos Pré-operacionais	15.000	-	-	-	-	
Projetos arquitetura	10.000	-	-	-	-	
Abertura empresa	5.000	-	-	-	-	
Investimentos Fixos	219.484	202.965	206.760	205.815	205.815	
Máquinas e equipamentos	202.965	202.965	202.965	202.965	202.965	
Equipamentos administrativos	14.915	-	2.955	2.850	2.850	
Vestiários	420	-	840	-	-	
Infraestrutura	1.184	-	-	-	-	
Capital de Giro	180.864	209.063	220.359	512.314	57.168	
Total de Investimentos	415.348	412.028	427.119	718.129	262.983	

Fonte: Autores.

Como o plano de crescimento estabelecido no planejamento estratégico é de crescer em termos de *market share* 1% a cada ano, a cada ano, será necessário captar recursos para financiar a expansão da fábrica.

Estrutura de custos

Abaixo, listamos os ingredientes do pão de queijo da vó baseado na fórmula guardada a sete chaves.

TABELA 14.13: Formulação do Pão de Queijo

Receita Pão de Queijo		Pão de Queijo		
Ingredientes para 1 tonelada	Unidade	Normal	Fibra	Custo Unitário
Polvilho	Kilo	160	160	2,71
Fécula	Kilo	370	370	1,63
Queijo parmesão	Kilo	120	120	6,01
Sal	Kilo	15	15	1,40
Margarina	Kilo	17	17	6,50
Fibras	Kilo		1	5,10
Leite	Litro	170	170	3,00
Óleo	Litro	140	140	3,40
Água	Litro	100	100	0,48
Ovos	Unidades	3.420	3.420	0,25

Fonte: Elaborado pelos autores

Como os componentes do custo são produtos comuns e de fácil aquisição, entendemos que a empresa não possui riscos operacionais elevados quanto ao fornecimento (vide Análise das Cinco Forças de Porter), o que na prática vai simplificar o processo e baratear os custos de produção, uma vez que não será necessário manter altos níveis de estoque para não incorrer no risco de uma eventual falta de abastecimento. Estoques elevados implicam em manter capacidade de armazenagem elevada, riscos de perda, gerenciamento de produtos, custos de pessoal para o manuseio, capital de giro e seguros.

Agora que já conhecemos os principais componentes do custo fixo, e o custo variável unitários dos produtos, calcularemos quanto custa para fabricar uma tonelada de pão de queijo.

Premissas básicas para estruturação dos custos:

1. **Política de estoque mínimo:** 40 dias de produtos em estoque tanto para matéria-prima como para produto acabado, ou seja, teremos uma cobertura de estoque suficiente para um mês e dez dias, pautando a produção nesta premissa;
2. **Capacidade de produção diária:** 1 mil quilos;
3. **Capacidade produção mensal:** será dada pela quantidade de dias trabalhados mês a mês, considerando oito horas por dia e cinco dias por semana (segunda a sexta);
4. **Método de custeio:** o adotado será o de custeio variável, que atribui para cada gasto produtivo, uma classificação específica, na forma de custo fixo ou variável. (Esse método não é permitido pelo fisco e, portanto, para fins de reporte fiscal precisa ser ajustado.)

Os **custos variáveis** são os elencados na fórmula (polvilho, fécula etc.), ou seja, os custos que variam em função do volume de produção.

Os **custos e despesas fixas** são representados por: mão de obra direta na produção, 70% do aluguel referente ao espaço utilizado pela produção, depreciação dos equipamentos de produção e Equipamentos de Produção Individual (EPIs). E são caracterizados como fixos pois ocorrerão independentemente do volume de produção e são considerados diretamente no resultado (DRE) sem serem imputados aos produtos.

TABELA 14.14: Plano de Produção Pão de Queijo Tradicional

DESCRIÇÃO	Ano 1												
PREMISSAS	Jan	Fev	Mar	Abr	Mai	Jun	Jul	Ago	Set	Out	Nov	Dez	TOTAL
Dias de estoque prod. acabados - 40													
Vendas previstas - Qtde	7.245	8.694	10.143	11.592	13.041	17.388	17.388	15.939	13.041	11.592	10.143	8.694	144.900
Dias úteis de produção	27	23	26	25	25	26	26	27	25	25	24	23	
Capacidade de produção quilos por dia - 700	18.900	16.100	18.200	17.500	17.500	18.200	18.200	18.900	17.500	17.500	16.800	16.100	211.400
Nível de estoque desejado (Vendas próximo mês / 30 x 40)	11.592	13.524	15.456	17.388	23.184	23.184	21.252	17.388	15.456	13.524	11.592	9.660	9.660
ESTOQUE - QUANTIDADE													
Saldo inicial produtos acabados	-	11.592	13.524	15.456	17.388	21.847	22.659	21.252	17.388	15.456	13.524	11.592	-
(+) Produção mês	18.837	10.626	12.075	13.524	17.500	18.200	15.981	12.075	11.109	9.660	8.211	6.762	154.560
(-) Quantidades vendidas	7.245	8.694	10.143	11.592	13.041	17.388	17.388	15.939	13.041	11.592	10.143	8.694	144.900
= Saldo final produtos acabados	11.592	13.524	15.456	17.388	21.847	22.659	21.252	17.388	15.456	13.524	11.592	9.660	9.660
ESTOQUE - REAIS													
Saldo inicial em reais	-	39.432	46.004	52.576	59.148	74.316	77.078	72.292	59.148	52.576	46.004	39.432	-
(+) Custos insumos	64.077	36.146	41.075	46.004	59.529	61.910	54.362	41.075	37.789	32.860	27.931	23.002	525.762
(-) Custo produto vendido - VARIÁVEL	24.645	29.574	34.503	39.432	44.361	59.148	59.148	54.219	44.361	39.432	34.503	29.574	492.902
= Saldo final em reais	39.432	46.004	52.576	59.148	74.316	77.078	72.292	59.148	52.576	46.004	39.432	32.860	
Custo Médio no Estoque - R$	3,40	3,40	3,40	3,40	3,40	3,40	3,40	3,40	3,40	3,40	3,40	3,40	
Custo Médio - VARIÁVEL	3,40	3,40	3,40	3,40	3,40	3,40	3,40	3,40	3,40	3,40	3,40	3,40	
Capacidade de produção ociosa - KG	63	5.474	6.125	3.976	0	0	2.219	6.825	6.391	7.840	8.589	9.338	56.840
Capacidade de produção ociosa - %	0,3%	34,0%	33,7%	22,7%	0,0%	0,0%	12,2%	36,1%	36,5%	44,8%	51,1%	58,0%	26,9%

Fonte: Elaborado pelos autores

TABELA 14.15: Plano de Produção Pão de Queijo com Fibras

DESCRIÇÃO	Ano 1												
PREMISSAS	Jan	Fev	Mar	Abr	Mai	Jun	Jul	Ago	Set	Out	Nov	Dez	TOTAL
Dias de estoque prod. acabados - 40													
Vendas previstas - qtde	3.105	3.726	4.347	4.968	5.589	7.452	7.452	6.831	5.589	4.968	4.347	3.726	62.100
Dias úteis de produção	27	23	26	25	25	26	26	27	25	25	24	23	
Capacidade de produção quilos por dia - 300	8.100	6.900	7.800	7.500	7.500	7.800	7.800	8.100	7.500	7.500	7.200	6.900	90.600
Nível de estoque desejado (Vendas próximo mês / 30 x 40)	4.968	5.796	6.624	7.452	9.936	9.936	9.108	7.452	6.624	5.796	4.968	8.446	8.446
ESTOQUE - QUANTIDADE													
Saldo inicial produtos acabados	-	4.968	5.796	6.624	7.452	9.363	9.711	9.108	7.452	6.624	5.796	4.968	
(+) Produção mês	8.073	4.554	5.175	5.796	7.500	7.800	6.849	5.175	4.761	4.140	3.519	6.900	70.242
(-) Quantidades vendidas	3.105	3.726	4.347	4.968	5.589	7.452	7.452	6.831	5.589	4.968	4.347	3.726	62.100
= Saldo final produtos acabados	4.968	5.796	6.624	7.452	9.363	9.711	9.108	7.452	6.624	5.796	4.968	8.142	
ESTOQUE - REAIS													
Saldo inicial em reais	-	20.052	23.394	26.736	30.078	37.791	39.195	36.762	30.078	26.736	23.394	20.052	-
(+) Custos variáveis	32.584	18.381	20.887	23.394	30.271	31.482	27.644	20.887	19.216	16.710	14.203	27.850	283.510
(-) Custo produto vendido - VARIÁVEL	12.532	15.039	17.545	20.052	22.558	30.078	30.078	27.571	22.558	20.052	17.545	15.039	250.648
= Saldo final em reais	20.052	23.394	26.736	30.078	37.791	39.195	36.762	30.078	26.736	23.394	20.052	32.863	
Custo Médio no Estoque - R$	4,04	4,04	4,04	4,04	4,04	4,04	4,04	4,04	4,04	4,04	4,04	4,04	
Custo Médio - VARIÁVEL	4,04	4,04	4,04	4,04	4,04	4,04	4,04	4,04	4,04	4,04	4,04	4,04	
Capacidade de produção ociosa - KG	27	2.346	2.625	1.704	0	0	951	2.925	2.739	3.360	3.681	0	20.358
Capacidade de produção ociosa - %	0,3%	34,0%	33,7%	22,7%	0,0%	0,0%	12,2%	36,1%	36,5%	44,8%	51,1%	0,0%	22,5%

Fonte: Elaborado pelos autores

Orçamento de vendas

A formação do preço de venda é uma das decisões mais importantes, porque, se houver erros de precificação e o preço estiver alto, a empresa pode deixar de vender, ou de outro lado, pode não alcançar a rentabilidade necessária se o preço estiver baixo.

O primeiro passo será entender a demanda e planejar como a empresa se posicionará em termos de ocupação do mercado.

Abaixo elaboramos uma tabela de planejamento e demanda.

TABELA 14.16: Planejamento e Demanda para Cinco Anos.

PLANEJAMENTO E DEMANDA

(Em KGS/ano)		Ano 1	Ano 2	Ano 3	Ano 4	Ano 5
Mercado Brasil		46.000.000	46.920.000	47.858.400	48.815.568	49.791.879
Mercado São Paulo	45%	20.700.000	21.114.000	21.536.280	21.967.006	22.406.346
Crescimento do mercado			2,0%	2,0%	2,0%	2,0%
ALVOS						
Fatia do mercado desejada %		1,0%	2,0%	3,0%	4,0%	5,0%
Participação planejada		207.000	422.280	646.088	878.680	1.120.317
Vendas planejadas	Média Mês	17.250	35.190	53.841	73.223	93.360
Fonte Valor econômico 14/01/17 pag b7						
Euromonitor Internacional						

Fonte: Valor Econômico, 14/01/2017, Página B7

TABELA 14.17: Sazonalidade Anual das Vendas de Pão de Queijo

Sazonalidade

Mês	%	ANO 1	TRADICIONAL 70%	30,00%
Jan	5,0	10.350	7.245	3.105
Fev	6,0	12.420	8.694	3.726
Mar	7,0	14.490	10.143	4.347
Abr	8,0	16.560	11.592	4.968
Mai	9,0	18.630	13.041	5.589
Jun	12,0	24.840	17.388	7.452
Jul	12,0	24.840	17.388	7.452
Ago	11,0	22.770	15.939	6.831
Set	9,0	18.630	13.041	5.589
Out	8,0	16.560	11.592	4.968
Nov	7,0	14.490	10.143	4.347
Dez	6,0	12.420	8.694	3.726
TOTAL	**100,0**	**207.000**	**144.900**	**62.100**

Fonte: Elaborado pelos autores

Plano de compras

Um aspecto muito importante a ser mencionado é que os valores de compra estão líquidos dos impostos recuperáveis. Conforme vimos na seção de tributos, este caso está enquadrado no lucro real e a empresa tem o direito de recuperar os impostos pagos na aquisição de insumos para produção, máquinas, equipamentos, energia elétrica e outros. Tudo o que é utilizado na produção tem direito à crédito, exceto aquilo que não teve pagamento de impostos na entrada, como é o caso de mão de obra ou até mesmo de mercadorias adquiridas de empresas optantes pelo simples nacional.

Os percentuais de créditos são os mesmos da saída, ou seja, as alíquotas vigentes de tributação sobre o compras de insumos e equipamentos:

- **PIS e COFINS:** 9,25%
- **ICMS:** 12%

Tabela 14.18: Despesas

DESPESAS FIXAS INDIRETAS - R$	Mensal	Ano 1	Ano 2	Ano 3	Ano 4	Ano 5
Aguá, luz e telefone	700	8.400	8.400	8.400	8.400	8.400
Aluguel parte administrativa	2.500	30.000	30.000	30.000	30.000	30.000
Material de escritório	500	6.000	6.000	6.000	9.600	12.000
Escritório contábil	1.000	12.000	18.000	24.000	36.000	60.000
Pro-labore das sócias	4.486	53.833	53.833	53.833	53.833	53.833
INSS 20% sobre pro-labore	897	10.767	10.767	10.767	10.767	10.767
Abertura empresa (somente 1° mês)	15.000	15.000	-	-	-	-
Outros	450	5.400	5.400	5.400	6.000	6.000
TOTAL	25.533	141.400	132.400	138.400	154.600	181.000
DESPESAS FIXAS DIRETAS - R$						
Manutenção máquinas específicas para o pão de queijo com fibras	5.417	65.000	65.000	65.000	65.000	65.000
TOTAL GERAL	30.950	206.400	197.400	203.400	219.600	246.000

Fonte: Elaborado pelos autores

Os gastos com o escritório de contabilidade crescem ano a ano acompanhando a expansão do negócio, pois os custos de um contador geralmente são baseados no número de funcionários e transações efetuadas pela empresa.

Decisão de preços

O preço é a única variável do composto de marketing (produto, promoção, ponto de distribuição e preço) que captura valor para o acionista.

O preço precisa estar adequado para que o cliente perceba "valor" e ao mesmo tempo é a variável-chave que influenciará o volume vendido e em última instância o lucro e a criação de valor para o acionista.

TABELA 14.19: Elaboração Margem de Contribuição Objetivo.

(10)	(13)	(78)	(11)	(16)	(19)	(18)	(15)	(12)	(14)
Mix	Estimativa	(11) + (16)	Informação Custos	(15) / (13)	(16) / (17)	(17) * (13)	(14) + (12)	Informação Custos	Premissa/ Estimativa
Produto	Quantidade	Preço Líquido Unitário	Custo Variável Unitário	Margem Contribuição Unitária	Margem Contrib. %	Receita Líq. Total	Margem Cont.Total	Despesas Diretas Fixas do Prod	Margem Direta do Produto
Tradicional	144.900	6,48	-3,40	3,08	48%	938.926	446.266		446.266
Fibras	62.100	8,17	-4,04	4,13	51%	507.141	256.257	-65.000	191.257
Totais	**207.000**					**1.446.068**	**702.524**	**-65.000**	**637.524**

	(15) Delta para o Obejtivo	**0**
(9)	**(=) MARGEM DIRETA TOTAL OBJETIVO**	**637.524**
(8)	(+) Despesas Operacionais Fixas indiretas de Período (custo de se estar no negócio) (Separamos as Diretas 65.000 das Indiretas 552.069 = Total 617.069 na DRE)	-552.069
(7)	**(=) Lucro Operacional**	**85.455**
(6)	(+) Despesas Financeiras	-40.000
(5)	**(=) Lucro Antesdo IR/CSSL**	**45.455**
(4)	(+) Imposto de Renda /Cont.Social sobre o lucro 34,0%	-15.455
(3)	**(=) Lucro Líquido Depois do IR**	**30.000**
(2)	(x) Retorno requerido pelo acionista -	6,0%
(1)	**Patrimônio Líquido Inicial**	**500.000**

Fonte: Elaborado pelos autores

Linhas do modelo

- **Linhas 1 e 2** — Conforme visto em nosso modelo de decisão de preços, devemos começar estabelecendo qual é o retorno sobre o patrimônio líquido objetivado no primeiro ano de operação.

As sócias sabedoras das incertezas e das dificuldades enfrentadas por qualquer novo negócio até admitem perdas no primeiro ano de operação, aceitariam operar no equilíbrio (LLDIR = 0) e é claro adorariam atingir 6% de retorno sobre o patrimônio líquido já no primeiro ano de operação.

Linha 1 — Patrimônio Líquido de R$500 mil.

Linha 2 — Retorno Requerido pelo Acionista (6%).

Linha 3 — Patrimônio Líquido (x) Retorno Requerido pelo Acionista

LLDIR — R$500.000 (*) 6% = R$30.000

Linha 4 — Imposto de Renda/Contribuição Social sobre o Lucro (34%)

Linha 5 — LAIR (Lucro Antes do IR/CSSL)

Para que tenhamos os R$30 mil de LLDIR, e considerando o regime de tributação pelo lucro real, precisamos atingir R$45.454,55 de lucro antes do imposto de renda e da contribuição social sobre o lucro, pois:

LLDIR = LAIR (x) (1-Taxa de IR/CSSL %)

LAIR = LLDIR/(1-Taxa de IR/CSSL %)

LAIR = R$30 mil/(1-34%)

LAIR = R$45.454,55

(15% IR + 10% adicional IR + 9% CSSL) Aproximadamente 34%

- **Linha 6 — Despesas Financeiras**

  As despesas financeiras dizem respeito aos juros sobre os empréstimos tomados de terceiros. Para projetá-las, é preciso que tenhamos uma estimativa do volume de recursos financeiros de terceiros, e de seu custo, para que possamos chegar ao montante de despesas financeiras projetadas. Para fins dessa simulação,[*] estimaremos como R$200 mil a necessidade de recursos tendo como custo 20% ao ano. Dessa forma, teremos R$40 mil de despesa anual de juros projetada para o primeiro ano de operação.

- **Linha 7 — Lucro Operacional**

  Com LAIR de R$45.454,55 e despesas financeiras de R$40 mil, nosso lucro operacional projetado é de R$85.454,55 para que possamos obter o LLDIR de R$30 mil correspondente aos 6% sobre o patrimônio líquido almejado pelas sócias.

- **Linha 8 — Despesas Operacionais e Linha 9 — Margem Direta Total Objetivo**

  A partir do lucro operacional de R$84.454,55, somamos exclusivamente as despesas operacionais fixas indiretas projetadas que equivalem à R$552.069 e chegamos aos R$637.524 que torna-se nossa margem direta total objetivo, isto é a somatória da margem direta de cada produto do mix, no nosso caso, pão de queijo tradicional e pão de queijo de fibras.

Colunas do modelo

Uma vez que chegamos ao total da Linha 9, que indica a margem direta total que devemos atingir, partimos para o preenchimento das colunas do modelo.

Preenchemos as colunas 10, 11 e 12 com informações disponíveis:

Coluna 10 — Tipos de produto — pão de queijo tradicional e fibras.

Coluna 11 — Custo unitário dos produtos conforme calculado nas Tabelas 14.14 e 14.15.

Coluna 12 — Despesas diretas e fixas do produto. Nesse caso, conforme relatado, o produto fibras requer um laboratório de controle de matéria-prima exclusivo que custa R$65 mil ao ano, independentemente do volume produzido.

Coluna 13 — Volume de vendas projetado — como se trata de uma empresa iniciando a operação, a estimativa de vendas é mais difícil. Optamos nesse caso por estimar um volume baseado no objetivo de 1% do mercado, utilizando toda a capacidade produtiva. Assim temos 144.900kg para o pão de queijo tradicional e 62.100kg para o pão de queijo de fibras. É claro que esses volumes, após definidos os preços e iniciadas as vendas, devem ser monitorados

---

[*] Esse número deve ser ajustado à medida que tenhamos mais segurança em relação ao negócio e à necessidade de recursos. O Fluxo de caixa projetado é o relatório que nos informará quanto de recursos precisamos e quando.

de forma a estabelecermos a elasticidade preço da demanda* e as reações da concorrência. Idealmente, chegaríamos com o conhecimento do mercado, a traçar a curva de demanda para os produtos.

Coluna 14 — Nessa coluna é onde precisamos calcular a margem direta por produto, que é a chave para chegarmos ao preço líquido de cada produto. Como temos que atingir R\$637.524 de margem direta objetivo para podermos chegar ao LLDIR de R\$30 mil, inicialmente assumiremos que essa margem virá na mesma proporção do volume vendido (70% para o tradicional e 30% para o fibras). Assim, o produto tradicional tem que contribuir com uma margem direta de R\$446.266,00 [70% (x) R\$637.524] e o produto fibras R\$191.257,00 [30% (x) R\$637.524,00]. Normalmente, produtos mais sofisticados ou de nicho têm uma margem maior e, portanto, o produto "fibras" poderia contribuir mais e com isso poderíamos ser mais competitivos no produto tradicional.

Coluna 15 — É o somatório, em módulo, da Coluna 14 com a Coluna 12 (despesas diretas), e demonstra a margem de contribuição por produto.

Coluna 16 — Mostra a margem de contribuição unitária de cada produto, fruto da divisão da Coluna 15 pelo volume de vendas estimado (Coluna 13).

Coluna 17 — Como sabemos que a margem de contribuição unitária é fruto da subtração do custo variável unitário do preço líquido unitário, e como temos a margem de contribuição unitária (Coluna 16) e o custo unitário variável (Coluna 11), chegamos ao preço líquido unitário.

Coluna 18 — Representa o total da receita líquida por produto, fruto da multiplicação do preço líquido unitário (Coluna 17) pelo volume de vendas (Coluna 13).

Preço bruto com impostos

A partir do preço líquido de cada produto, precisamos agora calcular o preço bruto com impostos, aplicando a fórmula já discutida:

$$\text{Preço de Venda Bruto} = \frac{\text{Preço Líquido de Venda}}{1 - (\%ISV + \%DV)}$$

ISV = Impostos Sobre Vendas (ICMS, PIS e COFINS)

DV = Despesas variáveis de venda (comissões, fretes)

---

* Segundo o economista Alfred Marshall, elasticidade do preço na demanda, às vezes chamada de elasticidade–preço, é um conceito econômico que apresenta a elasticidade da quantidade procurada de um bem ou serviço, em relação às mudanças nos preços destes. Em termos matemáticos, visa medir a variação percentual na quantidade demandada de um bem ou serviço, dada uma variação percentual no preço destes, *ceteris paribus*, caso todas as outras variáveis da procura, como a renda, permaneçam constantes. Disponível em: < https://pt.wikipedia.org/wiki/Elasticidade_pre%C3%A7o_da_procura>

Tabela 14.20: Formação de Preço Bruto

Prova dos 9	Tradicional	Fibras	TOTAL
-	-	-	-
Preço de Venda Bruto	9,29	11,38	9,92
Volume	144.900	62.100	207.000
Receita Bruta	1.346.131	706.817	2.052.948
(-) ICMS	-161.536	-84.818	-246.354
(-) Pis	-22.211	-11.662	-33.874
(-) Cofins	-102.306	-53.718	-156.024
(-) Fretes	-67.307	-35.341	-102.647
(-) Comissão	-53.845	-14.136	-67.982
(=) Receita Líquida	938.926	507.141	1.446.068

Produto	Preço Liq.	ICMS	Pis	Cofins	Fretes	Comissão Vendas	Total Imp. e Ded. Venda %	Preço Bruto sem IPI
Tradicional	6,48	12%	1,65%	7,60%	5%	4%	30,25%	9,29
Fibras	8,17	12%	1,65%	7,60%	5%	2%	28,25%	11,38

Fonte: Elaborado pelos autores

Como podemos ver, caso a demanda responda aos preços calculados em nosso modelo, atingiremos a receita líquida necessária para que, caso os custos e despesas estejam controlados e dentro do projetado, possamos atingir os R$30 mil de lucro líquido depois do imposto de renda e CSSL, que é o retorno requerido pelas sócias no primeiro ano.

Ponto de equilíbrio

O ponto de equilíbrio operacional é calculado dividindo-se as despesas fixas pela margem de contribuição total percentual, conforme demonstrado a seguir:

Tabela 14.21: Ponto de Equilíbrio

	Ano 1	Ano 2	Ano 3	Ano 4	Ano 5
Ponto de Equilíbrio - Em Qtde	260.697	336.985	421.198	487.468	547.989
Ponto de Equilíbrio - Em Reais	**2.165.155**	**2.831.485**	**3.580.960**	**4.194.009**	**4.771.851**
(-) Deduções de vendas	-611.656	-799.895	-1.011.621	-1.184.808	-1.348.048
(-) Custos variáveis	-936.430	-1.210.460	-1.512.955	-1.750.999	-1.968.389
Margem Contribuição	**617.069**	**821.131**	**1.056.383**	**1.258.203**	**1.455.415**
(-)Despesas administrativas + Pessoal	-338.002	-354.224	-382.034	-467.077	-578.046
(-)Depreciação	-41.162	-70.469	-99.489	-128.090	-156.957
(-)Despesas fixas de fabricação	-237.906	-377.308	-541.308	-620.292	-674.284
(=) Lucro Operacional	**0**	**19.129**	**33.551**	**42.744**	**46.128**
(-)Despesas financeiras	0	-19.129	-33.551	-42.744	-46.128
(=) Lucro Operacional antes do IR/CS	**0**	**0**	**0**	**0**	**0**
(-)IR/CS 34%	0	0	0	0	0
(=)Lucro Líquido Depois do IR/CS	**0**	**0**	**0**	**0**	**0**

Fonte: Elaborado pelos autores

No quadro acima, determinamos que para se obter lucro igual a zero no primeiro ano deveríamos ter uma **margem de contribuição** em reais no 1º ano de **R$617.069,00**, que é o valor previsto de despesas fixas, conforme demonstrado no quadro acima. De posse destas informações, é possível calcular o ponto de equilíbrio em termos de faturamento em reais, dividindo a soma de linhas (Despesas administrativas + Depreciação + Custos fixos de fabricação + Despesas financeiras) que totalizam R$617.069,00, por 28,5%, que é igual ao percentual da margem de contribuição, chegando a um **ponto de equilíbrio** em reais de R$2.165.155,00.

Para o cálculo do ponto de equilíbrio em quantidade, basta dividir as mesmas despesas fixas pela margem de contribuição unitária dos dois produtos — obtida por meio da divisão da margem de contribuição total da planilha de planejamento de vendas (Tabela 14.16, Linha 5) e a margem de contribuição unitária (R$489.969,00 dividido pela quantidade total vendida de 207.000), que resultará numa MC unitária de R$2,37 por tonelada. Após esta divisão, chega-se ao **ponto de equilíbrio** em quantidades de 260.697 (489.969 / 2,37) unidades de pães de queijo a serem vendidas para empatar o jogo.

Demonstração de resultado

Os principais números e planos já foram preparados e estruturados nos tópicos anteriores, o próximo passo será agrupá-los sob a forma de uma **demonstração de resultado econômico** conforme detalhado abaixo:

TABELA 14.22: Demonstração de Resultado Econômico (Mensal)

(Em reais)	%	Jan	Fev	Mar	Abr	Mai	Jun	Jul	Ago	Set	Out	Nov	Dez	Ano 1
Qtde Vendida Normal	70,0%	7.245	8.694	10.143	11.592	13.041	17.388	17.388	15.939	13.041	11.592	10.143	8.694	144.900
Qtde Vendida Fibra	30,0%	3.105	3.726	4.347	4.968	5.589	7.452	7.452	6.831	5.589	4.968	4.347	3.726	62.100
TOTAL QTDE	100,0%	10.350	12.420	14.490	16.560	18.630	24.840	24.840	22.770	18.630	16.560	14.490	12.420	207.000
RECEITA BRUTA		85.959	103.151	120.343	137.535	154.727	206.303	206.303	189.111	154.727	137.535	120.343	103.151	1.719.189
(-) Deduções de vendas		-24.284	-29.140	-33.997	-38.854	-43.710	-58.281	-58.281	-53.424	-43.710	-38.854	-33.997	-29.140	-485.671
Pis / Cofins	9,25%	-7.951	-9.541	-11.132	-12.722	-14.312	-19.083	-19.083	-17.493	-14.312	-12.722	-11.132	-9.541	-159.025
ICMS	12,00%	-10.315	-12.378	-14.441	-16.504	-18.567	-24.756	-24.756	-22.693	-18.567	-16.504	-14.441	-12.378	-206.303
Frete	5,0%	-4.298	-5.158	-6.017	-6.877	-7.736	-10.315	-10.315	-9.456	-7.736	-6.877	-6.017	-5.158	-85.959
Comissão	2,0%	-1.719	-2.063	-2.407	-2.751	-3.095	-4.126	-4.126	-3.782	-3.095	-2.751	-2.407	-2.063	-34.384
RECEITA LÍQUIDA		61.676	74.011	86.346	98.681	111.017	148.022	148.022	135.687	111.017	98.681	86.346	74.011	1.233.518
Custo das mercadorias vendidas		-37.177	-44.613	-52.048	-59.484	-66.919	-89.226	-89.226	-81.790	-66.919	-59.484	-52.048	-44.613	-743.549
MARGEM DE CONTRIBUIÇÃO		24.498	29.398	34.298	39.198	44.097	58.796	58.796	53.897	44.097	39.198	34.298	29.398	489.969
MC % (MC / Receita Bruta)		28,5%	28,5%	28,5%	28,5%	28,5%	28,5%	28,5%	28,5%	28,5%	28,5%	28,5%	28,5%	28,5%
Despesas Operacionais		-52.399	-43.001	-47.592	-50.480	-51.930	-59.359	-58.942	-56.946	-52.413	-50.275	-48.090	-45.642	-617.069
Despesas Administravas + Pessoal		-41.917	-26.917	-26.917	-26.917	-26.917	-26.917	-26.917	-26.917	-26.917	-26.917	-26.917	-26.917	-338.002
Despesas Fixas de Fabricação		-9.044	-13.179	-17.696	-20.526	-22.355	-29.073	-28.207	-25.426	-21.387	-19.161	-16.857	-14.995	-237.906
Depreciação e amortização (¹)		-1.439	-2.905	-2.979	-3.037	-2.658	-3.369	-3.818	-4.603	-4.109	-4.197	-4.316	-3.730	-41.162
LUCRO OPERACIONAL ANTES DOS IMPOSTOS		-27.901	-13.603	-13.295	-11.283	-7.833	563	-145	-3.049	-8.316	-11.077	-13.792	-16.244	-127.100
Margem operacional (%)		-45,2%	-18,4%	-15,4%	-11,4%	-7,1%	-0,4%	-0,1%	-2,2%	-7,5%	-11,2%	-16,0%	-21,9%	-10,3%
Imposto de Renda e Contribuição Social	34,0%	9.486	4.625	4.520	3.836	2.663	191	49	1.037	2.827	3.766	4.689	5.523	43.214
LUCRO OPERACIONAL APÓS IMPOSTOS		-18.414	-8.978	-8.774	-7.446	-5.170	-372	-96	-2.012	-5.488	-7.311	-9.103	-10.721	-83.886
Resultado financeiro		0	0	0	0	0	0	0	0	0	0	0	0	0
Imposto de Renda e Contrib. Social	34,0%	0	0	0	0	0	0	0	0	0	0	0	0	0
LUCRO LÍQUIDO DEPOIS DO IR/CS		-18.414	-8.978	-8.774	-7.446	-5.170	-372	-96	-2.012	-5.488	-7.311	-9.103	-10.721	-83.886
Margem Líquida (%)		-29,9%	-12,1%	-10,2%	-7,5%	-4,7%	-0,3%	-0,1%	-1,5%	-4,9%	-7,4%	-10,5%	-14,5%	-6,8%
Ponto de Equilíbrio		183.856	150.881	166.991	177.123	182.212	208.278	206.813	199.809	183.904	176.403	168.737	160.148	2.165.155
Margem de segurança		-53,2%	-31,6%	-27,9%	-22,4%	-15,1%	-0,9%	-0,2%	-5,4%	-15,9%	-22,0%	-28,7%	-35,6%	-20,6%

Fonte: Elaborado pelos autores

TABELA 14.23: Demonstração de Resultado Econômico (Anual)

DEMONSTRAÇÃO DE RESULTADO ECONÔMICO - ANUAL

(Em Reais)	%	Ano 1	Ano 2	Ano 3	Ano 4	Ano 5	TOTAL
RECEITA BRUTA		1.719.189	3.548.165	5.492.937	7.559.860	9.755.656	28.075.806
(-) Deduções de Vendas		-485.671	-1.002.357	-1.551.755	-2.135.660	-2.755.973	-7.931.415
Pis / Cofins	9,25%	-159.025	-328.205	-508.097	-699.287	-902.398	-2.597.012
ICMS	12,00%	-206.303	-425.780	-659.152	-907.183	-1.170.679	-3.369.097
Frete	5,0%	-85.959	-177.408	-274.647	-377.993	-487.783	-1.403.790
Comissão	2,0%	-34.384	-70.963	-109.859	-151.197	-195.113	-561.516
RECEITA LÍQUIDA		1.233.518	2.545.808	3.941.182	5.424.200	6.999.683	20.144.391
Custo das Mercadorias Vendidas		-743.549	-1.516.840	-2.320.766	-3.156.242	-4.024.208	-11.761.605
MARGEM DE CONTRIBUIÇÃO		489.969	1.028.968	1.620.416	2.267.958	2.975.475	8.382.786
Margem de Contribuição %		39,7%	40,4%	41,1%	41,8%	42,5%	41,6%
Despesas Operacionais		-617.069	-802.002	-1.022.832	-1.215.458	-1.409.287	-5.066.648
Despesas administravas + Pessoal		-338.002	-354.224	-382.034	-467.077	-578.046	-2.119.383
Despesas fixas de fabricação		-237.906	-377.308	-541.308	-620.292	-674.284	-2.451.098
Depreciação e amortização*		-41.162	-70.469	-99.489	-128.090	-156.957	-496.167
LUCRO OP. ANTES DOS IMPOSTOS		-127.100	226.966	597.585	1.052.500	1.566.188	3.316.138
Margem Operacional (%)		-10,3%	8,9%	15,2%	19,4%	22,4%	16,5%
Imposto de Renda e Contribuição Social	34,0%	43.214	-77.168	-203.179	-357.850	-532.504	-1.127.487
LUCRO OP. APÓS IMPOSTOS		-83.886	149.798	394.406	694.650	1.033.684	2.188.651
Resultado Financeiro		0	-19.129	-33.551	-42.744	-46.128	-141.553
IR e Contrib. Social	34,0%	0	6.504	11.407	14.533	15.684	48.128
LUCRO LÍQUIDO DEPOIS DO IR/CS		-83.886	137.172	372.262	666.438	1.003.240	2.095.226
Margem Líquida (%)		-6,8%	5,4%	9,4%	12,3%	14,3%	10,4%
Ponto de Equilíbrio		2.165.155	2.765.523	3.467.226	4.051.528	4.620.612	16.969.325
Margem de Segurança		-20,6%	28,3%	58,4%	86,6%	111,1%	

Fonte: Elaborado pelos autores

Essa estrutura de DRE está configurada para um modelo de lucro real, outros modelos devem ser construídos para o Lucro Presumido e para o Simples Nacional, cujas estruturas são mais simples na questão de impostos.

Observe que na estrutura de DRE econômica/gerencial o lucro é segregado em duas partes.

Na primeira parte, o **lucro operacional após impostos** evidencia o quanto a empresa está gerando de lucro/prejuízo em suas operações, independentemente da forma que ela esteja sendo financiada.

A segunda parte evidencia o quanto estamos remunerando aos terceiros que emprestaram dinheiro para a empresa. Como os juros de empréstimos são dedutíveis, para fins de imposto de renda, deixamos ele destacado apenas para ilustrar que as despesas financeiras são reduzidas pelo benefício do imposto.

---

* O valor da depreciação é menor do que o informado no total de depreciação anual da tabela de ativo permanente, uma parcela da depreciação ficou retida no estoque, pois a máquina sofreu desgaste para produzir o total dos pães de queijos no ano e nem todas as unidades foram vendidas.

ANÁLISE VERTICAL E HORIZONTAL

	Ano 1	Ano 2		Ano 3		Ano 4		Ano 5	
	Análise Vert.	Análise Vert.	Análise Hor.	Análise Vert.	Análise Hor.	Análise Vert.	Análise Hor.	Análise Vert.	Análise Hor.
RECEITA BRUTA	139,4%	139,4%	106,4%	139,4%	54,8%	139,4%	37,6%	139,4%	29,0%
(-) Deduções de Vendas	-39,4%	-39,4%	106,4%	-39,4%	54,8%	-39,4%	37,6%	-39,4%	29,0%
RECEITA LÍQUIDA	100,0%	100,0%	106,4%	100,0%	54,8%	100,0%	37,6%	100,0%	29,0%
Custo das Mercadorias Vendidas	-60,3%	-59,6%	104,0%	-58,9%	53,0%	-58,2%	36,0%	-57,5%	27,5%
MARGEM DE CONTRIBUIÇÃO	39,7%	40,4%	110,0%	41,1%	57,5%	41,8%	40,0%	42,5%	31,2%
Despesas Operacionais	-50,0%	-31,5%	30,0%	-26,0%	27,5%	-22,4%	18,8%	-20,1%	15,9%
Pessoal admnist. + Gerais	-27,4%	-13,9%	4,8%	-9,7%	7,9%	-8,6%	22,3%	-8,3%	23,8%
Despesas fixas de fabricação	-19,3%	-14,8%	58,6%	-13,7%	43,5%	-11,4%	14,6%	-9,6%	8,7%
Depreciação e amortização (¹)	-3,3%	-2,8%	71,2%	-2,5%	41,2%	-2,4%	28,7%	-2,2%	22,5%
LUCRO OPERACIONAL ANTES DOS IMPOSTOS	-10,3%	8,9%	278,6%	15,2%	163,3%	19,4%	76,1%	22,4%	48,8%
Imposto de Renda e Contribuição Social	3,5%	-3,0%	278,6%	-5,2%	163,3%	-6,6%	76,1%	-7,6%	48,8%
LUCRO OPERACIONAL APÓS IMPOSTOS	-6,8%	5,9%	278,6%	10,0%	163,3%	12,8%	76,1%	14,8%	48,8%
Resultado Financeiro	0,0%	-0,8%	0,0%	-0,9%	75,4%	-0,8%	27,4%	-0,7%	7,9%
Imposto de Renda e Contrib. Social	0,0%	0,3%	0,0%	0,3%	75,4%	0,3%	27,4%	0,2%	7,9%
LUCRO LÍQUIDO DEPOIS DO IR/CS	-6,8%	5,4%	263,5%	9,4%	171,4%	12,3%	79,0%	14,3%	50,5%

Fonte: Elaborado pelos autores

Através da análise vertical e horizontal é possível visualizar a movimentação que a empresa está fazendo e onde estão os principais ofensores e contribuintes do resultado.

Analisando o Ano 1 e o Ano 2 podemos verificar que as vendas dobraram, crescendo 106,4% e causando um impacto positivo no resultado do período de 263,5%. Esse fenômeno (alavancagem operacional) é explicado por vendas maiores que subiram 106% enquanto as despesas fixas cresceram apenas 30%, evidenciando que a empresa começa a atingir o ponto de equilíbrio e começa a gerar lucro, o LLDIR passa de -6,8% para 5,4%. Também observamos o comportamento das despesas operacionais que crescem ano contra ano quando analisamos horizontalmente 30% e, quando analisamos na vertical, observamos que sua representatividade em relação à receita líquida diminui, saindo de 50% no 1º ano para 20,1% no Ano 5.

Capital de Giro

O capital de giro é de suma relevância e na maioria das vezes é completamente desprezado pelos empreendedores. Ao se iniciar um negócio, muitos entendem que precisam de dinheiro somente para estruturá-lo e fazer funcionar, mas a grande verdade é que o capital de giro é o que mantém a empresa funcionando e sem planejar necessidade de capital de giro, o risco de liquidez aumenta muito. Enquanto a DRE demonstra o quanto a empresa gera de lucro ou prejuízo, o capital de giro demonstra o quanto a empresa terá que manter de capital para fazer frente às obrigações financeiras circulantes.

Tabela 14.25: Cálculo do Ciclo Operacional da Empresa

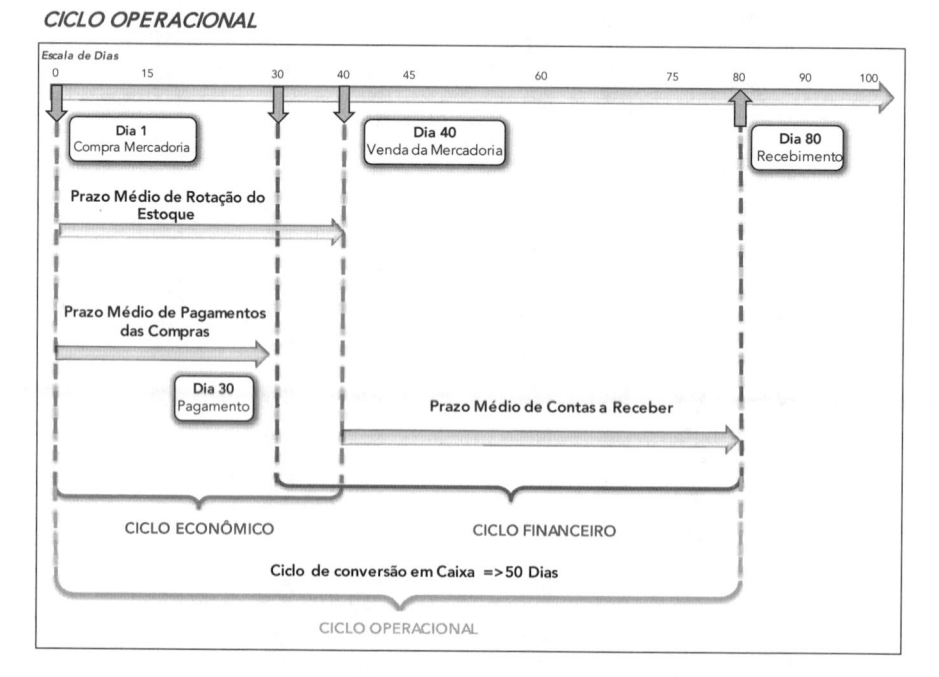

Fonte: Elaborado pelos autores

Ciclo econômico

O ciclo econômico é o tempo em que a mercadoria permanece em estoque. Vai desde a aquisição dos produtos até o ato da venda, não levando em consideração nem o pagamento da compra e nem o recebimento quando da venda.

Fórmula:

- **Ciclo econômico = Prazo Médio de Estocagem (PME) = 40 dias**

Ciclo operacional

Compreende o período entre a data da compra até o recebimento de cliente. Caso a empresa trabalhe somente com vendas à vista, o ciclo operacional tem o mesmo valor do ciclo econômico.

Fórmula:

- **Ciclo operacional = Ciclo econômico + Prazo Médio de Contas a Receber (PMCR)**
- **Ciclo operacional = 40 dias + 40 dias = 80 dias**

Ciclo financeiro

Também conhecido como ciclo de caixa é o tempo entre o pagamento a fornecedores e o recebimento das vendas. Quanto maior o poder de negociação da empresa com fornecedores e clientes, menor o ciclo financeiro.

Fórmula:

- **Ciclo financeiro = Ciclo operacional - Prazo Médio de Pagamento a Fornecedores (PMPF)**
- **Ciclo financeiro = 80 dias - 30 dias = 50 dias**

Análise

É importante para a empresa sempre buscar alternativas que resultem em ciclos financeiros reduzidos, observando sempre as limitações do mercado e o setor econômico inserido.

Com ciclos menores, temos o aumento do giro de negócios e menor necessidade de capital de giro, proporcionando maiores retornos sobre os investimentos. No exemplo acima temos um ciclo financeiro de 50 dias, isso significa dizer que durante um ano (360 dias) a empresa gira aproximadamente sete vezes o ciclo financeiro. (360/50)

Estrutura de análise extraído do Portal de Contabilidade.[*]

---

[*] Disponível em: <http://www.portaldecontabilidade.com.br/tematicas/ciclos.htm>

TABELA 14.26: Cálculo da Necessidade de Capital de Giro

CAPITAL DE GIRO

(Em Reais)

	Ano 1	Ano 2	Ano 3	Ano 4	Ano 5	Fórmula	Quadro
Prazo médio de recebimento de clientes	40	40	40	40	40		
Prazo médio do estoque	40	40	40	40	40		
Prazo médio de pagamento de fornecedores	30	30	30	30	30		
Clientes	191.021	394.241	610.326	839.984	1.083.962	(Receita Bruta/360 * 40)	DRE
Estoque	109.051	210.461	318.008	701.387	615.672	(Custo da Mercadoria Vendida + Custos Fixos de Fabricação/360 * 40)	DRE
Fornecedores matéria-prima	61.962	126.403	193.397	263.020	335.351	(Custo da Mercadoria Vendida/360 * 40)	DRE
Impostos	9.881	20.198	31.634	44.273	58.201	(Impostos a pagar - Impostos a recuperar)	Balanço
Encargos trabalhistas	12.238	18.866	26.955	33.459	37.439	(Encargos trabalhistas a pagar)	Balanço
Aluguel, comissões e outros	35.126	49.307	66.062	78.020	88.875	(Alugueis comissões e outros a pagar)	Balanço
Necessidade Capital de Giro	(180.864)	(389.927)	(610.286)	(1.122.600)	(1.179.768)		
Variação na necessidade CG	(180.864)	(209.063)	(220.359)	(512.314)	(57.168)		

Fonte: Elaborado pelos autores

Como podemos ver pela variação de capital de giro, no primeiro ano necessitamos de R$180.864,00, no segundo ano de mais R$209.063,00 e assim por diante, até atingir um capital de giro de R$1.179.768,00 para vendas de R$9.755.656,00, ou seja, mais de 10% do valor de vendas.

Estrutura de capital

A estrutura capital revelará qual será a proporção entre o capital próprio (dinheiro dos donos que fica registrado no patrimônio líquido) e o de terceiros (bancos, parentes, amigos etc.). Como já é sabido, as sócias dispõe de R$500 mil e para descobrirmos se e quando precisaremos de mais recursos, precisamos construir e analisar o demonstrativo de fluxo de caixa.

Tabela 14.27: Elaboração do Fluxo de Caixa Direto com Empréstimo

FLUXO DE CAIXA DIRETO COM EMPRÉSTIMO (Em Reais)	Ano 1	Ano 2	Ano 3	Ano 4	Ano 5
Recebimento de clientes	1.528.168	3.344.945	5.276.851	7.330.202	9.511.678
Pagamento de fornecedores (exceto estoque)	-261.160	-547.058	-842.065	-1.067.901	-1.273.994
Pagamento de salários e gastos gerais	-325.764	-347.596	-373.946	-460.573	-574.065
Pagamento de impostos	-312.232	-814.333	-1.347.584	-1.937.148	-2.575.969
Compra de matéria-prima	-852.600	-1.618.251	-2.428.313	-3.539.620	-3.938.493
Fluxo de Caixa das Atividades Operacionais	**(223.589)**	**17.707**	**284.944**	**324.959**	**1.149.157**
Compra Imobilizado	-422.449	-206.760	-200.115	-205.815	-205.815
Fluxo de Caixa das Atividades de Investimento	**-422.449**	**-206.760**	**-200.115**	**-205.815**	**-205.815**
Fluxo de Caixa Livre	**-646.038**	**-189.053**	**84.829**	**119.144**	**943.342**
Aporte de capital próprio	500.000	0	0	0	0
Pagto de dividendos 25% lucro ano anterior	0	0	-34.293	-93.066	-166.610
Fluxo de Caixa das Atividades de Financiamento	**500.000**	**0**	**-34.293**	**-93.066**	**-166.610**
Fluxo de Caixa do Período	**-146.038**	**-189.053**	**50.536**	**26.078**	**776.732**
Saldo inicial	0	-146.038	-335.090	-284.554	-258.476
Saldo final do período	-146.038	-189.053	50.536	26.078	776.732
Saldo Acumulado	**-146.038**	**-335.090**	**-284.554**	**-258.476**	**518.256**

Fonte: Elaborado pelos autores

Como podemos observar, a **exposição máxima** da empresa gira em torno de R$335.090 no segundo ano. Como nosso modelo prevê a expansão da fábrica no início do segundo ano será necessário adquirir o maquinário no final do primeiro ano.

A DFC projetada nos indica que precisaremos de R$146.038 de recursos adicionais para fechar o caixa do ano e, como as sócias só dispunham de R$500.000, a alternativa é se financiar com terceiros.

TABELA 14.28: Demonstrativo de Pagamento de Empréstimo

ANO	Mês	N° Parcelas	Saldo Inicial	Valor Parcela	Juros	Saldo Final
ANO 2	Janeiro	1	200.000	5.128	1.762	196.634
	Fevereiro	2	196.634	5.128	1.732	193.239
	Março	3	193.239	5.128	1.702	189.814
	Abril	4	189.814	5.128	1.672	186.359
	Maio	5	186.359	5.128	1.642	182.873
	Junho	6	182.873	5.128	1.611	179.356
	Julho	7	179.356	5.128	1.580	175.809
	Agosto	8	175.809	5.128	1.549	172.230
	Setembro	9	172.230	5.128	1.517	168.620
	Outubro	10	168.620	5.128	1.486	164.978
	Novembro	11	164.978	5.128	1.454	161.304
	Dezembro	12	161.304	5.128	1.421	157.597
ANO 3	Janeiro	13	157.597	5.128	1.388	153.858
	Fevereiro	14	153.858	5.128	1.356	150.086
	Março	15	150.086	5.128	1.322	146.280
	Abril	16	146.280	5.128	1.289	142.441
	Maio	17	142.441	5.128	1.255	138.569
	Junho	18	138.569	5.128	1.221	134.662
	Julho	19	134.662	5.128	1.186	130.721
	Agosto	20	130.721	5.128	1.152	126.745
	Setembro	21	126.745	5.128	1.117	122.734
	Outubro	22	122.734	5.128	1.081	118.687
	Novembro	23	118.687	5.128	1.046	114.605
	Dezembro	24	114.605	5.128	1.010	110.487
ANO 4	Janeiro	25	110.487	5.128	973	106.333
	Fevereiro	26	106.333	5.128	937	102.142
	Março	27	102.142	5.128	900	97.915
	Abril	28	97.915	5.128	863	93.649
	Maio	29	93.649	5.128	825	89.347
	Junho	30	89.347	5.128	787	85.006
	Julho	31	85.006	5.128	749	80.628
	Agosto	32	80.628	5.128	710	76.210
	Setembro	33	76.210	5.128	671	71.754
	Outubro	34	71.754	5.128	632	67.259
	Novembro	35	67.259	5.128	593	62.724
	Dezembro	36	62.724	5.128	553	58.148
ANO 5	Janeiro	37	58.148	5.128	512	53.533
	Fevereiro	38	53.533	5.128	472	48.877
	Março	39	48.877	5.128	431	44.180
	Abril	40	44.180	5.128	389	39.442
	Maio	41	39.442	5.128	347	34.661
	Junho	42	34.661	5.128	305	29.839
	Julho	43	29.839	5.128	263	24.974
	Agosto	44	24.974	5.128	220	20.067
	Setembro	45	20.067	5.128	177	15.116
	Outubro	46	15.116	5.128	133	10.121
	Novembro	47	10.121	5.128	89	5.083
	Dezembro	48	5.083	5.128	45	0

Fonte: Elaborado pelos autores

Para o modelo, consideramos tomar um empréstimo junto ao BNDES, que possui linhas muito atrativas para o micro e pequeno empresário. Conforme taxa vigente na época da elaboração deste livro, conseguimos um crédito com as seguintes características:

Principal: R$200 mil;

Taxa de juros 11% ao ano, sendo 0,88% ao mês;

Prazo de 48 meses para pagar;

Parcela mensal de R$5.127,67.

Um detalhe muito importante é que agora também teremos que pagar o principal e os juros mensalmente, acarretando um valor maior do que a própria necessidade de caixa previamente projetada no valor de R$335.090. Consideramos a captação no final do 1º ano, mas na realidade precisaremos projetar o fluxo de caixa mensal para sabermos exatamente em que mês precisaremos do recurso adicional. Abaixo reproduzimos o fluxo de pagamentos mensal para o empréstimo contraído no final do Ano 1 (o mesmo cálculo vale para os próximos anos).

Agora que as cartas estão dadas, já conhecemos a estrutura de capital com que a empresa vai operar.

Tabela 14.29: Estrutura de Capital Acumulado Ano a Ano

(Em reais)	Ano 1	Ano 2	Ano 3	Ano 4	Ano 5
Empréstimos Bancários	200.000	357.597	468.084	526.233	326.233
Patrimônio Líquido	416.114	553.286	891.255	1.464.628	2.301.258
Total de Empréstimos + Capital Social	616.114	910.883	1.359.340	1.990.861	2.627.491
% Participação de Terceiros	32,5%	39,3%	34,4%	26,4%	12,4%
% Participação de Próprios	67,5%	60,7%	65,6%	73,6%	87,6%

Fonte: Elaborado pelos autores

TABELA 14.30: Fluxo de Caixa Direto

FLUXO DE CAIXA DIRETO COM EMPRÉSTIMOS

(Em Reais)	Ano 1	Ano 2	Ano 3	Ano 4	Ano 5
Recebimento de clientes	1.528.168	3.344.945	5.276.851	7.330.202	9.511.678
Pagamento de forncedores	-261.160	-547.058	-842.065	-1.067.901	-1.273.994
Pagamento de salários e gastos gerais	-325.764	-347.596	-373.946	-460.573	-574.065
Pagamento de impostos	-312.232	-814.333	-1.347.584	-1.937.148	-2.575.969
Compra de matéria-prima	-852.600	-1.618.251	-2.428.313	-3.539.620	-3.938.493
Fluxo de Caixa das Atividades Operacionais	**(223.589)**	**17.707**	**284.944**	**324.959**	**1.149.157**
Compra Imobilizado	-422.449	-206.760	-200.115	-205.815	-205.815
Fluxo de Caixa das Atividades de Investimento	**-422.449**	**-206.760**	**-200.115**	**-205.815**	**-205.815**
Fluxo de Caixa Livre	**-646.038**	**-189.053**	**84.829**	**119.144**	**943.342**
Aporte de capital próprio	500.000	0	0	0	0
Pagto de dividendos 25% lucro ano anterior	0	0	-34.293	-93.066	-166.610
Empréstimos bancários	200.000	200.000	200.000	200.000	0
Pagamento empréstimo	0	-61.532	-123.064	-184.596	-246.128
Fluxo de Caixa das Atividades de Financiamento	**700.000**	**138.468**	**42.643**	**-77.662**	**-412.738**
Fluxo de Caixa do Período	**53.962**	**-50.585**	**127.472**	**41.482**	**530.604**
Saldo inicial	0	53.962	3.378	130.850	172.332
Saldo final do período	53.962	-50.585	127.472	41.482	530.604
Saldo Acumulado	**53.962**	**3.378**	**130.850**	**172.332**	**702.936**

Fonte: Elaborado pelos autores

Tabela 14.31: Fluxo de Caixa Indireto

FLUXO DE CAIXA INDIRETO

(Em Reais)	Ano 1	Ano 2	Ano 3	Ano 4	Ano 5
Lucro Líquido	-83.886	137.172	372.262	666.438	1.003.240
(-) Depreciação e amortização	41.162	70.469	99.489	128.090	156.957
(-) Juros provisionados	0	19.129	33.551	42.744	46.128
Variação Capital de Giro	-180.864	-209.063	-220.359	-512.314	-57.168
Fluxo de Caixa das Atividades Operacionais	**(223.589)**	**17.707**	**284.944**	**324.959**	**1.149.157**
Imobilizado	-422.449	-206.760	-200.115	-205.815	-205.815
Fluxo de Caixa das Atividades de Investimento	**-422.449**	**-206.760**	**-200.115**	**-205.815**	**-205.815**
Fluxo de Caixa Livre	**-646.038**	**-189.053**	**84.829**	**119.144**	**943.342**
Aporte de capital próprio	500.000	0	0	0	0
Dividendos pagos - 25% lucro ano anterior	0	0	-34.293	-93.066	-166.610
Empréstimos bancários	200.000	200.000	200.000	200.000	0
Pagamento empréstimo	0	-61.532	-123.064	-184.596	-246.128
Fluxo de Caixa das Atividades de Financiamento	**700.000**	**138.468**	**42.643**	**-77.662**	**-412.738**
Fluxo de Caixa do Período	**53.962**	**-50.585**	**127.472**	**41.482**	**530.604**
Saldo inicial	0	53.962	3.378	130.850	172.332
Saldo final do período	53.962	-50.585	127.472	41.482	530.604
Saldo Acumulado	**53.962**	**3.378**	**130.850**	**172.332**	**702.936**

Fonte: Elaborado pelos autores

Análise dos fluxos

O **fluxo operacional** é deficitário em R$223.589,00 no primeiro ano. Como a empresa não atingiu o ponto de equilíbrio, ela apresentou prejuízo mesmo após estornar a depreciação que não afeta o caixa. Outro fator importante é o investimento que a empresa fez no capital de giro.

No Ano 5, a empresa atinge a maturidade operacional juntamente com o volume necessário para gerar lucro e caixa, e o fluxo melhora bem, pois os custos fixos não alteram muito e o capital de giro requerido se mantém estável.

O **fluxo de investimentos** reflete as fases de expansão, onde o volume de recursos requeridos nos primeiros anos é mais alto devido à abertura da fábrica e a 1ª expansão no final do ano.

O **fluxo de financiamento** demonstra o quanto a empresa precisa de aporte de recursos próprios e/ou de terceiros para manter o negócio em pé, basicamente o recurso captado de terceiros foi utilizado na expansão no negócio, necessário para fazer frente ao maior volume, fruto do aumento de participação no mercado.

Tabela 14.32: Balanço Patrimonial

BALANÇO PATRIMONIAL

(Em reais)

	Ano 1	Ano 2	Ano 3	Ano 4	Ano 5
Caixa e Bancos	53.962	3.378	130.850	172.332	702.936
Clientes	191.021	394.241	610.326	839.984	1.083.962
Impostos a recuperar	12.038	24.558	37.574	51.101	65.154
Estoque	109.051	210.461	318.008	701.387	615.672
Produtos acabados	*76.984*	*94.881*	*173.454*	*474.807*	*439.092*
Matéria-prima	*32.067*	*115.580*	*144.554*	*226.580*	*176.580*
Ativo circulante	**366.072**	**632.638**	**1.096.759**	**1.764.805**	**2.467.724**
Ativo Imobilizado	422.449	629.209	829.324	1.035.139	1.240.954
(-) Depreciação	(41.162)	(111.631)	(211.120)	(339.210)	(496.167)
Ativo Permanente	**381.287**	**517.578**	**618.204**	**695.929**	**744.787**
Total do Ativo	**747.360**	**1.150.216**	**1.714.962**	**2.460.734**	**3.212.511**
Empréstimos bancários	50.000	89.399	117.021	131.558	81.558
Fornecedores	61.962	126.403	193.397	263.020	335.351
Impostos a pagar	21.920	44.756	69.208	95.374	123.355
Encargos trabalhistas	12.238	18.866	26.955	33.459	37.439
Aluguel, comissões e outros	35.126	49.307	66.062	78.020	88.875
Passivo Circulante	**181.246**	**328.732**	**472.644**	**601.431**	**666.578**
Empréstimos bancários a longo prazo	150.000	268.198	351.063	394.675	244.675
Passivo não circulante	**150.000**	**268.198**	**351.063**	**394.675**	**244.675**
Capital social	500.000	500.000	500.000	500.000	500.000
Resultado acumulado	-	(83.886)	53.286	425.548	1.091.987
Dividendos distribuídos	-	-	(34.293)	(127.359)	(293.968)
Lucros exercício	(83.886)	137.172	372.262	666.438	1.003.240
Patrimônio Líquido	**416.114**	**553.286**	**891.255**	**1.464.628**	**2.301.258**
Total do Passivo + Patrimônio Líquido	**747.360**	**1.150.216**	**1.714.962**	**2.460.734**	**3.212.511**

Fonte: Elaborado pelos autores

A empresa terminou o ciclo de cinco anos com um ativo total de R$3,2 milhões, contra um investimento inicial de R$500 mil, com a construção de um patrimônio líquido de R$2.301.258,00.

Tabela 14.33: Análise Vertical e Horizontal do Balanço

ANÁLISE VERTICAL E HORIZONTAL

	Ano 1	Ano 2		Ano 3		Ano 4		Ano 5	
	Análise Vert	Análise Vert	Análise Hor	Análise Vert	Análise Hor	Análise Vert	Análise Hor	Análise Vert	Análise Hor
Caixa e Bancos	7,2%	0,3%	-93,7%	7,6%	3773,7%	7,0%	31,7%	21,9%	307,9%
Clientes	25,6%	34,3%	106,4%	35,6%	54,8%	34,1%	37,6%	33,7%	29,0%
Impostos a recuperar	1,6%	2,1%	104,0%	2,2%	53,0%	2,1%	36,0%	2,0%	27,5%
Estoque	14,6%	18,3%	93,0%	18,5%	51,1%	28,5%	120,6%	19,2%	-12,2%
Ativo circulante	**49,0%**	**55,0%**	**72,8%**	**64,0%**	**73,4%**	**71,7%**	**60,9%**	**76,8%**	**39,8%**
Ativo Imobilizado	56,5%	54,7%	48,9%	48,4%	31,8%	42,1%	24,8%	38,6%	19,9%
(-) Depreciação	-5,5%	-9,7%	171,2%	-12,3%	89,1%	-13,8%	60,7%	-15,4%	46,3%
Ativo Permanente	**51,0%**	**45,0%**	**35,7%**	**36,0%**	**19,4%**	**28,3%**	**12,6%**	**23,2%**	**7,0%**
Total do Ativo	**100,0%**	**100,0%**	**53,9%**	**100,0%**	**49,1%**	**100,0%**	**43,5%**	**100,0%**	**30,6%**
Empréstimos bancários	6,7%	7,8%	78,8%	6,8%	30,9%	5,3%	12,4%	2,5%	-38,0%
Fornecedores	8,3%	11,0%	104,0%	11,3%	53,0%	10,7%	36,0%	10,4%	27,5%
Impostos a pagar	2,9%	3,9%	104,2%	4,0%	54,6%	3,9%	37,8%	3,8%	29,3%
Encargos trabalhistas	1,6%	1,6%	54,2%	1,6%	42,9%	1,4%	24,1%	1,2%	11,9%
Aluguel, comissões e outros	4,7%	4,3%	40,4%	3,9%	34,0%	3,2%	18,1%	2,8%	13,9%
Passivo Circulante	**24,3%**	**28,6%**	**81,4%**	**27,6%**	**43,8%**	**24,4%**	**27,2%**	**20,7%**	**10,8%**
Empréstimos bancários a longo prazo	20,1%	23,3%	78,8%	20,5%	30,9%	16,0%	12,4%	7,6%	-38,0%
Passivo não circulante	**20,1%**	**23,3%**	**78,8%**	**20,5%**	**30,9%**	**16,0%**	**12,4%**	**7,6%**	**-38,0%**
Capital social	66,9%	43,5%	0,0%	29,2%	0,0%	20,3%	0,0%	15,6%	0,0%
Resultado acumulado	0,0%	-7,3%	0,0%	3,1%	-163,5%	17,3%	698,6%	34,0%	156,6%
Lucros exercício	-11,2%	11,9%	263,5%	21,7%	-171,4%	27,1%	-79,0%	31,2%	-50,5%
Patrimônio Líquido	**55,7%**	**48,1%**	**33,0%**	**52,0%**	**61,1%**	**59,5%**	**64,3%**	**71,6%**	**57,1%**
Total do Passivo + Patrimônio Líquido	**100,0%**	**100,0%**	**53,9%**	**100,0%**	**49,1%**	**100,0%**	**43,5%**	**100,0%**	**30,6%**

Fonte: Elaborado pelos autores

Através da análise vertical obtemos a evidência de que o **item mais representativo é o ativo imobilizado** com 56,5% no 1º ano e 38,6% no 5º ano. Pode-se observar também o crescimento constante na conta de clientes e estoque, movimento decorrente do crescimento e investimento na fábrica permitindo que a empresa produza e venda mais. O mesmo movimento é detectado no passivo onde os fornecedores crescem para fazer frente às compras de estoque. No 1º ano, o item mais representativo era o capital social, já no 5º ano sua expressividade diminui e o resultado do acumulado passa a ser o item mais relevante, demonstrando a qualidade da saúde financeira da empresa e seu poder de geração de resultado.

Tabela **14.34:** Índices Financeiros

ÍNDICES FINANCEIROS						
Índice		**Ano 1**	**Ano 2**	**Ano 3**	**Ano 4**	**Ano 5**
Liquidez						
Corrente	(Ativo circulante / passivo circulante)	2,02	1,92	2,32	2,93	3,70
Seca	(Ativo circulante - estoques) / passivo circulante	1,42	1,28	1,65	1,77	2,78
Atividade						
Giro de Estoques	(Vendas / estoques)	15,8	16,9	17,3	10,8	15,8
Prazo médio de Recebimento	(Valores a receber) / (vendas anuais / 360), em dias	40	40	40	40	40
Prazo Medio de Pagamento Fornecedores	(Fornecedores) /(Custo Mercadorias Vendidas/360), em dias	30	30	30	30	30
Giro dos Ativos Imobilizados	(Vendas / ativos imobilizados líquidos)	4,5	6,9	8,9	10,9	13,1
Giro do ativo	(Vendas / ativo total)	2,3	3,1	3,2	3,1	3,0
Endividamento						
Total capital 3º / ativo total	(Total do capital de terceiros / total de ativos)	10,2%	16,3%	15,8%	13,4%	10,7%
Cobertura de Juros	(Lucro oper. antes juros e impostos / despesas de juros)	0,0	11,9	17,8	24,6	34,0
Rentabilidade						
Margem Líquida	(lucro líq. disponível acionistas / vendas líquidas)	-6,8%	5,4%	9,4%	12,3%	14,3%
Ind. Capac. Geração Lucro	(Lucro oper. antes juros e impostos / ativo total)	-17,0%	19,7%	34,8%	42,8%	48,8%
Retorno sobre Ativo Operacional Líquido - RSAOL	(Lucro oper. antes juros e impostos / ativo operacional líquido)	-11,2%	11,9%	21,7%	27,1%	31,2%
Retorno sobre o Patrimônio Líquido - RSPL	(lucro líq. disponível acionistas / patrimonio líquido)	-20,2%	24,8%	41,8%	45,5%	43,6%
RSAOL - CMPC	RSAOL - CMPC	-23,7%	-0,1%	9,3%	14,1%	17,2%
Alavancagem						
Grau de Alavancagem Operacional - GAO	(lucro operacional antes dos impostos / Margem de contribuição)	(3,9)	4,5	2,7	2,2	1,9
Grau de Alavancagem Financeiro - GAF	(lucro operacional antes dos impostos / (lucro operacional antes dos impostos - Despesas Juros))	1,0	1,1	1,1	1,0	1,0
Grau de alavancagem total - GAT	(GAO x GAF)	(3,9)	5,0	2,9	2,2	2,0
Estrutura de Capital						
Proporção de Capital de Terceiros = (A)	(Empréstimos Bancarios Total / (PL + Empréstimos Bancários Total)	32,5%	39,3%	34,4%	26,4%	12,4%
Custos capital de Terceiros % = (B)	Custo do Empréstimo Bancário menos benefécios Impostos 34%	7,3%	7,3%	7,3%	7,3%	7,3%
Proporção de Capital Próprio = (C)	(Patrimônio Líquido / (PL + Empréstimos Bancários Total)	67,5%	60,7%	65,6%	73,6%	87,6%
Custos Capital Próprio % = (D)	Custo Capital Próprio %	15,0%	15,0%	15,0%	15,0%	15,0%
CMPC - Custo Médio Ponderado de Capital	= (A x B) + (C x D)	12,5%	12,0%	12,4%	13,0%	14,0%

Fonte: Elaborado pelos autores

Análise conjunta do balanço e seus indicadores

".... nenhuma fórmula ou receita de bolo ou quadro especial etc. substituirá o julgamento e a "arte" de cada analista, em cada caso."

— *Sergio de Iudícibus*

Portanto, nosso objetivo é dar um norte ao empreendedor sobre análise básica de balanço.

A primeira análise que propomos é RSAOL% (-) CMPC% para indicar se a empresa está gerando valor para o acionista e como se nota no quadro de índices financeiros o 1º ano apresenta um índice negativo de -23,7% que significa que a empresa está destruindo e não gerando valor. Todo início é difícil e o importante é evoluir operacionalmente de forma a gerar valor. O indicador, positivo em 29,5%, demonstra o sucesso do negócio e a criação de valor.

Analisando as informações obtidas através do balanço e seus indicadores, podemos observar, no **índice de liquidez corrente**, que a empresa possui uma boa liquidez, detém R$2,02 para cada R$1,00 de dívida no primeiro ano e mantém uma ótima liquidez nos anos seguintes. Observamos que o **estoque tem um giro** considerável com aproximadamente 15,8 vezes ao ano no quinto ano, significando que os produtos saem assim que são produzidos, o que para o seguimento de alimentos é ótimo.

O **giro do ativo** nos diz que a empresa gira 2,3 vezes o ativo no primeiro ano e 3,0 no quinto ano.

O **nível de endividamento** está adequado, uma vez que em todos os anos a empresa gerou lucro suficiente para pagar os juros. Se alinharmos o giro do ativo investido com o de cobertura, conseguimos enxergar que a empresa captou recursos no mercado, colocou no giro, está performando em vendas e gerando lucro para pagar terceiros e acionistas.

Todos os **índices de rentabilidade** apresentam um número negativo no primeiro ano, o que já era esperado, mas, quando olhamos para os anos seguintes, notamos uma excelente rentabilidade, inclusive ultrapassando o principal objetivo proposto pelos acionistas de 35% de **retorno sobre o patrimônio líquido**, apresentando um retorno de 43,6% no quinto ano.

Tabela 14.35: Fórmula DuPont

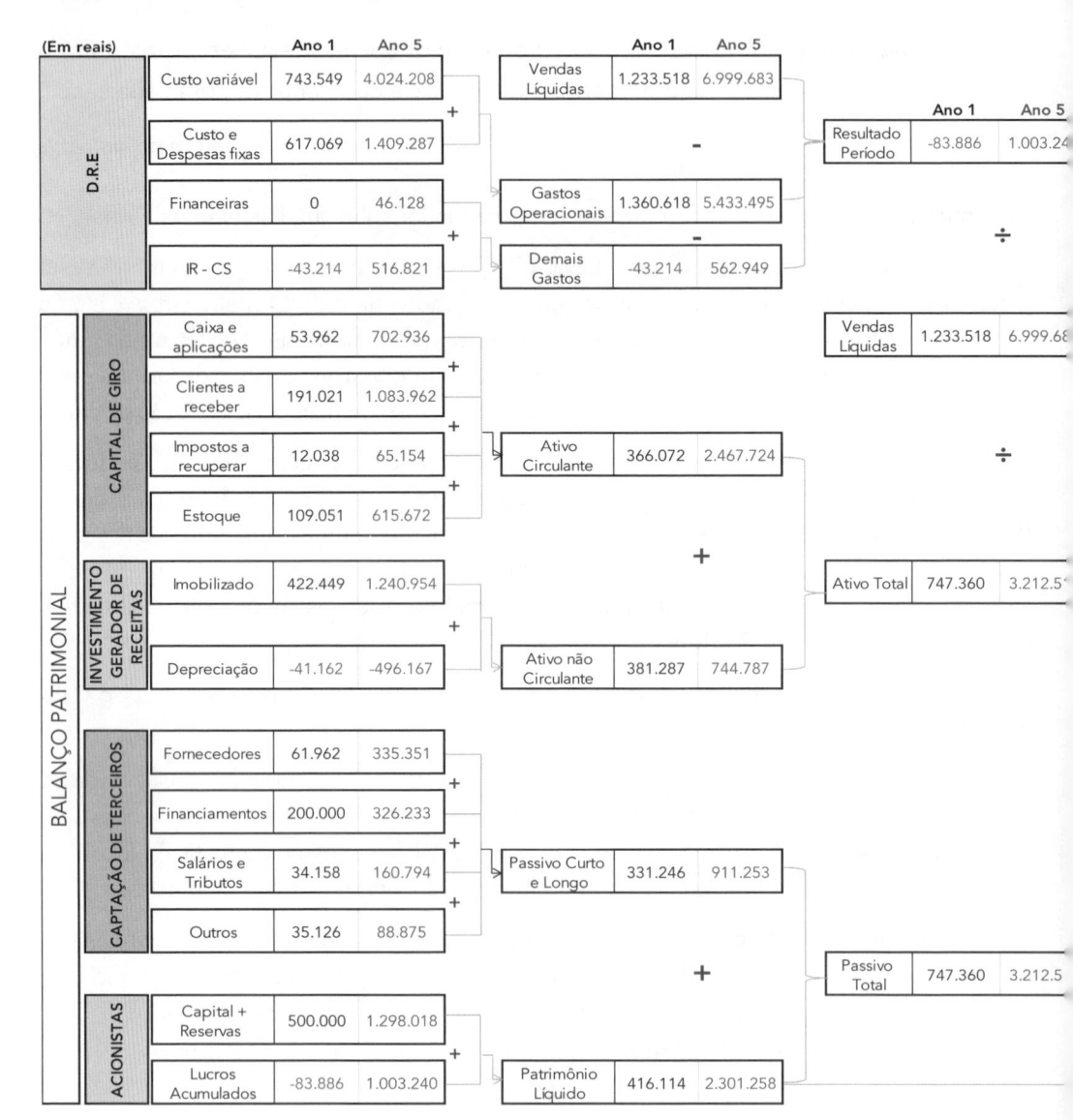

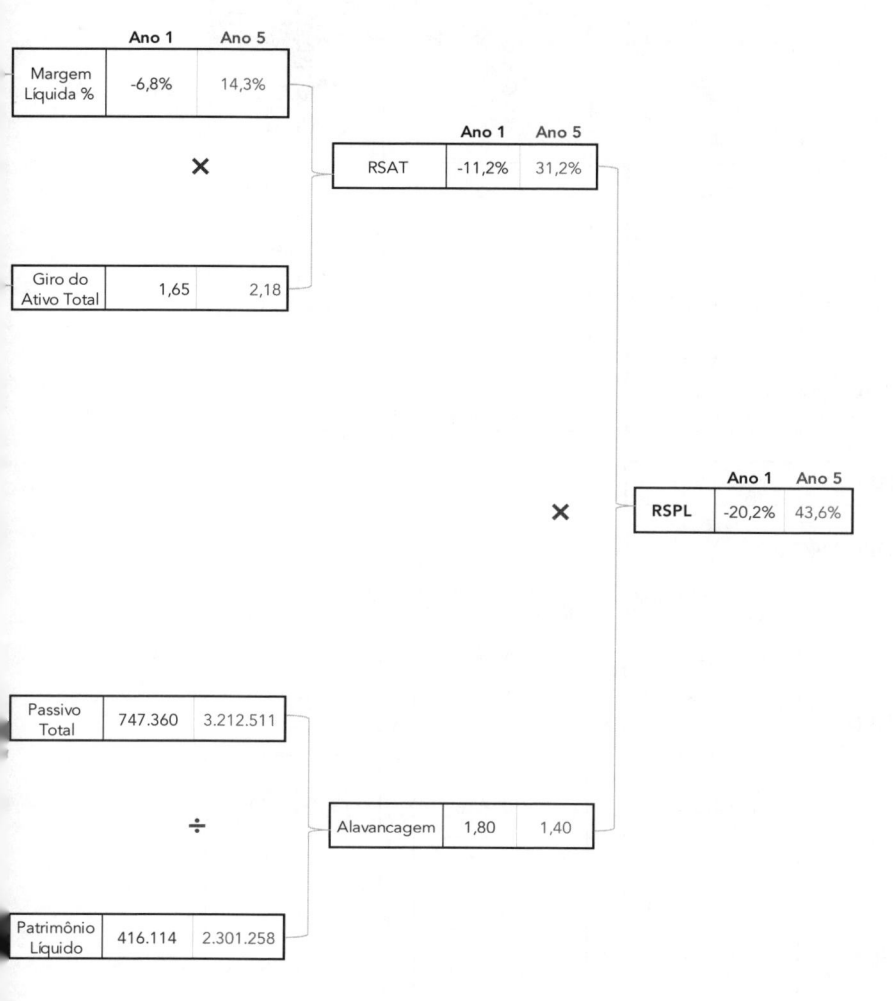

Fonte: Elaborado pelos autores

Conforme detalhamos no capítulo, a fórmula DuPont analisa três principais pontos: lucratividade, giro do ativo e nível de alavancagem, reproduzidos abaixo:

Tabela 14.36: Composição da Fórmula Dupont

RSPL ANO 1

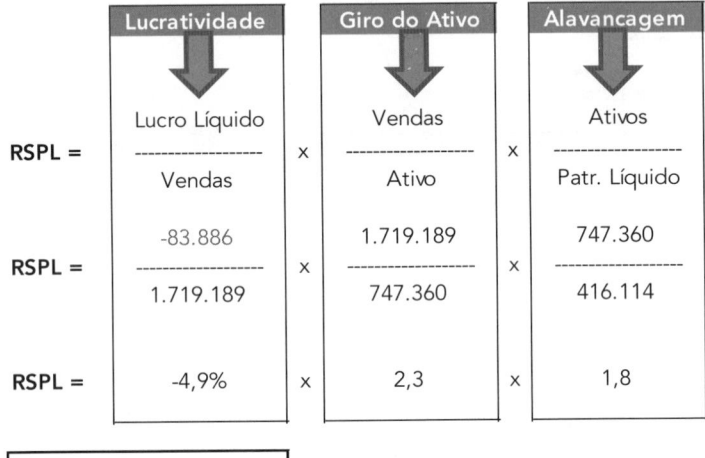

RSPL ANO 5

Fonte: Elaborado pelos autores

Extrai-se desses indicadores que o problema do 1º ano está na lucratividade, pois a empresa opera em um volume de vendas ainda baixo.

Formas de melhorias nas três vertentes da fórmula Dupont:

Lucratividade

1. Aumento de preço (quando suportável);
2. Redução de gastos (custos de produção e despesas administrativas), melhorando a eficiência e qualificando melhor os gastos.

Giro do ativo

1. Aumentar o volume de vendas sem necessidade de investimentos de ativos
2. Reduzir os ativos da empresa (otimizar estoque, alugar em vez de comprar, venda de imobilizado obsoleto e inativo etc.)

Alavancagem

Utilização de recursos de terceiros em vez de capital próprio (observar sempre o custo de endividamento <RSAOL% e sua finalidade).

Maior prazo de pagamentos de fornecedores e outros passivos desde que o custo financeiro adicional seja menor que o RSAOL%.

Indicadores de performance financeira e *valuation* da empresa

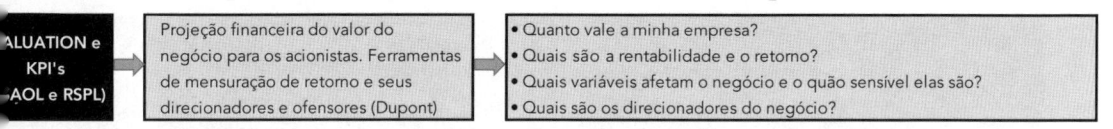

Utilizamos o fluxo de caixa descontado para determinar o valor da empresa.

Tabela 14.37: Cálculo do Valor da Empresa pelo Fluxo de Caixa Descontado

FLUXO DE CAIXA DESCONTADO

(Em reais)	Projetado					Perpetuidade
	Ano 1	Ano 2	Ano 3	Ano 4	Ano 5	
Lucro antes dos juros e dos impostos	(127.100)	226.966	597.585	1.052.500	1.566.188	1.581.850
(-) 34% de impostos sobre o LAJIR	0	-77.168	-203.179	-357.850	-532.504	-537.829
(+) Depreciação e provisão para perdas	41.162	70.469	99.489	128.090	156.957	158.526
(-) Variação no capital de giro	-180.864	-209.063	-220.359	-512.314	-57.168	-57.739
(-) Aquisição de imobilizado	-422.449	-206.760	-200.115	-205.815	-205.815	-207.873
Fluxo de Caixa Livre da Empresa	-689.252	-195.556	73.422	104.611	927.658	936.935
Fluxo de caixa a valor presente	-599.349	-147.869	48.276	59.812	461.210	
Fluxo de caixa a valor presente - Acumulado	-599.349	-747.218	-698.942	-639.131	-177.921	

Custo do Capital Próprio	15,0%
Total Valor presente líquido (A)	-177.921
% de Crescimento na perpetuidade	1,0%
Valor da Perpetuidade (B)	2.893.305=((936.935)/(15%-1%))/((1+15)^6)

Valor empresa = A + B	2.715.385
Saldo dívida no 5° ano	-326.233
Valor acionista	2.389.152

Fonte: Elaborado pelos autores

Nota: O Fluxo de Caixa Livre da Empresa diverge dos quadros 15.30 e 15.31 pois não contempla juros sobre o financiamento nem o benefício que os juros trazem na redução do IR e CS.

Taxa Interna de Retorno (TIR)/TIR modificada

Tabela 14.38: Cálculo da TIR / TIR modificada

ANO	Aporte de capital	Recebimento dividendos	Caixa gerado pela empresa após dividendos	Fluxo de caixa do acionista	Fluxo acumulado
Ano 0	-500.000		0	-500.000	-500.000
Ano 1	0	0	53.962	53.962	-446.038
Ano 2	0	0	-50.585	-50.585	-496.622
Ano 3	0	34.293	127.472	161.765	-334.857
Ano 4	0	93.066	41.482	134.548	-200.309
Ano 5	0	166.610	530.604	697.214	496.904
TOTAL	-500.000	293.968	702.936	496.904	
TIR				17,0%	
TIR Modificada				15,1%	

Fonte: Elaborado pelos autores

O cálculo da TIR está levando em conta o fluxo de caixa do acionista e não parte da mesma base para o cálculo do valor da empresa. Conforme definido nas premissas, o Custo Capital Próprio (CPP) para o negócio é de 15%, portanto, recomenda-se a aprovação deste projeto, pois a TIR modificada atingiu a taxa mínima requerida pelas sócias.

Payback

O *payback* (período de retorno) se dará no terceiro mês do 5º ano, conforme podemos observar no fluxo acumulado.

Enfim temos a tão esperada resposta do valor da empresa. O valor final da empresa é de R$2.389.152,00, pagando toda a dívida da expansão. Em outras palavras foi investido R$500.000,00 e foi criado um negócio que vale quase cinco vezes o capital investido, fora os dividendos distribuídos.

Análise de sensibilidade

Essa análise permite avaliar os impactos de mudanças nas premissas adotadas na elaboração do plano de negócio e verificar o quão sensível a empresa é às principais variáveis.

Tabela 14.39: Análise de Sensibilidade do Lucro Líquido em Relação às Vendas e ao Custo Variável

Diminuição Vendas ← Receita Bruta → Aumento Vendas

Lucro Líquido

Custo Variável \ **2.095.226**	-20%	-10%	-5%	0%	5%	10%	20%
25%	(2.504.498)	(1.174.968)	(510.203)	154.562	819.326	1.484.091	2.813.621
20%	(2.116.365)	(786.835)	(122.070)	542.695	1.207.459	1.872.224	3.201.754
10%	(1.340.099)	(10.569)	654.196	1.318.960	1.983.725	2.648.490	3.978.020
5%	(951.966)	377.564	1.042.329	1.707.093	2.371.858	3.036.623	4.366.153
0%	(563.833)	765.697	1.430.462	**2.095.226**	2.759.991	3.424.756	4.754.286
-5%	(175.700)	1.153.830	1.818.594	2.483.359	3.148.124	3.812.889	5.142.419
-10%	212.433	1.541.963	2.206.727	2.871.492	3.536.257	4.201.022	5.530.552
-20%	988.699	2.318.228	2.982.993	3.647.758	4.312.523	4.977.288	6.306.818
-25%	1.376.832	2.706.361	3.371.126	4.035.891	4.700.656	5.365.421	6.694.951

Fonte: Elaborado pelos autores

No quadro acima, simularemos o impacto no lucro acumulado dos cinco anos variando de forma individual ou conjunta a receita bruta e o custo variável. Repare que no meio do quadro em destaque está o cenário neutro mantendo o lucro acumulado em R$2.095.226,00. Se as receitas caírem 5% sem alterar o custo, notem que o lucro acumulado cai para R$1.430.462,00, ou seja, a sensibilidade é alta. Já uma análise conjunta da diminuição de 5% das receitas e aumento de 5% nos custos, o lucro cai praticamente pela metade atingindo R$1.042.329,00.

As próximas análises de sensibilidade seguem a mesma lógica. As células em preto significam que não foi possível calcular o impacto da redução, mas já dá para termos uma ideia do a sensibilidade.

Tabela 14.40: Análise de Sensibilidade do *Valuation*

Valuation	Diminuição Vendas			Receita Bruta	Aumento Vendas		
2.389.152	-20%	-10%	-5%	0%	5%	10%	20%
25%			(2.048.224)	(896.041)	214.466	1.298.664	3.454.229
20%		(2.530.180)	(1.352.064)	(227.332)	870.092	1.947.874	4.103.439
10%		(1.117.326)	(422)	1.090.731	2.168.513	3.246.295	5.388.482
5%		(442.221)	662.159	1.739.941	2.817.724	3.895.506	6.026.701
0%	(2.043.435)	226.488	1.311.369	**2.389.152**	3.466.934	4.544.717	6.664.920
-5%	(1.342.499)	882.798	1.960.580	3.038.362	4.116.145	5.184.044	7.303.139
-10%	(657.110)	1.532.008	2.609.791	3.687.573	4.762.715	5.822.263	7.941.358
-20%	674.864	2.830.429	3.908.212	4.979.605	6.039.153	7.098.701	9.217.796
-25%	1.324.075	3.479.640	4.557.422	5.617.824	6.677.372	7.736.920	9.856.015

(Custo Variável ao longo da coluna da esquerda)

Fonte: Elaborado pelos autores

Tabela 14.41: Análise de Sensibilidade do Caixa Gerado no Período Acumulado

Caixa Gerado	Diminuição Vendas			Receita Bruta	Aumento Vendas		
702.936	-20%	-10%	-5%	0%	5%	10%	20%
25%	(3.117.871)	(2.076.736)	(1.556.169)	(1.035.601)	(515.034)	5.534	1.046.668
20%	(2.770.163)	(1.729.029)	(1.208.461)	(687.894)	(167.326)	353.241	1.394.376
10%	(2.074.749)	(1.033.614)	(513.046)	7.521	528.089	1.048.656	2.089.791
5%	(1.727.041)	(685.906)	(165.339)	355.229	875.796	1.396.363	2.437.498
0%	(1.379.334)	(338.199)	182.369	**702.936**	1.223.504	1.744.071	2.785.206
-5%	(1.031.626)	9.509	530.076	1.050.644	1.571.211	2.091.778	3.132.913
-10%	(683.919)	357.216	877.784	1.398.351	1.918.918	2.439.486	3.480.621
-20%	11.496	1.052.631	1.573.199	2.093.766	2.614.333	3.134.901	4.176.036
-25%	359.204	1.400.339	1.920.906	2.441.474	2.962.041	3.482.608	4.523.743

(Custo Variável ao longo da coluna da esquerda)

Fonte: Elaborado pelos autores

Tabela 14.42: Análise de Sensibilidade da TIR modificada

TIR Modificada 15,1%	Diminuição Vendas			Receita Bruta 0%	Aumento Vendas		
	-20%	-10%	-5%	0%	5%	10%	20%
25%				-44,4%	-22,2%	-6,5%	24,5%
20%				-29,3%	-12,5%	4,7%	31,3%
10%		-67,4%	-25,5%	-8,3%	10,1%	24,3%	41,5%
5%		-34,4%	-14,8%	4,1%	19,9%	31,0%	45,6%
0%		-21,6%	-2,5%	15,1%	27,8%	36,6%	49,4%
-5%		-9,9%	9,8%	24,1%	33,8%	41,3%	52,8%
-10%	-42,4%	3,6%	19,7%	30,8%	38,9%	45,5%	55,9%
-20%	-11,6%	23,9%	33,6%	41,1%	47,3%	52,6%	61,5%
-25%	3,1%	30,6%	38,8%	45,3%	50,9%	55,8%	64,0%

(Custo Variável — eixo vertical)

Fonte: Elaborado pelos autores

Obs: se a receita cair apenas 5%, a TIR modificada passa a ser negativa, passando de geração de valor para destruição de valor a não ser na hipótese improvável de que o custo variável caia. Queremos chamar a atenção neste ponto, pois o negócio analisado é extremamente sensível ao volume e ao preço.

Tabela 14.43: Análise de Sensibilidade da TIR

TIR 17,0%	Diminuição Vendas			Receita Bruta 0%	Aumento Vendas		
	-20%	-10%	-5%	0%	5%	10%	20%
25%					-43,3%	-11,3%	28,5%
20%					-21,3%	4,0%	38,7%
10%			-48,8%	-12,9%	10,6%	28,7%	57,2%
5%			-23,8%	3,4%	23,1%	39,1%	65,7%
0%		-37,7%	-4,9%	17,0%	34,2%	48,8%	73,9%
-5%		-14,6%	10,3%	28,9%	44,3%	57,9%	81,7%
-10%		2,7%	23,2%	39,6%	53,8%	66,5%	89,3%
-12%		8,7%	27,9%	43,6%	57,4%	69,9%	92,3%
-13%	-57,2%	11,5%	30,1%	45,6%	59,2%	71,5%	93,7%

(Custo Variável — eixo vertical)

Fonte: Elaborado pelos autores

Conclusão

Para concluir, colocaremos no gráfico de retorno, risco e liquidez, do capítulo 4, a rentabilidade da Pão de Queijo da Vó. Como requerido por um investimento de risco em relação às demais aplicações no mercado financeiro e em ativos reais, a rentabilidade de 31,2% seria a maior entre os investimentos em 2019, apresentando também o maior risco e a menor liquidez.

Gráfico 14.2: Curva Teórica de Investimentos com Case de Pão de Queijo da Vó

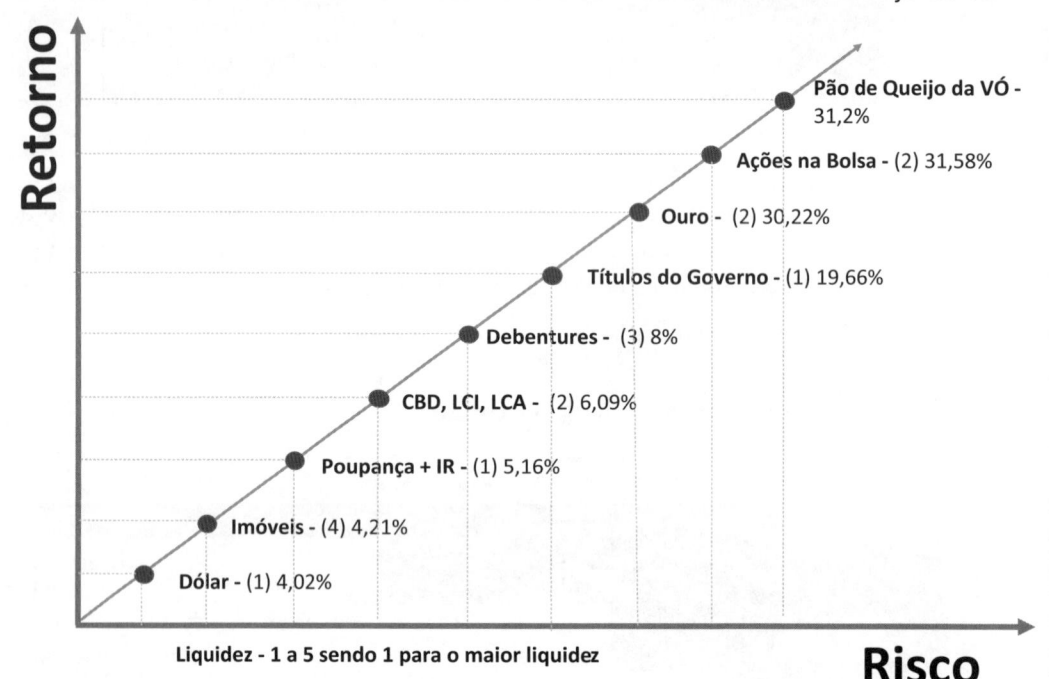

Fonte: Elaborado pelos autores

QUAIS SÃO OS PASSOS PARA ABRIR UMA EMPRESA?

Abrir uma empresa no Brasil não é uma tarefa simples, segundo o Banco Mundial, o Brasil se encontra na posição de número 125 no ranking dos países mais fáceis de se operar uma empresa.

Não podemos falar da abertura de uma empresa, sem antes mencionar quais são as formas societárias e quais são os enquadramentos de tamanho/porte de uma empresa.

Formas de constituição societária

Todo negócio precisa de uma forma jurídica para operar, no Brasil as principais estruturas são EI, EIRELI, SS, Ltda e S/A. Os tipos de organização societária determinam a relação entre e empresa e seus sócios e estabelecem seus direitos e deveres.

No quadro a seguir elaboramos um comparativo destas formas jurídicas.

Quadro Comparativo de Formas Societárias:

	EI - Empresa Individual	EIRELI - Empresa Individual de Responsabilidade Limitada	SS - Sociedade Simples	LTDA - Sociedade Limitada	S/A Sociedade Anônima
Características	Empresa formada pelo próprio empresário, pessoa física	Empresa formada pelo próprio empresário, pessoa física	Prestadora de serviços intelectual (Médicos, Engenheiros, Advogados)	Sociedade dividida em quotas de responsabilidade, onde os sócios são responsabilizados até o limite de suas quotas	Sociedade dividida em ações que podem ou não ser negociadas na bolsa de valores
Nome empresarial	O mesmo da pessoa física	Empresa ABC Eireli	Sociedade de Advogados SS	Só Lucro Ltda	Companhia Eldorado ou Eldorado S/A
Capital mínimo	Não estipulado	100 vezes o salário mínimo	Sem limite	Sem limite	Sem limite
Quantidade sócios	Sem sócios	Sem sócios	Mínimo 2 sócios	Mínimo 2 sócios	Mínimo 2 sócios
Instrumento de constituição	Requerimento de Empresário	Contrato social	Contrato social	Contrato social	Estatuto
Registro da empresa	Portal do Empreendedor	Junta Comercial	Junta Comercial	Junta Comercial	Junta Comercial
Limite de responsabilidade	Responde com bens da pessoa física	Limitado ao capital social	Ilimitado ou Limitado, depende do tipo	Limitado às quotas integralizadas na empresa	Limitado ao preço das ações
Enquadramento /Porte	MEI	ME, EPP ou Médio e Grande Porte	ME, EPP ou Médio e Grande Porte	ME, EPP ou Médio e Grande Porte	ME, EPP ou Médio e Grande Porte
Regime tributário	Simples Nacional, Lucro Presumido ou Real	Simples Nacional, Lucro Presumido ou Real	Simples Nacional, Lucro Presumido ou Real	Simples Nacional, Lucro Presumido ou Real	Simples Nacional, Lucro Presumido ou Real

Porte

O porte é fator-chave para determinar o enquadramento do tamanho da empresa, bem como suas opções fiscais conforme descrito no capítulo de tributos.

	MEI-Microempreendedor Individual	ME-Microempreendedor	EPP-Empresa de Pequeno Porte	Médio Porte	Grande Porte
Faturamento Bruto	R$ 81 mil/ano	R$ 360 mil/ano	R$ 4,8 milhões/ano	Entre R$ 4,8 milhões e R$ 300 milhões/ano	Acima de R$ 300 milhões ou ativo total superior a R$ 240 milhões/ano

Principais registros obrigatórios para habilitar uma empresa.

Registro	Significado	Órgão Registrador	Finalidade
NIRE	Número de Identificação de Registro de Empresa	Junta Comercial do Estado	É a certidão de nascimento da empresa, onde todos os seus atos são resgitrados
CNPJ	Cadastro Nacional de Pessoa Jurídica	Secretaria da Receita Federal do Brasil	Identificação de contribuinte para recolhimento dos tributos federais (Ex: Imposto de Renda)
IE	Inscrição Estadual	Secretaria da Receita Estadual	Identificação de contribuinte para recolhimento dos tributos estaduais (Ex: ICMS)
CCM	Cadastro de Contribuinte Mobiliário	Secretaria Municipal	Identificação de contribuinte para recolhimento dos tributos municipais (Ex: ISS)
AVCB	Auto de Vistoria do Corpo de Bombeiros	Corpo de Bombeiros da Polícia Militar	Certificar os estabelecimentos empresarias quanto ao risco de incêndios
Habite-se	Auto de Conclusão de Obra	Prefeituras Municipais	Autorização de funcionamento do estabelecimento após construção ou reforma
AFE	Autorização de Funcionamento da Empresa	Agência Nacional de Vigilância Sanitária	Licença Sanitária para empresas de alimentos, farmácia e outras
MR	Marca Registrada	INPI - Instituto Nacional de Propriedade Intelectual	Assegurar a propriedade intelectual de: marca, produto, software etc.
CNAE	Classificação Nacional de Atividade Economica	O órgão que disponibiliza a lista é o IBGE. Não existe um local para registro a não ser no CNPJ	Determina o segmento de atuação da empresa e seu enquadramento pode trazer benefícios e isenções fiscais
.Com	Registro de Comércio na Internet (Domínio eletrônico)	Registro.Br	Assegurar o registro do domínio da marca na Internet

Passos para abrir uma empresa

A seguir, deixamos um link com o passo a passo do Sebrae de como abrir uma empresa para servir de norte nesta etapa importante de sua futura empresa.

http://www.sebrae.com.br/sites/PortalSebrae/artigos/passo-a-passo-para-o-registro-da-sua-
-empresa,665cef598bb74510VgnVCM1000004c00210aRCRD

DICIONÁRIO FINANCEIRO

ADIMPLÊNCIA: cumprimento da obrigação contratual ou pagamento da dívida no prazo.

ALAVANCAGEM FINANCEIRA: é o processo em que o endividamento com terceiros promove a melhoria do retorno do acionista.

AMORTIZAÇÃO: é o abatimento gradual de uma dívida por meio de pagamentos periódicos combinados entre o credor e o devedor.

ANÁLISE ECONÔMICO-FINANCEIRA: análise, comparação e interpretação das demonstrações contábeis. É a decomposição dos demonstrativos financeiros em elementos mais facilmente entendíveis, para que, por meio de índices e valores, possa se avaliar a situação de risco da empresa.

ANÁLISE DE CRÉDITO: procedimento por meio do qual os demandantes de crédito são analisados para se verificar se eles atendem a todas as exigências do emprestador, assim como para definir a quantidade máxima a ser emprestada.

ANÁLISE QUALITATIVA: avalia fatores importantes não mensuráveis como experiência, caráter, qualidade da administração, relacionamento com os funcionários e as relações trabalhistas, representam fatores importantes para avaliação de risco de crédito.

ANO FISCAL: período de 12 meses designado pela empresa como seu período contábil, que uma vez estabelecido raramente é modificado. No Brasil, o período mais comum vai de janeiro a dezembro.

ANUIDADE: série uniforme e finita de fluxos de caixa.

ATIVOS: são recursos, bens e direitos, que a empresa possui para gerar receitas.

ATIVO CIRCULANTE: é igual a Capital de giro = Disponível + Realizável (estoques, contas a receber) a curto prazo (até 12 meses).

ATIVO NÃO CIRCULANTE /PERMANENTE: é igual ao Imobilizado técnico (fábrica, máquinas e equipamentos) + Investimentos financeiros — cuja maturação espera-se ocorrer em um período acima de 12 meses.

AUDITORIA: confirmação dos registros e demonstrações contábeis obtidos através do exame de todos os documentos, livros e registros. Os auditores emitem uma opinião de sua precisão, consistência e conformidade com os padrões contábeis estabelecidos.

AVAL: ato pelo qual uma terceira pessoa, distinta do devedor, do banco e dos endossantes, garante o pagamento de um título na data de seu vencimento.

BALANÇO: é o demonstrativo financeiro que mostra o que a empresa "têm": ativo, e aquilo que a empresa "deve": passivo, em um determinado momento. As duas colunas ativo e passivo estão balanceadas, isto é, iguais.

BANCO CENTRAL DO BRASIL: BACEN/ BC/BCB: autarquia federal criada com a finalidade de regular as políticas monetária e creditícia do governo, administrar as reservas internacionais e fiscalizar o Sistema Financeiro Nacional.

BANCO COMERCIAL: instituição financeira privada ou pública. Tem como objetivo principal proporcionar o suprimento oportuno e adequado dos recursos necessários para financiar, a curto e médio prazos, o comércio, a indústria, as empresas prestadoras de serviços, as pessoas físicas e terceiros em geral. A captação de depósitos à vista, livremente movimentáveis, é atividade típica do banco comercial.

BANCO COOPERATIVO: banco comercial ou banco múltiplo constituído, obrigatoriamente, com carteira comercial. Diferencia-se dos demais por ter como acionistas-controladores cooperativas centrais de crédito, as quais devem deter no mínimo 51% das ações com direito a voto.

BANCO DE DESENVOLVIMENTO: instituição financeira pública não federal que tem como objetivo principal proporcionar o suprimento oportuno e adequado dos recursos necessários ao financiamento, em médio e longo prazo, de programas e projetos que visem a promoção do desenvolvimento econômico e social do respectivo estado onde tenha sede, cabendo-lhe apoiar prioritariamente o setor privado.

BANCO DE INVESTIMENTO: instituição financeira privada especializada em operações de participação societária de caráter temporário, de financiamento da atividade produtiva para suprimento de capital fixo e de giro e de administração de recursos de terceiros.

BANCOS DO POVO: entidade que executa políticas públicas voltadas para o microcrédito, enquadrando-se como uma Organização da Sociedade de Interesse Público (OSCIP). É constituída, normalmente, a partir de iniciativa oficial de prefeituras ou outros organismos públicos, com a finalidade de complementar mecanismos de crédito para atividades informais e micro ou pequenas empresas.

BANCO ESTADUAL: banco no qual o controle acionário pertence a uma unidade federativa do país.

BANCO MÚLTIPLO: instituição financeira privada ou pública que realiza as operações ativas, passivas e acessórias das diversas instituições financeiras por intermédio das seguintes carteiras: comercial, de investimento e/ou de desenvolvimento, de crédito imobiliário, de arrendamento mercantil e de crédito, financiamento e investimento. Essas operações estão sujeitas às mesmas normas legais e regulamentares aplicáveis às instituições singulares correspondentes às suas carteiras.

BÔNUS DO BANCO CENTRAL: título emitido pelo Banco Central que serve como instrumento de política monetária, negociado sob a forma de desconto, com rendimento representado pela diferença entre o preço de colocação pelo Banco Central — em leilões de oferta pública — e o valor nominal de resgate.

BNDES: o Banco Nacional de Desenvolvimento Econômico e Social é uma empresa pública federal vinculada ao Ministério do Desenvolvimento, Indústria e Comércio Exterior, que tem como objetivo financiar a longo prazo os empreendimentos que contribuam para o desenvolvimento do país. Responsável pela execução de sua política de crédito de longo prazo, tem linhas de crédito e taxas especiais para as micro e pequenas empresas. Para essas, opera através de agentes ou instituições financeiras credenciadas. Objetiva o fortalecimento da estrutura de capital das empresas privadas, o desenvolvimento do mercado de capitais, a comercialização de máquinas e equipamentos, e o financiamento à exportação.

B3: em referência às letras iniciais de Brasil, Bolsa, Balcão: é a bolsa de valores oficial do Brasil, sediada na cidade de São Paulo. A B3 surgiu sob o formato atual após a fusão da Bolsa de Valores, Mercadorias e Futuros de São Paulo (**BM&FBOVESPA**) com a Central de Custódia e de Liquidação Financeira de Títulos (CETIP). A bolsa é uma entidade autorreguladora que opera sob a supervisão da Comissão de Valores Mobiliários (CVM).

BOLSA DE MERCADORIAS E FUTUROS: é uma associação de membros deste mercado para efetuar o registro, a compensação e a liquidação, física e financeira, das operações realizadas em pregão ou em sistema eletrônico, bem como desenvolver, organizar e operacionalizar mercados livres e transparentes para negociação de títulos e/ou contratos que tenham como referência ativos financeiros, índices, indicadores, taxas, mercadorias e moedas, nas modalidades à vista e de liquidação futura.

BOLSA DE VALORES: associação civil sem fins lucrativos, cujos objetivos básicos são: manter local ou sistema de negociação eletrônico adequados à realização, entre seus membros, de transações de compra e venda de títulos e valores mobiliários; preservar elevados padrões éticos de negociação; e divulgar as operações executadas com rapidez, amplitude e detalhes. Local onde se negociam títulos emitidos por empresas privadas ou estatais. O título dá ao portador o direito de propriedade sobre uma quantia em dinheiro, pela qual responde o emissor do documento. Tais operações servem para as empresas captarem recursos dos quais não dispõem.

BOVESPA: Bolsa de Valores de São Paulo. É o índice que mede a variação diária dos preços das ações mais negociadas na bolsa.

CADERNETA DE POUPANÇA: forma de investimento que oferece remuneração mensal, em juros e correção monetária, para os estoques monetários ali depositados. É garantida pelo governo federal.

CAIXAS E BANCOS: são ativos /valores que a empresa tem tanto em caixa como em bancos.

CÂMBIO COMERCIAL: cotação do dólar usada para o fechamento dos contratos de exportação e importação. O câmbio comercial também registra as operações de empréstimo de empresas no exterior, investimentos estrangeiros diretos, as entradas e saídas dos investimentos estrangeiros em renda fixa e nas bolsas de valores.

CÂMBIO PARALELO: é o mercado que existe quando o país não tem uma política de câmbio 100% livre.

CAPACIDADE INSTALADA: potencial de produção de determinada empresa ou setor da economia. Quando a empresa está trabalhando com 80% da sua capacidade é o mesmo que dizer que está com 20% de sua capacidade de produção ociosa.

CAPITAL DE GIRO: recurso destinado à compra de mercadorias, reposição de estoques, financiamento a clientes, despesas administrativas etc., que corresponde à parte do capital utilizada para o financiamento dos ativos circulantes da empresa.

CAPITAL DE GIRO PRÓPRIO: recursos em giro, normalmente no ativo circulante, que se originou do capital próprio dos cotistas/acionistas, pois deduz do capital de giro o montante financiado por terceiros não onerosos. Pode ser positivo ou negativo.

CASH FLOW: igual a fluxo de caixa

CDB: Certificado de Depósito Bancário.

CDI: Certificado de Depósito Interbancário. Taxa média dos empréstimos feitos entre os bancos. Esses empréstimos são registrados por uma instituição chamada Cetip (Central de Custódia e Liquidação de Títulos Privados).

CERTIFICADO DE DEPÓSITO BANCÁRIO: título que comprova que seu proprietário tem um depósito bancário na instituição financeira emissora. Pode ser comprado e vendido e rende juros.

CMN: Conselho Monetário Nacional. É o principal órgão do Sistema Financeiro Nacional, criado pela Lei 4.595 de 1964, e tem como finalidade formular a política da moeda e do crédito. É o órgão disciplinador do Mercado de Capitais pela Lei 4.728 do dia 14 de julho de 1965, juntamente com a Comissão de Valores Mobiliários.

COBERTURA DE DÍVIDAS: indicador financeiro que mostra a capacidade da empresa de gerar caixa suficiente para pagar suas dívidas em um determinado prazo.

COLATERAL: o mesmo que garantia.

COMMODITIES: termo usado em transações comerciais internacionais para designar um tipo de mercadoria em estado bruto ou com um grau muito pequeno de industrialização. As principais commodities são produtos agrícolas (como café, soja e açúcar) ou minérios (cobre, aço e ouro, entre outros).

CONTABILIDADE: é o estudo e o controle do patrimônio das organizações. Registra todos os fatos relacionados à formação, à movimentação e às variações do patrimônio, fornecendo informações para os administradores, proprietários e terceiros sobre como a organização está desenvolvendo as suas atividades econômicas para alcançar seus objetivos.

CONTAS A RECEBER: valores que serão recebidos em caixa no futuro, originados por vendas de mercadorias, serviços ou outros ativos.

COPOM: Comitê de Política Monetária do Bacen é o órgão que decide a política da taxa de juros.

CORREÇÃO MONETÁRIA: é o reajuste periódico de certos preços na economia pelo valor da inflação passada, com o objetivo de compensar a perda do poder aquisitivo da moeda.

CURTO PRAZO: usualmente menor que um ano.

CUSTO DE OPORTUNIDADE: retorno que as alternativas de investimento desconsideradas proporcionariam.

CUSTO DOS PRODUTOS VENDIDOS E CUSTO DAS MERCADORIAS VENDIDAS: é

o custo das vendas. A empresa industrial tem, por função principal, a conversão de matérias-primas em produtos acabados. Em qualquer negócio, o custo dos produtos vendidos é o total do preço de compra e os custos de conversão, se esses existem. No entanto, o fabricante inclui nesse custo, o valor das matérias-primas consumidas, da mão de obra direta e outros gastos incorridos na fabricação dos artigos que ele vende. A diferença entre a contabilização para obter o custo dos produtos vendidos em empresas comercial e industrial decorre do fato de que no comércio, geralmente, não tem custo de conversão e, portanto, seu custo é praticamente o mesmo que o preço pago pelo produto que vende. É composto do custo da matéria-prima, da mão de obra direta e das despesas gerais de fabricação.

CUSTOS FIXOS: é o custo que a empresa tem por "estar" no negócio. Se as vendas forem zero ou não se produzir nada estes custos têm que ser incorridos de qualquer forma.

CVM: Comissão de Valores Mobiliários. É uma autarquia federal criada com o objetivo de fiscalizar, regulamentar e desenvolver o mercado de valores mobiliários, visando o seu fortalecimento. Tem por finalidade a fiscalização e a regulamentação do mercado de títulos de renda variável, tendo, entre outras, as atribuições de assegurar o funcionamento eficiente e regular os mercados de bolsa e balcão, e proteger os títulos de valores mobiliários e os investidores do mercado.

DEBÊNTURES: título que representa empréstimo a uma empresa de capital aberto, rendendo juros e correção monetária. O comprador de uma debênture é um credor da empresa.

DEMANDA: quantidade de um bem ou serviço que pode ser adquirida por um preço definido, em um dado mercado, durante um determinado período de tempo.

DEMONSTRAÇÕES CONTÁBEIS: demonstração sintética e numérica dos fatos econômicos ocorridos na empresa.

DEMONSTRATIVO DE RESULTADOS: é o demonstrativo que mostra as receitas e despesas das operações por um dado período. É um filme cujo enredo é: A empresa está ganhando dinheiro?

DEPRECIAÇÃO: com exceção dos terrenos, a maioria dos ativos fixos têm uma vida útil limitada, ou seja, servirão à empresa durante um número determinado de períodos contábeis. O custo do ativo pode ser considerado como uma despesa nos períodos contábeis nos quais o ativo é utilizado na empresa. O processo contábil para esta conversão gradual do ativo fixo em despesas chama-se depreciação. De forma figurativa, é como se o ativo fixo se desgastasse ao longo de sua vida útil.

DERIVATIVOS: instrumentos financeiros cujo valor é associado a um bem, ativo ou título. Há três tipos de derivativos: futuros — que servem para proteger o investidor das flutuações nos preços normais — mercadorias negociadas pelo seu preço de entrega no futuro (dias, meses, anos). Opções muito usadas no mercado de commodities e mercado futuro de ações — contratos que reservam ao seu possuidor o direito de comprar ou vender mercadorias ou títulos em uma data futura e a um preço pré-determinado. *Swaps* — do inglês, troca, permuta —, contrato que permite trocar em uma data futura pré-determinada, um investimento por outro, taxa de correções ou condições de um mesmo ativo. Operam preços futuros de ações, índice Bovespa, dólar, ouro, juros e mercadorias agrícolas.

DESCONTO FINANCEIRO: quantia deduzida do valor nominal de um título de crédito, quando são pagas antes do prazo de sua liquidação. Os bancos descontam cheques e duplicatas a um valor menor que se receberia no futuro. O risco da liquidação do título continua com a empresa.

DESCONTO COMERCIAL: é um abatimento sobre o preço de uma mercadoria ou serviço cedido para realizar uma transação.

DESEMBOLSO: é a saída efetiva de caixa.

DESPESAS: gastos em que se incorre para se obter as receitas e, por consequência, os lucros. As despesas e as receitas devem corresponder ao mesmo período contábil. É importante que as despesas de um período contábil correspondam às receitas atribuídas a esse período. Custo de mercadorias ou produtos vendidos e receitas no demonstrativo de resultados devem se referir aos mesmos produtos e ao mesmo período.

DESPESAS FINANCEIRAS: são juros e outros custos que ocorrem em função do capital obtido de terceiros.

DESPESAS GERAIS DE FABRICAÇÃO: também chamadas de custos indiretos de fabricação, custos de fabricação, custos indiretos etc. Nestes custos indiretos incluem-se todos os custos, exceto matérias-primas e mão de obra direta, que estão relacionados à fabricação do produto.

DESPESAS OPERACIONAIS: são despesas decorrentes da operação da empresa, que não os de custo para fabricação de produto ou elaboração de serviços, tais como: despesas administrativas, operacionais, de pessoal, de diretoria etc.

DISPONÍVEL: é igual a Caixa + Bancos + Aplicações de liquidez imediata.

DIVIDENDO: parcela dos lucros de uma empresa que é distribuída a seus acionistas.

DÓLAR COMERCIAL: é o valor de mercado do dólar norte-americano para transações de comércio exterior, entradas e saídas de recursos, como remessas financeiras. As cotações são encontradas no Sisbacen, suas cotações para compra e venda são expressas em R$ por US$.

DÓLAR PARALELO: é o valor de mercado do dólar norte-americano para transações fora dos meios oficiais. Suas cotações para compra e venda são expressas em R$ por US$.

DÓLAR TURISMO: é o valor de mercado do dólar norte-americano para transações de turismo, emissão de passagens aéreas, débitos em moeda estrangeira nos cartões de crédito. As cotações são encontradas no Sisbacen. Suas cotações para compra e venda são expressas em R$ por US$.

DRAW BACK: é uma isenção de imposto para importação feita com o objetivo de industrializar o produto no país e posteriormente exportá-lo.

DUMPING: é a prática desleal de preços abaixo do custo no comércio internacional, geralmente visando ampliação de fatia de mercado.

ESTOQUES: são matérias-primas, produtos ou materiais em processo e produtos acabados que ainda não foram enviados para os clientes.

FACTORING: é uma fonte de financiamento em que o credor efetua a compra de direitos creditórios resultantes de vendas mercantis a prazo ou de prestação de serviços.

FLUXO DE CAIXA: são as previsões e o registro do movimento de entrada e saída de dinheiro de uma empresa. Mostra a posição líquida de caixa necessária para um certo período. É tão importante para administração de uma organização quanto o oxigênio é para o corpo humano.

FLUXO DE CAIXA OPERACIONAL: é a sobra de caixa gerada pela empresa originada de suas operações normais, sem imposto de renda e amortização das dívidas. As variações do capital de giro alteram o fluxo de caixa.

FMI: Fundo Monetário Internacional. Criado em 1944 pelo Acordo de Bretton Woods, é o organismo financeiro da Organização das Nações Unidas (ONU), com sede em Washington, EUA, para corrigir desequilíbrios no balanço de pagamentos dos países-membros que possam comprometer o equilíbrio do sistema econômico internacional.

FUNDO DE COMÉRCIO: é o ponto comercial, da carteira de clientes, da equipe de funcionários, dos contratos obtidos, da tradição do nome, do valor da marca, que são considerados quando se atribui um valor a empresa.

FUNDO DO AVAL: é um instrumento financeiro e institucional através do qual uma instituição (o Sebrae, por exemplo) avalia microempresas e empresas de pequeno porte, complementando as garantias que são exigidas pelos bancos e demais instituições financeiras na concessão de empréstimos.

FUNDOS DE INVESTIMENTO: organismos de coleta de poupança e de aplicação, nos quais o capital variável é aberto ao público, e o valor dos títulos possuídos por cada participante é determinado pela relação entre o total do ativo e o número de quotas, e não diretamente pelo mercado.

FUSÃO: ocorre quando duas companhias decidem unir seus negócios. Muitas vezes, as ações das duas empresas são trocadas por papéis de uma terceira empresa, resultando da fusão.

GARANTIA: é um ativo, um título de crédito, um contrato, uma fiança ou um aval que o credor exige para conceder um crédito com menor risco.

HEDGE: são operações destinadas à proteção do investidor por meio da redução do risco de seus ativos e de suas obrigações.

HOLDING: é a empresa que detém o controle acionário de outra empresa, ou de um grupo de empresas subsidiárias.

HOT MONEY: é o recurso financeiro de curtíssimo prazo, uma linha de crédito para atender eventualidades que a empresa tenha. Seus juros são quase sempre acima dos outros empréstimos.

IBGE: Instituto Brasileiro de Geografia e Estatística. Empresa pública criada com o propósito básico de apresentar estudos e acompanhar as variações de contas macroeconômicas, tais como desemprego, custo de vida, inflação etc.

IGP-10: calculado pela Fundação Getúlio Vargas (FGV). A metodologia de cálculo é idêntica a do IGP-M. Mede a variação dos preços entre os dias 11 do mês anterior e o dia 10 do mês de referência.

IGP-DI: calculado pela Fundação Getúlio Vargas (FGV), tem metodologia idêntica a do IGP-M. Considera a variação dos preços dentro do mês de referência.

IGP-M: calculado pela Fundação Getúlio Vargas (FGV), o Índice Geral de Preços do Mercado (IGP-M) é uma referência do mercado financeiro. Mede o comportamento dos preços entre famílias do Rio e de São Paulo, com renda mensal de um a 33 salários-mínimos. É apurado entre os dias 21 do mês anterior e 20 do mês de referência. É composto por três índices: Índice de Preços no Atacado (IPA), Índice de Preços ao Consumidor (IPC) e Índice Nacional do Custo da Construção (INCC), que representam 60%, 30% e 10%, respectivamente, do IGP-M.

INCORPORAÇÃO: é a operação pela qual uma ou mais sociedades são absorvidas por outras que lhes sucedem em todos os direitos e obrigações.

INDEXAÇÃO: consiste em ligar o valor de um capital, de um rendimento ou mesmo de um bem ou serviço à evolução de uma variável de referência (preço, produção, produtividade, por exemplo).

ÍNDICE DE ESTRUTURA: os índices de estrutura permitem a visualização de composições do ativo e do passivo, permitindo a verificação da participação de recursos próprios e de terceiros no financiamento das atividades da empresa.

ÍNDICE DE ROTAÇÃO DE CONTAS A RECEBER: é o número de vezes que as contas a receber "giraram" no período contábil. Sabendo-se o número de dias do período, dividindo-o por esse índice obtêm-se o prazo médio de recebimentos.

ÍNDICE DE ROTAÇÃO DE ESTOQUE: é o número de vezes que o estoque "girou" no período contábil.

ÍNDICES DE RETORNO: é o retorno sobre valores investidos. Este retorno ou lucro é gerado através das vendas ou serviços prestados pela empresa, e o montante relativo ao lucro pode ser medido e comparado com o ativo total (investimento total na empresa) ou com o patrimônio líquido (investimento feito pelos acionistas).

INFLAÇÃO: é a distorção de preços ocasionada por um conjunto de fatores socioeconômicos e caracteriza-se pela alta generalizada dos preços e pela depreciação da moeda.

INPC: Índice Nacional de Preços ao Consumidor. É calculado pelo Instituto Brasileiro de Geografia e Estatística (IBGE). Considera a variação dos preços em 11 regiões: Rio, São Paulo, Belo Horizonte, Brasília, Porto Alegre, Curitiba, Belém, Fortaleza, Salvador, Recife e Goiânia. Tem como base o orçamento de famílias com renda mensal entre um e oito salários-mínimos.

INVESTIDOR EM CAPITAL DE RISCO: é um investidor envolvido em financiar as operações de empresas emergentes, normalmente em estágios pré-operacionais, em troca de uma participação no seu capital.

INVESTIMENTO FIXO/PERMANENTE: é o capital destinado à aquisição de máquinas e/ou equipamentos e obras civis indispensáveis à implantação, modernização, funcionamento ou ampliação da empresa.

IOF: Imposto sobre Operações Financeiras. Imposto que incide sobre as remunerações de todas as atividades bancárias e financeiras, com exceção dos juros propriamente ditos. Normalmente incide no ato do crédito da operação.

IPC: FIPE: o Índice de Preços ao Consumidor é calculado pelo Instituto de Pesquisas Econômicas (Fipe) da USP (Universidade de São Paulo) e considera a variação dos preços na capital paulista.

JOINT-VENTURE: associação entre empresas ou países para trabalharem juntos em projetos ou empresas em que têm capital.

JUROS FUTUROS: são os contratos negociados na Bolsa de Mercadorias e Futuros (BM&F) em que os investidores apostam na tendência das taxas no futuro.

LBC: Letra do Bacen. Papel com taxa pós-fixada que rende a taxa Selic.

LCA: Letra de Crédito do Agronegócio — investimento de renda fixa emitido pelos bancos.

LCI: Letra de Crédito Imobiliária — investimento de renda fixa emitido pelos bancos.

LEASING: modalidade de crédito formada por um contrato de locação de equipamentos mobiliários ou imobiliários acompanhado de uma promessa de venda ao locatário.

LETRA DE CÂMBIO: título comercial através do qual um credor, chamado de emitente, ordena que o devedor, ou sacado, pague no prazo indicado uma importância precisa a uma terceira pessoa designada, o beneficiário.

LEVERAGE: igual à alavancagem.

LINHA DE CRÉDITO: é um acordo sujeito a revisões periódicas, que um banco e um cliente fazem para tomar crédito de forma simples dentro de um limite previamente estabelecido.

LIQUIDEZ: de um investimento, é o grau de facilidade e rapidez com que transformamos o investimento (título, imóveis, estoque etc.) em dinheiro.

LONGO PRAZO: usualmente maior que um ano.

LTN: Letras do Tesouro Nacional. Têm juros prefixados e prazo máximo de 28 dias. Serve para cobertura de déficit orçamentário do governo.

LUCRO LÍQUIDO: é o valor da receita de vendas líquida menos o custo do produto vendido menos todas as despesas operacionais menos o imposto de renda do exercício.

LUCRO OPERACIONAL: é o valor da receita de vendas líquida menos todas as despesas, exceto imposto de renda e outros itens não relacionados ao negócio principal da empresa.

LUCRO POR AÇÃO: é o lucro líquido após o imposto de renda dividido pelo número de ações.

MARGEM BRUTA: é o lucro que a empresa obtém deduzindo da receita líquida o CPV/CMV.

MARGEM LÍQUIDA: é o valor do lucro após o imposto de renda dividido pela receita de vendas líquida.

MARGEM OPERACIONAL: é o lucro operacional dividido pela receita de vendas líquida.

MATÉRIA-PRIMA: são aqueles materiais que entram e formam o produto terminado.

MERCADO ABERTO: instrumento de intervenção do Banco Central no mercado monetário através da compra e venda de títulos.

MERCADOS EMERGENTES: são os mercados de capitais dos países em desenvolvimento e de segmentos com potencial de crescimento.

NOTA PROMISSÓRIA: título emitido pelo devedor, que se obriga a pagar ao seu credor, ou à sua ordem, uma determinada importância em uma data de vencimento definida.

NTN: Nota do Tesouro Nacional é um papel que tem várias destinações. Pode ser para cobrir rombos do orçamento da União ou até para troca de dívida externa (em dólares) por dívida interna. Têm várias séries, cada uma com um tipo de correção: cambial, índices variados de inflação, TR, TLP etc.

OFERTA: quantidade de um bem ou serviço que pode ser vendido por um preço definido, em um dado mercado, durante um período de tempo determinado.

ORÇAMENTO: é um planejamento financeiro para mostrar as receitas de vendas, custos e despesas projetados de um determinado período. É composto por diversas partes, cuja mais importante é o fluxo de caixa projetado. Serve para controlar as contas da empresa.

P/L: Índice Preço/Lucro. É o quociente da divisão do preço da ação pelo lucro por ação. Assim, o P/L é o número de anos que se levaria para reaver o capital aplicado na compra de uma ação por meio do recebimento do lucro gerado pela empresa.

PARTICIPAÇÃO NOS LUCROS: fração dos lucros de uma sociedade, a serem distribuídos, após dividendos e outras gratificações, aos administradores e funcionários como remuneração complementar.

PASSIVO: são recursos dos acionistas (patrimônio líquido) e de terceiros, que a empresa capta para financiar seu ativo.

PASSIVO CIRCULANTE: é igual a Fornecedores + Obrigações trabalhistas + Obrigações Fiscais + Adiantamento de clientes + Outras Contas CP + Empréstimos de CP, cujas obrigações são exigíveis em até um ano.

PATENTE: documento emitido pelo Instituto Nacional de Propriedade Industrial (INPI) e concedido a um inventor ou a seus representantes a fim de proteger seus direitos de propriedade e de exploração de uma invenção de caráter industrial.

PATRIMÔNIO LÍQUIDO: é o resultado do total do ativo menos o valor do passivo de terceiros (passivo circulante e passivo a longo prazo) e corresponde ao valor investido pelos sócios/donos da empresa.

PENHOR: bem móvel pertencente a um devedor e que é dado em garantia a seu credor para assegurar a liquidação de sua dívida.

PIB: Produto Interno Bruto. É a soma de todos os bens e serviços produzidos em uma localidade, região ou país durante o ano.

PONTO DE EQUILÍBRIO: é o ponto em que as receitas e as despesas se igualam. É o volume de vendas necessário para não se ter lucro nem prejuízo.

POUPANÇA: destino dado aos rendimentos monetários não utilizados para consumo, seja por entesouramento, aplicação, empréstimo ou para investimento direto futuro.

PRINCIPAL: valor da dívida ou financiamento sem considerar os juros.

PROVISÃO: representa a expectativa de perdas de ativo ou estimativa de valor a desembolsar.

RECEBÍVEIS: são títulos de crédito originados do faturamento de bens e serviços vendidos e, usualmente, entregues. Podem ser duplicatas, notas promissórias etc.

RECEITA BRUTA: é a soma do total do valor bruto faturado contra os clientes. A data de registro da receita bruta de vendas é a da remessa ao cliente ou data da fatura.

RECEITA LÍQUIDA: é a receita de vendas bruta menos os impostos de vendas (ICMS, IPI, PIS e COFINS), as devoluções e os descontos.

RENDA NACIONAL: agregado representativo do fluxo dos recursos nacionais em bens e serviços gerados ao longo de um determinado período. Inclui salários, rendimentos de profissionais liberais, lucros privados e lucros obtidos por empresas públicas, juros, aluguéis e receitas provenientes de arrendamento.

RENDA PER CAPITA: resultado da divisão do montante total da renda de uma localidade, região ou país pelo número de pessoas. Em economia, indicador usado para medir o grau de desenvolvimento.

RENDA PÓS-FIXADA: é o rendimento que paga a correção monetária no período da aplicação mais juros (% ano) sobre o valor corrigido da aplicação. Nesta aplicação o investidor só fica sabendo qual será o seu rendimento no vencimento do título.

RENDA PREFIXADA: é o rendimento que o investidor fica sabendo no ato da aplicação quanto ganhará. O seu rendimento é fixado no ato da aplicação dos recursos.

RETORNO: é o "prêmio" que o investidor espera receber como recompensa por aplicar/investir seus recursos.

RISCO: elemento de incerteza que pode afetar a atividade de um agente ou o desenrolar de uma operação econômica.

SAZONALIDADE: flutuações no ciclo produtivo ou de vendas de um determinado bem, serviço ou setor econômico devido a fatores exógenos, ao longo de um determinado período.

SELIC: sigla do Sistema Especial de Liquidação e Custódia. É um sistema computadorizado do Banco Central no qual são registradas todas as operações de débito e crédito feitas apenas entre bancos e as demais instituições financeiras credenciadas. Pelo Selic, portanto, é possível calcular a média dos juros que o governo paga aos bancos que lhe emprestam dinheiro. Essa média, que é a taxa Over-Selic, serve de referência para o cálculo de todas as outras taxas de juros do país. Por isso ela é também chamada de taxa de juros básicos.

SISBACEN: Sistema de Computadores do Bacen. É nele que são registradas saídas e entradas de dólares do país e por onde são feitos vários avisos, entre eles a liquidação de instituições financeiras etc.

SPREAD: margem adicionada à taxa aplicável a um crédito, título ou moeda. O *spread* é variável conforme a liquidez, garantias do tomador, o volume do empréstimo e o prazo de resgate. Esse termo também é utilizado quando se negocia títulos e moedas no mercado de balcão.

STARTUP: é uma empresa emergente que tem como objetivo desenvolver um modelo de negócio escalável, repetível, em condições de extrema incerteza, ao redor de um produto, serviço, processo ou plataforma

SWAP: troca feita entre moedas, títulos, indexadores e prazos diferentes e efetuada entre bancos e organizações por meio de contratos, com concordância prévia e cláusula de resgate: venda com promessa de recompra.

TAXA BÁSICA DE JUROS: taxa de juros anual fixada por um banco, que serve de referência para o cálculo das diferentes condições oferecidas por ele. Quando o Banco Central do Brasil a estabelece é chamada de taxa Selic. (Veja Selic).

TAXA DE JUROS: é o custo do dinheiro no mercado. O Bacen é o órgão regulador da política de juros. Quando a taxa de juros está alta é sinônimo de falta de dinheiro no mercado. Ao contrário, quando está baixa, é porque está sobrando dinheiro no mercado. A taxa de juros é um dos mais importantes indicadores de política monetária.

TAXA REAL DE JUROS: diz respeito à taxa de acima do índice de inflação.

TAXA SELIC: é a taxa que reflete o custo do dinheiro para empréstimos bancários com base na remuneração dos títulos públicos. Também é conhecida como taxa média do over que regula diariamente as operações interbancárias.

TESOURO DIRETO: é um programa implementado em 7 de janeiro de 2002 pelo Tesouro Nacional do Brasil, em parceria com a BM&FBovespa. O objetivo é tornar popular o acesso ao investimento em títulos públicos, possibilitando sua compra por pessoas físicas pela internet.

TÍTULOS DO BACEN: emitidos com o objetivo de fazer política monetária, ou seja, controlar o volume de dinheiro em circulação no sistema financeiro.

TÍTULOS DO TESOURO NACIONAL: são papéis emitidos pelo Tesouro para financiamento da dívida pública.

TÍTULOS PÚBLICOS: são papéis lançados pelo governo, podendo ser do Tesouro Nacional ou do Bacen.

TLP: taxa de longo prazo. É utilizada como indexador básico de contratos de financiamento do BNDES e para operações com recursos oriundos do Fundo de Amparo ao Trabalhador (FAT).

VALOR NOMINAL: é o valor da ação ou título. Também é chamado valor de face.

VALOR PATRIMONIAL: é o ativo menos o passivo de terceiros, dividido pelos números de cotas ou ações.

VOLATILIDADE: variações das cotações ou preços de um determinado ativo.

Fonte: Adaptado de https://www.sebrae.com.br/Sebrae/Portal%20Sebrae/Anexos/dicionariofinanceiro.pdf

BIBLIOGRAFIA

ACKOFF, Russel L. Planejamento Empresarial, Editora LTC, Rio de Janeiro, 1976.

ANSOFF, H. Igor. Estratégia Empresarial, Ed. MC Graw Hill, 1977.

BERNSTEIN, Peter. L. Desafio dos deuses: A Fascinante História do Risco, Editora Campus-Brasil, 1997.

BIAGIO, Luiz Arnaldo; BATOCCHIO, Antonio. Plano de Negócios: Estratégia para Micro e Pequenas Empresas. 3. ed. São Paulo: Manole, 2018.

BOSSIDY, Larry. Execução: A Disciplina para Atingir Resultados. Rio de Janeiro, Elsevier 16°.

Reimpressão.

BYGRAVE, William D. Entrepreneurship. 2. ed. USA, Editora Wiley, 2006.

CATELLI, Armando. Controladoria: Uma Abordagem da Gestão Econômica – GECON. São Paulo, Atlas, 1999.

CERBASI, Gustavo. Empreendedores Inteligentes Enriquecem Mais. Rio de Janeiro: Sextante, 2016.

CHANG, Ha Joon. 23 Coisas que Não Nos Contaram sobre o Capitalismo, Editora Cultrix 1 ed, 2013.

CHING, Hong Yuh. Contabilidade e Finanças para Não Especialistas. São Paulo: Prentice Hall, 2003.

COLLINS, James C. Empresas Feitas para Vencer. 10. ed. São Paulo: Tecnologia Bancária, 2006.

COLLINS, Rukstad. Can You Say What Your Strategy Is? HBR, Abril 2008.

DAMODARAN, Aswath. Avaliação de Empresas. 2. ed. São Paulo: Pearson Prentice Hall, 2007.

DEGEN, Ronald Jean. O Empreendedor: Fundamentos da Iniciativa Empresarial. São Paulo: Makron Books do Brasil, 1989

DOLABELA, Fernando. O Segredo de Luísa. Rio de Janeiro, Sextante, 2008.

DORNELAS, José. Empreendedorismo: Transformando Ideias em Negócios. 7 ed. São Paulo,

Empreende, 2018.

FORTUNA, Eduardo. Mercado Financeiro: Produtos e Serviços. 20. ed. Rio de Janeiro, Qualitymark, 2015.

FREZATTI, Fabio. Orçamento Empresarial. 4ªed. São Paulo - Atlas, 2007.

GITMAN, Lawrence J. Princípios de Administração Financeira. 12. ed. São Paulo: Pearson Prentice Hall, 2010.

HAWAWINI, Gabriel. Finanças para Executivos: Gestão para a Criação de Valor. São Paulo: Cengage Learning, 2009.

HBR, The Management Century. Novembro de 2012.

HONG, Yuh Ching. Contabilidade e Finanças para não especialistas. São Paulo: Prentice Hall. 2003.

LEMES, Junior; BARBOSA, Antonio. Fundamentos de Finanças Empresariais: Técnicas e Práticas Essenciais. 1. ed. Rio de Janeiro: LTC, 2015.

KAPLAN, Jerry. Startup – A Silicon Valley Adventure. Editora Cultura, 1996

KATO, Jerry Miyoshi. Curso de Finanças Empresariais: Fundamentos de Gestão Financeira em Empresas. São Paulo, M.Books do Brasil, 2012.

KAUFMAN, Josh. Manual do CEO: Um Verdadeiro MBA para o Gestor do Século XXI. São Paulo, Saraiva, 2012.

KEPLAN, Roberts. Custo e Desempenho. São Paulo: Futura, 1998.

KEYNES, John. A Teoria Geral do Emprego, do Juro e Da Moeda. Editora Nova Cultural Ltda. Copyright © desta edição 1996, Círculo do Livro Ltda.

KIM, W. Chan; MAUBORGNE, Renée. A estratégia do oceano azul: Como criar novos mercados e tornar a concorrência irrelevante. Elsevier, 2005.

KIYOSAKI, Robert. Empreendedorismo Não se Aprende na Escola. Editora CIP Brasil, 2014

KOTLER, Philip. KELLER, Kevin Lane. Administração de Marketing. 14 ed. São Paulo: Pearson Education do Brasil, 2012.

KOTLER, Philip. Marketing. Ed. Compacta. São Paulo: Atlas, 1980.

KROGERUS, Mikael; TSCHÄPPELER, Roman. O Livro da Decisão. 1 ed. Rio de Janeiro: Best Business, 2017.

KUAZAQUI, Edmir (organizador); MAÑAS, Antonio Vico [et al.]. Administração Empreendedora: Gestão e Marketing Criativos e Inovadores. São Paulo, Évora, 2015.

MARTELANC, Roy. Avaliação de Empresas, Editora Pierrson Prentice Hall São Paulo - Brasil, 2005.

PALEPU, Krishna G.; Healy, Paul M. Análise e Avaliação de Empresas: Decisões e Valuation Usando Demonstrativos Financeiros. 5 ed. São Paulo, Cengage Learning, 2016.

PALFFY, Georgina. How business works: A Graphic Guide to Business Success. London, Dorling Kindersley — DK, 2015.

PASIN, Rodrigo; MARTELANC, Roy. Fusões e Aquisições: Estratégias Empresariais e Tópicos de Valuation. São Paulo, All Print, 2017.

PÓLVOA, Alexandre. Valuation: Como Precificar Ações. Editora Elsevier SP - Brasil, 2012.

RAPPAPORT, Alfred. Creating Shareholder Value: A Guide for Managers and Investors. 2 ed. USA, Simon & Schuster, 1998.

ROGERS, Steven; MAKONNEN, Roza. Finanças e Estratégias de Negócios para Empreendedores. 2 ed. Porto Alegre: Bookman, 2011.

SILBIGER, Steven. The Ten day MBA: A Step-by-Step Guide to Mastering the Skills Taught in America's Top Business Schools. 4 ed. USA, Harper Business, 2012.

SPINA, Cassio A. Investidor Anjo: Como Conseguir Investidores para seu Negócio. 2 ed. São Paulo: Versos, 2015.

STICKNEY, Clyde P.; WEIL, Roman L. Contabilidade Financeira: Introdução aos Conceitos, Métodos e Aplicações. São Paulo, Cengage Learning, 2009.

WALSH, Ciaram. Key Management Ratios, FT Pitman Publishing, 1996.

WELCH, Jack; WELSH, Suzy. O MBA da vida Real. Rio de Janeiro. Editora Sextante, 2006.

ÍNDICE

Projetos corporativos e edições personalizadas
dentro da sua estratégia de negócio. Já pensou nisso?

Coordenação de Eventos
Viviane Paiva
viviane@altabooks.com.br

Assistente Comercial
Fillipe Amorim
vendas.corporativas@altabooks.com.br

A Alta Books tem criado experiências incríveis no meio corporativo. Com a crescente implementação da educação corporativa nas empresas, o livro entra como uma importante fonte de conhecimento. Com atendimento personalizado, conseguimos identificar as principais necessidades, e criar uma seleção de livros que podem ser utilizados de diversas maneiras, como por exemplo, para fortalecer relacionamento com suas equipes/ seus clientes. Você já utilizou o livro para alguma ação estratégica na sua empresa?

Entre em contato com nosso time para entender melhor as possibilidades de personalização e incentivo ao desenvolvimento pessoal e profissional.

PUBLIQUE
SEU LIVRO

Publique seu livro com a Alta Books. Para mais informações envie um e-mail para: autoria@altabooks.com.br

 /altabooks /alta-books /altabooks /altabooks

CONHEÇA
OUTROS LIVROS
DA **ALTA BOOKS**

Todas as imagens são meramente ilustrativas.

Este livro foi impresso nas oficinas gráficas da Editora Vozes Ltda.,
Rua Frei Luís, 100 – Petrópolis, RJ.